全国水利行业“十三五”规划教材(职业技术教育)
(“互联网+”创新型教材)
中国水利教育协会策划组织

桥梁施工技术

(修订本)

主　编　郭海军　瞿世学　谢　李
副主编　杜胜兵　周广宇　齐　帅
　　　　杨　腾　谭　雅　尹锡军
主　审　吕安岭

黄河水利出版社
·郑州·

内容提要

本书是全国水利行业"十三五"规划教材，是根据中国水利教育协会职业技术教育分会高等职业教育教学研究会制定的桥梁施工技术课程标准编写完成的。全书依据国家及行业最新标准、规程及规范，校企合作编写，结合公路桥梁工程施工相关执业资格考试内容，以培养具有设计实践能力、创新创业意识和良好的职业素质的应用型人才为目标，以就业岗位能力分析为导向，对桥梁施工基础、桥梁基础施工、桥梁下部构造施工、桥梁上部构造施工、其他桥型施工、桥面及附属工程施工等6个学习模块(共计18个典型学习项目)的内容进行了系统的阐述。本书基于项目化教学开发教材，以工作过程为导向，以项目为载体，内容简明扼要、通俗易懂，穿插案例资料增强启发性和趣味性。衔接职业资格标准，引入新技术、新材料、新工艺、新方法，满足交通行业生产、建设、管理和社会服务一线需求，实现理论与生产实践无缝对接。

本书可作为高职高专院校道路桥梁工程技术、高速铁道工程技术、城市轨道交通工程技术、市政工程、公路监理等专业的教材，也可作为公路工程施工、监理及试验检测人员执业资格考试的培训教材和参考书。

图书在版编目(CIP)数据

桥梁施工技术/郭海军，瞿世学，谢李主编．—郑州：黄河水利出版社，2019.4 （2024.1 修订本重印）
全国水利行业"十三五"规划教材．职业技术教育
ISBN 978-7-5509-2355-3

Ⅰ.①桥… Ⅱ.①郭…②瞿…③杨… Ⅲ.①桥梁施工-高等职业教育-教材 Ⅳ.①U445

中国版本图书馆CIP数据核字(2019)第085803号

组稿编辑：王路平 电话：0371-66022212 E-mail：hhslwlp@163.com
田丽萍 66025553 912810592@qq.com

出 版 社：黄河水利出版社 网址：www.yrcp.com
地址：河南省郑州市顺河路黄委会综合楼14层 邮政编码：450003
发行单位：黄河水利出版社
发行部电话：0371-66026940、66020550、66028024、66022620(传真)
E-mail：hhslcbs@126.com
承印单位：河南承创印务有限公司
开本：787 mm×1 092 mm 1/16
印张：16.25
字数：380千字 印数：2 101—4 000
版次：2019年4月第1版 印次：2024年1月第2次印刷
2024年1月修订本

定价：45.00元

前　言

本书是贯彻落实《国家中长期教育改革和发展规划纲要(2010—2020年)》、《国务院关于加快发展现代职业教育的决定》(国发〔2014〕19号)、《现代职业教育体系建设规划(2014—2020年)》和《水利部 教育部关于进一步推进水利职业教育改革发展的意见》(水人事〔2013〕121号)等文件精神,依据中国水利教育协会水教协〔2016〕16号文《关于公布全国水利行业"十三五"规划教材名单的通知》,在中国水利教育协会精心组织和指导下,由中国水利教育协会职业技术教育分会组织编写的全国水利行业"十三五"规划教材。本套教材以学生能力培养为主线,适当增加了二维码链接,具有鲜明的时代特点,体现了实用性、实践性、创新性的特色,是一套水利高职教育精品规划教材。

为了不断提高教材质量,编者于2024年1月,根据近年来国家及行业最新颁布的规范、标准、规定等,以及在教学实践中发现的问题和错误,对全书进行了修订完善。本次修订以习近平新时代中国特色社会主义思想为指导,全面贯彻落实党的二十大精神、立德树人根本任务,补充了课程思政内容,将党的二十大精神融入教学实践中,确保党的二十大精神进教材落实到位,发挥铸魂育人实效。

本书将交通行业职业道德和职业能力培养贯穿于人才培养全过程,校企合作,以"岗位培养,在岗成才"为切入点。教材设计遵循两条主线:一条为企业项目开发进程,遵循企业实际项目开发设计模块;另一条为教学进程,遵循学校人才培养方案、教学目标、课堂效果,培养设计实践能力、创新创业意识和良好的职业素质,体现了高等职业教育的特点。

本书在充分调研公路桥梁工程施工一线和职业岗位(群)对职业素质和职业能力要求的基础上,以典型桥梁工程施工项目为载体构建课程体系和教学内容,充分体现了课程体系、教学内容和人才培养模式的一致性。

在教材设计理念方面,紧扣交通行业企业技能岗位要求,围绕道路桥梁工程技术专业及其专业群人才培养目标,强调企业技术人员的参与和验收,最大程度保证专业教材的内容与当前的行业岗位以及企业要求相适应。在教材内容上,增加优质实际项目引入,并以实际项目为载体,重点做好教材案例库、职业技能库和课程素材资源库的建设,打造功能强大的信息共享和学生课后自主学习平台,适当引入案例教学内容,开发体现职业岗位核心技能要求和工学结合特点的教材体系。

本书依据国家及行业有关桥梁工程施工的新规范、新标准,校企合作编写,结合公路桥梁工程施工相关执业资格考试内容,以培养具有设计实践能力、创新创业意识和良好的职业素质的应用型人才为目标,以就业岗位能力分析为导向,对桥梁施工基础、桥梁基础施工、桥梁下部构造施工、桥梁上部构造施工、其他桥型施工、桥面及附属工程施工等6个学习模块(共计18个典型学习项目)的内容进行了系统的阐述。

本书编写人员及编写分工如下:山东水利职业学院郭海军编写前言,模块4的项目4.3和项目4.4;济南市公路管理局瞿世学编写模块1;山东交通职业学院尹锡军编写模块2;山东水利职业学院周广宇编写模块3;山东大禹水务建设集团有限公司齐帅编写模块4的项目4.1和项目4.2;河南水利与环境职业学院谭雅编写模块5;杨凌职业技术学院谢李编写模块6的项目6.1和项目6.2;山东水利职业学院杜胜兵编写模块6的项目6.3和项目6.4;山西水利职业技术学院杨腾编写模块6的项目6.5。本书由郭海军、瞿世学和谢李担任主编,郭海军负责全书统稿;由杜胜兵、周广宇、齐帅、杨腾、谭雅、尹锡军担任副主编;由山东职业学院吕安岭担任主审。审稿人认真审阅后,从理论教学与社会实践两个方面提出了重大修改意见,将理论与实践相衔接,使得本书更加适合培养公路桥梁工程施工一线人员。

由于编者水平有限及时间仓促,不妥之处在所难免,敬请广大读者批评指正。

编　者

2024年1月

本书互联网全部资源二维码

目 录

模块 1　桥梁施工基础

【学习目标】

1. 掌握桥梁工程施工中技术人员的工作目标定位、学习目标定位、学习方法定位。
2. 掌握桥梁工程施工准备的内容。
3. 掌握桥梁工程施工的通用技术。

【学习任务】

1. 了解桥梁工程施工的方法、存在问题及发展方向。
2. 掌握桥梁工程施工准备的内容。
3. 掌握桥梁工程施工的通用技术。

【思政目标】

1. 了解桥梁工程施工发展历程，培养学生学习兴趣，激发学生的爱国情怀和民族自豪感。
2. 在桥梁施工基础部分的学习中，引导学生树立正确的职业观、职业素养，提高学生的职业适应能力和职业发展潜力。

项目 1.1　总　论

【项目描述】

桥梁工程施工的基础，从技术人员定位、桥梁工程施工方法、桥梁工程施工存在问题及发展方向等方面进行逐一介绍，使学生初步了解桥梁工程施工。

【项目分析】

1. 桥梁工程施工技术人员应具备的条件、工作能力、主要任务。
2. 桥梁工程施工方法。
3. 桥梁工程施工存在的问题。
4. 桥梁工程施工发展方向。

【项目案例】

参考图纸　　完成作业

【项目实施】

1.1.1 桥梁工程施工技术人员概述

1.1.1.1 施工技术人员应具备的条件

1. 应具备的专业知识

桥梁工程施工技术人员应具备的专业知识具体应包括以下几个方面:

(1)掌握桥梁工程制图原理、识图方法以及常用的工程测量方法。

(2)掌握常用材料(包括水泥、钢材、木材、砂石等)的性能和质量标准。

(3)掌握桥梁结构的基本构造、力学和简单的施工计算方法。

(4)掌握桥梁工程施工的标准、规范和施工技术。

(5)掌握地基处理、基础施工的一般原理和方法。

(6)了解桥梁工程设施的基本知识。

(7)了解一定的桥梁工程施工机械知识和电工知识。

(8)掌握一定的质量管理知识。

(9)掌握一定的经济与经营管理知识,能编制施工预算,能进行工程统计和现场经济活动分析。

(10)掌握一定的施工组织和科学的施工现场管理方法。

2. 应具备的工作能力

在实际工作中,施工技术人员应具备以下工作能力:

(1)能有效地组织、指挥人力、物力和财力进行科学施工,取得最佳的经济效益。

(2)能对施工中的稳定性问题(包括缆风绳设置、脚手架架设、吊点设计等)进行鉴别,对安全质量事故进行初步的分析。

(3)能比较熟练地承担施工现场的测量、图样会审和向工人交底的工作。

(4)能在不同地质条件下正确确定土方开挖、回填夯实、降水、排水等措施。

(5)能正确地按照国家施工规范进行施工,掌握施工计划的关键线路,保证施工进度。

(6)能根据施工要求,合理选用和管理桥梁工程机具,具有一定的电工知识,科学管理施工用电。

(7)能运用质量管理方法指导施工,控制施工质量。

(8)能根据工程的需要,协调各工种、人员、上下级之间的关系,正确处理施工现场的各种社会关系,保证施工能按计划高效、有序地进行。

(9)能编制施工预算、进行工程统计、劳务管理、现场经济活动分析,对施工现场进行有效管理。

3. 应具备的身体素质

施工技术人员长期工作在施工现场第一线,工作强度相当繁重,而且工作条件与生活条件也相对艰苦,因此要求施工技术人员必须具有强健的体格与充沛的精力,才能胜任其工作。

4. 应具备的职业道德

加强公路行业职工道德建设,对于提高行业的质量和效益,树立行业新风,培养“有理想、有道德、有文化、有纪律”的队伍,建设社会主义精神文明具有重要意义。

施工技术人员作为施工现场管理人员,应具备的职业道德可归纳为以下几点:

(1)应以高度的责任感,根据工程师的交底对工程建设的各个环节做出周密、细致的安排,并合理组织好劳动力,精心实施作业程序,使施工有条不紊地进行,防止盲目施工和窝工。

(2)以对人民生命安全和国家财产极端负责的态度,时刻不忘安全和质量,严格检查和监督,把好关口。

(3)不违章指挥,不玩忽职守,施工做到安全、优质、低耗,对已竣工的工程要主动回访保修,坚持良好的施工后服务,信守合同,维护企业的信誉。

(4)应严格按图施工,规范作业。不使用无合格证的产品和未经抽样检验的产品,不偷工减料,不在钢材用量、混凝土配合比、结构尺寸等方面做手脚,谋取非法利益。

(5)在施工过程中,时时处处要精打细算,降低能源和原材料的消耗,合理调度材料和劳动力,准确申报建筑材料的使用时间、型号、规格、数量,既保证供料及时,又不浪费材料。

(6)应以实事求是、认真负责的态度准确签证,不多签或少签工程量和材料数量,不虚报冒领,不拖拖拉拉,完工即签证,并做好资料的收集和整理归档工作。

(7)做到施工不扰民,严格控制粉尘、施工垃圾和噪声对环境的污染,做到文明施工。

1.1.1.2 施工技术人员的工作定位与要求

1. 施工技术人员的地位

施工技术人员是施工企业各项组织管理工作在基层的具体实践者,是完成桥梁工程施工任务的基层的技术和组织管理人员。

施工技术人员是施工现场生产一线的组织者和管理者,在工程施工过程中具有极其重要的地位,具体表现在以下几个方面:

(1)施工技术人员是单位工程施工现场的管理中心,是施工现场动态管理的体现者,是单位工程生产要素合理投入和优化组合的组织者,对单位工程项目的施工负有直接责任。

(2)施工技术人员是密切联系施工现场基层专业管理人员、劳务人员等各方面关系的纽带,需要指挥和协调好基层专业管理人员相互之间的关系。

(3)施工技术人员是其分管工程施工现场对外联系的枢纽。

(4)施工技术人员对分管工程施工生产和进度等进行控制,是单位施工现场的信息集散中心。

施工技术人员的独特地位决定了其与相关部门之间存在着密切的关系,主要表现在以下几个方面:

(1)施工技术人员与工程建设监理。监理单位与施工单位存在着监理与被监理的关系,所以应积极配合现场监理人员在施工质量控制、施工进度控制、工程投资控制三方面所做的各种工作和检查,全面履行工程承包合同。

(2)施工技术人员与设计单位。施工单位与设计单位之间存在着工作关系,设计单位应积极配合施工,负责交代设计意图,解释设计文件,及时解决施工中设计文件出现的问题,负责设计变更和修改预算,并参加工程竣工验收。同时,在施工过程中发现了没有预料到的新情况,使工程或其中的任一部位在数量、质量和形式上发生了变化,应及时向上反映,由建设单位、设计单位和施工单位三方协商。

2. 施工技术人员的工作特征

桥梁工程施工的特性决定了施工技术人员的工作具有如下特征:

(1)工作场所在工地,工作在施工第一线,工作对象是单位工程或分部分项工程。

(2)从事的是基层专业管理工作,是技术管理和施工组织与管理的工作。工作有很强的专业性和技术性。

(3)工作繁杂,在基层中需要管理的工作很多,项目经理和项目经理部中的各部门以及有关部门方面的组织管理意图都要通过基层施工技术人员来实现。

(4)工作任务具有明确的期限和目标。

(5)工作负担沉重,条件艰苦,生活紧张。

3. 施工技术人员的职责

在公路工程施工阶段,施工技术人员代表施工单位与业主、分包单位联系、协商问题,协调施工现场的施工、设计、材料供应、工程预算等各方面的工作。施工技术人员对项目经理负责,负责对工程项目的全面管理,保证工程的顺利完成。施工技术人员的主要职责如下:

(1)在项目经理领导下,深入施工现场,协助搞好施工监理,与施工班组一起复核工程量,提高工程量正确性。

(2)负责本工程项目的施工质量,对工程技术质量、安全工作负责。

(3)熟悉施工图样,了解工程概况,绘制现场平面布置图,搞好现场布局。对设计要求、质量要求、具体做法要有清楚的了解并熟记,组织班组认真按图施工。

(4)全面负责本工程施工项目的施工现场勘察、测量、施工组织和现场交通安全防护设置等具体工作,组织班组努力完成开路口、路面破复、临时道路修筑等工程任务,对施工中的有关问题及时解决,向上报告并保证施工进度。

(5)参加图样会审,审理和解决图样中的疑难问题,碰到大的技术问题应与业主和设计部门联系,妥善解决。坚持按图施工,分项工程施工前,应写出书面技术交底。

(6)参与班组技术交底、工程质量、安全生产交底、操作方法交底。严守施工操作规程,严抓质量,确保安全,负责对新工人上岗前培训,教育监督工人不违章作业。

(7)编制单位工程生产计划。填写施工日志和隐蔽工程的验收记录,配合质检员整理技术资料和施工质量管理,按时下达各部位混凝土配合比。

(8)对原材料、设备、成品或半成品、安全防护用品等质量低劣或不符合施工规范规定和设计要求的,有权禁止使用。

(9)按照安全操作规程规定和质量验收标准要求,组织班组开展质量、安全自检与互检,努力提高工人技术素质和自我保护能力。对施工现场设置的交通安全设施和机械设备等安全防护装置经组织验收合格后方可进行工程项目的施工。

(10)认真做好隐蔽工程分部、分项及单位工程竣工验收签证工作,收集、整理、保存技术的原始资料,办理工程变更手续。负责工程竣工后的决算上报。

(11)协助项目经理做好工程资料的收集、保管和归档。

1.1.1.3　施工技术人员的主要任务

在施工全过程中,施工技术人员的主要任务是:结合多变的现场施工条件,将参与施工的劳动力、机具、材料、构配件和采用的施工方法等,科学、有序地协调组织起来,在时间和空间上取得最佳组合,取得最好的经济效果,保质、保量、保工期地完成任务。

1. 做好施工准备工作

施工技术人员在施工现场应做好的施工准备工作主要包括以下几点。

1)技术准备

(1)熟悉审查施工图样、有关技术规范和操作规程,了解设计要求及细部、节点做法,并放必要的大样,做配料单,弄清有关技术资料对工程质量的要求。

(2)调查收集必要的原始资料。

(3)熟悉或制定施工组织设计及有关技术经济文件对施工顺序、施工方法、技术措施、施工进度及现场施工总平面布置的要求;并清楚完成施工时的薄弱环节和关键工序。

(4)熟悉有关合同、招标资料及有关现行消耗定额等,计算工程量,弄清人、财、物在施工中的需求消耗情况,了解和制定现场工资分配和奖励制度,签发工程任务单、限额领料单等。

2)现场准备

(1)现场"四通一平"(即水、电供应,道路、通信畅通,场地平整)的检验和试用。

(2)进行现场抄平、测量放线工作并进行检验。

(3)根据进度要求组织现场临时设施的搭建施工;安排好职工的住、食、行等后勤保障工作。

(4)根据进度计划和施工平面图,合理组织材料、构件、半成品、机具陆续进场,进行检验和试运转。

(5)安排做好施工现场的安全、防汛、防火措施。

3)组织准备

(1)根据施工进度计划和劳动力需要量计划安排,分期分批组织劳动力的进场教育和各工种技术工人的配备等。

(2)确定各工种工序在各施工段的搭接,流水、交叉作业的开工、完工时间。

(3)全面安排好施工现场的一、二线,前、后台,施工生产和辅助作业,现场施工和场外协作之间的协调配合。

2. 进行工程施工技术交底

(1)施工任务交底。向工人班组重点交代清楚任务大小、工期要求、关键工序、交叉配合关系等。

(2)施工技术措施和操作要领交底。交代清楚与工程有关的技术规范、操作规程和重点施工部位、细部、节点的做法以及质量要求和技术措施。

(3)施工消耗定额和经济分配方式的交底。交代清楚各施工项目劳动工日、材料消耗、机械台班数量、经济分配和奖罚制度等。

(4)安全和文明施工交底。提出有关的防护措施和要求,明确责任。

3. 实行有目标的组织协调控制

在施工过程中,依照施工组织设计和有关技术、经济文件以及当地的实际情况,围绕着质量、工期、成本等既定施工目标,在每一阶段、每一工序实施综合平衡、协调控制,使施工中的各项资源和各种关系能够配合最佳,以确保工程的顺利进行。为此,要抓好以下几个环节:

(1)检查班组作业前的各项准备工作。

(2)检查外部供应、专业施工等协作条件是否满足需要,检查进场材料和构件质量。

(3)检查工人班组的施工方法、施工操作、施工质量、施工进度以及节约、安全情况,发现问题,应立即纠正或采取补救措施解决。

(4)做好现场施工调度,解决现场劳动力、原材料、半成品、周转材料、工具、机械设备、运输车辆、安全设施、施工水电、季节施工、施工工艺技术及现场生活设施等出现的供需矛盾。

(5)监督施工中的自检、互检、交接检制度和工程隐检、预检的执行情况,督促做好分部分项工程的质量评定工作。

4. 技术资料的记录和积累

在施工过程中,施工技术人员应做好每项技术的记录和积累,主要包括以下内容:

(1)做好施工日志,隐蔽工程记录,填报工程完成量,办理预算外工料的签订。

(2)做好质量事故处理记录。

(3)做好混凝土砂浆试块试验结果,质量"三检"(自检、互检、专检)等情况记录的积累工作,以便工程交工验收、决算和质量评定的进行。

1.1.2 桥梁工程施工方法概述

桥梁工程包括上部结构、下部结构和基础工程。上部结构、下部结构、基础工程的施工方法除与结构形式及所处场地条件、地质情况、水文情况密切相关外,为控制成本,还考虑施工单位已有设备及临时结构情况;对于同一工程,可能有多种可选的施工方法或工艺措施、方案,成功的施工方法首先应遵循设计文件、相关技术规程,并在确保工期、施工质量和安全的前提下,为施工单位实现经济效益最大化。

目前,桥梁基础形式大多采用混凝土桩基,其成孔施工方法可根据桥位场地地质、水位情况采用人工挖孔、正反循环钻进、旋挖钻进、冲击钻进、冲抓钻进等。在深水中桥位可采用双壁钢围堰、钢吊箱、沉井、钢板桩等配合以上成孔施工方法施工桩基;桩基混凝土灌注可根据水文条件采用干灌或灌注水下混凝土的施工方法。对于较高的混凝土桥梁墩柱,可采用翻模、滑模、爬模等方法施工。

桥梁上部结构形式多种多样,按所采用材料可分为钢筋混凝土桥、预应力混凝土桥、钢桥和钢混组合梁桥;按结构受力体系可分为梁式桥、拱式桥和悬索桥三大体系。所用材料和结构受力体系的组合又使桥梁上部结构形式种类更多,不同材料、不同结构受力体系的上部结构施工方法存在很大差异,相应施工工艺流程及规范要求也不尽相同。

对于混凝土简支梁桥,其施工方法主要采用现场预制,架设方法可采用汽车吊、架桥机架设或采用造桥机拼装。支架现浇混凝土连续梁采用的施工方法主要有满堂支架、墩梁支架两种。节段施工的混凝土连续梁、连续刚构常分别采用悬臂对称浇筑和悬臂对称拼装方法。对跨越河流、既有线路或山谷等场地的混凝土连续梁桥、连续刚构桥,可在支架上或采用挂篮浇筑上部结构,然后将梁体平转到设计位置。

钢管混凝土拱桥中钢管拱肋可采用“以直代曲”或“煨弯”方式加工,拱肋吊装可采用满堂支架、少支架、缆索吊装、竖转、平转等方法。钢管内混凝土一般采用对称顶升的方法压注。

PC矮塔斜拉桥主梁施工方法多采用悬臂对称浇筑;斜拉索采用镀锌平行钢绞线,采用分丝管贯通主塔方式锚固在主梁上,锚具采用群锚;斜拉索采用逐根挂设,先单根张拉,然后整体张拉的等值张拉方式。

对地锚式悬索桥,一般先架设作为主缆安装、紧缆、吊杆安装等施工平台的猫道,采用AS或PPWS方法架设主缆,利用缆索起重机架设加劲梁;对于加劲梁架设,国内2012年建成通车的湖南矮寨大桥首次使用轨索滑移法架设,为悬索桥加劲梁架设提供了一种新型方法。对自锚式悬索桥,因主缆锚固在边跨加劲梁上,需先施工加劲梁,然后安装主缆,自锚式悬索桥的加劲梁施工方法和连续梁的施工方法相同,可采用支架上现场浇筑(混凝土加劲梁)、支架上原位拼装、顶推、拖拉施工等(混凝土、钢结构加劲梁)。

钢管混凝土空间桁架连续梁主桁多采用预制场拼装、支架上安装或采用拖拉、顶推方式架设主桁,待主桁合龙后,浇筑上、下弦钢管内混凝土及桥面板混凝土。

可见,不同结构形式,不同地质、水文条件的桥梁,其施工方法不尽相同,这决定了桥梁工程施工内容的丰富性,也对桥梁工程施工技术人员的素质提出了更高的要求。

1.1.3 桥梁工程施工存在的问题及发展方向

我国道路工程建设中,桥梁占总价的10%~20%;在我国高速铁路建设中,桥梁工程所占比例更高,京沪高速铁路中桥梁工程里程占到总里程的80%,桥梁工程建设对我国交通、经济建设具有重要意义。桥梁工程施工是桥梁工程建设中非常重要的环节之一,其技术水平的提高对确保桥梁工程的安全运营及耐久性有直接影响。和桥梁工程施工重要地位不相适应的是,国内高职高专院校对桥梁工程施工内容的教学并没有给予充分重视,毕业生对施工环节掌握不够;施工单位缺乏具有一定理论知识和丰富实践经验的施工技术人才,已有施工技术人才的施工技术水平和现场桥梁施工技术发展不相适应,这些已严重影响我国桥梁工程健康发展。

现场施工环节是根据施工设计图修建桥梁的具体过程,是桥梁建设过程的重要环节。桥梁工程施工对桥梁工程质量、施工过程安全、运营期间安全及耐久性影响巨大。

1.1.3.1 桥梁结构施工过程中受力最不利

桥梁工程施工过程是将桥梁各杆件、构件形成整体的过程,在结构形成整体的过程中,结构刚度较小(钢管混凝土裸拱),结构未形成连续结构(悬臂浇筑、拼装施工),后续施工过程对已施工结构线形、内力影响显著(悬臂浇筑、拼装施工、悬索桥施工),不但结构受力复杂,结构受力也最不利,对施工技术有更高的要求。对节段施工的大跨连续梁、连续刚构桥,施工过程中会形成大悬臂结构(如图1-1所示);对缆索吊装的拱桥,施工过程中会形成由扣索反吊的悬臂结构(如图 1-2 所示);对于转体施工的桥梁,上部结构施工完毕、结构转体前后及转体过程结构也呈悬臂结构(如图 1-3 所示);这些未形成整体的大悬臂结构在外界荷载(如风荷载)作用下受力最不利,如施工不当将引起严重后果。对于支架现浇的连续梁,混凝土在浇筑过程中呈流态,只能作为荷载,不能承担其他荷载作用,且由于其自身抗拉强度低,在混凝土硬化期间,对支架沉降控制有更高的要求(如图 1-4 所示)。

图 1-1　悬臂浇筑连续梁施工过程中的悬臂结构

图 1-2　缆索吊装钢管混凝土拱桥合龙悬臂结构

图 1-3　既有线旁利用转体工艺施工的连续梁

1.1.3.2　影响桥梁结构施工质量因素

桥梁上部结构按所用材料不同分为混凝土桥梁、钢结构桥梁及组合桥梁。对于混凝

图1-4　满堂碗扣支架现浇施工连续梁

土桥梁,粗骨料、细骨料、水泥、外加剂、混凝土浇筑质量、养护条件等都将对混凝土强度、耐久性等产生直接影响;对于钢结构桥梁,钢材原材料质量、现场杆件焊接质量、杆件加工精度、防腐处理等也会对桥梁结构承载能力及耐久性产生影响。目前,国内大部分桥梁都采用预应力技术,预应力钢束的张拉、压浆质量将对结构的受力性能及使用安全有直接影响。影响桥梁施工质量的众多因素都需要技术工人在现场具体实施,现场的环境及技术工人的技术水平、责任心也会影响桥梁结构的质量。

1.1.3.3　影响桥梁结构施工安全因素

影响桥梁结构施工质量的众多因素,对桥梁结构施工安全也是重大隐患。除原材料、施工技术质量等因素外,在桥梁施工过程中,需要大量的临时结构,如预制梁中需要专门台座,现浇梁中需要支架,悬臂浇筑施工中需要挂篮,悬臂拼装施工中需要吊机,转体施工中需要转盘,梁体架设需要架桥机、造桥机、塔吊,顶推、拖拉施工需要导梁等,这些临时结构往往需要施工单位根据具体情况进行设计、安装,临时结构设计、安装是桥梁结构施工过程中非常重要的环节之一,如果处理不当,将引起严重后果。

由于临时结构造成的事故只是一小部分,这些事故对各自工程的经济、社会效益都产生了非常不利的影响。

外界环境对桥梁结构施工过程安全的影响也不容忽视。我国幅员辽阔,北方地区气候干燥,冬季气温较低,冻胀作用明显;南方雨量充沛;西部地区气候干燥,温差较大,春、冬季风力较大。这些因素对施工中未形成整体结构的桥梁结构安全具有很大的影响,温差较大区域如养护不当可能造成混凝土在施工过程中开裂;基础冻胀可能造成支架上升,引起结构附加内力;在雨量充沛的环境中,如果基础排水不畅,可能造成支架基础沉降等。

1.1.3.4　桥梁结构施工质量对结构运营安全影响巨大

桥梁结构施工质量不但对施工期间结构质量、安全有直接影响,对桥梁结构运营安全、结构耐久性也将产生巨大影响。目前,国内运营的桥梁结构有些“带病工作”,影响结构安全运营,需要维修、加固,造成这些结构“带病工作”的主要原因之一是施工质量较差,给桥梁结构的安全运营造成巨大隐患。混凝土施工质量较差造成桥梁结构运营期间出现表面崩裂、开裂,支座预埋钢板附近露筋、混凝土松散情况,箱梁底板出现大面积露筋,支座安装不平,支座安装明显偏位等。

1.1.3.5　**桥梁结构施工方案及质量对企业经济效益有直接影响**

桥梁结构形式多种多样,所处地质环境、场地条件不同,每个施工企业具备的设备、物资情况也有差异。合理的施工技术方案、工艺措施可在确保施工质量的前提下加快施工进度,合理缩短工期,而不合理的施工技术方案、工艺措施不但会影响结构施工质量,给结构安全运营埋下隐患,也会延迟工期,从而降低企业的经济效益。在遵循设计文件、施工规范前提下采用哪种施工方案,充分发挥企业自身已具备的设备、物资条件,合理安排各施工工序,根据地质环境、场地条件制订相应的施工技术方案,对施工工期、施工质量有直接影响,也会对企业经济效益、社会声誉产生巨大影响。

1.1.3.6　**桥梁结构受力特点对桥梁工程施工提出更高要求**

桥梁工程结构在运营期间主要承受车辆荷载,车辆荷载会对桥梁结构产生冲击作用,因此桥梁结构对动力及疲劳性能要求较高;桥梁结构所处场地复杂,可能承受酸、碱腐蚀,紫外线照射,水冻融循环等其他环境综合作用;动力、疲劳荷载及环境耦合作用的受力特点对其施工质量提出了更高的技术要求。

总之,桥梁工程施工不仅仅是按图施工的过程,还涉及理论计算、试验及实践的综合技术,从事桥梁施工的技术人员,不但应有丰富的现场实践经验,尚应具备一定的理论基础和试验知识。高质量的桥梁工程施工不但可创造经济效益,而且对交通事业及经济发展也具有一定的影响。

项目 1.2　施工准备

【项目描述】

桥梁工程正式施工之前,需要从组织、技术、物资等各方面完成施工准备工作,以便工程顺利开工。

【项目分析】

1. 建立项目部,设置施工班组,完成组织准备。
2. 熟悉图纸,制订施工方案,加密导线点、水准点,完成技术准备工作。
3. 完成材料、机械等物资准备。
4. 清理场地、设置施工临时设施,完成场地准备。

【项目案例】

参考图纸　　　　完成作业

【项目实施】

施工准备是工程顺利实施的基础和保证，直接影响到工程的进度、质量和施工方的经济效益，因此必须高度重视，认真对待。施工准备包括组织准备、技术准备、物资准备和场地准备等。

1.2.1 组织准备

1.2.1.1 建立组织机构

施工组织准备工作的主要内容是成立工程管理机构（即项目经理部）。确定组织机构应遵循的原则是：根据工程项目的规模、结构特点和复杂程度来决定机构中各职能部门的设置，人员的配备应力求精干，以适应任务的需要。坚持合理分工与密切协作相结合，便于指挥和管理，分工明确，责权具体。

项目经理作为工程总承包的责任人，全面负责工程的各项工作。项目经理部下设技术、施工、管理、质量、安全、材料、预算、财务、机械等职能部门，对工程施工的全过程进行全面管理。

1.2.1.2 合理组织施工力量

施工班组的建立应认真考虑专业和工种之间的合理配置，制订出该工程的劳动力需求计划。进场后应对工人进行技术、安全操作规程以及消防、文明施工等方面的培训教育。

1.2.2 技术准备

施工单位承接桥梁施工任务后，必须组织有关人员对设计文件、图样及其他有关资料进行了解和研究，并进行现场勘察与核对，必要时进行补充调查。

1.2.2.1 了解和研究设计文件、图样及其他有关资料

施工单位在编制施工组织设计前，应组织有关人员对设计文件、图样、资料进行研究和现场核对，必要时进行补充调查。研究设计文件、图样、资料时，应首先查明是否齐全、清楚，图样本身及相互之间有无矛盾和错误。如发现图样和资料欠缺、错误、矛盾等情况，应向建设单位提出，予以补全、更正。较复杂的中桥、大桥和特大桥，可要求建设单位进行设计交底，施工单位可提出修改意见供建设单位考虑。

1.2.2.2 技术交底内容

在勘察现场及审阅图样后，应请建设单位主持，请设计单位设计人员进行设计交底。交底后施工单位将发现的问题提出，请设计单位解答，会议纪要由建设单位于会后以正式文件分发给设计、施工单位及其他有关单位。

在施工单位内部应贯彻层层交底制度，并由项目负责人负责交底。交底内容应包括结构特点、施工季节特点、施工步骤、操作方法、质量要求、安全要求和各项有关的规程、技术措施，并结合设计意图，向各级人员及操作人员交代清楚。

1.2.2.3 施工组织设计内容

根据工程规模，编制施工组织设计或施工方案。施工组织设计具体应包括下列内容：

(1)工程特点。应叙述工程结构情况与特点及工程地点的水文、地质、气候、地形等

特殊情况,以及与工程有关的其他情况。

(2)主要施工方法。根据工程特点,简要叙述本工程主要部位的施工方法和保证工程质量、施工安全、节约以及推广新工艺、新技术、新结构、新材料等的施工方法。

(3)主要施工技术措施。根据工程特点,简述本工程在其预计的特定条件下不能正常进行施工时必须采取的一些特殊措施。

(4)施工现场总平面布置图。包括水、电、路及各加工场与存料场的布置与面积及与场外交通联系。

(5)施工图样。由于某些情况,设计图样不能全面指导施工,施工单位必须提出补充图样。

(6)施工进度计划。主要项目施工网络计划图。

(7)施工物资供应计划及半成品供应计划。

(8)施工机具与劳动力计划。

(9)施工预算。

(10)施工测量各种基点图。

(11)科研项目及内容。

(12)对施工中间的障碍应做详细调查,并提出处理方法与时间。如有旧建筑物,应按照对旧建筑物的处理方法;如需爆破,则应提前做准备,并报请有关单位批准,按计划施行。

(13)在河道中施工时,应有划定足够的施工水域和过往船只水域的措施,报请航道部门批准。对河床情况,除去探测外,还应向附近人员了解河道内有无特殊障碍,以便制订施工措施计划。

(14)在陆地施工时应充分考虑交通组织问题,应与铁路、公路及交通管理部门联系,并办理有关手续。

1.2.2.4 施工测量

1. 测量要求

桥梁施工测量工作应有专人负责,并将所测结果妥善保管备查,同时绘制现场测量放线图纸。

(1)桥梁施工的各种主要控制桩均应牢固可靠,保留到工程结束。

(2)在河道、海湾及湖泊内施工时,应在工程开工前,设放固定水尺,并根据情况每日定时做水位记录。

(3)施工测量前要做好调查研究,认真审查施工图纸,核对各部位尺寸数据,了解桥位水文、地形、建筑物情况。

(4)绘制定线图,在图上载明定线基点位置和水准点,以及临时水准点的位置,并载明相互间的距离、标高、角度或大地坐标编号等。测量标桩应编号。

(5)小桥或涵洞的中线位置、间距及墩台间距,应用钢尺直接丈量。

(6)大、中桥的轴线位置、桩间距离的检查校核及墩台位置放样,根据条件采用钢尺直接丈量或经纬仪交角法测量。在大桥放线时,均应采用电磁波测距仪或激光测距仪。

(7)桥梁中线一般应用经纬仪测量,墩、台间距均应校对其对角线是否相等,斜交桥应按设计角度算出的对角线进行校对。

(8)为施工方便,可设置若干辅助基点,便于在施工各个阶段都可直接测量。辅助基点必须经常检查和校测,控制桩应妥善保护,并引出攀线标志。

(9)为防止台后填土引起的桥台位移,桥台轴线放样时,一般向岸上偏移1~4 cm;为防止桥墩、承台自重引起的下沉,一般在桥墩、承台高程放样时,放高0.5~2 cm,桥面最后的设计高程可通过桥面铺装加以调整。

(10)第一个桥墩(台)施工完毕后,以后所有的桥墩、承台轴线与高程均应以筑成的桥墩(台)轴线与高程为基准。

(11)导线方位角闭合差、水准点闭合差、基线丈量允许偏差、用直接丈量法测定的精度、用三角网法测定桥位时,角度测量的最大闭合差可参考《公路桥涵施工技术规范》(JTG/T 3650—2020)。

2. 测量内容

(1)根据桥梁的形式、跨径及设计要求的施工精度,确定利用原设计网点加密或重新布设控制网点。

(2)补充施工需要的水准点,桥梁轴线、墩台控制桩。

(3)桥梁放样测量内容和要求如下:

①当有良好的丈量条件时,可采用直接丈量法进行墩台施工定位。直接丈量,应对尺长、温度、拉力、垂度和倾斜度进行修正计算。

②大、中桥的水中桥墩、承台和基础的位置,宜用校验过的电磁波测距仪测量。桥墩中心线在桥轴线方向上的位置中误差不应大于±15 mm。

③曲线上的桥梁施工测量,应按照设计文件参照公路曲线测定方法处理。

(4)桥梁施工过程中,应测定并经常检查桥梁结构浇、砌与安装部分的位置和标高,并做出测量记录和结论,如超过允许偏差,应分析原因,并予以补救和改正。

桥轴线超过1 000 m的特大桥梁和结构复杂的桥梁施工过程,应进行主要桥墩、承台(或塔、锚)的沉降变形监测,桥梁控制网应每年复测一次,以确保施工安全和质量。

(5)桥梁竣工后进行竣工测量,其测量项目包括:测定桥梁中线,丈量跨径,丈量桥墩、承台(或塔、锚)各部尺寸,检查桥面高度。

(6)为防止差错,施工测量必须由两个人相互检查核对,并做出测量和检查核对记录。

1.2.2.5 施工前的复查与试验

1. 原材料的试验

对桥梁施工中的水泥、碎石、砂及钢筋、钢绞线进行试验,确保各项指标符合桥梁施工要求。

2. 外购材料抽样检验、审查

施工前,应审查外购材料的技术指标,必要时派人去厂家了解施工工艺和设备,对原材料及半成品进行抽样检查。

1.2.3 物资准备

桥梁施工要消耗大量的人工、材料和机具,所以开工前应进行所需材料的购进、采集、加工、搬运和储备工作。同时要检修或购置施工机械,做好施工人员的生活、后勤保障。施工物资准备主要包括施工临时设施准备、材料准备(如钢材、木材、水泥、砂石材料等)、施工机械准备、试验设备准备及其他各种小型生产工具、小型配件等的准备。

1.2.4 场地准备

场地准备包括清理场地、房屋及其他构造物的拆除、清除树木和灌木丛、施工场地排水及临时工程。其中,临时工程包括临时供电、临时供水、临时交通道路、临时通信线路以及临时施工用房等。

1.2.5 开工报告

1.2.5.1 项目工程开工报告

施工准备工作完成后,由承包人(施工单位)提出开工申请后报监理工程师初审,符合要求后经驻地监理工程师签认同意后报当地交通部门,由监理、交通部门共同对进场人员、设备、材料进行现场检查核实,签认后才能正式施工。

1.2.5.2 分项工程开工报告

分项工程开工报告由承包人提出后,经监理工程师审查,符合要求后由驻地监理工程师同意后才能正式施工。

开工报告主要内容包括开工报告申请单、施工组织设计报审表、施工技术方案报审表、施工放样检验表、进场材料报验单、进场设备报验单、质量保证体系等。

模块2　桥梁基础施工

【学习目标】

1. 掌握桥梁扩大基础及承台工程施工的技术。
2. 掌握桥梁灌注桩工程施工的技术。
3. 掌握桥梁深水基础工程施工的技术。

【学习任务】

1. 桥梁扩大基础及承台工程施工的基础开挖、基坑防护、基坑排水。
2. 桥梁灌注桩工程施工的成孔工艺及混凝土灌注施工。
3. 桥梁深水基础工程施工的平台、围堰、沉井、钢吊箱。

【思政目标】

1. 了解桥梁基础施工方法及原理，引导学生热爱所学专业，争做具有高度社会责任感、良好职业道德、扎实专业知识和较强实践能力的工程技术人才，为国家的基础设施建设作出贡献。

2. 在桥梁基础施工中，需要各个工种、各个环节的密切配合。通过思政教育，培养参与人员的团队协作精神，提高沟通协作能力，共同完成施工任务。

项目2.1　明挖地基

【项目描述】

在天然土层上直接建造桥梁基础，可采用明挖法，即不用任何支撑的一种开挖方式。当地基土层较软，放坡受施工条件限制时，可采用多种坑壁支撑。

【项目分析】

1. 基坑开挖。
2. 基坑围堰。
3. 基坑排水和降水。
4. 地基处理。
5. 基坑回填。

【项目案例】

参考图纸　　完成作业

【项目实施】

2.1.1　基坑开挖

2.1.1.1　基坑开挖的有关规定

在天然土层上直接建造桥梁基础,可采用明挖法,即不用任何支撑的一种开挖方式。当地基土层较软,放坡受施工条件限制时,可采用多种坑壁支撑。

(1)基坑顶面应设置防止地面水流入基坑的设施,基坑顶有动荷载时,坑顶边与动荷载间应留有不小于1 m宽的护道;如动荷载过大宜增宽护道;如工程地质和水文地质不良,应采取加固措施。

(2)基坑坑壁坡度不易稳定并有地下水影响,或放坡开挖场地受到限制,或放坡开挖工程量大,应根据设计要求进行支护。设计无要求时,施工单位应结合实际情况选择适宜的支护方案。

(3)当基础土质均匀、地下水位低于基坑、基坑顶缘无动荷载时,挖方时可将坑壁挖成直坡式,即不放坡也不设支撑,但是,挖方深度不宜超过表2-1的规定。

表2-1　允许做直坡的条件　(单位:m)

土质情况	挖方深度限值
稍松土质	0.50
中等密度土质(用锹可挖)	1.25
密度土质(用镐可挖)	2.00

(4)当挖土深度超过可以不放坡的限值,在5 m以内,且地质条件良好,土质均匀,地下水位低于基坑底标高时,在不加支撑的情况下,允许的最陡坡度应符合表2-2的规定。

表2-2　深度在5 m以内的基坑坑壁最陡坡度

土壤种类	坑壁最陡坡度(高:宽)		
	基坑顶缘无载重	基坑顶缘有静载	基坑顶缘有动载
砂类土	1:1	1:1.25	1:1.5
碎石类土	1:0.75	1:1	1:1.25
黏砂土	1:0.67	1:0.75	1:1
砂黏土	1:0.33	1:0.5	1:0.75
黏土带石块	1:0.25	1:0.33	1:0.67
未风化页岩	1:0	1:0.1	1:0.25
岩石	1:0	1:0	1:0

2.1.1.2　基坑开挖施工

1.基坑开挖要求

(1)基坑开挖施工宜安排在枯水或少雨季节进行,开工前应做好计划和施工准备工作,开挖后应连续快速施工。

(2)基础的轴线、边线位置及基底标高应精确测定,检查无误后方可施工。

(3)在附近有其他结构物时,应有可靠的防护措施。

(4)排水应不影响基坑安全,应不影响农田和周边环境。

(5)任何土质基坑,不能直接挖到基础底层,可预留10~20 cm土层,在浇基础垫层混凝土时,一边清底层预留土一边浇混凝土。

(6)弃土不得妨碍开挖基坑及其他工作,或影响基坑稳定。

2. 基坑开挖边坡

(1)基坑开挖边坡有3种形式,即直坡式、斜坡式和踏步式。其尺寸应满足施工要求。

(2)当基坑为渗水的土质基底,坑底尺寸应根据排水要求(包括排水沟、集水井、排水管网等)和基础模板设计所需基坑大小而定。一般基底应比基础的平面尺寸增宽0.5~1.0 m。当不设模板时,可按基底的尺寸开挖基坑。

(3)基坑坑壁坡度应按地质条件、基坑深度、施工方法等情况确定。当为无水基坑、且土层构造均匀时,基坑坑壁坡度可按表2-3确定。

表2-3　基坑坑壁坡度

土壤种类	坑壁坡度(高:宽)		
	基坑顶缘无载重	基坑顶缘有静载	基坑顶缘有动载
砂类土	1:1	1:1.25	1:1.5
卵石、砾石类土	1:0.75	1:1	1:1.25
粉质土、黏质土	1:0.33	1:0.5	1:0.75
极软岩	1:0.25	1:0.33	1:0.67
软质岩	1:0	1:0.1	1:0.25
硬质岩	1:0	1:0	1:0

(4)当基坑有地下水时,地下水位以上部分可以放坡开挖;地下水位以下部分,若土质易坍塌或水位在基坑底以上较深时,应加固开挖。

(5)如土的湿度有可能使坑壁不稳定而引起坍塌,基坑坑壁坡度应缓于该温度下的天然坡度。

3. 基坑坑壁加固

(1)虽然基坑放坡开挖比较经济,但在下列情况下应采取坑壁加固措施:

①地下水位高于基底且渗透量大,影响坑壁的稳定。

②放坡开挖工作量过大,不符合"多、快、好、省"的要求。

③基坑较深,施工期较长。

④受施工场地限制或邻近有建筑物,不能采用放坡开挖。

(2)加固坑壁常用的支撑形式有:挡板撑木式支撑、混凝土护壁(喷射或支模现浇)支撑、钢板桩支撑、钢筋混凝土板桩支撑、锚桩式支撑和地下连续壁等。

(3)采用喷射支撑加固时,应按设计要求逐层开挖、逐层加固。若坑壁上有明显出水点处,应设置导管排水。

(4)当用锚杆挂网喷射混凝土支护、开挖基坑时,各层锚杆要求进入稳定层的长度和间距、钢筋的直径或钢绞线的束数,应符合设计要求。

(5)基坑开挖深度小于10 m的较完整风化基岩,可直接喷射素混凝土。喷射前应定距离埋设钢筋,以露出岩面的长度作为喷射厚度的标志。

(6)喷射完成后,检查混凝土的平均厚度、强度,其值均不得小于设计要求,锚杆的平均抗拔力不小于设计值,最小拔力不小于设计值的90%。混凝土喷射表面应平顺,钢筋和锚杆不外露。

4. 有水地基开挖

若地基的渗水量太大，超过了排水能力，或基坑土质不好，采用抽水开挖基坑时将会产生涌沙或涌泥现象，此时宜采取有水开挖的方法。常用的开挖方法有如下 3 种：

（1）水力吸泥机方法。此法适用于砂类土及砾卵石类土，不受水深限制，其出土效率可随水压和水量的增加而提高。

（2）空气吸泥机方法。此法适用于水深 5 m 以上的砂类土或夹有少量碎卵石的基坑，浅水基坑不宜采用。在黏土层使用时，应与射水配合进行，以破坏黏土结构。吸泥时应同时向基坑内注水，使基坑内水位高于河水位约 1 m，以防止流沙或涌泥。

（3）挖掘机方法。此法适用于各种土质，但开挖时要注意基坑边坡的稳定，可采用反铲挖掘和吊机配抓泥斗挖掘，一般工效很高。

5. 无水地基开挖

一般小桥涵基础基坑开挖，采用人力施工方法；大、中桥基础，其基坑大而深，挖方量大，可采用机械或半机械施工方法。

（1）为避免地面水冲塌坑壁，在基坑顶缘适当距离设截水沟。坑顶边应留护道，有弃土或静荷载的不小于 0.5 m，有动荷载的不小于 1.0 m。

（2）应避免超挖。若超挖，应将松动部分清除，其处理方案应报监理、设计单位批准。

（3）挖至标高的土质基坑不得长期暴露、扰动或浸泡，并应及时检查基坑尺寸、高程、基底承载力，符合要求后，应立即进行基础施工。

人工开挖基坑只宜在无机械设备且基坑较小时采用。基坑较大时，宜采用挖掘机、抓斗挖土机挖基。但机械挖基容易超挖，可在机械挖到标高以上 200 mm 时改用人工挖基。

（4）每天开挖前及开挖过程中，应检查基坑或管沟的支撑及边坡情况。如发现异常（裂缝、疏松、支撑折断等），应立即采取防范、补救和加固措施。

（5）开挖深度超过 2 m 的，必须在边沿处设立两道护身栏。夜间施工必须有充足的灯光照明。

（6）挖大孔径桩及扩底桩施工前，必须按规定采取防止坠落、掉物、塌壁、窒息等安全防护措施。

（7）基坑施工不可延续时间过长，自基坑开挖至基础完成，应连续施工。

2.1.2 基坑围堰

在河岸或水中修筑墩台时，为防止河水由基坑顶面浸入基坑，需要修筑围堰。围堰所用的材料和形式应根据当地水文、地质条件、材料来源及基础形式而定。

2.1.2.1 围堰的类型

所谓围堰，就是在基坑四周修筑一道临时、封闭、挡水的构筑物，主要有土石围堰、木围堰、套箱和板桩围堰等。

（1）土石围堰的类型、适用条件和技术要求见表 2-4。

表 2-4 土石围堰的类型、适用条件和技术要求

<table>
<tr><th rowspan="3">类型</th><th rowspan="3">适用条件</th><th colspan="4">技术要求</th></tr>
<tr><th rowspan="2">填料</th><th rowspan="2">顶宽 b (m)</th><th colspan="2">边坡</th></tr>
<tr><th>内侧</th><th>外侧</th></tr>
<tr><td>土围堰</td><td>水深<2 m,流速<0.5 m/s,河床不透水,宜用于河边浅滩,当流速为0.5~1.0 m/s时,可在外坡增加防护措施</td><td>透水性小的黏土,砂黏土</td><td>1~2</td><td>1:1.5~1:1</td><td>1:2~1:3</td></tr>
<tr><td>土袋围堰</td><td>水深3.5 m以内,流速1.0~2.0 m/s,河床不透水</td><td>草袋内装黏性土,中有黏土心墙</td><td>1~2
2~2.5</td><td>1:0.3~1:0.2</td><td>1:1~1:0.5</td></tr>
<tr><td>堆石土堰</td><td>河床不透水,多石料的河谷,流速在3 m/s以内</td><td>石块、卵石与黏性土</td><td>1~2</td><td>1:0~1:0.5</td><td>1:0.5~1:1</td></tr>
</table>

(2)木围堰、套箱和板桩围堰的类型和适用条件见表2-5。

表 2-5 木围堰、套箱和板桩围堰的类型及适用条件

<table>
<tr><th colspan="2">堰的类型</th><th>适用条件</th></tr>
<tr><td rowspan="3">木围堰</td><td>木板堰</td><td>适用于水深2 m,流速≤2.0 m/s,较坚实土质河床,盛产木材地区</td></tr>
<tr><td>杩槎堰</td><td>适用于水深2 m,流速≤2.0 m/s,较坚实土质河床,盛产木材地区</td></tr>
<tr><td>木笼堰</td><td>适用于深水,急流,或有流冰、深谷、险滩,河床坚硬、平坦,无覆盖层,盛产木材地区</td></tr>
<tr><td rowspan="2">套箱</td><td>木(钢)套箱</td><td>适用于深水,流速≤2.0 m/s,无覆盖层,平坦的岩石河床</td></tr>
<tr><td>钢丝网混凝土套箱</td><td>适用于深水,流速≤2.0 m/s,无覆盖层,平坦的岩石河床</td></tr>
<tr><td rowspan="3">板桩围堰</td><td>木板桩围堰</td><td>一般适用于砂性土、黏性土和不含卵石且透水性较好的其他土质河床。当水深在2~4 m时,可采用单层木板桩,如渗水严重,可在外侧堆土,如堆土外侧表面不加任何防冲刷防护,仅适用于流速不大于0.5 m/s的河流。当水深在4~6 m时,可用中间填土的双层木板桩围堰,具有压缩河床断面小、体积小等优点,但需耗费大量木材</td></tr>
<tr><td>钢板桩围堰</td><td>当水深大于5 m且不能用其他围堰的情况下,适用于砂性土、半干硬性黏土、碎卵石类土及风化岩等透水性好的河床。根据需要可修筑成单层、双层和构体式。适用于防水及挡土,施工方便,入土深度应大于河床以上部分长度</td></tr>
<tr><td>钢筋混凝土板桩围堰</td><td>适用于深水或深基坑,各种土质河床,可作为基础结构的一部分,也有采用拔除周转使用的,能节省大量木材</td></tr>
</table>

2.1.2.2 围堰施工要求

围堰施工应符合设计要求。围堰修筑后,即可抽除围堰内的水,使基坑在无水的状态下进行开挖,待墩台修筑出水面后,再对基坑回填并拆除围堰。

(1)围堰高度应高出施工期间可能出现的最高水位(包括浪高)0.5~0.7 m。

施工期间是指从围堰开始修筑至完成,即从排除堰内积水,边排水边挖除内基坑土(石)方,砌筑墩台基础及墩台身(高出施工水位或堰顶高程),到可以撤除围堰时为止。

(2)围堰外形应考虑河流断面被压缩后,流速增大,引起水流对围堰、河床的集中冲刷及影响通航、导流等因素,并应满足堰身强度和稳定的要求。

(3)堰内平面尺寸应满足基础施工的需要。

(4)围堰要求防水严密,减少渗漏。

(5)河道中筑坝或围堰要求防水严密,尽量减少渗漏,减少排水工作;如为滩地挡土的围堰(河道中也同),应验算土压。

(6)围堰施工一般应尽量安排在枯水期进行。

桥梁墩桥台基础施工应尽量安排在枯水期进行,这样,围堰高度可降低,断面可减小,挖基时排水工作量也可减少。

2.1.2.3 土围堰施工

土围堰(见图 2-1)是完全依靠堰本身的重力获得稳定和强度的。在水深 1.5 m 以内、水流流速 0.5 m/s 以内,河床土质渗水较小时,可筑土围堰。

图 2-1 土围堰结构示意

(1)填筑土围堰内外均需放坡,堰身断面较大,压缩河床断面较多,需用筑堰土料较多,故土围堰使用范围为水深 1.5 m 以内。当河中墩台不多,筑堰土料易得,并采用机械化施工时,堰身高度使用范围可适当放宽。

①河床土质若为渗水量大的砂土,如中砂、细砂、粉砂,不得使用土围堰。

②当河床为砾砂(角砾、圆砾、卵石、漂石)时,虽然翻砂的可能性较小,但渗水量很大,决定采用土围堰时要慎重,并应考虑相应的排水设施。

(2)堰顶宽度可为 1~2 m。当采用机械挖基时,应视机械的种类确定,但不宜小于 3 m。

①堰外边坡迎水流冲刷的一侧,边坡坡度宜为 1:2~1:3,背水冲刷的一侧的边坡坡度可在 1:2之内。

②堰内边坡宜为 1:1.5~1:1,内坡脚与基坑的距离根据河床土质及基坑开挖深度而定,但不得小于 1 m。

(3)筑堰材料宜用黏性土或砂夹黏土,填出水面之后应进行夯实。常用的夯实机具有蛙式打夯机、小型手扶压路机或手工夯具等。

(4)在筑堰之前,必须将堰底下河床底上的树根、石块及杂物清除干净。因混有树根、石块、杂物的填筑土不易夯压并易形成渗水孔道,故施工前应将其清除。

(5)填筑围堰程序是上游开始至下游合龙,这样可减小围堰填筑过程中的水流冲刷,易于填筑牢固。首先填筑的上游部分,可加大围堰宽度,以抵抗水流冲刷力。

(6)因筑堰引起流速增大使堰外坡面有受冲刷的危险时,可在外坡面用草皮、柴排、片石、草袋或土工织物等加以防护。

2.1.2.4　土袋围堰施工

(1)水深在 3.5 m 以内,流速在 1.0~2.0 m/s 以内,河床土质渗水性较小时,可筑土袋围堰(见图 2-2)。

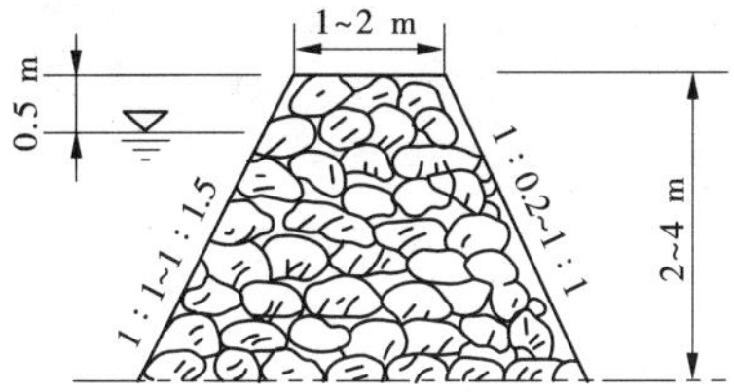

有黏土心墙时，顶宽2~2.5 m

图 2-2　土袋围堰结构示意

(2)围堰中心部分可填筑黏土及黏性土心墙。堰外边坡为 1∶1~1∶0.5,堰内边坡为 1∶0.5~1∶0.2,坡脚与基坑顶边缘的距离和堰顶的宽度同土围堰的规定。

(3)土袋中以装不渗水的黏性土为宜,装土量宜为土袋容量的 1/2~2/3。袋口应缝口。装土过少,用袋太多,不经济;装土过多,堆码不平稳,空隙多,易渗漏。

若采用黏土心的土袋围堰,也可用砂土装袋。

(4)堰底河床处理及堆码方向同土围堰的规定。堆码的土袋的上下层和内外层应相互错缝,尽量堆码密实、平整。

(5)土袋围堰的袋与袋之间的空隙易造成漏水通道,防治方法:一是堆码内外两层土袋,在其中间填筑防水黏土,厚 0.5~1.0 m;二是不分内外层,在每层堆码间的空隙填以松散黏土。

2.1.2.5　套箱围堰施工

套箱围堰(见图 2-3)分为有底套箱和无底套箱两种,有底套箱用于深水部位,无底套箱用于浅水部位。

(1)套箱可用木料、钢板或钢筋混凝土制作,内部设相应材料的支撑。根据工地起吊、移运能力和现场实际情况,套箱可制成整体式和装配式。套箱的接缝必须采取防止渗漏的措施。

(2)套箱应运到设计承台位置平台上进行拼焊,以保证封底后不漏水和整体下沉。

(3)若为装配式套箱,在墩位处应搭设套箱拼装平台。平台的支架一般可采用木桩排架法,但整个墩身部分的空间不得有桩或其他障碍,平台的高程以比施工水位略高为宜。

(4)拼装平台的承重能力应为套箱总重量的 1.5 倍以上,同时应使整个平台均匀受力,以保证拼装焊接时不致发生问题。套箱的下平台的承重能力,以能支撑套箱支架的工字钢、套箱全部重量及水下混凝土的重量的总和再减去同体积水重为准。

(a)整体式

(b)拼装式

图 2-3　套箱围堰

(5)下套箱时,应有足够起重能力的起重机,但吊点位置应予以核算。若无大型起重机,采用多台卷扬机下沉,则应保证各台卷扬机均为相同型号与起重能力,用同样粗细的钢索,卷扬机总的起吊能力最好大于 2 倍箱体重量。

(6)套箱下沉时,应保持平放,随时校正位置与下沉深度,到预计深度后,采用吊挂将套箱吊于水中,套箱顶部应高出施工时水位 20 cm 以上。

(7)有底套箱一般是高桩承台的基础,水较深,承台大部分或全部在水中。采用的有底套箱多为钢筋混凝土或钢筋混凝土与钢板接合制成。

(8)无底套箱下沉前,应清除河底表面障碍物,随套箱下沉,逐步清除河床土层,直至达到设计标高。若套箱设置在岩层上,应平整岩层。按设计位置下沉套箱就位后,再浇水下混凝土封底。

(9)套箱就位后,用外径比预留圆孔大 30 cm、内径比桩径大 2 cm 的平钢板圈(或钢丝网水泥板圈)套在桩上,沿桩下沉到箱底。

(10)将箱内部分桩的表面在水中擦刷清洁后,浇筑至少 100 cm 厚的水下混凝土(注意在浇水下混凝土时,应在箱上部水面以下开洞口,使箱内外水面相平。在箱底应预留一个集水井,待水下混凝土达到强度后,即可封洞口),抽水,做承台施工。

2.1.2.6　钢筋混凝土板桩围堰施工(见图 2-4)

(1)钢筋混凝土板桩适用于黏性土、砂类土及碎石土类河床。

(2)板桩断面应符合设计要求。板桩桩尖角度视土质坚硬程度而定。沉入砂砾层的板桩桩头,应增设加劲钢筋或钢板。

(3)钢筋混凝土板桩的制作,应用刚度较大的模板,榫口接缝应顺直、密合。若用中心射水下沉,板桩预制时,应留射水通道。

(4)钢筋混凝土板桩的插打、就位、位置的控制以及拔除,应按相关规定执行。目前,钢筋混凝土板桩多采用空心板桩。

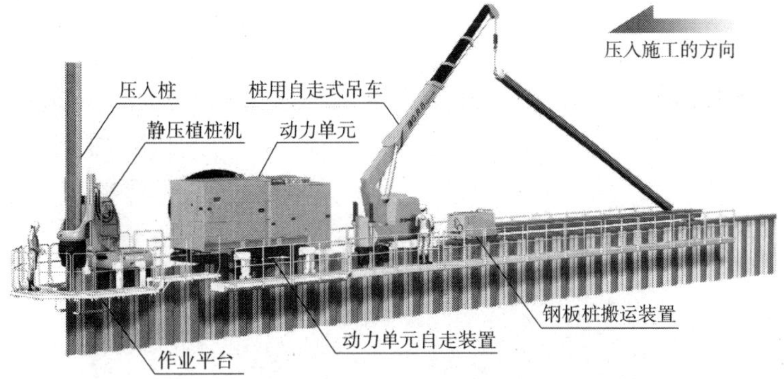

图 2-4 钢筋混凝土板桩围堰

(5)空心板桩的空心多为圆形,用钢管做芯模,待混凝土初凝后,将钢管转动以减小黏结力,达到一定强度后可将钢管由桩头用卷扬机拔出。钢筋混凝土桩的榫口以半圆形为宜,因无棱角,在预制吊装时榫口不易损坏,桩尖斜度一般为1∶2.5~1∶1.5。

2.1.2.7 钢板桩围堰施工

(1)钢板桩围堰(见图2-5)适用于各类土(包括强风化岩)的深水基坑。

(2)钢板桩的力学性能和尺寸应符合规定要求。经过整修或焊接后的钢板桩,应用同类型的钢板桩进行锁口试验、检查。

(3)钢板桩堆存、搬运、起吊时,应防止因自重而引起的变形及锁口损坏。当起吊能力许可时,宜在打桩之前,将2~3块钢板桩拼为一组并夹牢。

图 2-5 钢板桩围堰

(4)在施打钢板桩前,应在围堰上下游一定距离及两岸陆地设置经纬仪观测点,用以控制围堰长、短边方向的钢板桩的施打定位。

(5)施打前,钢板桩的锁口应用止水材料捻缝,以防漏水。锁口内填防水填充材料,主要是为增强围堰的防水性能。填充材料的质量比为黄油∶沥青∶干锯末∶干黏土粉=1∶1∶1∶0.5;组拼桩间也应填防水材料。

(6)施打钢板桩必须备有导向设备,以保证钢板桩的正确位置。施打顺序按施工组织设计进行,一般由上游分两头向下游合龙。施打时宜先将钢板桩逐根或逐组施打到稳定深度,然后依次施打至设计深度。在垂直度有保证的条件下,也可一次打到设计深度。

(7)同一围堰内使用不同类型的钢板桩时,宜将两种不同类型的钢板桩的各半块拼焊成一块异形钢板桩以便连接。接长的钢板桩,其相邻两钢板桩的接头位置应上下错开。

(8)施打时,应随时检查其位置是否正确,桩身是否垂直,不符合要求时应立即纠正或拔起重新施打。

(9)拔桩前,宜向堰内灌水使内外水位持平并从下游侧开始拔桩。拔桩时宜用射水、锤击等松动措施,并应尽可能采用振动拔桩法。拔出来的钢板桩应进行检修涂油,堆码保存。

2.1.2.8 **竹、钢丝笼围堰施工**

(1)竹、钢丝笼围堰(见图 2-6)适用于流速较大而水深在 1.5~4 m 的情况。

图 2-6 竹、钢丝笼围堰

(2)竹、钢丝围堰制作应坚固,可使用钢筋串联、螺栓连接以及钢丝捆扎等方法加固。随着水深增加,水流冲击增大,竹笼的高度与宽度相应增加,竹笼内填筑土石后受侧压力也变大,故竹、钢丝笼必须制作坚固。

(3)按照水深、流速、基坑大小及防渗要求,可以用单层或双层竹、钢丝笼围堰,单层时在围堰内填土袋,在外侧堆土袋,双层时在两层之间填土,防止渗漏。竹、钢丝笼的宽度为水深的 1.0~1.5 倍。

(4)竹、钢丝笼可用浮运、吊装或滑移就位,就位后填石(装土)下沉,在堰底外围堆土袋,以防堰底渗漏。

2.1.2.9 **双壁钢围堰施工**

双壁钢围堰(见图 2-7)适用于深水基础施工。围堰的尺寸及高度,应根据基础尺寸及放样误差、墩位处河床标高、围堰下沉深度,以及施工期间可能出现的最高水位高程及浪高等因素确定。

(1)双壁钢围堰应进行专门设计,其强度、刚度及结构稳定性、锚锭系统、使用期等应满足施工要求。

(2)双壁钢围堰应按设计要求在工厂进行制作,其分节分块的大小应按工地吊装、移运能力确定。各节、块拼焊时,应按预先安排的顺序对称进行。

双壁钢围堰拼焊后应进行焊接质量检验及水密试验。

(3)双壁间距应根据下沉需克服的水的浮力、土壤摩擦阻力、基底抗力而定。双壁钢围堰本身应分设多个对角的横向互不通水的隔水仓,以便在下沉过程中分仓对称灌水、砂砾石或混凝土。

(4)围堰清基应符合设计要求。清基完成后,由潜水员逐片检查,合格后,方可浇筑水下混凝土封底。

(5)围堰清基时,应将基底上的泥沙清除干净,露出基岩。分区清底时,应将风化岩

图 2-7 双壁钢围堰

层和松动岩层清除干净,以便使封底的水下混凝土连接良好。

(6)浇封底混凝土时,应用多根导管,按顺序浇筑。混凝土应满足设计强度,坍落度宜控制在 180~220 mm,混凝土流动半径宜不大于 2.5 m。

(7)围堰着床后的允许偏差应符合设计要求。设计无要求而又作为承台模板用时,其误差应符合模板的施工要求。

(8)围堰拆除时,应采取措施防止撞击桥墩。

2.1.3 基坑排水和降水

在地下水位以下开挖基坑时,要排除地下水和基坑中的积水,保证挖方在较干状态下进行。一般工程的基础施工中,多采用明沟集水井排水、井点排水或两者相结合的办法排除地下水。

2.1.3.1 明沟集水井排水

当基坑开挖遇到地下水和地表水(雨水)时,应在基坑内随同挖方一起设置集水沟,其截面尺寸不小于 0.2 m×0.5 m,沟底低于挖土面 0.5 m 以上,并向集水坑方向保持 2‰~5‰的纵坡。每隔 300 m 设一个集水坑,集水坑直径不小于 0.8 m,坑底低于集水沟底 0.7~1.0 m。集水坑可用荆笆、竹篾、编筐或木笼围护,坑底宜铺设 30 cm 左右厚度的滤料(碎石、粗沙),以防止泥沙堵塞吸水龙头。集水沟和集水坑应随挖土逐层加深,挖至设计标高后,坑底应低于基坑底 1~2 m。抽水时应有专人负责维护集水沟和集水坑,使其不淤、不堵,能不停地将其排出。

集水沟和集水坑排水法的抽水设备有潜水泥浆泵、活塞泵、离心泵或隔膜泵等。

2.1.3.2 井点排水

井点排水法适用于粉砂、细砂,地下水位较高,有承压水,挖基较深,坑壁不稳定的土质基坑。选择井点类别时,应按照土壤的渗透系数、要求降低水位深度以及工程特点而定。在无砂的黏质土中不宜使用。井点排水法注意以下几点:

(1)井管的成孔可根据土质分别用射水成孔、冲击钻机、旋转钻机及水压钻探机成孔。井点降水曲线至少应深于基底设计标高 0.5 m。

(2)在水位降低的范围内设置观测孔,其数量视工程情况而定。降低底层土中地下水位时,应尽可能将滤水管埋设在透水性好的土层中。

(3)应对整个井点系统加强维护和检查,保证不间断地抽水。

2.1.3.3 **轻型井点排水**

(1)轻型井点设备由管路系统和抽水系统组成。管路系统包括过滤管、井点管、弯联管和集水总管等。

过滤管是井点设备的重要组成部分。过滤管直径与井点管直径相同,过滤管长度为1~1.5 m,管壁上有直径为13~19 mm的钻孔,孔距为30~40 mm,外包两层滤管,以防止土粒随地下水被抽走。

井点管采用直径为38~50 mm的钢管,集水总管采用直径为100~127 mm的钢管。

(2)井点布置根据基坑平面尺寸、土质和地下水的流向,以及降低水位深度的要求而定。当降水深度不超过6 m时,可采用单排线状或环形井点布置,井点管应距基坑壁1.5~20 m。当降水深度超过6 m时,应采用二级井点降水。

(3)井点管的埋设,常用的方法有以下3种:

当井点管管端设有射水用的球阀时,可直接利用井点管水冲埋设。

用冲水管冲孔或钻孔后再将井点管沉入埋设。

用带套管的水冲法或振动水冲法下沉。

(4)埋设井管的孔径为30 cm,井点管插入后,四周用粗砂填充以利于滤水,距地面1.5 m范围内用黏土封口,以防漏气。井点管下端的滤管,必须埋入透水层内。

2.1.3.4 **帷幕法排水**

帷幕法是在基坑边线外设置一圈隔水幕,用以隔断水源,减少渗流水量,防止流砂、突涌、管涌、潜蚀等地下水的作用。其方法有深层搅拌桩隔水墙、压力注浆、高压喷射注浆、冻结围幕法等。

2.1.4 地基处理

2.1.4.1 **地基处理的一般规定**

(1)地基处理应根据地基土的种类、强度和密度,按照设计要求,结合现场情况,采取相应的处理方法。

(2)地基处理的范围至少应宽出基础之外0.5 m。

(3)符合设计要求的细粒土、特殊土基底,修整妥善后,应尽快修建基础,不得使基底浸水和长期暴露。

(4)细粒土及特殊土地基处理时,应视该类土的处理深度、含水量等情况,按基底的要求采取固结处理,以满足设计要求。

(5)对于强度和稳定性满足设计要求的粗粒土及巨粒土基底,应将其承重面平整夯实,其范围应满足基础的要求。

基底有水不能彻底排干时,应将水引至排水沟,然后在其上修筑基础。

(6)当地基需要加固时,应根据设计要求及《公路桥涵地基与基础设计规范》(JTG 3363—2019)处理。

2.1.4.2 岩层基底的处理

(1)风化的岩层,应挖至满足地基承载力要求或其他方面的要求为止。

(2)在未风化的岩层上修建基础前,应先将淤泥、苔藓、松动的石块清除干净,并洗净岩石。

(3)坚硬的倾斜岩层,应将岩层面凿平。倾斜度较大,无法凿平时,则应凿成多级台阶。台阶的宽度宜不小于 0.3 m。

2.1.4.3 多年冻土地基的处理

(1)基础不应置于季节冻融土层上,并不得直接与冻土接触。

(2)基础的基底修筑于多年冻土层(即永冻土)上时,基底之上应设置隔温层或保温层材料,且铺筑宽度应在基础外缘加宽 1 m。

(3)按保持冻结原则设计的明挖基础,其多年平均地温大于或等于-3 ℃时,应于冬期施工;多年平均地温低于-3 ℃时,可在其他季节施工,但应避开高温季节。

(4)施工前做好充分准备,组织快速施工。做好的基础应立即回填封闭,不宜间歇。必须间歇时,应以草袋、棉絮等加以覆盖,防止热量侵入。

(5)施工过程中,严禁地表水流入基坑。明水应在距坑顶 10 m 之外修排水沟。水沟中的水,应引于远离坑顶排放并及时排除融化水。

(6)施工时,必须搭设遮阳棚和防雨篷,并及时排除季节冻层内的地下水和冻土本身的融化水。

2.1.4.4 溶洞地基的处理

(1)影响基底稳定的溶洞,不得堵塞溶洞水路。

(2)干溶洞可用砂砾石、碎石、干砌片石或浆砌片石及灰土等回填密实。

(3)基底干溶洞较大,回填处理有困难时,可采用桩基处理,桩基应进行设计,并经有关单位批准。

2.1.4.5 泉眼地基的处理

(1)可将有螺口的钢管紧紧打入泉眼,盖上螺帽并拧紧,阻止泉水流出;或向泉眼内压注速凝的水泥砂浆,再打入木塞堵眼。

(2)堵眼有困难时,可采用管子塞入泉眼,将水引流至集水坑排出或在基底下设盲沟引流至集水坑排出,待基础砌体完成后,向盲沟压注水泥浆堵塞。采用引流排水时,应注意防止砂土流失,引起基底沉陷。

(3)基底泉眼,不论采用何种方法处理,都不应使基底泡水。

2.1.4.6 地基检验

地基检验的内容包括:

(1)检查基底平面位置、尺寸大小、基底标高。

(2)检查基底地质情况和承载力是否与设计资料相符。

(3)检查基底处理和排水情况是否符合《公路桥涵施工技术规范》(JTG/T 3650—2020)要求。

(4)检查施工记录及有关试验资料等。

地基的检验方法是按桥梁大小、地基土质复杂(如溶洞、断层、软弱夹层、易溶岩等)

情况及结构对地基有无特殊要求，可采用以下检查方法：

（1）小桥梁的地基检验。可采用直观或触探方法，必要时可进行土质试验。触探包括动力触探和静力触探两种。动力触探又分轻型、中型和重型 3 种。重型动力触探按触探头不同分为 Ⅰ 型（管式贯入器）和 Ⅱ 型（圆锥头）。前者为标准贯入用具，适用于细粒砂类土、黏性土；后者适用于砂类土和圆砾、卵石层。静力触探是利用电测原理确定大的力学性质的一种原位测试方法，试验时利用静压力装置将探头压入土层，适用于黏性土及砂类土。

土工试验只在特殊地基处理（如软土地基等）时才有必要。荷载试验是研究和取得地基承载力 R、形变模量 E 的基本方法之一，但做此试验很费时间，一般只在大、中桥的特殊地基处理时，按设计部门的要求进行。

（2）大、中桥和地基土质复杂、结构对地基有特殊要求的地基检验。一般采用触探和钻探（钻深至少 4 m）取样做土工试验，或按设计的特殊要求进行荷载试验。

（3）特大桥按设计要求处理。

平面周线位置不小于设计要求。

基底标高：土质±50 mm；石质+50 mm，−200 mm。

2.1.5　基坑回填

当墩、台施工完毕后，即可对基坑进行回填。

2.1.5.1　基坑回填要求

（1）基坑回填时，其结构的混凝土强度应不低于设计强度的 70%。

（2）在覆土线以下的结构必须通过隐蔽工程验收。

（3）基坑内积水需抽除，淤泥及杂物须清除干净。

（4）回填须采用含水量适中的亚黏土或砂质黏土。

填土应分层铺筑，分层夯实或压实，每层松铺厚度一般为 30 cm，在墩、台结构物两侧同时回填，同步上升。若基坑为道路路基，则应按道路施工的要求进行。

桥台填土一般应在梁体结构安装完成后进行，若施工安排确须提前，应对填土高度和上升速度加以限制，并加强对台身位移的观察。在台身或挡土墙设有泄水孔部位，应按设计要求做泄水过滤层，严禁卡车直接在台后卸土或推土机推土，以免台背发生前倾或位移。

设有支撑的基坑，在回填土时，应随土方填筑高度分次由下往上拆除，严禁采取一次拆除后填土作业。

2.1.5.2　基坑回填土的质量标准

基坑开挖的质量标准及允许偏差、开挖要求符合《公路桥涵施工技术规范》（JTG/T 3650—2020）的规定。

回填土的要求如下：

（1）填土经碾压、夯实后不得有翻浆、“弹簧”现象。

（2）填土中不得含有淤泥、腐殖土及有机物质等。

项目 2.2　灌注桩施工

【项目描述】

桥梁基础工程施工，通过桥梁地质断面图来选定成孔机具或工艺，泥浆指标的控制方法，灌注混凝土的施工方法等。

【项目分析】

1. 如何通过桥梁地质断面图来选定成孔机具或工艺。

2. 各种成孔工艺泥浆指标的控制。

3. 灌注第一批混凝土方量的计算。

4. 施工技术资料的填写。

【项目实施】

2.2.1　灌注桩成孔工艺

【项目案例】

参考图纸　　完成作业

2.2.1.1　桥梁桩基结构形式

桥梁桩基按桩承载性状可分为摩擦桩、端承桩。摩擦桩桩顶荷载主要由桩侧阻力承受，并考虑桩端阻力；端承桩桩顶荷载主要由桩端阻力承受，并考虑桩侧阻力。桥梁桩基按成桩方法分为：

(1)非挤土桩，包括干作业法钻(挖)孔灌注桩、泥浆护壁法钻孔灌注桩、套管护壁法钻孔灌注桩。

(2)部分挤土桩，包括冲孔灌注桩、扩孔灌注桩、预钻孔沉桩、敞口预应力混凝土管桩等。

(3)挤土桩，包括沉桩(锤击、静压、振动沉入的预制桩及闭口预应力管桩)。钻(挖)孔桩适用于各类土层(包括碎石类土层和岩石层)，但应注意：钻孔桩用于淤泥及可能发生流沙的土层时，宜先做试桩；挖孔桩宜用于无地下水或地下水量不多的地层；沉桩可用于黏性土、砂土以及碎石类土。在同一桩基中，除特殊设计外，不宜同时采用摩擦桩和端承桩；不宜采用直径不同、材料不同和桩端深度相差过大的桩。

2.2.1.2　人工挖孔灌注桩施工

人工挖孔灌注桩是采用人工逐段开挖形成桩孔的施工方法。

1. 人工挖孔灌注桩适应范围

人工挖孔灌注桩适用于无地下水或少量地下水，且较密实的土层或风化岩层；若孔内产生的空气污染物超过《环境空气质量标准》(GB 3095—2012)规定的三级标准浓度限值且无通风措施、有毒气体或浮尘超标时,不得采用人工挖孔。桩长超过15 m时,不宜采用人工挖孔;如桩长超过15 m,必须采用人工挖孔,应加强机械通风和安全措施,或采用机械挖掘。目前,国内人工挖孔灌注桩长度已超过30 m。

在丘陵等大型机械设备通行不便的区域,采用大面积的人工挖孔往往可提高成孔速度。

2. 人工挖孔灌注桩成孔施工

人工挖孔灌注桩施工流程:桩基定位→插打钢护筒→人工开挖→孔壁支护→孔径、中心检查→桩底检查、处理→灌注混凝土(水下混凝土)。

孔壁支护是人工挖孔灌注桩成孔的关键,无论地质松紧和地下渗水情况如何,均应设置孔壁支护,通常孔壁支护采用混凝土护壁。挖孔施工应根据地质和水文情况,因地制宜选择孔壁支护方案,并经过计算,确保施工安全并满足设计要求。

护壁厚度一般取受力最大处,即地下最深段护壁所承受的土压力及地下水的侧压力,由计算定护壁厚度。

护壁混凝土一般采用C25~C30混凝土,钢筋采用直径6~10 mm的光面钢筋,其厚度一般不小于8 cm,结构形式为锯齿状或直壁在地质情况稳定时,也可分段设置护壁。孔口处应设置高于地面不小于300 mm的护圈,并应设置排水沟,防止地表水流入孔内。

3. 人工挖孔灌注桩成孔优、缺点

人工挖孔灌注桩成孔具有以下优点:

(1)人工挖孔所需设备简单,只需潜水泵、手动葫芦、小型鼓风机、小型卷扬机等简易机具即可施工,在场地允许情况下,可组织多根桩同时施工,速度较快。

(2)人工挖土过程中,可清楚了解桩位处地层、地质变化,方便和设计地层、地质情况比较,如偏差较大,可及时进行设计变更。

(3)无噪声、振动、挤土等公害,施工成本较低。

人工挖孔灌注桩成孔具有以下缺点:

(1)人工挖孔在有流沙及砂、砾石强透水层,往往使混凝土护壁构筑困难,易造成桩孔塌孔。

(2)在涌水量较大的桥位采用人工挖孔,如果电线或其他电器设备绝缘不好,会造成施工人员触电。

(3)在水位较高、涌水量较大的桥位,如果多根桩同时开挖,会造成周围区域地层水位下降,使周围结构物产生不均匀沉陷。

(4)对地下有腐蚀性物质或有毒物质的桥位,采用人工挖孔灌注桩应慎重。

4. 人工挖孔灌注桩孔底处理

挖孔到设计深度后,应进行孔底处理,必须做到孔底表面无松渣、泥、沉淀物,如采用灌注水下混凝土,沉淀物厚度应符合规范要求;当孔底岩层倾斜时,应将其表面凿成水平或台阶,以防桩底承载力产生水平分力;如地层复杂,应探钎了解孔底以下地质情况是否满足设计要求。

5. 人工挖孔灌注桩混凝土浇筑

人工挖孔灌注桩混凝土的浇筑方法应根据桩孔内水量情况确定，按《公路桥涵施工技术规范》（JTG/T 3650—2020）规定，孔内无积水方可不采用水下灌注混凝土施工，孔内有积水且无法排净时，宜按水下混凝土灌注的要求施工。

采用常规方法浇筑混凝土时，应先排除孔内积水，检查孔底情况，如为嵌岩桩，则更需要对基底岩层情况进行复验，合格后再下放钢筋笼、浇筑混凝土。浇筑混凝土时，应采用导管将混凝土输送到孔内，以防混凝土离析，混凝土应分层浇筑，分层厚度控制在 30~50 cm，采用插入式振捣棒振捣。

2.2.1.3　正、反循环旋转钻进成孔桩基施工

桥梁结构尤其是大跨桥梁结构，要求桩基承载能力较大、沉降量较小甚至要求零沉降，虽然混凝土灌注桩施工速度不及打入桩，但在桥梁结构中仍然得到广泛应用，其施工流程如图 2-8 所示。

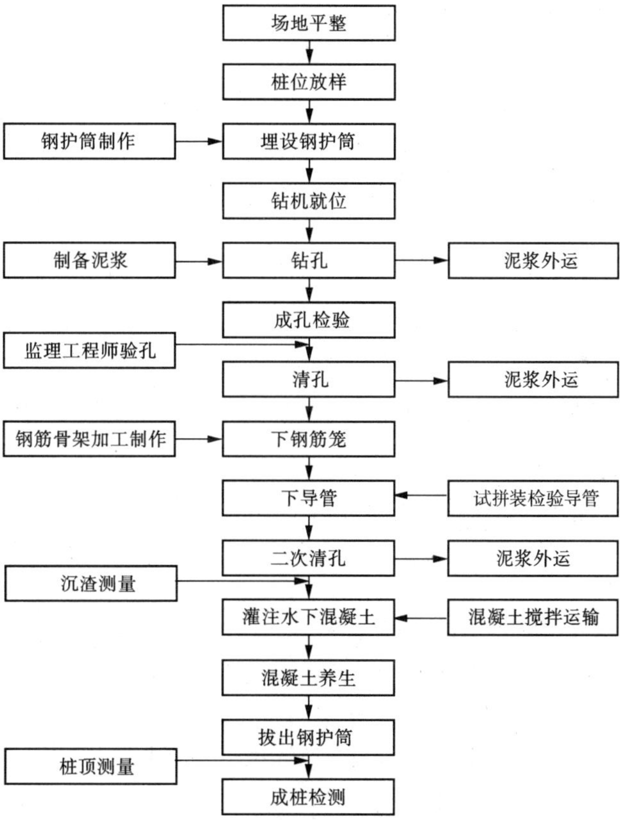

图 2-8　钻孔灌注桩施工工艺流程

各种机械成孔灌注桩施工工艺主要区别在于成孔工序，正、反循环旋转钻进成孔的灌注桩是桥梁结构中混凝土灌注桩的一种，在桥梁工程中得到广泛采用，几乎占到灌注桩的 90%，在桥梁桩基施工中具有较高地位。

1. 正、反循环旋转钻进成孔原理及适用地层

正、反循环旋转钻进成孔是利用钻具的旋转切削土体钻进，将土体、岩层打碎，利用泥浆循环将切削成颗粒的土体、岩块排出（吸出）桩孔外，从而形成桩孔。在成孔过程中，为保证桩孔不塌陷，应采用泥浆护壁，同时使桩孔内水头高于地面常水位，以产生向桩孔外的水压。

正、反循环旋转钻进的区别是泥浆在钻杆内流动方向不同，正循环泥浆从泥浆池进入钻杆，靠泥浆自重落入孔内，由孔顶流回沉淀池（见图 2-9）；反循环泥浆从泥浆池进入桩孔，在排浆设备作用下，将泥浆由钻杆孔吸出，回到沉淀池（见图 2-10）。

由于排浆方式的局限性，正循环旋转钻进适用于颗粒很细的粉砂、黏土，成孔深度 30 m 左右，在饱和软土地区也有 60 m 以上的实例。反循环旋转钻进成孔对土层的适应性很强，从软土直至砂卵石地层，在弱风化地层也可应用，反循环在桥梁结构中成孔深度已超过 100 m，国内桩径已达 3. 5 m，国外已达 4. 5 m。

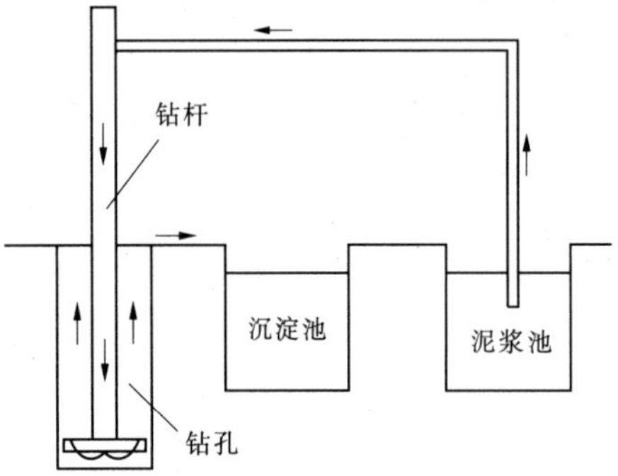

图 2-9　正循环钻进泥浆循环示意

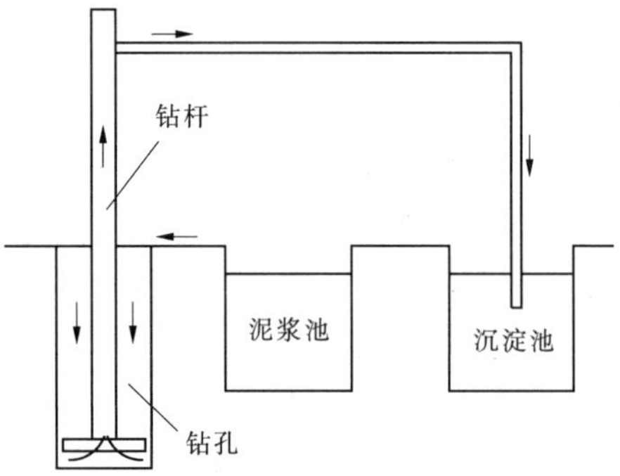

图 2-10　反循环钻进泥浆循环示意

2. 正、反循环旋转钻进成孔设备

正、反循环钻进成孔设备主要包括带有不同形式钻头的钻机，将土、石颗粒、渣土排出桩孔外的排浆设备。

1）钻机

目前国内有大量正、反循环钻机生产厂家，在选型时可根据桥位处的地质情况、设计要求及工程进度情况，确定满足工程要求、经济合理的机型。作为正、反循环的钻机，其动力一般在地面，但有的钻机动力在桩孔底部内，如潜水钻机，其地面结构相对简单，潜水动力由潜水电机通过减速器传出，直接驱动钻头回转切削，钻杆旋转只起连接传递抗扭、输送泥浆作用。能作反循环的钻机一般都能进行正循环成孔。图 2-11 为常用的两种钻头结构形式。

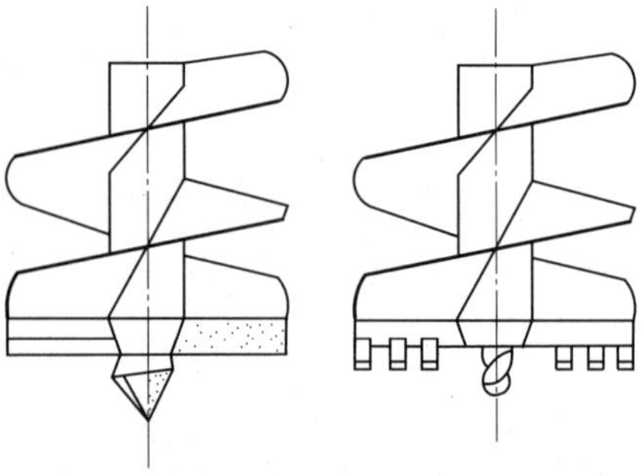

(a)平底钻头　(b)耙式钻头

图 2-11　钻头结构示意

2)排浆设备

在反循环钻进中,排浆设备有两种形式:一种是气举法排浆,另一种为泵吸法排浆。气举法排浆利用空压机产生的高压空气从钻杆底部进入钻杆内,由于空气比重较小,在钻杆内上逸,将钻杆内的泥浆带出,此时钻杆内浆面低于杆外,形成压差,杆外泥浆会压入杆内,连续不断压入高压空气,泥浆将不断由钻杆排出。泵吸法排浆是利用设置在钻机上的砂石泵将泥浆从钻杆内吸出,吸出的泥浆中含有砂屑、石块和卵石,一般的泥浆泵无法满足要求。

气举法排浆效率较高,百米以上的深孔,用气举法可将渣土顺利排出,而且只要排渣管道直径允许,小于该管径的大块土体、石块等均可排出孔外。气举法排渣钻孔深度可达100 m以上,但如果井的深度小于7 m,则用气举法无效。钻孔深度在40 m左右采用泵吸法为好。

3. 施工平台及护筒

1)施工平台

陆地上施工平台可用土找平,高出地面0.3 m;场地为浅水时,宜采用筑岛法施工(见图2-12),筑岛面积应按钻孔方法、机具大小等要求确定,高度应高出施工水位0.5~1.0 m。

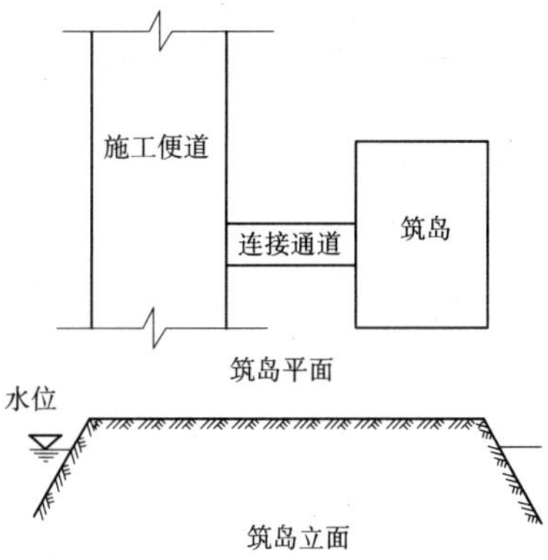

图2-12 筑岛示意

场地为深水时,可采用钢管桩施工平台(见图2-13)、双壁钢围堰平台等固定式平台,也可采用浮式施工平台,平台须牢靠稳定,能承受工作时所有静、动荷载。

钢管桩施工平台施工质量要求:①钢管桩倾斜率在1%以内;②位置偏差在300 mm以内;③平台必须平整,各连接处应牢固,钢管桩周围需要抛砂包,并定期测量钢管桩周围河床面标高,冲刷是否超过允许程度;④严禁船只碰撞,夜间开启平台首尾示警灯,设置救生圈以保证人身安全。

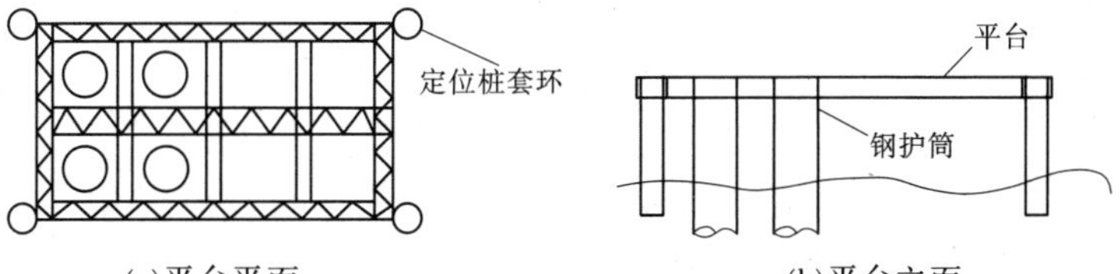

图2-13 钢管桩施工平台结构示意

2)护筒

护筒内径宜比桩径大200~400 mm,以考虑钻机钻锥在孔内摆动影响。

护筒中心竖直线应与桩中心线重合,除设计另有规定外,平面允许误差为50 mm,竖直线倾斜不大于1%,干处可实测定位,水域可依靠导向架定位。

旱地、筑岛处护筒可采用挖坑埋设,护筒底部和四周所填黏质土必须分层夯实;水域护筒设置，应严格注意平面位置、竖向倾斜和两节护筒的连接质量符合平面允许误差为 50 mm，竖直线倾斜不大于 1%的要求。

护筒顶面应高出地面 0.3 m 或高出水面 1.0~2.0 m，当钻孔内有承压水时，应高出稳定后的承压水位 2.0 m 以上，若承压水位不稳定或稳定后承压水位高出地下水位很多，应先做试桩，鉴定在此类地区采取钻孔灌注桩的可行性；当处于潮水影响地区时，应高出最高施工水位 1.5~2.0 m，并应采取稳定护筒内水头的措施。

护筒埋设深度应根据设计要求或桩位的水文地质情况确定，一般情况埋深宜为 2~4 m，特殊情况应加深以保证钻孔和混凝土灌注的顺利进行。

有冲刷影响的河床，应沉入局部冲刷线以下 1.0~1.5 m。

4. 泥浆技术要求

泥浆的主要作用是增大孔内液体比重，增大其向桩孔外的压力，同时在孔壁形成一层致密的封闭层，钻孔泥浆一般由水、黏土（或膨润土）和添加剂按适当配合比配制而成，泥浆性能指标可按表 2-6 选用。

表 2-6　泥浆性能指标选择

钻孔方法	地层情况	泥浆性能指标							
		相对密度	黏度（Pa · s）	含砂率（%）	胶体率（%）	失水率（mL/30 min）	泥皮厚（mm/30 min）	静切力（Pa）	酸碱度（pH）
正循环	一般地层	1.05~1.20	16~22	4~8	≥96	≤25	≤2	1.0~2.5	8~10
	易塌地层	1.20~1.45	19~28	4~8	≥96	≤15	≤2	3~5	8~10
反循环	一般地层	1.02~1.06	16~20	≤4	≥95	≤20	≤3	1.0~2.5	8~10
	易塌地层	1.06~1.10	18~28	≤4	≥95	≤20	≤3	1.0~2.5	8~10
	卵石土	1.10~1.15	20~35	≤4	≥95	≤20	≤3	1.0~2.5	8~10
冲抓	易塌地层	1.20~1.40	22~30	≤4	≥95	≤20	≤3	3~5	8~11

注：1. 地下水位高、流速大时，指标取高限，反之取低限。
2. 地质状态较好、孔径或孔深较小的取低限，反之取高限。
3. 在不易坍塌的黏质土层中，使用冲抓、反循环回转钻进时，可采用清水提高水头（≥2 m）维护孔壁。

泥皮厚薄与失水量大小有关，泥浆失水量小者，泥皮薄而致密，有利于巩固孔壁；失水量大者易形成厚泥皮，在泥页岩地层易造成地层软化膨胀，产生缩径或塌孔，因此表中对泥皮厚度进行限制。

直径大于 2.5 m 的大直径钻孔灌注桩对泥浆的要求较高，在地质复杂、覆盖层厚、护筒下沉不到岩层的情况下，宜使用丙烯酰胺即 PHP 泥浆，此泥浆的特点是不分散、低固相、高黏度。PHP 泥浆的主要成分为：膨润土、碳酸钠、聚丙烯酰胺的水解物和锯木屑、稻草、水泥或有机纤维复合物，其配比应通过试验确定。

5. 正、反循环钻进技术要求

1）成孔方法选择

一般正循环成孔适用于建筑物对沉降要求不高的摩擦桩，桩身不长，适用于软黏土、砂黏土、黏土、粉砂土以及含有粒径不超过 5 mm、含量在 20%~30%的砂砾等土层，钻孔直径宜在 1.0 m 以下，最大不宜超过 1.5 m。

反循环钻进成孔适用于长桩、端部承载要求较高的端承桩或摩擦端承桩，适用于砂层、砂卵石层及嵌岩桩。建筑物对沉降要求较高，桩径在 1.5 m 以上必须采用反循环钻孔施工。

2）钻头选择

合理选择钻头是保证正、反循环成孔效率的重要因素，在施工时，应根据桩的直径、长度、地层情况、工期等进行选择。

钻头直径应比设计桩径小 3~5 cm 为宜。在砂土、夹杂少量石子或其他杂物土层、砂砾层地层中，可选用翼状或鱼尾状钻头，在黏性土地层中应选用多笼式钻头，对风化岩或岩石层应选用牙轮式钻头，对砂卵石层要配以筒式钻头（见图 2-14）。

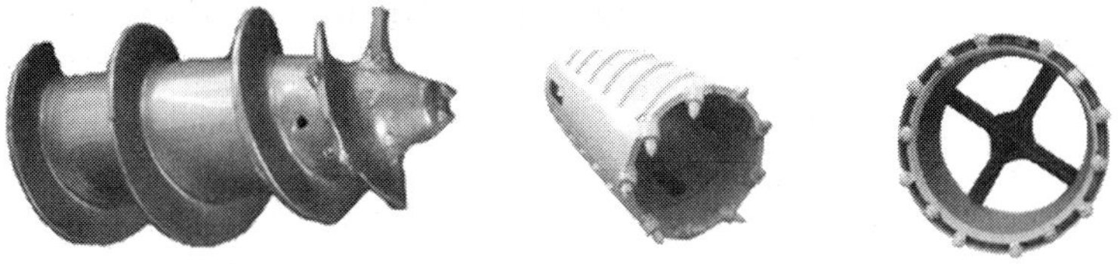

(a)岩石旋转钻头 (b)岩石截齿筒钻 (c)牙轮筒钻

图 2-14 各种钻头结构形式示意

3）泥浆配置

正循环成孔中泥浆起护壁和排渣作用，而反循环成孔中泥浆主要是护壁作用，不起排渣作用，因此在两种成孔施工中，泥浆配置应有所区别。特别注意的是反循环钻进泥浆相对密度等参数略低。

泥浆比重大，利于稳定孔壁，但也会降低泥浆流动速度，降低出泥效率，对清渣及灌注混凝土也不利；泥浆黏滞度过低，对稳定孔壁及挟带渣土不利，过高则影响钻进速度且降低钢筋握裹力，增加水下混凝土灌注难度。

4）钻进施工

在钻进过程中，钻机应平稳、不沉陷，不产生移位。无论采用何种方法钻孔，开孔位置必须准确，开钻时均应慢速钻进，待导向部位或钻头全部进入地层后，方可加速钻进。

钻进过程中，正、反循环钻孔（含潜水钻）均应采用减压钻进，如采用液压钻进的钻机，钻机施加压力应适度，不宜过大，以免造成钻杆弯曲变形，使孔偏斜；如用磨盘转动钻杆及钻杆自动钻进时，则应使钻机的主钩始终要承受部分钻具的重量，孔底承受的钻压不应超过钻具重力之和的 80%，提吊钻头的钢丝绳保持铅垂状态，切不可使钻杆发生晃动，避免造成孔身不直或扩孔过大，如果需要加大钻进速度，则以加重钻头或在钻头上部钻杆处加重，以保证钻孔垂直。

钻进过程中应根据出渣情况判断土层情况，调整钻进速度和泥浆稠度，并记录土层变化情况。钻进过程中应经常通过检孔器检孔，以保证成孔的直径及垂直度，检孔器用钢筋加工成钢筋笼，其外径等于设计孔径，长度等于孔径长度的 4~6 倍，每钻进 4~6 m 或土层变化、更换钻锥前，必须检孔。在检孔时应使检孔器自由活动，不得采用重压、冲击或强插检孔器的方式检孔，如检孔器不能自由达到钻进桩底时，应考虑可能发生斜孔或缩孔等情况。

钻进过程中,应检查孔内水头、泥浆相对密度和黏度是否满足规定要求,以保证孔内有一定的向外水压及对孔壁的护壁作用。处理孔内事故或因故停钻时,必须将钻头提出孔外,以防出现埋钻事故。

6. 清孔

清孔的目的是为保证灌注水下混凝土时桩底不致有过厚的沉淀层,影响桩基承载能力。

1)清孔要求

钻孔深度达到设计标高后,应先对孔深、孔径进行检查,符合表 2-7 中要求后,方可进行清孔作业。

表 2-7　钻、挖孔成孔质量标准

项目	允许偏差
孔的中心位置	群桩:100 mm,单桩:50 mm
孔径	不小于设计桩径
倾斜度	1. 钻孔:不大于 1%; 2. 挖孔:不大于 0.5%
孔深	1. 摩擦桩:不小于设计规定; 2. 支承桩:比设计深度超深不小于 50 mm
沉淀厚度	1. 摩擦桩:符合设计要求,当设计无规定时,对于直径≤1.5 m 的桩,≤200 mm;对桩径>1.5 m 的桩或桩长超过 40 m 或土质较差的桩,≤300 mm; 2. 支承桩:不大于设计规定,当设计未规定时,≤50 mm
清孔后泥浆指标	1. 相对密度:1.03~1.10; 2. 黏度:17~20 Pa·s; 3. 含砂率:<2%; 4. 胶体率:>98%

注:清孔后的泥浆指标,是从桩孔的顶、中、底部分别取样检验的平均值。

在吊放钢筋笼后,浇筑水下混凝土前,应再次检查孔内泥浆性能指标和孔底沉淀厚度,如超过规定应进行二次清孔,符合要求后方可浇筑混凝土。

2)清孔方法

正循环成孔清孔方法有掏渣、空压机喷射、抽浆、换浆、砂浆置换等。掏渣法清孔是利用掏渣筒将孔内碎渣掏出,只能掏取粗粒钻渣,不能降低泥浆相对密度,故只能作为初步清孔;空压机喷射是利用空压机向孔底喷射高压空气、压注高压水使桩底沉淀翻腾,从而起到降低沉淀厚度的作用,使用高压水管插入孔底射清水时,射入水所需压力应稍大于清孔前泥浆的密度与钻孔深度的乘积,所需射水(射风)的压力应比孔底水(泥浆)压力大 0.05 MPa,射水压力过大易引起塌孔,过小则水或风射不出来,或虽能射出来,但不能起到翻腾沉淀物的效果;抽浆法清孔是利用内风管吸泥机,将钢管深入桩底,利用向外吸空气将桩底沉渣吸出。空压机喷射法只宜配合换浆法或抽浆法清孔后使用。

换浆清孔法(又称缓浆法)是利用正循环钻机,于钻孔完成后,不进尺继续循环换浆,利用泥浆胶体性的黏滞力,把桩孔中的冲渣或钻渣黏带着顺泥浆的流动排出桩孔,在此过程中定期测定泥浆的各项指标及孔底沉渣情况去判断清孔的效果。在施工过程中,泥浆比重是重要的指标,泥浆平衡不了土压力和水压力,孔壁易坍塌和渗水,同时比重小,黏力不足,悬浮能力差,土颗粒容易聚集和下沉,不能达到清孔的最佳效果;比重大,悬浮力强,但含土量高,杂质过多,泥浆流动性能差,达不到清孔的目的。如果是摩擦桩,由于厚泥浆必定造成厚泥皮,对桩摩阻力影响明显,而且在灌注的过程中容易出现意外。在清孔的过程中,如何把孔内的泥浆比重从较浓的状态下稀释到规定的浓度,时间就成了一个最为关键的因素。

砂浆换置清孔法适宜掏渣清孔后使用。该法按下述工序进行:

(1)用掏渣筒尽量清除钻渣。

(2)以高压水管插入孔底射水,降低泥浆相对密度。

(3)以活底箱在孔底灌注0.6 m厚的以粉煤灰与水泥加水拌和并掺入缓凝剂的特殊砂浆,砂浆初凝时间应延长到6~12 h。

(4)插入比孔径稍小的搅拌器,慢速旋转,将孔底残渣搅入砂浆中。

(5)吊出搅拌器。

(6)吊入钢筋骨架。

(7)灌注水下混凝土,搅入残渣的砂浆被混凝土置换后,一直被顶托在混凝土面以上而被推到桩顶后,再予以清除;所用的特殊砂浆常用配合比为水泥∶粉煤灰∶砂∶加气剂=1∶0.4∶1.4∶0.007(质量比)。

反循环钻孔在停止钻进后再由泵吸或气举方式在很短时间内排渣,出口泥浆与井口入口泥浆相对密度相同时,即可终止清孔,其效率更高。

3)清孔过程注意事项

清孔质量不仅影响桩身混凝土质量和桩端部承载力,其过程也会影响成孔安全,处理不当会造成塌孔等事故,因此应注意:不论采用何种清孔方法,在清孔排渣时,必须注意保持孔内水头,以防塌孔;无论采用何种方法清孔,清孔后应从孔底提取泥浆试样,进行泥浆指标检测,并符合规范要求;不得采用加深钻孔深度的方式代替清孔;嵌岩桩应以抽浆法清孔,清孔后将一个铁盒吊至孔底,待灌注水下混凝土前取出,检查铁盒内沉淀渣土的厚度。

7.正、反循环钻进事故处理及预防措施

正、反循环钻进事故处理及预防措施见表2-8。

2.2.1.4 冲抓钻进成孔

1.冲抓钻进成孔原理及适用地层

冲抓钻进成孔是利用冲抓钻头深入地层,然后将土、卵石等通过冲抓钻头抓斗挖出。目前,国内使用的冲抓钻孔外形可分为两种:一种为圆桩,另一种为方桩。在冲抓钻进施工中,可以利用大吨位液压机械将全钢护筒旋转向下压入并切割土层,以护筒作为钻孔导向及护壁,用锤式抓斗将护筒内的土、石进行挖掘,并在挖掘的同时旋转护筒使其下沉,从

表 2-8　正、反循环钻进常见事故处理及预防措施

事故现象	事故原因	处理及预防措施
塌孔	土层中夹有砂卵石或砾石层,泥浆流失过快,补浆速度不足,使泥浆面降低过多,孔内水头不足	及时注浆液、在孔内抛入黄土,增加泥浆稠度,以填充卵石层、砾石层缝隙;如卵石层、砾石层厚度较大,也可采用长套管穿过此地层或加入重晶石,以改变泥浆组成
桩孔倾斜	遇不平整岩层、风化岩层或硬黏土层,或遇大块石、孤石,可能会迫使钻头倾斜	在倾斜面上浇筑一段水下混凝土,待混凝土初凝后继续钻进,直至穿越此硬斜面
反循环中排浆管不排浆或排浆量明显减少	钻杆底部管口被大块泥块或石块堵死,吸管漏气,吸程过大	在吸浆口放过滤网,其网孔应小于吸管内径;设置维修管道,选用吸程满足要求的泥浆泵
黏土地层中钻进缓慢,甚至没有进尺	钻头被泥包裹,粘钻	调整泥浆比重,往孔内投入碎石使孔内黏土改性
岩石中钻进缓慢	岩石强度高,钻压不够,钻头磨损,无法切削岩石	加大钻压或增大钻头配重,更换钻头,使钻头向下有足够压力

而形成桩孔,至要求深度后确定桩尖持力层,并清除钻渣,然后下钢筋笼至持力层,开始灌注混凝土,护筒在浇筑水下混凝土过程中与混凝土导管一起逐段拔除,此方法称为套管式钻机成孔,如果采用冲击式抓斗取土,则此方法称为贝诺特(Benoto)成孔法(图 2-15),此种桩孔一般为圆形。

在实际工程中,也有采用截面为矩形,不配置全长护筒的施工方法。此方法中,利用方形冲抓抓斗深入地层,然后靠液压收紧抓斗,提出地面后成孔,此方法类似连续墙的施工(见图 2-16)。

冲抓钻进可在以下地质、地层情况下采用:软土层、坚硬土层、密实砂土层、含卵石土层、含孤石地层等。

2. 套管式钻机成孔施工关键技术

套管式钻机成孔深度一般在 50 m 左右。

1) 套管护筒

套管护筒外径和设计成桩外径相同,采用厚度 24 mm 左右的钢板加工而成,首节护筒下部设有刃口,便于护筒向下推入,护筒标准长度可采用 6 m,另设 2 m、3 m 等调节段,第一节护筒压入前,应将桩位置处压实,然后用钻机护筒夹具夹住护筒,启动液压系统将其缓慢推入土层内,在压入首节护筒时,应特别注意控制其平面位置及垂直度。

护筒刃口与挖掘底面的关系应遵循如下原则:若挖掘底面为一般土质,入口可先行压进,刃口在与挖掘底面保持几乎同等深度的情况下掘进;在不易坍塌的土质中,若护筒压进困难,则桩孔内土体可适当超挖,以减小套管压进阻力;在漂石、卵石层中也应先进行超挖,但必须保证周围土层的松弛程度最小;套管连接可以采用螺栓,也可采用锁销。

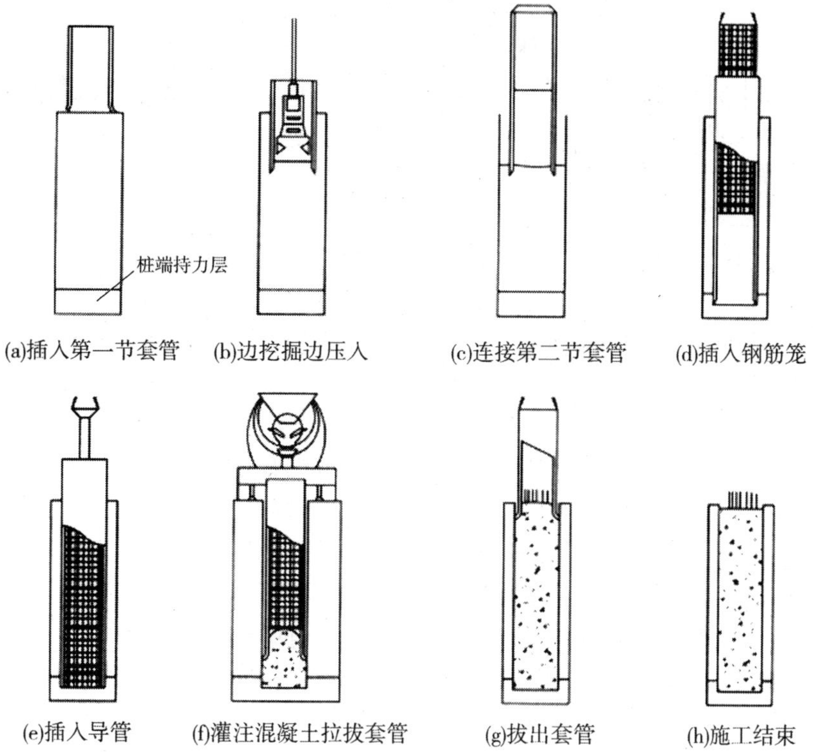

图2-15 贝诺特成孔示意

图2-16 方形抓斗成孔

2)不同地层钻进方法

根据不同的地质情况,应采用不同的挖掘方法,基本原则是确保在与土层保持最小摩擦力土体不致有坍塌的状态下进行。

软土层：为防止坍塌，挖掘时护筒要超前插入地层中 1～1.5 m，然后用抓斗在护筒内抓土，当地下水的压力使桩孔底部砂土向外膨涌时，应增加泥浆进行防护。

普通稍硬土层和密实砂土层：护筒要超前推入地层 30 cm 左右，再进行挖掘，此为该方法成孔的标准方法。

含有卵石的土层：对此类地层，挖掘时护筒不推入土层，但超前开挖的深度不能太深，一般采用 20 cm，若卵石直径较小，则应采用 15 cm。

坚硬土层：挖掘十分坚硬的土层时，护筒不提前推入土层，可提前挖掘深度以 100 cm 为限。

孤石：当遇到较大的卵石或孤石时，采用如下方法处理：在锤式抓斗装上破碎箍进行破碎，等碎石落到孔底时进行开挖。

3）冲孔施工

护筒回转：冲抓挖掘时护筒要不停回转，在浇筑桩基混凝土并拔除护筒之前不能停止，在土体压力很小时可不用连续回转，遇沙层时需连续回转使沙层密实。

桩孔垂直度控制：冲抓钻机控制桩孔垂直度主要通过以下两方面实现：一是精确安装护筒套架，二是在推入第一节护筒时用水平尺检测确保其垂直推入。

挖掘暂停：在遇特殊情况暂停挖掘时，应每隔一定时间回转一次护筒。

桩孔深度测量方法：钻进过程中，可使用机体配置的测量锤进行测量，也可根据护筒埋入的深度计算大致孔深。

4）成孔检查

冲抓成孔施工采用全护筒跟进钻孔，护筒外径与设计孔径一致，不需要检查桩基直径；因护筒自身的质量过硬，刚度较大，在确保首节护筒精确就位和垂直推入的情况下可不进行桩孔垂直度的检测，主要检查桩孔深度。

3. 套管式钻机成孔施工技术优、缺点

优点：机械化程度高，施工速度快；振动小、对环境影响小；先下钢管，挖土在护筒内进行，垂直度、孔径容易保证；孔壁坍塌的可能性较小，对土体挤压量较小，对周围建筑物影响不大，可在靠近建筑物的地段施工；桩底沉淀层、虚土较少。

缺点：设备投入较多，成本较高；国内设备较少，大多靠进口设备，施工费用上不占优势；在软黏土中成孔时，抓斗抓出的土不易卸下，有时需要用人工辅助作业，降低施工速度，比较适合该工艺的地层为砂性土；桩位对中比较麻烦；遇透水性砂层或水头较高的承压水时，常会造成底部涌砂、涌水。

4. 液压抓斗方桩成孔施工关键技术

在桥梁桩基施工中，有时会采用地下连续墙的施工方法，桩基设计为方形，成孔采用进行连续墙施工的液压抓斗，可选用意大利 BH-12 液压抓斗，施工过程中可根据方桩厚度、地层情况选用不同的抓斗，液压抓斗成孔是靠斗体重量进入土层，采用液压闭斗，抓取土体提出地面而成，在施工过程中不需要配置全长护筒，图 2-17、图 2-18 分别为履带式动力系统及意大利 BH-12 液压抓斗。

图 2-17　履带式动力系统

图 2-18　意大利 BH-12 液压抓斗

1) 导墙

采用方桩施工时，需要砌筑导墙，其作用为：①保证方桩施工时平面位置的准确性；②分散和承受一部分施工机械的重力；③防止地表土层的坍塌，相当于圆形桩中护筒。

导墙采用砖混结构，底板及顶板采用 20 cm 厚 C20 钢筋混凝土，中间砌筑 37 cm 砖墙，两导墙内侧间距比方桩厚度大 4～6 cm，导墙深 2～3 m，以导墙底板坐在原始地层为准（见图 2-19）。

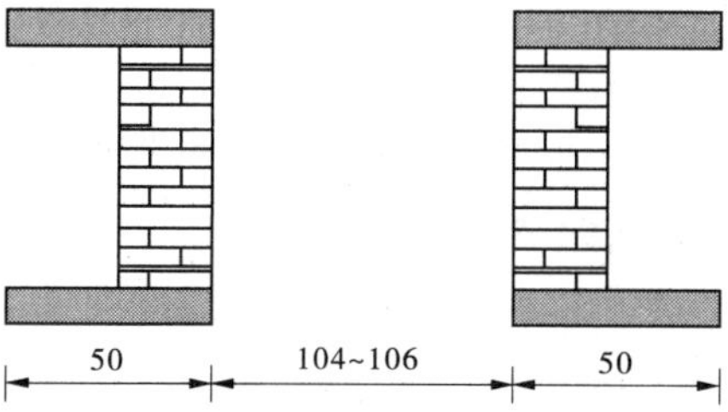

图 2-19　导墙结构示意图　（单位：cm）

导墙施工前，应先平整场地，用经过标定的全站仪测设出桩位中心及轴线，放出导墙开挖边线和导墙基坑开挖后，再精确测设出导墙内边线，导墙施工完毕后，在顶板上测设出桩位控制点及高程控制点，并以此控制桩基施工。

导墙沟槽开挖后，重新精确测设出导墙边线，然后浇筑底板混凝土，待底板混凝土具有一定强度后，砌筑导墙竖墙，然后将导墙后用土分层夯填至原地面高度，浇筑顶板混凝土。

2) 冲抓成孔施工

为保证冲抓成孔时桩的尺寸及垂直度，施工时应随抓随测，并每抓 2～3 次将斗体旋转 180°。在致密或板结的卵石地层，抓斗往往不能深入卵石层，抓取的渣土数量很少，影响施工进度，为加快施工进度，可先用旋转钻机将致密或板结卵石层搅松，然后用抓斗将其取出。京承高速公路潮白河大桥主桥方桩施工时，在−9 m 至−0.5 m 地层为致密的卵石板结层，质地极其坚硬，抓斗的出渣量很小。为了解决此问题，承建单位中铁十三工程局经研究讨论决定用旋挖钻配合抓斗，旋挖钻机配直径 0.8 m 的螺旋钻头对卵石层先进行翻松，每次翻松厚度约 0.5 m，然后提出钻头，用液压抓斗将已翻松的卵石挖出；液压抓斗将翻松的卵石挖出后，再用旋挖钻机翻松，然后液压抓斗再向外挖卵石，如此交替进行，直到预定的孔深，大大提高了成孔速度，为冲抓钻进穿过致密或板结卵石层成孔提供了很好的成功案例。

5. 冲抓钻进事故处理及预防

冲抓钻进事故处理及预防措施见表 2-9。

表 2-9　冲抓钻进事故处理及预防措施

事故现象	事故原因	处理及预防措施
钻孔过程中坍孔	发生坍孔时，具体表现为孔内水位突然下降又回升，孔口冒细密水泡。坍孔多由泥浆性能不符合要求（不能在强透水层形成泥皮）、孔内水头未能保证、机具碰撞孔壁等造成	1. 查明坍孔位置后进行处理，坍孔不严重时，可回填土到坍孔位以上，并采取改善泥浆性能、加高水头、深埋护筒等措施，继续钻进； 2. 严重时应立即将钻孔用砂类土或砾石土回填并应等待数日方可采取改善措施后重钻。若坍孔部位不深，可采用深埋护筒法，将护筒填土夯实，重新钻孔
偏孔、扩孔、缩孔	偏孔多是由地质松软不均、岩面倾斜、机械位移、安装未平或遇探头石等造成。扩孔多系孔壁小坍塌或抓斗摆动过大造成。缩孔常因地层中含遇水能膨胀的软塑土或泥质页岩造成，抓斗磨损过大，也能使孔径稍小	1. 抓孔过程中，要每抓 3～5 斗，将抓斗旋转 180°，再继续抓孔，同时严格控制抓斗提升及下落速度，减小抓斗摆动幅度，防止发生偏孔、扩孔，如出现偏孔，可在偏斜处用抓斗反复扫孔。偏孔、扩孔严重时，应回填黏质土到偏斜处顶面，待沉积密实后重新抓孔； 2. 抓孔过程中，要经常测量抓斗尺寸，磨损严重时及时补焊，遇到软塑土或泥质页岩时，应采用失水率小的优质泥浆护壁，防止发生缩孔，如发生，可用抓斗上下反复扫孔，扩大孔径
密实卵石层、致密板结层冲抓进尺过慢	抓斗不能深入卵石层或密实板结层	可采用旋转钻机先将卵石层或密实板结层搅松，然后冲抓钻进
漏浆	穿过松散卵石层时，泥浆扩散到桩孔以外	在漏浆过程中可沿用防治坍孔方法，保证水头压力，回填部分黏土用斗体在孔内造浆，再用抓斗抓出黏土，如水位下降再回填黏土造浆，反复几次在漏浆处形成厚层泥皮直至水位保存不动方可继续开挖

2.2.1.5 旋挖钻进成孔

1. 旋挖钻进成孔原理及适用地层

旋挖钻机是在回转斗钻机和全套管钻机基础上发展起来的,成孔时利用钻杆的旋转切削土体后进入地层,然后将钻杆提出孔外将钻杆内土体带出,从而形成桩孔,其施工示意见图2-20。旋挖钻进过程中不需使用泥浆,或是仅需要静压泥浆作护壁而不需要在孔中循环,泥浆在孔壁上不形成泥皮,此外由于钻头不断上下往复提钻卸土使孔壁变得粗糙,这些都使得成桩后,桩与孔壁具有更大的摩擦力,从而提高其桩基的承载力。

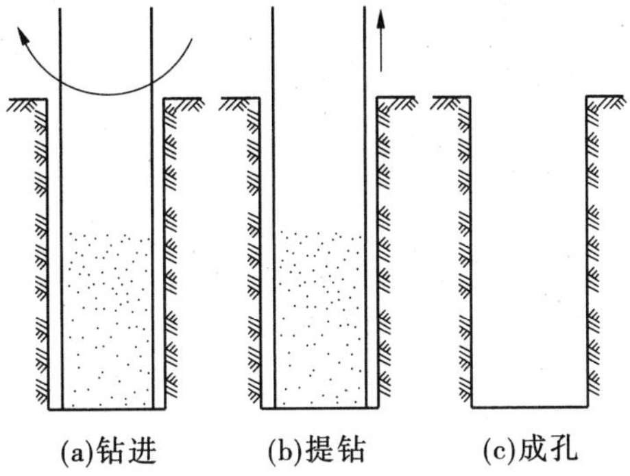

图2-20 旋挖钻进示意

理论上旋挖钻进成孔可适用各种地层,但考虑到施工效率,在适用地层方面,旋挖钻进在土层、砂层和胶结较为松散、直径较小的卵砾石层钻进更能体现其高效性。在强度25 MPa左右的岩层中钻进,旋挖钻进的时效与正、反循环钻进已经基本相当;在卵砾石、软岩层以及强度25 MPa岩层中,旋挖钻进的成本明显高于正、反循环钻进。在适用孔深方面,从安全性及技术优势方面考虑,目前旋挖钻进适宜在20~60 m的孔深范围内应用;在适用孔径方面,旋挖钻进适用的孔径范围为1~2 m,尤其以1.5 m为最适宜;在施工场地方面,水上工程施工中,从经济性和安全性方面考虑,都不太适宜采用旋挖钻进,更适宜采用正、反循环钻进;而在施工场地比较狭窄以及高度空间受限制的一些工业与民用建筑工程中,旋挖钻机无法进入,只能采用正、反循环钻进方法;在环境保护方面,旋挖钻进产生的废浆量少,对环境的污染少;在城市施工以及其他对环保要求比较严格的工程中,更适宜采用旋挖钻进技术。正、反循环钻进成孔和旋挖钻进成孔对比见表2-10。

对于钻孔深度较大,旋挖钻进无法满足要求的部分钻孔,可采用两种方法接力的方式,上部浅孔段用旋挖钻进,下部深孔段用正、反循环钻进,两种方法的配合使用,既提高了钻进效率,又解决了旋挖钻进孔深的局限性,正、反循环钻进在黏土层施工中产生的大量泥浆,还可以作为旋挖钻进的护壁浆液,节省了泥浆材料的费用。这种成孔方法的优选配合,在内蒙古某黄河大桥工程中得到了很好的运用。该工程中地层以土层、砂层为主,深度比较小的引桥桩孔,直接采用旋挖钻机施工;一些深度达90 m左右的桩孔,采用旋挖钻机施工到70 m左右,然后换正、反循环钻机施工;部分主墩钻孔,考虑到水上施工平台的承载安全性,则直接采用正、反循环钻机施工。这样两种施工方法的配合,既保证了工期,又解决了施工中的难题,同时正、反循环钻进施工的同时为旋挖钻进造浆,降低了施工成本。

表 2-10　正、反循环钻进成孔和旋挖钻进成孔两种方法的适用性

适用条件	条件范围	旋挖钻进	正、反循环钻进
孔深	浅孔(<20 m)	○	√
	中浅孔(20~60 m)	√	○
	中深孔(60~90 m)	○	√
	深孔(>90 m)	×	√
孔径	小直径(<1 m)	○	√
	中小直径(1~2 m)	√	○
	大直径(>2 m)	×	√
地层	砂层、土层	√	○
	卵砾石、软岩层	√	○
	硬岩层(>30 MPa)	×	√
场地	水上工程	○	√
	狭窄场地	×	√
	环保要求严格	√	×

注：√—适宜地层，且能取得较好的效果；○—可以采用，但施工效果不是很好；×—不适宜使用。

2. 旋挖钻进施工

1) 护筒埋设

旋挖钻进施工中护筒埋设非常重要，尤其是当孔口为稳定性差的土层、地下水埋藏较浅时，更要掌握其厚度、土层性质和水文地质条件。一般当孔口为杂填土或松散砂土时，护筒长度要超过杂填土层或砂土层厚度，使护筒坐落在坚实、稳定的土层上，当地下水埋藏浅时，护筒长度应超过地下水埋藏深度。

护筒直径最好比钻孔直径大 200 mm 左右，以保证在多次上提、下放旋挖钻头使钻头和护筒之间存在约 100 mm 的环状间歇，避免旋挖钻头与护筒刮蹭、碰撞，引起孔口坍塌、埋钻等事故。护筒开口直径比护筒直径大，护筒与四周土层之间存在环状间隙，此间隙的回填材料宜选黏土或粉质黏土，并分层回填、夯实，这样既可以增大护筒的摩阻力，固定护筒，又可以避免送浆液从护筒周围渗进孔内；圆柱形钻头在提出泥浆液面时会使钻头下部局部空间产生真空，同时由于钻头提升时泥浆对护筒下部与孔口相交处孔壁的冲刷作用，很容易造成护筒底部孔壁坍塌。旋挖钻头护筒顶面应高出地面 0. 3 m，长度一般为 3~6 m。

2) 旋挖成孔

旋挖钻机一般采用筒式钻头，孔内将钻头下降到预定深度后，旋转钻头并加压，旋入的土挤入钻筒内，泥土挤满钻筒后，反转钻头，钻头底部封闭并提出孔外，自动开启钻头底部开关，倒出弃土。在钻进过程中将钻头提出孔外后，应及时向孔内注浆，泥浆液面不得低于护筒底部。成孔过程中，应严格按试钻确定的参数进行施工，并应有专人记录、控制

各种参数。根据钻孔过程中地质情况控制进尺速度:由硬地层钻到软地层时,可适当加快钻进速度;当软地层变为硬地层时,要减速慢进;在易缩径的地层中,应适当增加扫孔次数,防止缩径;对硬塑层采用快转速钻进,以提高钻进效率;砂层则采用慢转速慢钻进并适当增加泥浆比重和黏度。须实时测试泥浆指标,发现超标及时调整。旋挖桩机在成孔施工过程中是带着高度约1.5 m、直径为设计桩径的筒状钻斗从孔底到地面不停往复的,一般孔径和孔型控制的较好。

3. 旋挖钻进施工事故处理及预防

旋挖钻进施工常见事故原因及处理、预防措施见表2-11。

表2-11　旋挖钻进施工常见事故原因及处理、预防措施

事故现象	事故原因	处理、预防措施
钻杆折断	在较硬地层,操作人员不能掌握好压力,使钻杆压力过大,致使钻杆在较大压力作用下中部弯曲变形;钻杆运转时间过长,接头管壁磨损,连接件疲劳等使钻杆折断	操作人员随时检查、掌握钻杆及连接件的磨损程度,并根据地层情况调整钻进参数;如发生钻杆折断事故,可采用强提、水下爆破等方式将折断钻杆及钻头从孔中取出
卡钻	在较厚、黏性较大、黏土和粉砂交错构造地层,如泥浆不合理,孔内沉淀太快,极易造成缩径,孔底易形成泥糊状沉淀,造成钻头阻力偏大	可采用水下爆破方式松动沉淀层,提出钻杆
掉钻头	在较硬地层成孔时,钻头销子和方接头受力较大,如钻头销子使用时间过长又没有及时更换,可能会造成销子和方接头一起开裂;钻杆压力过大,使钻杆发生弯曲变形,在回转时形成掰力,使钻头和钻杆连接件开裂	利用泥浆泵加大孔内泥浆循环,使钻头和孔底不能有沉淀产生,利用打捞工具将钻头取出

2.2.1.6　冲击钻进成孔

1. 冲击钻进成孔施工原理及适用地层

冲击钻进技术是采用冲击钻机或卷扬机通过钢丝绳带动冲击钻头达到一定高度后,利用冲击钻头下落的动能产生冲击作用,破碎岩土实现钻进的一种方法(见图2-21)。传统的冲击钻进技术与其他钻进技术相比存在着效率低的不足,主要原因是传统的冲击钻进技术采用掏渣筒捞取钻渣,钻进和捞渣交替进行。随着孔深的增加,捞渣将消耗大量的工作时间,由于不能连续捞渣,钻渣聚集于孔内,造成重复破碎并影响钻头在孔内运动速度,降低了钻进效率。目前,冲击钻进中碎渣排除方式和正、反循环中出渣方式进行了结合,形成了冲击正循环、冲击反循环钻进方法,冲击正循环是利用卷扬机提升2~8 t重的钻头至10 m以下的任意高度后,断开离合器使钻头自由落下冲击岩石,如此反复,实现钻进,利用泥浆浮力及黏附力排渣。冲击反循环是利用4~8 t重钻头提升至1~5 m高度后自由落下冲击岩石,实现钻进,同时泥浆泵通过钻头上的橡胶管,管口接水泵,将孔底沉渣及时抽到地面以上排入泥浆池,新鲜泥浆从孔口补充入孔,进行护壁。

图 2-21　冲击钻进施工

冲击钻头以自由落体的方式冲击岩土，由于钻头质量大，冲击速度较高，可以产生较大的冲击力，所以能有效地破碎较硬的岩石，在钻进卵石层、瓢石层和风化基岩层时，是一种经济有效的钻进方法。国内桥梁工程中主要在卵石层、漂石层、强风化岩层、弱风化岩层桩基成孔中采用冲击钻进成孔。

2. 冲击钻进施工

1) 钻头选择

冲击钻头是冲击钻进的主要工具，其结构是否合理直接影响到钻进效率和钻孔质量，选择钻头应把握如下原则：选材要求其可焊性较好，便于修补，一般采用 25～35 号钢为宜；为确保钻进平稳和钻孔圆整，改善钻孔边缘破碎效果，应选择带圆弧副刃的四翼（十字）结构，副刃圆弧线总长不小于钻孔周长的 1/3；对于直径大于 2.0 m 的钻孔，钻头底刃可考虑选择带圆弧副刃的六翼结构；钻头直径可比设计钻孔直径小 40～60 mm，必要时通过补焊调整；钻头高度取值为钻头直径的 80%～90%，有利于适当下移钻头中心。冲击钻进常用钻头结构形式见图 2-22。

图 2-22　冲击钻进常用钻头结构示意

2) 不同地层冲击施工方法

在淤泥层冲击钻进时，宜采用“低锤密打”，即提锤高度为 1～3 m，锤击频率宜加快，进尺速度以一个台班1~3 m为宜；应注意造好泥浆，形成好的泥浆护壁；由于淤泥层具有易塌孔、易缩颈的特性，条件许可的情况下，最好能将护筒安放穿过淤泥层。

在砂层中冲击钻进时，由于冲击过程中的击实效果和旋转钻进相比更不宜塌孔，但也应注意保持孔内水头及泥浆指标，由于砂层泥浆中含渣量较多，泥浆泵和泥浆池应足够大。

在卵石层冲击钻进时，应特别注意控制泥浆指标，尤其是对摩擦桩，泥浆黏度或泥皮厚度太小，会使孔内泥浆外漏，若漏浆严重，可能导致孔内水头剧降甚至发生塌孔。护壁过厚，则孔壁摩擦阻力难以保证，资料显示：如果孔壁泥皮过厚，可能使卵石层中的孔壁阻力甚至达不到设计规范要求的卵石层摩擦阻力的1/2。可见，控制泥浆指标在卵石层施工中至关重要。

在强风化岩层中钻进时，如果遇到黏土桩强风化层，停钻时应提锤1~5 m，以免钻头陷入黏土层造成黏钻，引起钢丝绳断裂，发生掉钻事故。

在弱风化岩层中冲击钻进时，因钻进过程中钻头磨损严重，应经常检查钻头尺寸，发现孔径小于设计值时应加大钻头。钻头加焊后继续钻进时，应注意回填1~2 m片石，这是因为钻头大而原来的孔径小，钻进时容易卡钻导致掉钻。

3. 冲击钻进成孔过程事故及处理

在不同地层条件下冲击钻进成孔事故原因不同，表2-12列出了冲击钻进成孔过程中常见的事故原因、预防及处理措施。

表2-12　冲击钻进成孔事故原因、预防及处理措施

事故现象	事故原因	预防及处理措施
钻锥钢丝绳断落	钢丝绳缺油、老化、有折痕、意外有磨损	定期保养，用沾满机油的抹布浸泡钢丝绳，使钢丝绳内麻芯上机油得到补充，在钢丝绳表面涂抹黄油，避免岩石碎屑进入钢丝绳
排渣管脱落	控制排渣管升降的钢丝绳过松，导致排渣管在孔内倾斜，易被冲击钻头内的底内边缘击中，导致排渣管脱落；排渣管接箍内卡块磨损过度，导致公接箍从母接箍中脱落	控制排渣管的钢丝绳松紧适度，使排渣管距离孔底0.3 m为宜；经常用游标卡尺检查接箍内的卡块，磨损不得超过3 mm
钻孔偏斜	岩面起伏大，石笋、溶沟发育，冲锤穿越土层进入基石时顺倾斜岩面下滑；穿越较大溶洞时，因充填物强度低，冲击钻进时冲锤摆动较大	冲击钻进时，如果钢丝绳摆动严重，说明孔底不平或软硬不均，钻头歪斜严重，应立即停钻，往孔内填坚硬的块石（块石尺寸0.3 m×0.3 m）至开始倾斜的部位上1 m，适当控制钻压，慢慢穿过造斜地层，如冲至原位后钢丝绳仍偏摆严重，应继续填石纠偏直到钻进平稳；如遇多次抛填片石小冲程钻进仍难纠偏，需清孔后在孔斜段以水下混凝土灌注方式灌注高强度混凝土，待混凝土凝固后，再进行冲击钻进

续表 2-12

事故现象	事故原因	预防及处理措施
卡钻	孔壁存在探头石,岩石碎块掉入孔内导致锤头被卡;冲进溶洞后冲锤滑动,锤头被溶洞顶板卡住;岩面倾斜,溶洞顶板厚度不均易引起钻孔倾斜,导致挤钻、卡钻;钻头磨损过大,钻头底部小于钻头中、上部,提钻时摩擦力大于机械提升力,造成卡钻	定期修补锤头,保持锤头直径,保持孔壁光滑;在岩溶发育孔段采用小冲程冲击钻进;遇溶洞底板或基岩面时,向孔内抛入片石,以减少锤头倾斜;如遇卡钻,可采用集中冲击钻机上所有冲击力强力起拔钻头,仍无效时则将炸药包放在冲击钻头底部,利用爆炸瞬间产生向上的巨大冲击力托起被卡钻头
埋钻	泥浆黏度不足、比重不够可能会造成孔壁坍塌,遇到溶洞时,泥浆面突然下降也可能引起孔壁坍塌,造成埋钻事故	如遇埋钻事故,可在泵吸反循环清干孔底沉渣前提下,强力拔起钻头;如不能奏效,在适合人工挖孔地层,立即用黄砂回填钻孔,人工挖孔至钻头底部后,将钻头吊至孔外;对不适合人工挖孔地层,采用管径和钻孔直径相同,长度大于原孔深0.5 m,将钢管振动沉入到钻头下部位置,将孔内及钻头周围的岩土清除后将钻头吊至孔外

2.2.2　水下混凝土灌注施工

2.2.2.1　水下混凝土灌注前检查及试验工作

1. 泥浆沉淀厚度检查

桩基水下混凝土灌注是桩基施工中非常重要的施工步骤,《公路桥涵施工技术规范》(JTG/T 3650—2020)要求在桩基钢筋笼吊放前,应对桩径、孔深进行检查,合格后进行桩基清孔;在钢筋笼安装完毕后、浇筑水下混凝土前,应再次检查孔内泥浆性能指标及沉淀厚度,如超过规定应进行第二次清孔,符合要求后方可灌注水下混凝土,决不能采用加深钻孔深度的方式代替清孔。

2. 导管气密检查

灌注水下混凝土一般采用导管法,导管内径一般采用200~350 mm,导管在使用前应进行水密承压和接头抗拉试验,严禁用压气试压,进行水密试验的水压不应小于孔内水深1.3倍的压力,也不应小于导管管壁和焊缝可能承受灌注混凝土时最大内压力 P 的1.3倍,P 值按式(2-1)取值:

$$P = \gamma_c h_c - \gamma_w H_w \tag{2-1}$$

式中　P——导管可能受到的最大内压力,kPa;

γ_c——混凝土拌和物的重度,kN/m^3,取24 kN/m^3;

h_c——导管内混凝土柱最大深度,m,以导管全长或预计的最大高度计;

γ_w——桩孔内水或泥浆的重度,kN/m^3;

H_w——桩孔内水或泥浆的深度,m。

3. 水下混凝土配比试验

水下混凝土应具有良好的和易性,初凝时间应能满足施工要求,《公路桥涵施工技术规范》(JTG/T 3650—2020)要求如下。

1)水泥品种

水下混凝土可采用火山灰质硅酸盐水泥、粉煤灰质硅酸盐水泥、普通硅酸盐水泥或硅酸盐水泥,使用矿渣水泥时应采取防离析措施,水泥强度等级不宜低于42.5,水泥的初凝时间不宜早于2.5 h。

2)粗、细骨料

水下混凝土粗骨料首选卵石,如采用碎石宜适当增加配合比的含砂率,以保证水下混凝土具有良好的和易性;粗骨料的最大粒径不应大于导管内径的1/8~1/6和钢筋最小净距的1/4,同时不应大于37.5 mm;细骨料宜采用级配良好的中砂。

3)其他要求

混凝土拌和物应具有良好的和易性,其坍落度当桩径$D<1.5$ m时,宜为180~220 mm;当$D\geqslant1.5$ m时,宜为160~200 mm,并应充分考虑气温、运距及施工时间的影响导致的坍落度损失。

2.2.2.2 水下混凝土灌注施工方法

【项目案例】

参考图纸 完成作业

1.水下混凝土灌注原理

目前桥梁桩基水下混凝土的灌注一般采用导管法,导管内径和桩径关系见表2-13。导管一般采用无缝钢管,2~4 m一节,接头处有密封圈,不应采用卷制钢管。

表2-13 导管内径和桩径关系 (单位:mm)

桩径	500~800	800~1 200	1 200以上
导管内径	200	250	300

灌注水下混凝土时,先将经测试合格的导管安装在桩孔内,在导管上部安装盛混凝土的料斗,在料斗和导管连接处附近安装导管塞,导管塞可用外缘有橡胶的木塞或混凝土塞,以保证料斗内混凝土不致漏浆。向料斗内灌注混凝土,直至满足首批浇筑混凝土数量要求后,剪除导管塞吊绳,使混凝土沿导管在自重作用下下落,下落的混凝土在落至桩底后上翻,上翻过程中会将桩底泥浆带出。首次浇筑的混凝土会使导管到一定埋深,然后继续从料斗内浇筑混凝土,后续浇筑的混凝土会向上继续顶已浇筑的混凝土,混凝土浇筑到一定深度后,向上提导管到一定高度,然后继续浇筑混凝土。这样,首次浇筑带有泥浆、水灰比较大的混凝土会一直处在桩内混凝土上部,直至将其顶出地面以上。

灌注水下混凝土原理示意见图2-23,水下混凝土灌注工艺流程见图2-24。

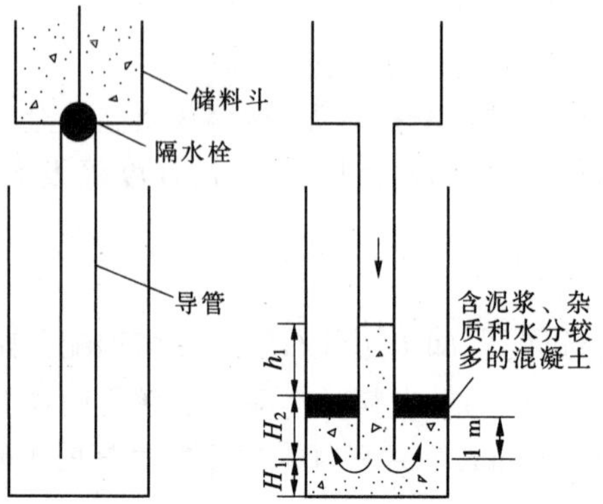

图 2-23　水下混凝土灌注原理及首批混凝土灌注

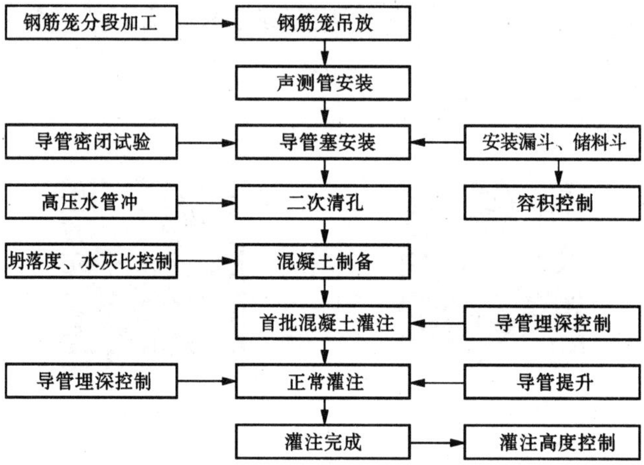

图 2-24　水下混凝土灌注工艺流程

2. 水下混凝土灌注施工

(1) 导管安装位置要求导管安装时，其中心应和桩孔中心重合，导管底部到桩孔底的高度一般为 0.3~0.4 m。

(2) 首次浇筑混凝土数量要求。

首次浇筑混凝土的数量应能保证在剪开导管塞后下落的混凝土能将导管埋深≥1.0 m；若使首次浇筑混凝土将导管埋深≥1.0 m，导管内也应有一定高度的混凝土，以克服桩孔内泥浆的压力。首次浇筑混凝土的数量可参考式(2-2)计算：

$$V \geq \frac{\pi D^2}{4}(H_1 - H_2) + \frac{\pi d^2}{4}h_1 \tag{2-2}$$

$$h_1 = H_w \gamma_w / \gamma_c$$

式中　V——首次灌注需要的混凝土数量，m^3；

D——钻孔直径，m；

H_1——桩孔底至导管底端间距，m，一般为 0.3~0.5 m；

H_2——导管初次埋深，m；

d——导管直径，m；

h_1——桩孔内混凝土达到埋置深度 H_2 时，导管内混凝土柱平衡导管外水(或泥浆)压力所需的高度，m；

H_w——钻孔内水或泥浆深度，m；

γ_w——孔内水或泥浆的容重，kN/m^3；

γ_c——所灌注混凝土拌和物的容重，kN/m^3。

保证首次浇筑混凝土能使导管有1 m以上的埋深，可确保在浇筑首次混凝土时，桩底含泥浆、水灰比较大的混凝土能在导管底以上，在浇筑后续混凝土时此部分混凝土被顶至地面以上，在后期凿除桩头时可将此部分清除。如果此部分混凝土残留在桩底或进入导管内，将造成断桩。

(3)灌注水下混凝土过程注意事项。

在浇筑混凝土过程中，应注意抽查混凝土的和易性及坍落度，对运距较长的桥位更应如此，以防由于混凝土坍落度损失过大造成混凝土坍落度过小、和易性不好；首批混凝土灌注后，应连续灌注后续混凝土，以防停留时间过长使混凝土上翻困难或导管拔除困难；在浇筑混凝土过程中，应保持孔内水头高度，以防塌孔，尤其是在潮汐地区和有承压力地下水地区；在浇筑混凝土过程中，应经常检查导管埋深，使导管埋置深度控制在2~6 m，过短可能造成断桩，过长可能会造成导管拔除困难。在浇筑混凝土时，为防止桩基钢筋笼不上浮，当灌注的混凝土顶面距钢筋骨架底部1 m左右时，应降低混凝土灌注速度；当混凝土拌和物上升到骨架底口4 m以上时，提升导管，使其底口高于骨架底部2 m以上，即可恢复正常灌注速度。

灌注桩顶高程应比设计桩标高高出0.5~1 m，在桩基混凝土达到设计要求后，开挖基础，将此部分凿出，使含泥量、含水量较大，较松散的部分不在使用桩基范围内，此称为凿桩头。在工程实践中，如何在不损伤桩基情况下提高凿桩头的速度，一直是施工单位关心的问题。在京沪高速铁路桥梁施工中，施工单位在桩基顶部钢筋上先安装PVC套管，使后期需要凿出的部分钢筋和混凝土隔开，以减小凿出桩顶时的工作量，然后在需要断开位置钻孔，插入分裂钢楔打击四周钢楔使桩身和桩头断开，采用吊车将桩头整体移开，完成桩头的凿出工作(见图2-25)。此工艺可大大减少对桩身的损坏，提高凿出桩头的工作效率。

(a)管承台基坑开挖　　(b)桩头破裂

图2-25　凿除桩头过程示意

(c)桩头起吊

(d)桩头破除后的桩顶

续图 2-25

3. 灌注水下混凝土桩事故处理及预防措施

灌注水下混凝土桩事故及预防措施见表 2-14。

表 2-14　灌注水下混凝土桩事故处理及预防措施

事故现象	事故原因	处理及预防措施
钢筋笼上浮	在钢筋笼以下导管深入混凝土过多,混凝土上浮力过大	在浇筑钢筋笼以下混凝土时,适当控制浇筑速度及导管埋深
导管不能拔出	导管埋置过深,浇筑停顿时间过长	连续浇筑,并注意调整导管埋深
断桩	导管埋深不够或提出混凝土表面,泥浆或含泥量混凝土留在桩内	随时测量混凝土浇筑面,保证导管有足够的埋深
桩身夹泥	浇筑混凝土时塌孔,泥块进入混凝土中或骨料中存在泥块	保持水头及泥浆指标,加强骨料检查
桩长不足	没有按规范要求多浇筑混凝土 0.5~1.0 m,凿除桩头后桩顶标高不足	按规范要求留出凿除桩头长度
浇筑混凝土时导管内进水	导管接头密封不好或导管提出混凝土面,桩孔内水、泥浆进入导管内	如发生此事故,可能会造成断桩,应立即停止混凝土灌注,提出导管,重新钻孔或将已浇部分松散层清除后再浇筑混凝土

项目 2.3　桥梁深水基础施工

【项目描述】

不能采用一般的土围堰、木板桩围堰等防水技术施工的桥梁基础,称之为桥梁深水基础。

【项目分析】

1. 桥梁深水基础施工平台。

2. 管柱基础。

3. 沉井基础。

4. 组合基础(包括沉井加管柱基础和沉井加钻孔桩基础)。

5. 特殊基础(包括双承台管柱基础、锁口钢管桩基础、多柱基础、连续墙基础、沉箱基础和设置基础)。

【项目案例】

参考视频　　　　完成作业

【项目实施】

2.3.1　概述

桥梁基础是桥梁下部结构与地基接触的部分,其作用是把桥梁自重以及作用于桥梁上的各种荷载传至地基。它和桥墩、桥台统称为桥梁下部结构。桥梁基础根据埋深分为浅基础和深基础。工程中一般将埋置深度较浅(一般在几米之内),且施工简单的基础称为浅基础;将由于浅层土质不良,需将基础置于较深的良好土层上,且施工较复杂的基础称为深基础。

根据一般传统的土力学地基及基础所介绍的水中围堰概念:工程中一般将水深在5~6 m以上,不能采用一般的土围堰、木板桩围堰等防水技术施工的桥梁基础,称之为桥梁深水基础。

目前,国内外已建成的桥梁深水基础类型主要有:桩基础(包括打入桩基础和钻孔桩基础)、管柱基础、沉井基础、组合基础(包括沉井加管柱基础和沉井加钻孔桩基础)和特殊基础(包括双承台管柱基础、锁口钢管桩基础、多柱式桩基础、连续墙基础、沉箱基础和设置基础)。桥梁深水基础主要类型见表2-15。

表2-15　桥梁深水基础主要类型

基础类型	分类			
	按材料分	按传力方式分	按承台分	按施工方法分
桩基础	1. 钢筋混凝土桩基础; 2. 预应力钢筋混凝土桩基础; 3. 钢管桩基础	1. 摩擦桩基础; 2. 端承桩基础	1. 水上高承台桩基础; 2. 水下高承台桩基础; 3. 低承台桩基础; 4. 高低双承台桩基础	1. 预制打入桩; 2. 就地成孔灌注桩
管柱基础	预应力钢筋混凝土管柱基础、钢管柱基础			
沉井基础	沉井基础			
组合基础	沉井加管柱基础、沉井加钻孔桩基础			
特殊基础	双承台管柱基础、锁口钢管桩基础、多柱基础、连续墙基础、沉箱基础、设置基础			

桥梁深水基础,不仅深水环境对它产生许多直接作用,而且深水对其设计理论和施工技术都会提出一些特殊问题。无论是基础类型选择、基础埋深确定、外荷载或作用力的计算还是地基承载力与沉降量确定等问题,均与水深有关,桥梁深水基础的主要特点有:

(1)基础所受的水平力,如水流冲击力、船舶碰撞力、水压力、动水压力等,要比陆上或浅水基础大得多。

(2)深水基础的稳定性与安全度,一般常受水文条件控制,所以对桥梁深水基础,水文条件与地质条件具有同等重要的地位。

(3)深水基础除需考虑环境水的侵蚀外,还需要考虑潮汐、洪水以及流水所夹沙石与流冰的直接碰撞、磨损等问题。

(4)深水基础类型选择一定要认真考虑,并做全面的可行性分析,因为它不仅关系到基础造价高低,还直接影响到桥梁工程的成败、质量和工期。

(5)深水基础应具有高抗自然灾害能力,这就要求其勘测设计时做大量、细致的勘测,而深水基础的地基勘测均需在水下进行原位勘测,工作条件差,要取得真实可靠数据难度大,这就要求其勘测手段更先进、可靠。

(6)深水基础属于水下隐蔽工程,其设计与施工时必须将水流流速、水深深度等因素及由深水所引起的其他约束条件联系起来综合分析,并采取相应措施。

(7)对于海湾、海峡和近海岛屿间的近海桥梁深水基础,更应考虑海洋环境产生的荷载力,如由台风、巨浪、大潮所产生的巨大水平力,应成为其设计和施工中必须考虑的重要控制条件。

(8)深水基础的施工,直接受到深水环境的影响,并且随着水深的增加,未知及可变的技术因素也相应增加,其设计和施工的技术难度也急剧增加。

2.3.1.1 桩基础

1.桩基础的特点

桩基础是以桩体外壁与其周围土壤的摩擦力或桩尖的承载力来传力的基础。这种基础由承台和桩群组成。承台是连接桩群和桥墩的平台,多用钢筋混凝土建造,是一个变形较小的刚性板或梁。桩群是若干根埋入地基的桩。桥梁深水桩基础是桥梁深水基础形式中最为经济的基础形式之一。桥梁深水桩基础的形式,按承台位置可分为水上高承台桩基础、水下高承台桩基础、低承台桩基础、高低双层承台桩基础;按照成桩方法分为可打入桩(包括振入、压入、旋入)、钻孔灌注桩及钻孔埋设预制桩三大类型。桩基础与其他形式的深基础相比,具有以下优点:

(1)桩基础通过桩的侧面和土接触,将荷载传递给桩周土体,或深层岩层、砂层或坚硬的黏土层,从而获得很大的承载能力。

(2)桩基础具有很大的竖向刚度,因而采用桩基础的桥梁,沉降比较小,而且比较均匀,可以满足对沉降要求特别高的上部桥梁结构的安全需要和使用要求。

(3)桩具有很大的侧向刚度和抗拔能力,能抵抗台风引起的巨大水平力、上拔力和倾覆力矩,并能抵抗水流冲击力和改善桥梁结构的抗震性能。

(4)水上施工时设备需求相对较小,桩基础施工精度更易得到保证。

2. 桩基础选型

(1)钻孔灌注桩桩基础。钻孔灌注桩桩径、桩长可根据设计需要确定,适用范围广,其水上施工技术成熟,无须大型起重设备。施工用钢护筒作用主要有:定位导向;保持钻孔过程中的内外水头差,防止塌孔;深水特别是潮汐影响的水流环境中保持静态的作业环境,保证成桩质量等。一般情况下不提倡钢护筒在施工过程中参与承力,因为钢护筒作为临时结构,打入土的深度有限。钻孔桩通过改善混凝土性能、增大钢筋保护层厚度、保留施工用的钢护筒等措施可满足结构耐久性要求,但是当钻孔桩选用较大的桩径时,就摩擦桩而言,难以充分发挥桩身的材料强度,也增加了桩身自重,增大了基础负荷。钻孔桩与打入桩相比,是取土后成桩,没有挤土效应,相同土层所提供的桩侧摩阻力偏小。

(2)预应力混凝土管桩基础。预应力混凝土管桩具有高强、施工迅速等优点,目前已广泛应用于房屋建筑、码头和桥梁等工程。由于受各种条件的限制,国内目前所能投入应用的最大桩径为 1 200 mm。预应力混凝土管桩为后张法制造的薄壁结构,大直径管桩普通钢筋的保护层很难得到保证,结构防腐难度大。另外,沉桩过程必须确保桩身混凝土不致开裂损伤,对施工技术要求非常高。因此,预应力混凝土管桩用于海洋环境下的大型桥梁工程能否保证 100 年的使用寿命,技术上还存有疑虑。

(3)钢管桩(柱)基础。钢管桩基础具有以下优点:耐打性好,穿透硬土层的能力强,能有效地打入坚硬的桩端持力层,因此可期待获得相当大的竖向承载力;水平承载力大,抗弯能力强,能够作为受地震作用、波浪力等水平力的基础形式;外径和壁厚的种类多,便于选用合适桩的尺寸;从施工角度看,按桩端持力层不等,容易变更桩长,现场焊接的可靠性高,桩基础与上部结构连接容易;质量轻,刚性好,装卸运输方便,不易破损。在国内现有施工条件下,钢管桩直径可达 116 mm,更有利于抵抗水平荷载作用;同时,钢管桩亦可做成不同斜率的斜桩,这将大大地增强基础抵抗水平荷载的能力。钢管桩吊装和运输方便,抗锤击能力强,沉桩容易,施工速度快,完全可适应桥址区域气象、水文、地质条件。钢管桩防腐技术成熟,可根据不同部位的腐蚀特点采取相应的防腐措施,如预留腐蚀量、涂装防腐、阴极保护防腐等,均能保证钢管桩在使用期的正常使用。

直径较大的空心圆形桩称为管柱,用管柱修建的桩基础,又称管柱基础。管柱基础是我国于 1953 年修建武汉长江大桥时所首创的一种新的基础形式,一般适用于深水、无覆盖层、厚覆盖层、岩面起伏等桥址条件。管柱可以穿越各种土质覆盖层或溶洞,支承于较密实的土上新鲜岩面上。一般采用预应力混凝土管柱或钢管柱。管柱基础主要由以下三部分组成:承台座板、管柱柱身与嵌岩柱塞。

钢筋混凝土承台座板一般简称承台,其作用是:将管柱顶连接为一个整体;通过它将上部结构传来的荷载分配传递到每根管柱上;将柱顶锚固在承台内,以抵抗外力矩。

管柱柱身是由若干节管柱拼接而成的,而管柱节有钢筋混凝土管节、单壁钢管节、双壁钢管节等。另外,在管柱内常需增加钢筋笼和填充混凝土。

管柱基础的特点之一就是在柱底钻孔嵌岩,柱塞底混凝土应与管柱内的填充混凝土同时灌注。柱塞内的钢筋,其下端应插至孔底,上端应伸入管柱内一定长度(按计算)。这样,嵌岩柱塞就将预制管柱和岩层结合在一起,形成一个压弯构件。

管柱基础还按其承台座板的高低分为低承台管柱基础、漫水高承台基础、出水高承台基础(即日本常采用的多柱式基础)等三种。

2.3.1.2　**沉井基础**

沉井基础是用开口沉井或气压沉箱施工法建造的桥梁基础,是和近代桥梁同时发展的一种承重基础结构,已有百余年的使用经验。尽管钻孔桩等形式基础施工较为方便,但是由于沉井基础整体性好、刚度大、传力可靠,可承受竖向荷载和较大的船撞水平力;并且施工工艺成熟、单一、工程进度容易控制,对保证工期有利,因此在长大跨度和深水地区修桥仍被采用。随着科学的进步和施工工艺的不断改进、提高,沉井适应了极其复杂的自然情况,图2-26为沉井施工现场。

图2-26　沉井

开口沉井是一个井筒,最下一节的下端设有钢制或钢筋混凝土刃脚,其平面形状可根据墩台外形做成矩形、圆形、圆端形等,中间加隔墙,成为双孔或多孔式。建造材料可用木、钢、混凝土、钢筋混凝土等。开口沉井在浅水地区可在墩位就地筑岛制造,深水地区可在岸边预制,然后以浮运等办法运到墩位。沉井基础施工程序一般是在井壁内挖土,井筒靠自重或加压逐渐下沉,一节井筒快沉入土中再接一节,直至最后一节下沉到设计高程,然后将井底土清理干净,灌注一层水下混凝土把井底封住,再抽水并在井内填充混凝土或砂石,或做成空心沉井,最后在顶上灌筑钢筋混凝土盖板,并在其上修筑墩台。在施工过程中,为了减少井筒下沉时井壁与土间的摩擦力,可在筒壁内预埋钢管并压入高压水、泥浆或高压气流辅助下沉。沉井基础刚度大,能承受对基础作用的较大弯矩,且沉井基础有较大的承载面积。当桥梁的上部荷载较大,基础需要埋设较深时,沉井基础也是常用的基础类型之一。

沉井基础作为桥梁深水基础的另一特点是:在其下沉过程中,可以自身防水,避免了桩和管柱基础中的防水围堰。深水浮运沉井的类型有带临时井底的沉井、双壁浮运(空体自浮)沉井、带钢气筒的浮运沉井等。沉井施工工艺流程见图2-27。

2.3.1.3　**组合基础**

在水深很大且有非常厚的覆盖层或地质条件很复杂的情况下,当施工技术无法将单一形式的基础下沉到达预期深度时,可以采用两种不同形式的基础,以接力的方法来修筑桥梁深水基础,通常称这种形式的基础为组合基础。组合基础所说的组合,指的是在外形结构上的组合,而不是指两种基础作用与性质上的组合。

例如,南京长江大桥正桥2、3号墩要通过约30 m深水、约40 m厚的覆盖层,按当时的技术条件修建单一的管柱基础或沉井基础，在设计上和施工上都缺少经验、存在困难。因此，经多方研究和论证，最后采用了钢沉井加管柱的组合基础，其结构如图 2-28 所示。

基础由钢沉井、管柱、封底及封顶混凝土、承台组成。沉井穿过覆盖层约 22 m，井布置成长方形，其平面尺寸为 16.19 m×25.01 m，井内分成 15 个方格，内插 13 根直径 3 m 的预应力钢筋混凝土管柱，间距 4.6 m。管柱下沉到岩面后钻孔，孔径 2.4 m，孔深 7～9 m，钻孔内放置钢筋骨架，然后在钻孔内灌注水下混凝土，一直填充至管柱顶面。管柱的下端嵌固在基岩内，上端嵌固在承台混凝土中。沉井的封底、封顶混凝土将管柱群连接成整体。

承台与沉井井壁间仅以水平链杆连接，这样承台及其以上的荷重，可以直接传至管柱，而承台所受的水平力，则通过水平链杆由管柱与沉井共同承受。当河床冲刷至一定深度后，沉井的自重及沉井上的水平力通过封底、封顶混凝土传至管柱。

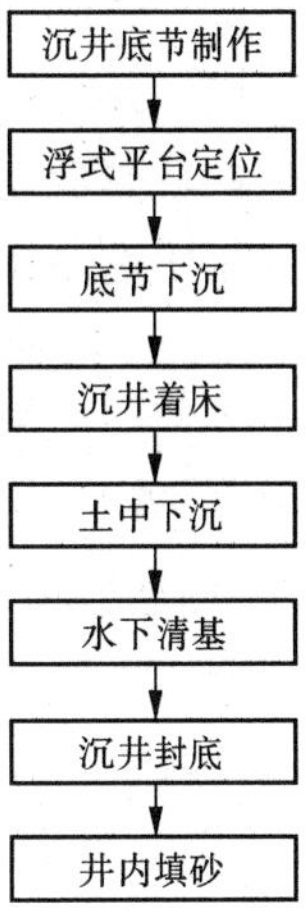

图 2-27　沉井施工工艺流程

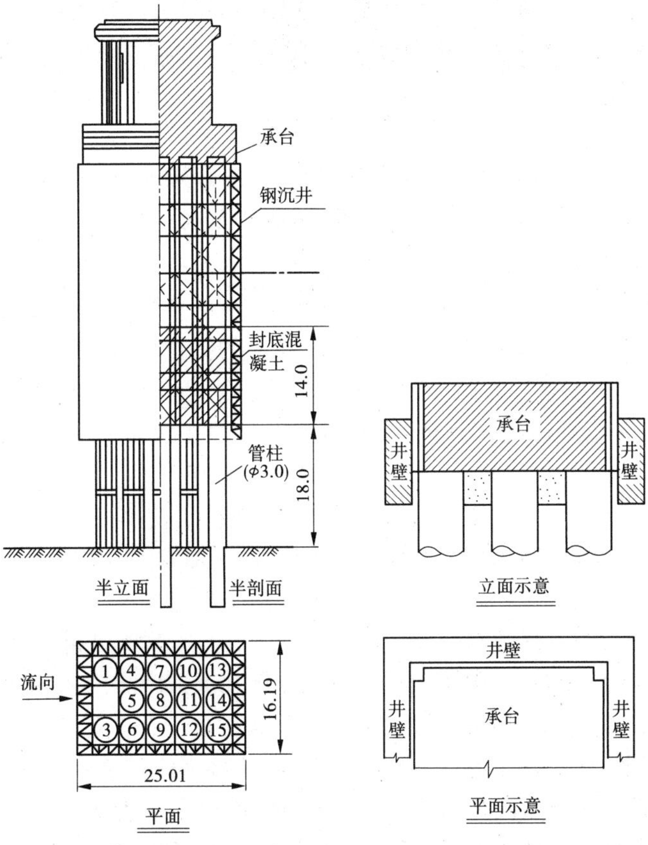

(a)钢沉井加管柱组合基础结构　　(b)承台与沉井井壁水平铰链

图 2-28　南京长江大桥正桥 2、3 号墩沉井加管柱组合基础结构示意　(单位：m)

钢沉井的作用是减少管柱所要穿过的覆盖层厚度,兼作下沉管柱时的导向架,灌注上下封底、封顶混凝土及承台混凝土时的防水围堰,它代替钢板桩围堰的作用,但它又是永久结构的组成部分,增强了桥墩基础的刚度。封顶混凝土以下的井壁上安装了 8 个直径 75 mm 的连通钢管,使沉井内外的水压平衡,防止密封在井筒内的水体,在温度变化及江水涨落时,对沉井产生不利的影响。

采用组合基础的好处是:用浮式钢沉井代替管桩基础中常用的钢板桩围堰,以解决围堰过高、钢板桩太长、抽水太深和管柱长细比不当、桥墩位移超限等问题;用管柱代替部分沉井、嵌进岩层,减小沉井高度,以解决缺乏较深深井施工手段,难以纠正偏斜位移,不易保证岩面与井底密贴等问题。这种组合基础的最大优点,就是能充分发挥沉井和管柱的各自特点。

2.3.1.4　特殊基础

随着桥梁跨度不断增大,基础入水深度不断增加,尤其是近年来国外海湾、海峡大桥不断兴建,针对一些特殊的复杂自然条件,采用了一些特殊基础形式和技术,值得我们学习和借鉴。例如:

(1)针对水深、覆盖层浅及岩性复杂的情况,我国首创了"双承台钢管基础",其特点是将结构主体与施工设施密切结合,使施工辅助工程大幅压缩而形成的一种施工上直接一体化的桥梁深水基础结构。这种基础在修建武汉长江大桥、广茂线肇庆西江大桥 4 号墩基础工程时首先采用,见图 2-29。

双承台钢管柱基础结构的外形与高承台管柱基础基本相似,差别在于基底增添了下承台及建造的方法不同。西江大桥上承台厚 5 m,顶面露出最低水位以上承托墩身。自上承台底面至岩面的基础全高为 35.6 m,分别由长 26.6 m 的 4 根管柱及岩面以上厚度 9 m 的下承台等两部分组成。桩径 3.1 m,在下部长 5 m 的一段柱径放大至 3.5 m。在下承台的底面,对应上部柱心钻制直径 2.5 m、深 3.0 m 的钻孔伸入岩盘,以支承桥墩的全部荷载,不考虑下承台本身起承重的作用。下承台的设置,是为了减短柱的自由长度以满足结构的侧向刚度,并不使基底钻孔遭受弯矩以避开岩性在构造上的不足。下承台具有替代被冲刷的覆盖层,对基础结构发挥更为有效的嵌固作用。

(2)多柱基础:其技术特点是采用更加大桩柱的直径,使每一桩柱完成后就像一座独立的基础,能承受海浪急潮的推力,并将承台提高到水面以上。多柱完成后,柱头予以割除,进行承台施工。这种基础适于海洋深水、潮急及厚覆盖层时采用,如日本大鸣门桥主墩设计就采用 ϕ4 m 柱 16 根和 ϕ7 m 柱 2 根的多柱基础;横滨湾大桥为主跨 460 m 的斜拉桥,桥位处水深 8~12 m,覆盖层厚达 50~60 m,主墩基础采用深达 82 m 的多柱基础。

(3)沉箱基础:就是将沉井底节做成一个有顶盖的施工作业工作室,然后在顶盖板上装设井管及气闸,也称为气压沉箱。当桥梁深水基础需修建在透水性很大的土层中且含有难以处理的障碍物,或基底需要经过特殊处理的情况下,沉井无法下沉时,可采用沉箱基础。沉箱基础主要由顶盖、刃脚、工作室、箱顶圬工、升降井孔、气闸及箱顶管路组成。

(4)地下连续墙也是一种特殊的桥梁基础形式,地下连续墙井箱基础是一种与沉箱基础颇为相似的一种深基础结构形式。日本用它修建桥梁水下基础的例子有青森大桥的两个主塔墩基础和北浦港桥 2 号、3 号、4 号三个海水中桥墩基础及白鸟大桥两个主跨侧

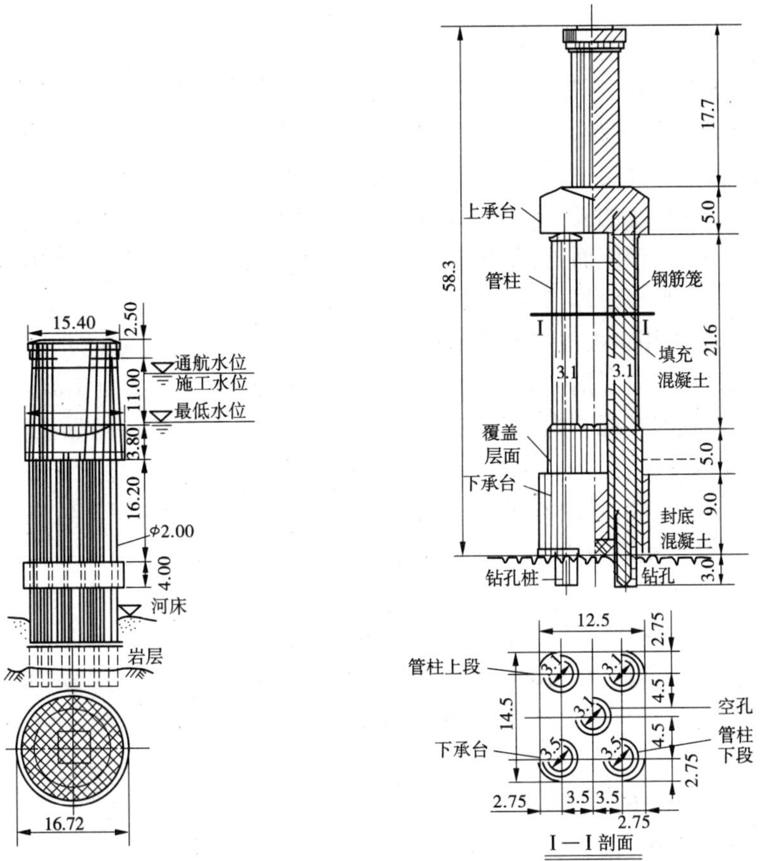

(a)武汉长江大桥水中基础比较方案　　(b)西江大桥4号墩双承台钢管柱基础

图 2-29　双承台钢管柱基础　(单位:m)

墩基础,将墙体用“接头”的形式在平面上连接成一个封闭的矩形、八角形、井字形或圆形等不同结构形式的地下连续墙基础,作为特殊的桥梁基础形式。

(5)设置基础:为适应海域中的恶劣环境,减少基础作业时间,先将海底爆破取平,然后采用浮运沉井下沉的方法或以大型浮吊在深水中设置预制好的桥梁基础称设置基础。日本北、南备赞濑户桥的海中基础、明石海峡桥的主塔基础、葡萄牙的萨拉扎桥 3 号墩基础均采用此法修建,水深达 50 m,最大潮流速度为 9.27 km/h。

(6)钟形基础:是一种类似套箱而形状像钟的基础。1939 年首创于美国,先后修建了波托玛河桥、圣·玛铁–海瓦尔德桥、里查蒙德·圣·莱弗尔桥、奇萨皮克海湾桥和俄勒岗桥;1973 年开始在日本桥梁深水基础中采用,修建过大黑埠头桥、荒川岸海湾桥等。

(7)自控式气压沉箱基础:日本鹤见航道桥为主跨 510 m 的斜拉桥,水深 12 m;东京湾大桥为主跨 570 m 的悬索桥,水深 10~12 m。这两座桥的基础均采用自动控制气压沉箱,水下基础深度分别为 36 m 和 41 m。施工技术的关键是在沉箱底部设有较大空间,供可自动化操纵的掘进、倒运机具设备作业,使沉箱不断在底部被掘进掏空后,最终沉至设计标高。

2.3.2　深水桩基础施工平台

深水基础钻孔桩一般为大直径桩，施工时受洪水、通航、大流速潮汐等冲刷的影响，为排除施工干扰、精确定位，必须在桩位设置临时施工工作平台。

在水深流急的江河中施工，在墩位处设置围堰施工平台，使堰内基本成为静水，再在围堰内进行钻孔桩基的施工。特别在北方的河流上，冬春之交常有凌汛(流冰)威胁。凌汛时上游冰块沿河漂流而下，相互撞击，产生很大的冲击力。围堰本身很坚固，打入河床后各块互相扣合形成整体，有强大的抵抗力，抵抗水流冲刷和冰块撞击。在地质条件较好的情况下，一般采用钢板桩围堰施工平台。但在有些桥位的水域中，是裸露的基岩且流速很大，需在基岩中钻孔，钢护筒在水中难以稳定，便出现了钢筋混凝土薄壳沉井施工平台，将几个桩孔一起圈在沉井内，以便逐个钻孔，代替单个安设护筒的做法。由于沉井体积大，所以比较稳定，适合在水深流急的河流上使用。当承台底面距河床面较高，或承台以下为较厚的软弱土层，且水深流急时，目前多采用钢吊箱围堰加钢支架施工平台的施工方法，或者采用钢吊箱围堰既作为防水措施进行承台施工，又作为施工平台来为桩基沉桩导向定位。

施工平台是钢护筒下沉定位的导向辅助平台；是桩基础钻孔、水下混凝土灌注的作业平台；是基础施工机具、材料临时堆放的场地；是双壁钢围堰施工拼装、下沉的支承平台。由于桥梁深水桩基础水中施工的特殊环境，使得施工平台成为其施工中必不可少且极为重要的一个部分。

2.3.2.1　施工平台的类型

目前，我国大跨度桥梁的深水基础多采用钻孔灌注桩基础。从施工方面来看，钻孔灌注桩基础的施工分为先下钢围堰后成桩和先成桩后下钢围堰两种施工方案。先下钢围堰后成桩方案具有以下优点：钢护筒厚度及长度减小，易于准确定位；节省钻孔平台钢管桩钢材，也可节省加工焊接及施工桩的费用；节省钻孔平台的稳定措施费等。所以，若无覆盖层或覆盖层很浅，宜采用先下钢围堰后施工钻孔桩方案。先成桩后下钢围堰方案由于具有以下优点：施工快，从施工钻孔平台钢管桩、架设平台至开钻时间短；可降低钢围堰高度，节省工期，降低造价；减少双壁钢围堰夹壁混凝土量；避免岩面高低不平时钢围堰不规律的高低刃脚着岩难度；清除钻渣难度减小；封底混凝土量可减少等。所以，该方案常被用于覆盖层较厚，且覆盖层较软、承载力较小，工期和造价有要求的工程中。

如前所述，先下钢围堰后成桩方案是采用的钢围堰施工平台，先成桩后下钢围堰方案则是采用支架施工平台或者浮动施工平台。由于钢围堰施工平台的重要功能之一是防水并作为承台施工的模板，一般将其归为单独一类，进而在此基础上发展了钢吊箱围堰施工结构。

总体来说，深水桩基施工平台分为浮动施工平台和固定施工平台两大类型。

浮动施工平台是深水中完成钻孔桩基础施工的一种简便而有效的方法，它是指利用水上设备(民用船舶或工程浮箱)以及军用器材等搭设作业平台进行钻孔桩施工的方法，适用于水流较平稳、波浪小、流速不大、通航压力小的河流中深水钻孔桩基础施工。按构造形式分为浮船、六七式标准舟节、浮箱等。浮动施工平台的优点为：结构简单、架设较为简单;可充分利用制式器材,方案灵活性大;投入施工快,显著缩短工期;容易改装成套箱拼装下沉用平台,能节省大量时间;受潮汐水位变化的影响小,抗洪能力强。平台可随水位上浮下沉,在涨水时能继续在平台上进行其他相关操作,有利于保证施工进度。缺点为:占用较多水上设备和器材;占用较多河道,一定程度上影响通航,在河道通航繁忙、流速较大的河流中实施比较困难;定位需要较庞大的锚碇系统;钻机施工过程晃动大,钻进效率低,且不能适应大扭矩、大功率的回旋钻机。

固定施工平台按构造形式分为支架施工平台和围堰施工平台。支架施工平台按支承桩材料可分为木桩施工平台、钢筋混凝土桩施工平台或型钢、钢管桩施工平台等;按组成平台的构造可分为型钢平台、桁架平台和型钢与桁架组合平台;按平台的受力方式可分为钢管桩单独承力、钢护筒单独承力和钢管桩与钢护筒同时承力(统称钢护筒施工平台)三种类型。围堰施工平台包括钢套箱围堰施工平台、钢板桩围堰施工平台、浮运薄壳沉井施工平台。固定施工平台的优点为:结构简单,相对固定,在成孔过程中对成孔质量有保证。缺点为:周转材料使用多,周期长,平台构架和定位桩的拆装比较费力;且因其平台构架均在施工水位以上,桩的自由长度较长,刚度较差,有头重脚轻之弊;当平台受到较大水平力 P 如风力、水流冲击力或冲刷较大时,平台容易失稳。各种钻孔平台的对比及适用条件见表 2-16。

表 2-16 各种钻孔平台的对比及适用条件

平台形式	优点	缺点	适用条件
浮式平台	无须钢管桩,节省临时材料;对河床扰动相对较小;平台周转快捷	平台需要足够的锚碇系统定位;现场定位难度大,成本高;平台稳定性差,影响护筒、桩基精度;施工受水文条件影响大	水深较深,覆盖层较薄或无覆盖层,以及卵砾石河床
钢管桩平台	钢管桩是临时结构,精度要求较低,平台搭设难度小,钢护筒在临时平台上打设精度高,施工安全、方便。钢护筒在施工过程中不受竖向荷载作业影响	施工转换过程中必须反复插打、拔除大量临时钢管,水上工作量大。平台稳定性差、刚度小	水深不超过 35 m,覆盖层厚度 5 m 以上
钢护筒平台	施工转换过程中必须反复插打、拔除大量临时钢管,减少了水上工作量,节省工期;耗费材料相对较少,经济性好;平台范围内不插打钢管桩也减少了对墩位处河床的扰动,有利于基础受力和抗冲刷;平台自身刚度、稳定性、安全性显著提高	插打钢护筒定位难度大,精度较难保证;设备要求高,机械使用费较高;平台搭设有一定难度	具有一定规模的深水群桩基础,水深 15 m 以上,覆盖层厚度 5 m 以上
钢围堰平台	不需要庞大的水上固定式钻孔平台,节约材料;对航道影响较小;桩基施工到承台施工的体系转换方便、快捷,只需拆除平台、设备、牛腿后继续加水下沉至设计标高,悬挂于护筒即可浇筑封底	吊箱定位难度大,需要有强大的锚碇系统以实现前期定位;吊箱前期加工耗时长,影响工期;阻水面积大,冲刷严重	具备围堰加工、浮运就位条件的施工区位

2.3.2.2 施工平台的结构与功能要求

1. 施工平台的结构

施工平台的结构依其类型不同而不同，浮动施工平台构造较为简单，支架施工平台的组成部分相对较多，而围堰施工平台与钢吊箱相似，将在2.3.3中叙述。

1）浮动施工平台

浮动施工平台用船只拼成，常在流速不大、风浪较小的河流中使用。船只大小根据水流情况、施工平台尺寸和需要的承载质量决定。图2-30是在两只各载重300 kN的木船上横置6根长约10 m的27号工字钢构成的浮船施工平台。按钻架和钻孔的操作要求定出两只船的间距后，用钢丝绳绕过船底与工字钢捆扎在一起，把两船连成整体。

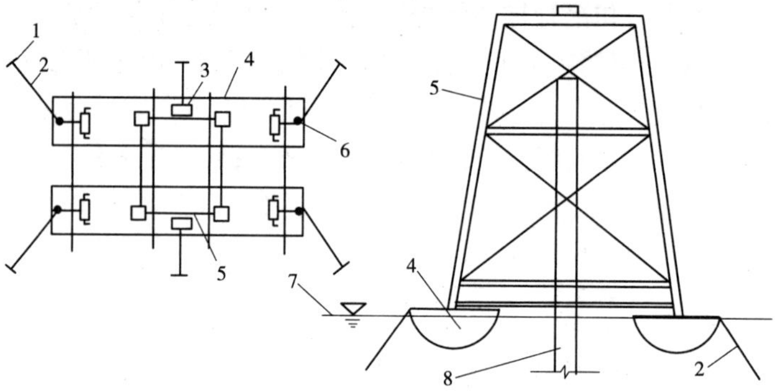

1—锚；2—锚索；3—手摇绞车；4—木船；5—钻架；6—转向滑轮；7—水位；8—钻杆

图2-30 浮船施工平台

图2-31是另一种浮船施工平台布置。在相距3.5 m的两只各1 200 kN钢驳船上，用两根36号工字钢焊牢连接，船下面用两根10 cm×5 cm槽钢焊接到压水筋上。然后把用10 cm×5 cm槽钢做成的一个方框焊牢于上述两对型钢上。方框四边的中点各设一个活动螺栓，则竖直槽钢可在方框内前后方向移动，作为护筒的定位导向用。自来水管以电焊与竖直槽钢连接组成滑道，以便于护筒竖直地沉入土中。

浮船施工平台要在前后左右四个方向抛锚定位。在流速较大和有风浪的河流中，上游方向应增设两道主锚，以免船受水流影响而移位。锚碇可用铁丝笼装片石，或直接利用铁锚。拉锚的钢丝绳最好用单根的，每一根锚绳都由安置在船上的手摇绞车控制，可使浮船较易移动定位。锚碇位置用视距法或前方交会法测定，应选择在平潮（在有潮汐的河流上）和无船筏通行时间时定位。先抛设主锚再抛设其他锚，用仪器观测逐步定位。钻船就位后，每天应有专人负责检查其位置。在有潮汐和通航的河流上，还应根据潮汐和航船的影响，随时检查校核船位。

2）支架施工平台

（1）钢管桩支架施工平台。钢管桩支架施工平台通常为梁柱组合式结构，由下部钢管桩、钢管桩平联（剪刀撑）、钢管桩顶纵横梁以及平台面板组成，如图2-32所示。按组成平台梁系的构造可分为型钢平台、桁架平台和型钢与桁架组合平台。常用桁架有万能杆件、贝雷架或六四军用桁架，可根据钻机设备大小和已有设备情况选用。桁架与型钢组合形式是以桁架作为纵梁，型钢作为横梁应用最为广泛。

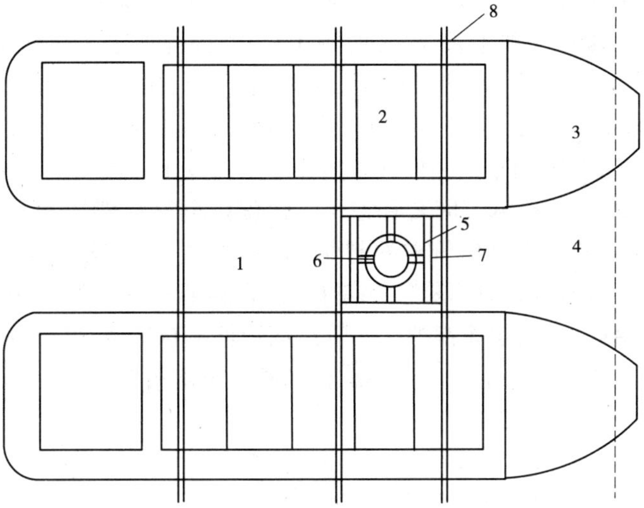

1—砂石水泥堆放处;2—拌和机处;3—钢驳船;4—工作平台;5—槽钢;6—自来水管;7—活动螺栓;8—管桩壁

图2-31　浮船施工平台布置

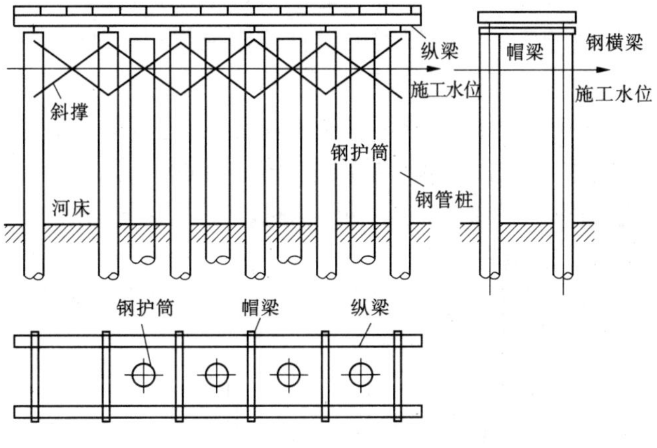

图2-32　支架施工平台结构

(2)钢管桩和钢护筒共同承力施工平台。钢管桩和钢护筒共同承力施工平台是将深水桩基的钢护筒也作为施工平台的基础与钢管桩同时施打,逐步连接成平台整体。一般采用梁柱组合式结构,由下部钢管桩和钢护筒、钢管桩与钢护筒间的平联系统、钢管桩与钢护筒顶部的分配梁和平台面板几部分组成。

2. 施工平台的功能要求

水上施工需考虑河床地貌、地层、汛情、涨落潮、气象、航道等情况:桩基施工平台作为一种水上“人工地面”,在功能上必须满足以下几个功能要求:

(1)满足钻机成孔工艺与设备布置的要求。

(2)必须保证清孔、水下混凝土灌注等成桩工艺与设备布置的要求。

(3)保证套箱、承台顺利施工。

(4)保证作业人员良好的工作环境与活动场地。

(5)平台不受一般汛情、涨落潮和气象的影响,以确保安全施工,不影响施工进度。

(6)平台的使用期限一般不长,为临时施工结构,因此要求平台便于安装、拆卸与迁移,可重复利用。

3. 施工平台的施工工艺

施工平台的类型多样,不同结构形式的平台施工工艺也不尽相同,主要与施工平台的构造选型、功能布置、施工机械等因素有关。一般来说,对于支架施工平台,搭设的施工过程主要包括:钢管桩施工(包括钢管桩的制作、运输、定位、沉设等)、平台搭设(包括平联施工、护筒间连接、平台上部结构搭设、起重机安装、靠船桩施工等)、平台上使用设施设备安装、平台防撞措施等内容;而钢护筒一般在钢管桩平台形成后才进行安装,若采用钢护筒平台,则需要先搭设起始平台。下面结合苏通大桥南塔墩钢护筒施工平台的施工工艺和施工技术对平台形成过程进行介绍。

苏通大桥南塔墩钻孔施工平台设计采用梁柱组合式结构,平台设计顶高程+7. 30 m,钻孔平台长 168. 15 m、宽 56. 90 m,由钢管桩、钢护筒基础以及分配梁和面板组成。

钻孔平台根据使用功能划分为三个区域:上游部分为集中造浆、供电、施工人员办公与休息区,中间部分为钻孔施工区,下游部分为混凝土拌和站布置区。钻孔平台上的主要起重设备采用 4 台移动式动臂吊机,吊机轨道梁布置于钢护筒顶。钻孔平台采用钢护筒平台方案,即利用基础桩施工的 135 根钢护筒直接作定位和依托进行钻孔灌注桩施工工作平台搭设的施工方法。其施工工艺流程如下:

(1)步骤一(见图 2-33):海桩 8 号打桩船抛锚定位;进行钻孔区首批 60 根定位钢护筒插打,自下游至上游逐排插打;平联焊接跟进,第一排钢护筒插打完毕及时施工平联及斜撑,增强其稳定性。平联施工优先施工动臂吊机轨道下 12 根钢护筒。

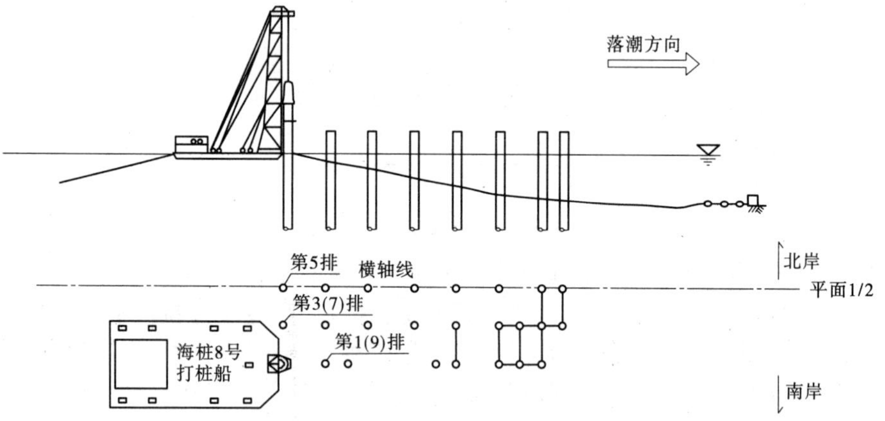

图 2-33 施工流程示意(1)(图中编号为护筒设计编号)

(2)步骤二(见图 2-34):继续进行首批钢护筒插打及平联焊接。海桩 8 号进行护筒插打时,在空间允许的情况下,建基 1501 号打桩船进行拌和区平台钢管桩插打。

(3)步骤三(见图 2-35):动臂吊机轨道下钢护筒焊接临时斜撑(HN600×200 工字钢);在护筒顶铺设动臂吊机轨道梁及轨道,安装动臂吊机;使用振动沉桩机打设 8 根靠船桩及 6 根辅助钢管桩;拌和区平台钢管桩平联施工及主次梁安装。

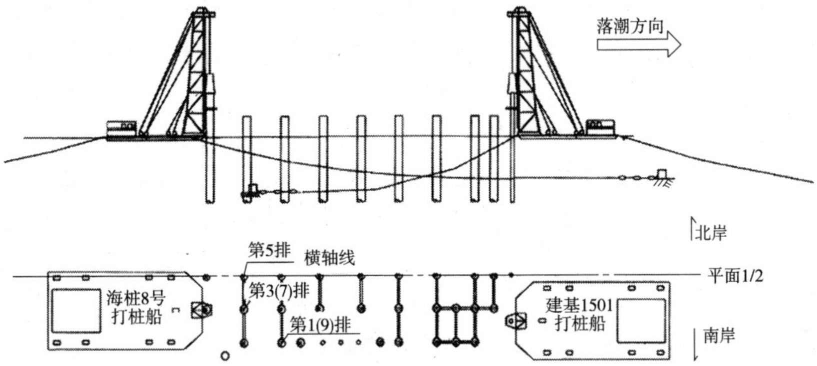

图 2-34　施工流程示意(2)

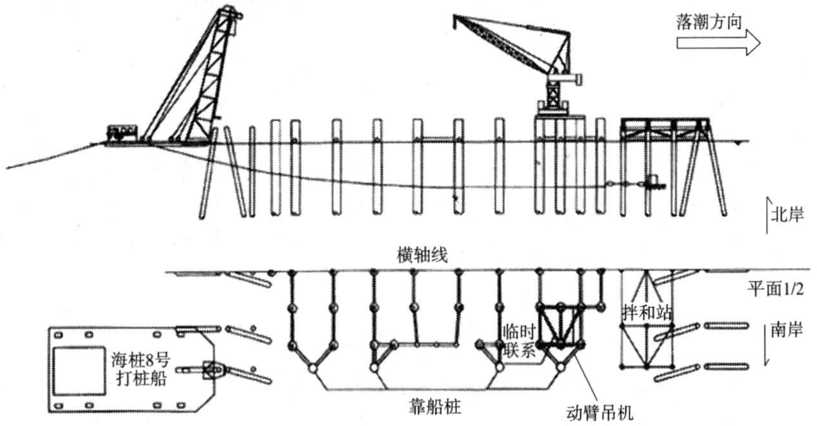

图 2-35　施工流程示意(3)

(4)步骤四(见图 2-36):利用海桩 8 号打桩船已打设的首批钢护筒作为支撑,安装振动沉桩机打设钢护筒用导向架。以相邻的 4 根钢护筒形成局部平台,为增大平台的整体刚度,将钢护筒与周边相邻护筒进行连接。在钢护筒顶面安装定位梁形成顶层定位系统。

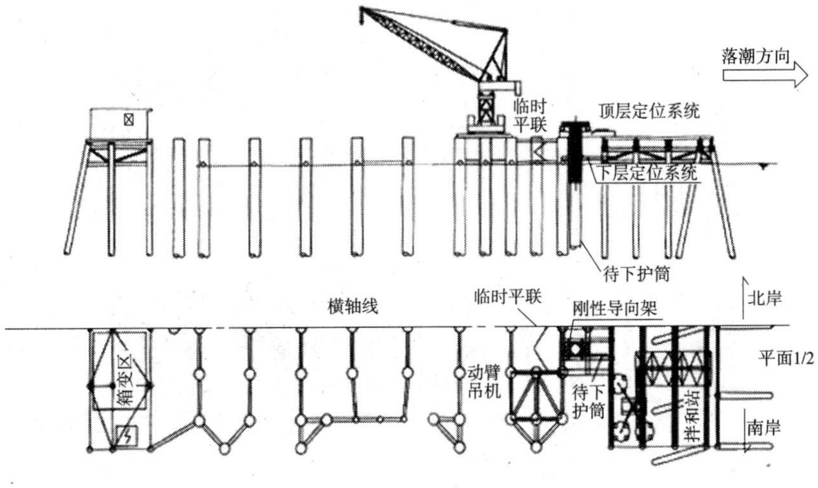

图 2-36　施工流程示意(4)

以护筒平联为基础,在护筒下层平联上安装定位井字架形成下层定位系统。利用已精确定位的上下两层定位系统,起吊安装钢护筒导向架。安装上游供电设施及下游混凝土拌和站。

(5)步骤五(见图2-37):以导向架定位,使用振动沉桩机下沉第二批(打桩船未插打完的钢护筒)钢护筒。

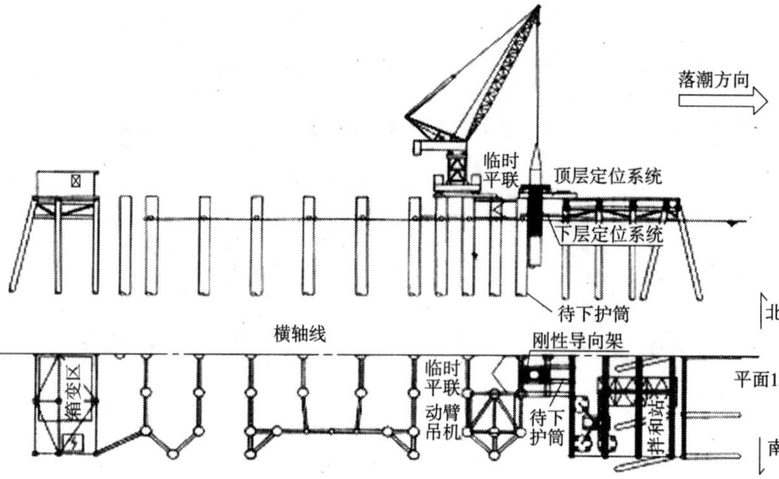

图2-37 施工流程示意(5)

采用动臂吊机吊装首节钢护筒(长36 m),放置于已精确定位的导向架内。吊放振动沉桩机于首节钢护筒顶,振动下沉钢护筒。首节插打到位后对接次节钢护筒(长27 m),利用振动沉桩机再次打设就位。

(6)步骤六(图2-38):继续利用导向架和沉桩机打设钢护筒,并及时进行平联施工。钢护筒上平联兼作泥浆连通管和平台顶板支撑,钢护筒打设到位后及时焊接上平联,为安装平台顶板做好准备。安装钻孔平台顶板,在已形成的平台上布置泥浆循环系统。

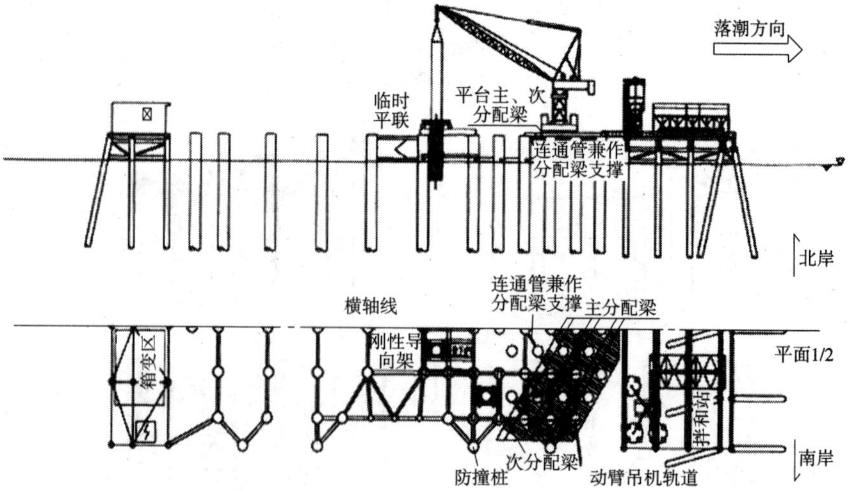

图2-38 施工流程示意(6)

(7)步骤七(见图2-39):钻孔平台局部区域开钻。平台主、次分配梁安装固结到一定区域后,具备局部开钻的条件,利用动臂吊机作为钻孔施工的主要吊装设备,布设2台钻机,下游局部区域开始钻孔施工。

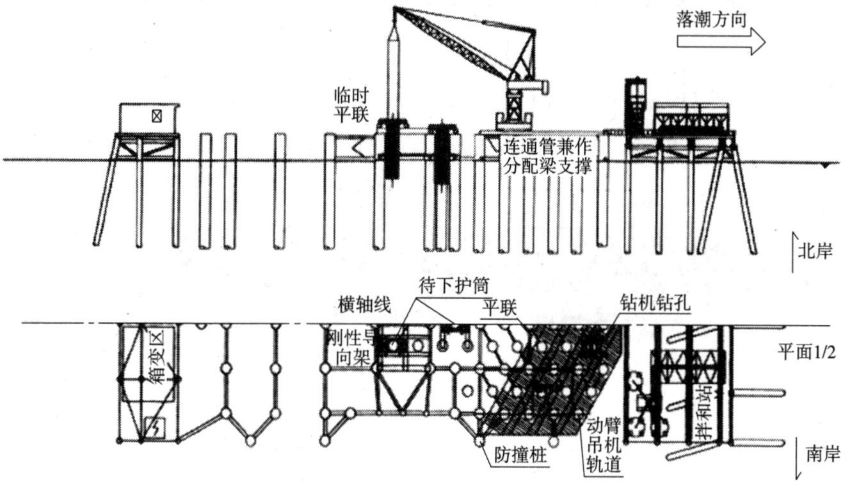

图2-39 施工流程示意(7)

钻孔区继续下沉钢护筒。继续焊接平台上平联泥浆连通管和下平联。继续安装平台主次分配梁。在已形成的钻孔平台上,安装护栏等安全设施。

(8)步骤八(见图2-40):根据河床监测结果进行河床防护施工,继续平台施工及钻孔施工。

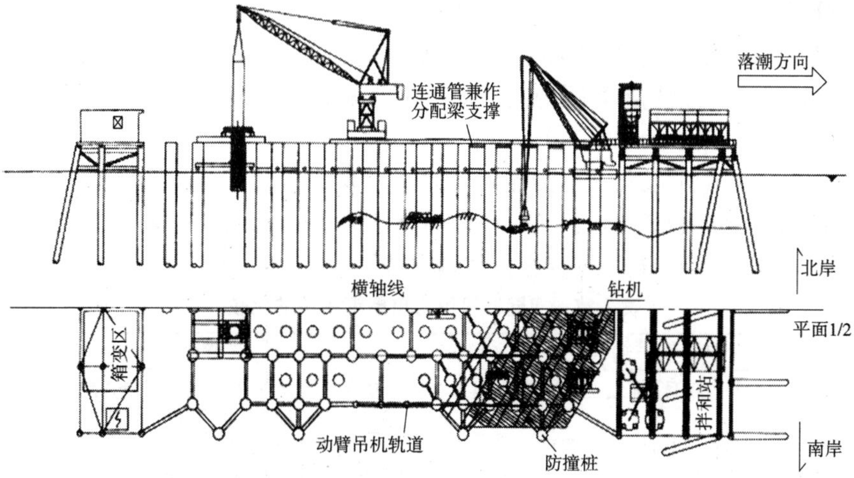

图2-40 施工流程示意(8)

(9)步骤九(见图2-41):完成钻孔区施工平台的搭设,继续完成所有钻孔桩的施工,共配置4台动臂吊机、8台钻机进行钻孔施工。钻孔桩施工完毕,及时检测并进行桩底注浆。

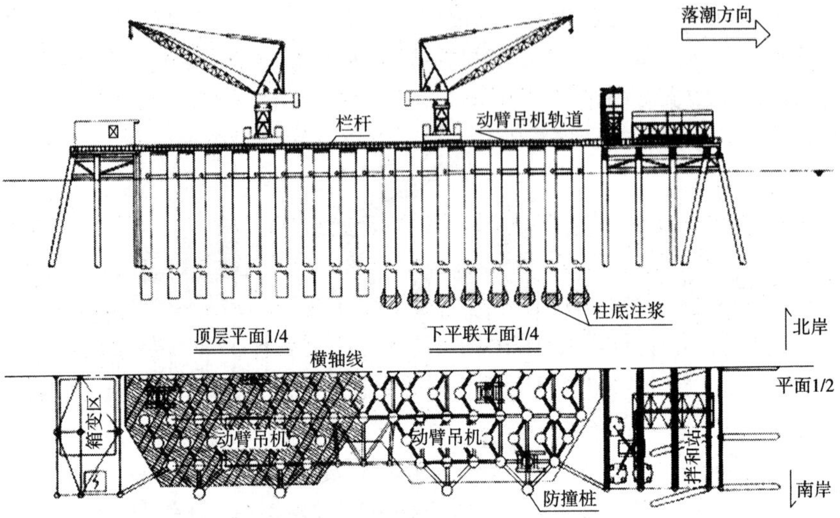

图 2-41　施工流程示意(9)

2.3.3　承台钢吊箱施工

2.3.3.1　概述

近年来随着国民经济的高速增长以及交通运输事业的蓬勃发展,我国建设了一大批大跨度深水大型桥梁,如江阴长江大桥、虎门大桥、南京长江第二大桥、东海大桥等。大量深水桥梁的建立必然带来深水构筑物基础施工的问题。目前,深水构筑物的基础施工方式主要有钢围堰、钢吊箱等。其中钢吊箱是为高桩承台施工而设计的临时阻水结构,其作用是通过吊箱侧板和底板上的封底混凝土围水,为高桩承台施工提供无水的干处施工环境。与钢围堰比较,钢吊箱具有施工工期短、水流阻力小、利于通航、不需沉入河床、施工难度小、材料用量少、经济合理等特点,因而在大跨深水大型桥梁中得到广泛的应用。

1. 单壁、双壁钢吊箱的比较

根据吊箱的使用功能,将其分为侧板、底板、内支撑、支吊系统四大部分,其中侧板、底板是吊箱围堰的主要阻水结构,吊箱侧板结构分别为单壁、双壁时,钢吊箱施工有其各自的优点和缺点,见表 2-17,施工时应按具体情况选用。

表 2-17　双壁钢吊箱与单壁钢吊箱的比较

类型	单壁钢吊箱	双壁钢吊箱
优点	材料用量少,加工、拼装方便,质量容易控制; 下沉工艺简单,节省时间; 缩短工期,节省资金; 适用于小型承台的浇筑施工	吊箱拼装、下沉可充分利用水的浮力,易于调整和定位,侧板刚度大、隔水性好、内支撑材料用量较少; 下沉不用大型起吊设备; 双臂结构的钢围堰可兼做承台防撞结构; 更能适应深水、流速大、大尺寸承台的施工要求
缺点	定位调整困难; 侧板刚度小,内支撑材料用量多; 下沉时需用大型起吊设备; 不适于墩位处水深较深、流速大、承台尺寸大的情况	材料用量多,加工难度大; 拼装工序复杂; 下沉工艺复杂,工期长

2. 钢吊箱的计算工况

大型钢吊箱围堰施工是一个复杂长期的过程,从钢吊箱下放到最终桥墩承台的浇筑完成,往往历经数月,在这段时间里钢吊箱的支承条件、水位高低都在变化。如何合理确定钢吊箱的施工工况,以得到最为不利工况下钢吊箱的应力、位移,是进行钢吊箱力学特性分析的基础。

根据一般的经验,钢吊箱的计算工况一般分为钢吊箱起吊下放工况、钢吊箱下沉到位工况、钢吊箱浇筑封底混凝土阶段工况和钢吊箱内抽水阶段工况,如浇筑第一层承台需割除吊内支撑则该工况也需要验算。钢吊箱起吊下放工况,指钢吊箱由浮吊起吊以后未套入钢护筒时,该工况下主要验算钢吊箱的应力、变形情况和起吊钢缆的受力情况。对于大型特别是巨型钢吊箱,下放钢缆的受力情况对于确定下放千斤顶的工作状态,保证下放过程的安全有重大的意义。钢吊箱下沉到位工况,指钢吊箱下放入水下沉到预定标高,此时钢吊箱夹壁内充入一定量的水,侧壁板受到夹壁内外所形成的水头差的作用产生应力和变形,该工况下侧壁板的应力往往是整个钢吊箱施工过程中最高的。钢吊箱浇筑封底混凝土阶段,吊箱底板受到刚刚浇筑的封底混凝土的压力,因此该工况主要验算吊箱底板和底板梁的受力及位移。钢吊箱抽水阶段是指钢吊箱内封底混凝土已浇筑完毕,为了进一步进行承台施工将吊箱内水抽去。该工况下,吊箱夹壁结构受到箱体内外水头差影响,同时由于箱内水被抽空,吊箱将受到巨大的浮力。该浮力必须同箱体和封底混凝土重力以及封底混凝土所提供的握裹力相等。因此,该工况主要验算夹壁结构应力和封底混凝土是否能提供足够的握裹力来保证吊箱在抽水工况下的稳定。如吊箱在承台施工时必须割除部分和全部内支撑,则有必要对钢吊箱结构进行应力和位移分析。

以下是大型钢吊箱围堰各计算工况的荷载:

(1)钢吊箱第一节起吊时,荷载考虑:风荷载和自重荷载。

(2)钢吊箱下沉到位工况,荷载考虑:波浪荷载、风荷载、侧壁板内外侧水压差以及结构自重。

(3)钢吊箱浇筑封底混凝土施工阶段,荷载考虑:波浪荷载、风荷载、侧壁板内外侧水压差、结构自重和封底混凝土施工时对底板和侧壁的压力。

(4)钢吊箱在高水位下抽水,荷载考虑:波浪荷载、风荷载、侧壁板内外侧水压差、底板所受水压力和结构自重。

(5)在低水位浇筑第一层承台,荷载考虑:同上一工况。

(6)第三层承台浇筑后,钢吊箱内加二次撑,内钢管支撑拆除时整体结构计算。

3. 钢吊箱设计简介

钢吊箱围堰是深水高桩承台施工的先行结构,其质量的好坏直接关系到桥梁基础的质量,对桥梁施工进度有重要影响。但由于其为临时结构,存在时间短,钢吊箱围堰并没有引起足够的重视。长期以来,对于钢吊箱围堰的设计,设计单位往往忽略其空间效应,将钢吊箱围堰分解成底板和壁板分别进行受力分析。钢吊箱围堰所受荷载通常按照《港口工程荷载规范》(JTS 144-1—2010)选取,钢吊箱围堰所受水流力和波浪力均按静力荷载施加。结构分析往往只进行静力分析,并不能很好地反映钢吊箱围堰的实际受力情况。

国内钢吊箱围堰的设计计算,主要遵循以下设计思路进行。

1）荷载取值依据

由《公路桥涵设计通用规范》（JTG D60—2015）考虑钢吊箱围堰设计荷载组合。水平荷载：静水压力+流水压力+风力+其他。

竖直荷载：吊箱静载+封底混凝土恒载+浮力+其他。

2）主要计算工况和内容

（1）吊箱拼装起吊（包括滑移入水、浮运）下沉计算。

（2）吊箱结构设计计算。

（3）封底混凝土施工阶段计算。

（4）抽水后吊箱抗浮计算。

3）计算分析

综合工况条件分析和计算内容，对钢吊箱各部分取最不利工况进行计算。

（1）底板主要承受封底混凝土恒载和吊箱静载。底板受力以竖向荷载为主，其最不利受力工况应为封底混凝土浇筑阶段，此时底板受力荷载组合取封底混凝土恒载+吊箱静载+浮力+施工荷载进行验算。此外，还要对首节吊箱滑移入水及整体起吊下沉等阶段底板受力情况进行复核。

（2）侧板以承受水平荷载为主，其最不利受力工况为抽水阶段，取此工况受力荷载组合进行侧板计算。侧板计算包括竖楞、水平加劲肋、面板、接缝螺栓及侧板焊缝等物件的内力、变形及应力计算，其传力路径如下：水压力→围堰侧板→侧板角钢加劲肋→桁架。

侧板强度检算：沿钢围堰高度将侧板取出单位水平环体进行受力分析，侧板可以看作是由加劲肋角钢支撑的多跨连续梁，其荷载为均布水压力 q；若按弹性分析，则钢板在跨中的弯矩为 $ql^2/24$（l 为加劲肋间距），支点弯矩为 $ql^2/12$。若考虑塑性发展，可按极限状态分析，则跨中及支点处的弯矩均为 $ql^2/16$。在钢板厚度一定的情况下，由此计算即可确定出加劲肋间距是否合适。

（3）内支撑系统与吊箱侧板计算相关，所以在侧板验算的同时完成内支撑的验算。

（4）吊箱支吊系统和底板一样，以承受竖向荷载为主，受力验算亦与底板计算一起完成。

（5）吊箱滑移入水阶段除验算吊箱底板及侧板外，还要通过计算结果确定滑移设备，并对不良地基进行加固处理。

（6）吊箱浮运主要与流水压力、风力、波浪及靠船力等因素有关，同样以水平荷载为主。设计计算以此几种荷载组合为最不利的情况下进行计算控制，并且还要对吊箱浮运稳定性进行验算。

（7）吊箱拼装下沉阶段主要与吊箱静载有关，以竖向荷载为主，以整体起吊下沉为最不利进行计算控制，并依据计算结果设计吊点、吊具，选择安装设备。

（8）抗浮计算分两个阶段：一个阶段是吊箱内抽完水后浇筑承台混凝土前；另一个阶段是浇筑完承台混凝土后承台混凝土初凝前。分别计算封底混凝土与钢护筒间黏结力及吊箱围堰的上浮力，使其满足下式要求：

①吊箱自重+封底混凝土自重+黏结力>浮力。

②吊箱自重+承台混凝土重+封底混凝土自重<黏结力+浮力。

（9）封底混凝土强度验算：封底混凝土主要承受吊箱、封底混凝土浮力，以竖向荷载为主。

验算分两阶段进行，阶段划分同抗浮计算，选取最不利荷载组合进行控制，验算封底混凝土的拉应力和剪应力。

以上的传统设计计算方法较适用于尺寸较小的钢吊箱设计。传统计算模式通常将钢吊箱围堰分成底板和壁板分别单独计算其在各工况下的应力和变形，忽略了钢吊箱围堰作为一个空间结构所产生的空间效应，虽然其结果偏于安全，但其分析效果同实际情况差异较大，如在大型钢吊箱中采用该方法，容易造成材料浪费。因为传统计算模式不是基于空间结构分析而是将底板和壁板分开分析，所以缺乏底板与壁板连接处的应力数据。传统计算模式对于底板和壁板的连接方式通常采用构造措施加以保证，这点在大型钢吊箱的设计中是不足取的，容易造成结构应力集中。针对传统钢吊箱计算模式的这些特点，宜将有限元数值解法引入钢吊箱结构计算中。有限元法是最近几十年来迅速发展起来的一种数值方法，在工程计算分析中得到了广泛的应用。采用有限元法分析钢吊箱围堰可以完全考虑钢吊箱围堰的空间效应，并得到整个结构各处的应力分布情况，可以很好地弥补传统设计方法的不足，保证结构的安全可靠。

2.3.3.2 钢吊箱主要施工方法

钢吊箱的施工工序主要包括加工拼装、下沉就位、堵漏、封底混凝土浇筑、承台施工等。根据具体操作时内容的不同，目前钢吊箱围堰的施工技术主要有以下几种。

1. 工厂制作，现场吊放

钢吊箱围堰在工厂制作好以后拖运至施工现场，然后由驳船运至桥墩位置水域处，再利用浮吊直接起吊钢吊箱下沉就位，将钢吊箱吊挂于钢护筒顶部所设钢牛腿上（见图2-42）。这种方法中，钢吊箱的制作质量最好，但一般只适用于中小型钢吊箱。

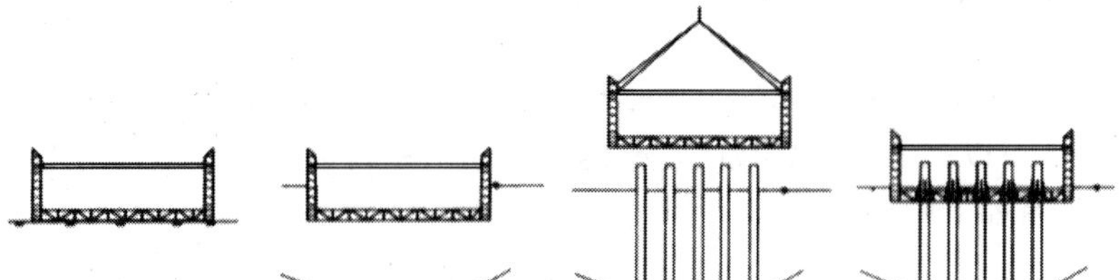

图2-42 钢吊箱施工技术(1)

2. 水上散拼，分节吊装（见图2-43）

钢吊箱分节分块制作，将完成的分块吊箱拼成两长，分别用一艘驳船装载下水，之后在水上合龙成整节，拖运至桥墩位置水域，用浮吊吊装钢吊箱下水自浮，接高钢吊箱后定位、固定，如武汉白沙洲大桥钢吊箱施工即采用此法。这种方法需要在水下焊接、拼装钢吊箱，所以钢吊箱质量比较难以保证。

3. 现场制作，浮运到位后吊放（见图2-44）

在岸边组拼钢吊箱，气囊顶升后牵引下水，或在岸边滑道上拼装钢吊箱，拼装完毕，借助滑移设备滑移入水。用推轮将钢吊箱推至浮吊作业区，然后用浮吊起吊钢吊箱下沉就位。为了便于钢吊箱浮运，在钢吊箱底板加工时，钢护筒及吊杆的孔洞暂不开孔。钢吊箱

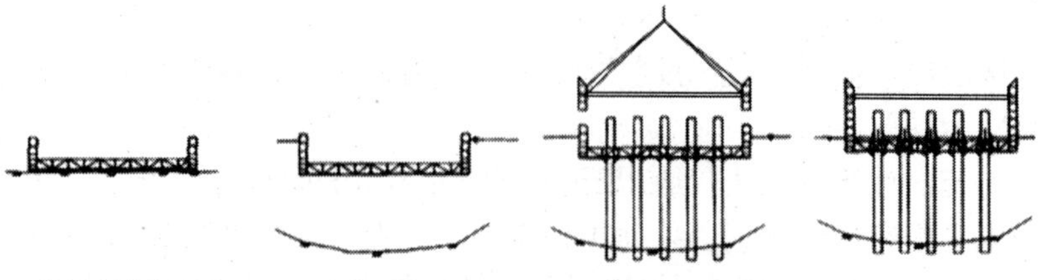

图 2-43 钢吊箱施工技术(2)

就位前再根据现场测量结果在钢吊箱底板上开孔。这种方法在钢吊箱的施工中应用较多,钢吊箱可以分节吊装,下水以后再接高,也可以一次整体吊装。如南京长江二桥采用类似方法分节吊装后再接高,而润扬大桥南汊桥北桥塔施工钢吊箱也是采用类似办法,但是是一次性整体吊装到位。

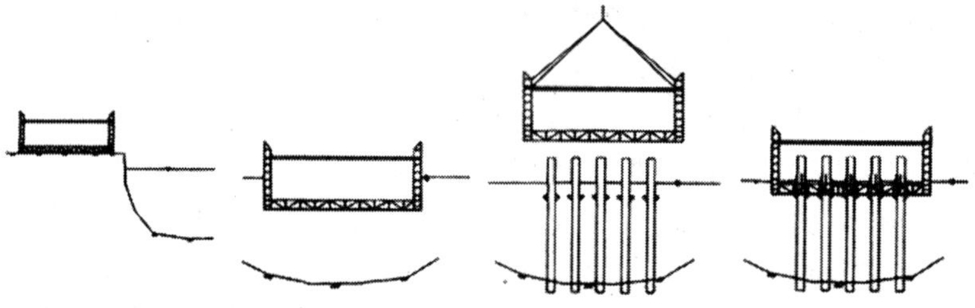

图 2-44 钢吊箱施工技术(3)

这种方法简便易行,但需要大吨位的浮吊,且起吊设备受波浪影响较大。

4. 现场原位制作,整体下放或逐节下放(见图 2-45)

在墩位处现场拼装钢吊箱,然后由钢护筒上方的固定吊点下沉钢吊箱就位,钢吊箱可以整体下放,也可以逐节下放后接高。根据拼装钢吊箱时下方支撑形式的不同,这种钢吊箱下沉方式又有如下两种形式。

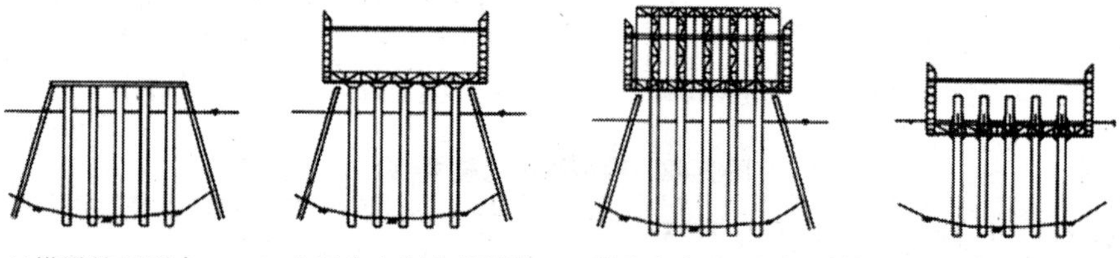

图 2-45 钢吊箱施工技术(4)

(1)利用现有墩位钻孔平台作为拼装钢吊箱时的支撑。在墩位平台上拼装钢吊箱,接高钻孔灌注桩钢护筒,在其顶面设起吊分配梁,再由起吊系统滑车组起吊钢吊箱。并将钢吊箱临时吊挂于钢护筒支撑牛腿上。拆除墩位平台,解除临时吊挂,由起吊滑车组将钢吊箱缓缓下沉就位。然后转换吊点,由多根吊杆将钢吊箱吊挂于钢护筒支撑钢牛腿上。如苏通大桥主塔南塔墩钢吊箱施工即采用此法。

(2)以钻孔灌注桩钢护筒为拼装钢吊箱时的支撑。在钻孔灌注桩钢护筒上同一水平高度焊接承重牛腿,在牛腿上放置钢吊箱底梁,然后在底梁上铺设钢吊箱底板,将侧板在底板上拼装成箱体。也可在牛腿上搭设平台,由驳船将块件运至平台上拼装。在钢护筒顶面设千斤顶支架,由千斤顶起吊钢吊箱,割除牛腿,下沉钢吊箱。

这种方法不需要大型起吊设备,起吊时受周围环境的影响相对也较小,但在钢吊箱起吊后拆除墩位平台,操作空间有限,对工期有一定影响。

5. 浮体运输钢吊箱,门架吊放钢吊箱就位

在岸边的浮体上拼装好钢吊箱,再浮运至墩位处,由浮体上所设的门架整体吊放钢吊箱就位。如宜昌夷陵长江大桥钢吊箱施工即采用此法。

在具体运用这种方法时,一般采用两个浮体,每个浮体由若干个浮箱(浮箱数量取决于钢吊箱的质量)拼装而成。在浮体上拼装整体吊装构架,将两只浮体连成一体,同时吊装构架下横梁作为拼装钢吊箱的平台,上横梁作为吊装钢吊箱的吊点。钢吊箱拼装完毕后,由拖轮将整个浮体拖运至墩位处,并在墩旁定位。然后通过收绞锚绳使浮体上的钢吊箱初定位,吊装构架整体起吊钢吊箱,在构架支腿下部设钢丝绳对拉,将构架下横梁解开滑移至浮体两端重新与浮体连好。解除对拉钢丝绳,下放钢吊箱就位。转换吊点,由多根吊杆将钢吊箱吊挂于钢护筒顶部所设的牛腿或分配梁上。

这种方法也不需要大型起吊设备,钢吊箱的拼装和墩位平台的拆除可同步进行,不会影响工期,但会受季节和气候的影响。

6. 船坞制作或岸边逐层制作,拖运至墩位下沉、固定,钢护筒施打(见图2-46)

在船坞或岸边拼装钢吊箱,然后浮运至墩位处。钢吊箱下沉到位后,周边插打定位桩,将钢吊箱固定于定位桩上。在钢吊箱底板孔洞内插打钢护筒后进行灌注桩施工。后面浇筑封底混凝土等工序和前述施工方法一样。南京长江三桥和东海大桥钢吊箱的施工都采用了此法。

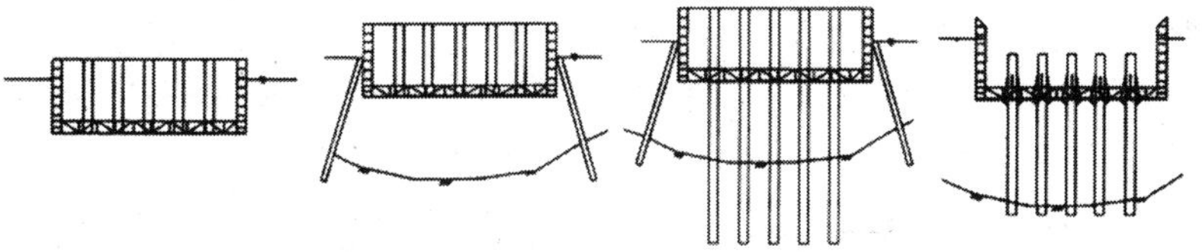

(a)驳船拖运 (b)钢浮箱定位 (c)钢护筒打设 (d)钢吊箱焊接定位

图2-46 钢吊箱施工技术(6)

这种方法是钢吊箱在钻孔桩施工前就位,在钢吊箱上插打钢护筒后进行钻孔桩的施工,节省了平台部分费用,也节省了工期。但如果没有导向设施,沉桩时若施工操作不当,容易引起损坏。

2.3.3.3 双壁钢吊箱施工示例

下面以武汉白沙洲长江大桥3号主塔墩基础双壁钢吊箱围堰为例说明钢吊箱的施工过程。

武汉白沙洲长江大桥3号主塔墩基础为钻孔灌注桩高桩承台结构,共有40根ϕ1.55 m、长81.15 m的钻孔灌注桩。沿桩轴线平行布置8排,每排5根,桩中心间距纵横向皆为4 m。承台平面尺寸为32.4 m×20.4 m,四角为半径$R=2.2$ m的圆角结构,水下封底混凝土设计底标高为+4.0 m(黄海高程,下同),顶标高+6.0 m,承台顶标高+11.0 m。承台

水下封底混凝土强度等级 C20，方量 1 096.16 m^3，承台混凝土强度等级为 C25，方量为 3 357.80 m^3，承台钢筋总重 214.499 t。根据承台施工作业时段的水文特征及施工工艺要求，承台施工采用双壁钢吊箱围堰，即其侧壁设计为内空 1.2 m 的双壁结构，且有底钢吊箱几何尺寸为 35.0 m×23.0 m×13.0 m。具体施工工艺流程见图 2-47。

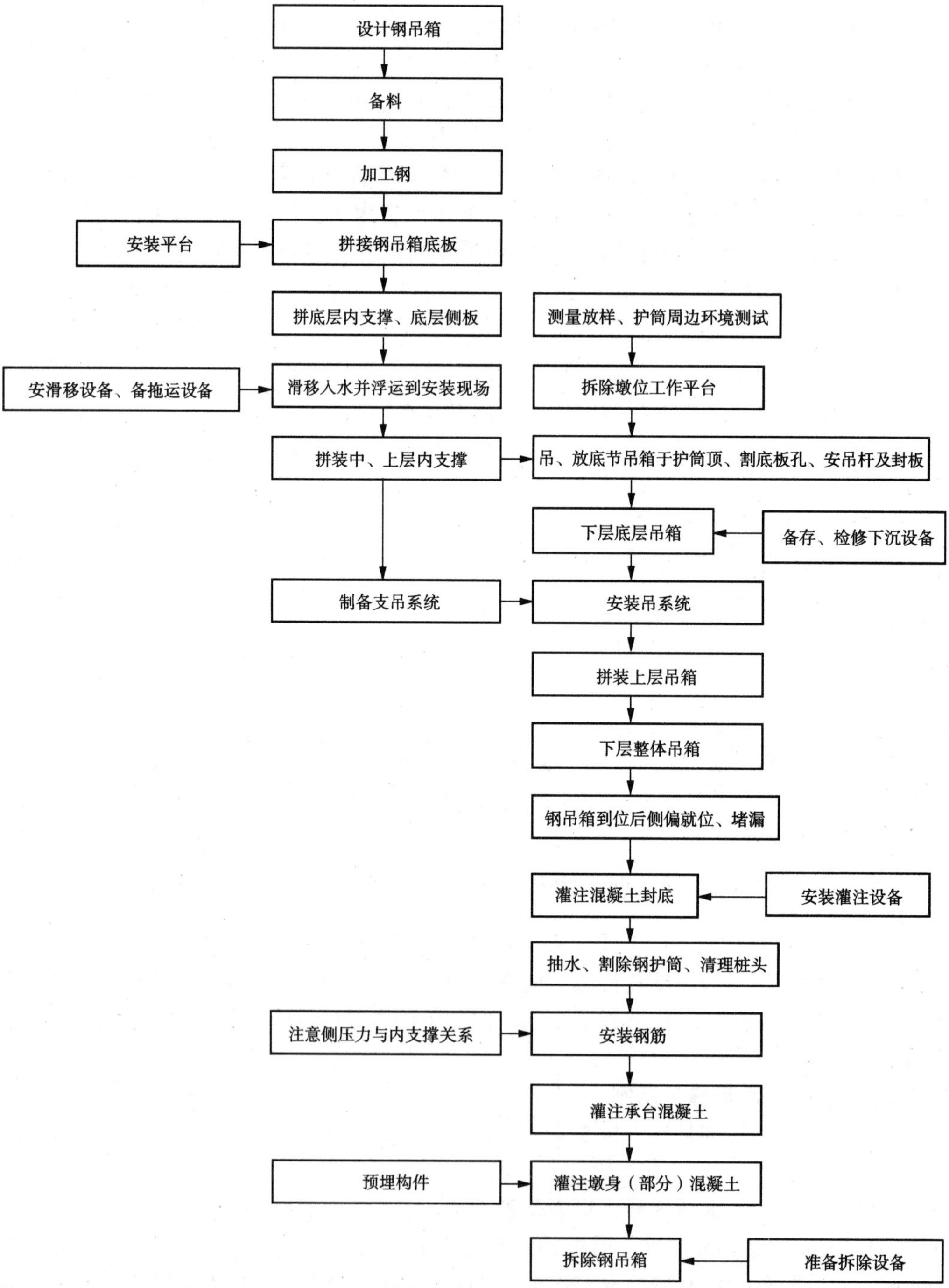

图 2-47　用吊箱围堰修建桩基承台的施工工艺流程

1. 双壁钢吊箱围堰的设计

钢吊箱结构设计时，综合考虑其运输方式、浮吊起重能力、下沉工艺等。因此，钢吊箱分三节，底板与侧板刚性连接，各节段在平面上设8个分离的隔仓，要求水密，以便于钢吊箱的运输、吊安及下沉。

钢吊箱总高度为13.0 m，为满足分节整体吊装时各节段的刚度要求，各节段内设置断面为1.0 m×1.0 m的桁架横撑，而横撑的设置考虑了侧壁承受最大水头压力时的结构要求和承台内钢筋的布设等。

1) 结构布置

双壁钢吊箱结构布置如图2-48、图2-49所示。

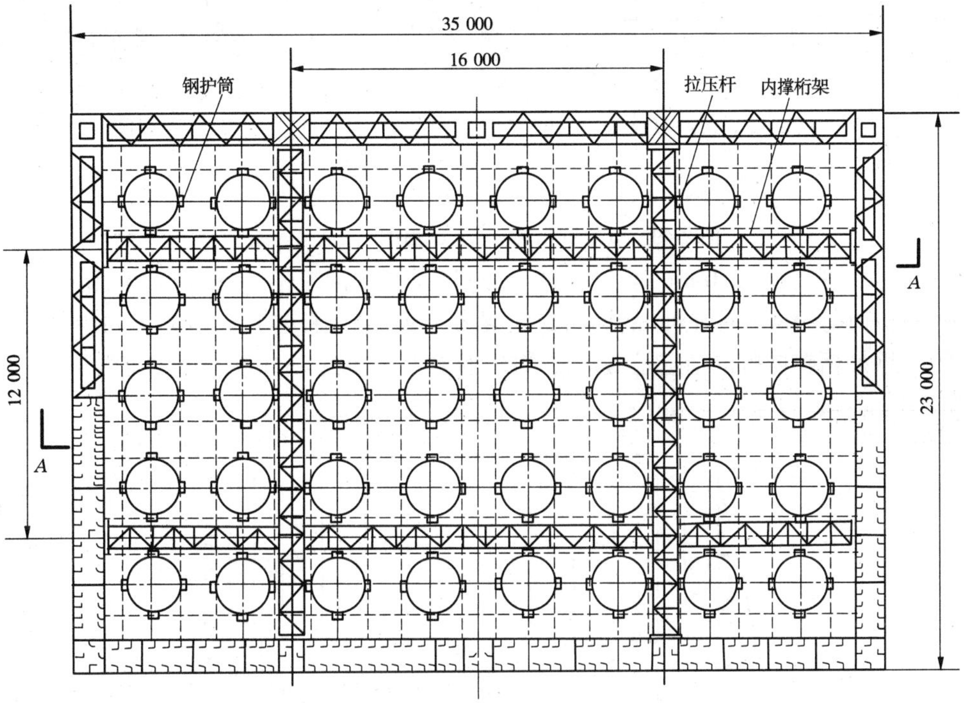

图2-48　双壁钢吊箱结构平面图　(单位：mm)

2) 设计验算

深水大型有底双壁钢吊箱设计验算，分钢吊箱吊装阶段、浇筑封底混凝土阶段、钢吊箱抽水阶段等三种工况进行，计算采用有限元法。经有限元法设计验算证明，钢吊箱在三种工况下，其结构强度和稳定性均满足要求，且具有一定的安全储备。

3) 抗浮稳定验算

钢吊箱在封底混凝土灌注时，底板承受2 m厚封底混凝土的浮重，此时拉压杆承受竖向拉力，在封底混凝土完成抽水时，吊箱承受浮力，设定抽水时施工水位为+16.0 m，且吊箱隔仓内灌满水，钢吊箱受力简图如图2-50所示。在作钢吊箱整体抗浮稳定验算中，因水平压力是呈三角形对称分布，对吊箱自身抗浮稳定无影响，不予计算。仅计算如下6

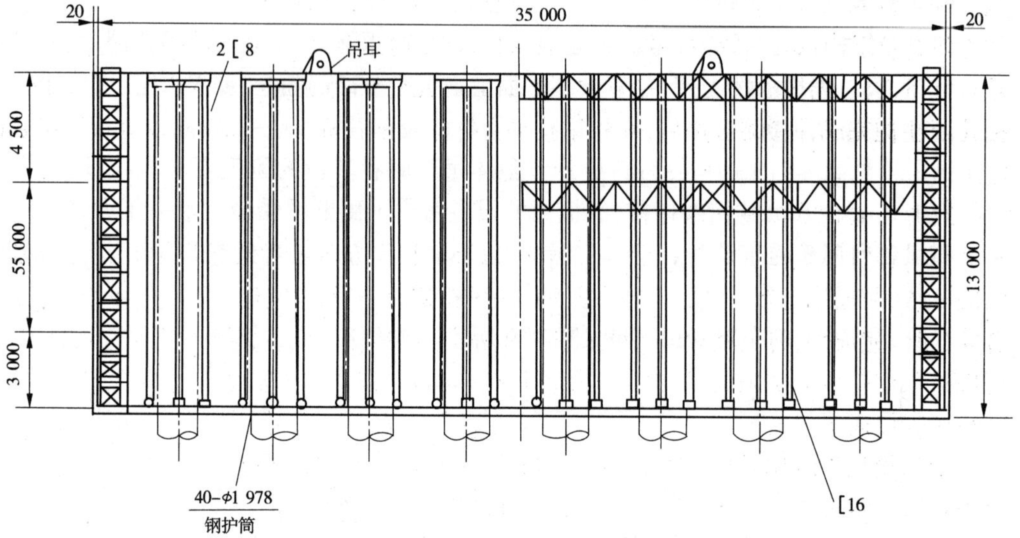

图 2-49 双壁钢吊箱 A—A 剖面图 （单位:mm）

项:抽水时吊箱吃水 12.0 m(+4.0~+16.0 m)所排开水的变量;钢吊箱自重;隔仓内灌水质量;钢护筒与封底混凝土间黏结力;封底混凝土重;拉压杆与封底混凝土间黏结力。通过验算,钢吊箱整体抗浮稳定是满足要求的,且具有一定的安全储备。

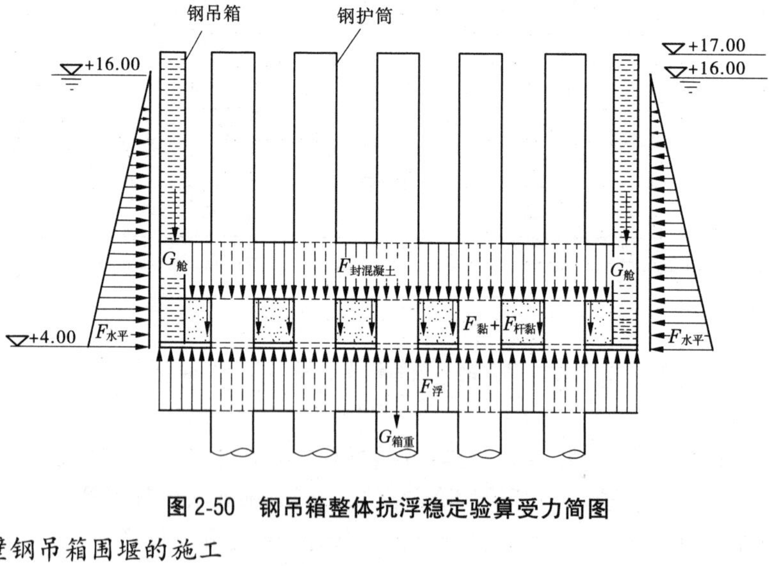

图 2-50 钢吊箱整体抗浮稳定验算受力简图

2. 双壁钢吊箱围堰的施工

双壁钢吊箱围堰的施工工艺流程如图 2-51 所示,其主要施工工作有施工前的准备工作、钢吊箱加工制作及运输、钢吊箱接高下沉、钢吊箱就位后的稳定、拉压杆的设置等,简介如下。

1)钢吊箱施工前的准备工作

钢吊箱施工前的准备工作主要有两项;一是钢护筒外围堰情况的探测,另一是平台拆除及钢管桩割除。为保证钢吊箱能顺利下放就位,应对钢护筒外围情况进行探测。探测的方法是:用厚6 mm的钢板加工成直径2.18 m的钢套圈,水平套入钢护筒徐徐下放,看是否能下落到+3.5 m的位置,对下放不能到位者,潜水员水下探明情况,并进行处理。当钻孔灌注桩完成并检测合格后,须将钻孔平台拆除及钢管桩、钢护筒割除以进行钢吊箱的施工。

2)钢吊箱的加工制作及运输

钢吊箱的加工在工厂分三节加工制成,每节沿长度方向对剖为两半,利用滑道分别将两艘400 t驳船拖上船台,将加工制成的分块吊箱拼成两半,用驳船装载下水,之后在水上合龙,对位完成后,将两艘方驳进行刚性连接,焊接成整体。钢吊箱第一节带有底板,为保证底板预留孔位的准确性,须根据现场测得孔的资料,在整体加工完成后,再进行开孔,以减小因焊接而产生的加工误差。

钢吊箱加工制作完成并通过检验合格后,由拖轮配以6艘400 t方驳分三次整节拖运至现场抛锚定位。

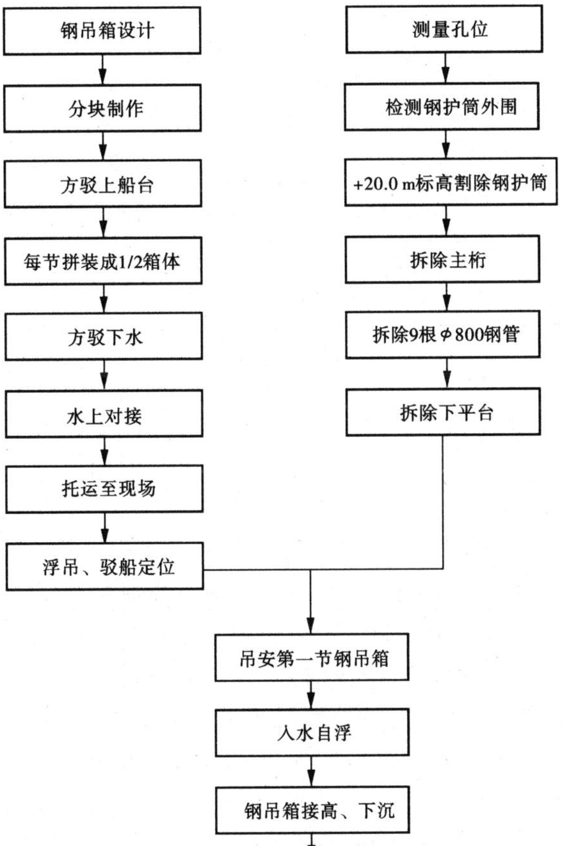

图2-51　钢吊箱围堰施工工艺流程

3)钢吊箱接高下沉

钢吊箱分节整体运输到现场后,抛锚定位,利用“航工起1号”分节起吊安装,其平面布置如图 2-52 所示。

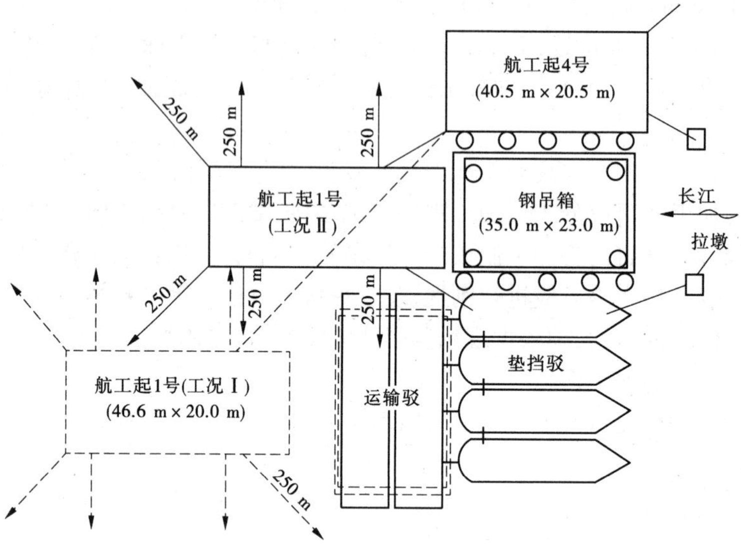

图 2-52　钢吊箱吊安时平面布置示意

第一节钢吊箱吊起后，带上缆风绳，徐徐落钩，通过四角护筒顶的倒锥形定位装置使底板预留孔与护筒对位。之后，检查每根护筒周边的预留量，然后放入水。随着钢吊箱入水，调整下拉缆，以克服钢吊箱入水后所承受的水流力。第二节钢吊箱入水自浮后，还有 1.6 m 的干舷高度，为保证悬挂 165 t 钢吊箱，预先在第一节钢吊箱侧壁 1.6 m 处高处焊有 10 个挂耳。挂耳位置对应于 1 号、3 号、5 号、11 号、15 号、26 号、30 号、36 号、38 号、40 号钢护筒，并用[20 配以 $\phi60$ 的插销与挂耳连接，再与钢护筒顶的吊耳连接，以保证第二节钢吊箱加上后第一节钢吊箱的干舷高度仍有 1.5 m。同时，用 8 个 10 t 的手拉葫芦在 6 号、10 号、31 号、35 号护筒上进行对拉，以保证吊箱不会因风力、波浪等外加作用而产生摆动。悬挂及对拉装置的布置见图 2-53。

第一节钢吊箱悬挂对拉完成后，吊起第二节钢吊箱就位于第一节钢吊箱的顶端，精确调整对位，对有偏差及变形的地方进行修正，随后进行施焊对接。

第一、二节钢吊箱对接完成并验收合格后，提升操作脚手到第二节钢吊箱顶端，浮吊提升钢吊箱，解除悬挂及对拉装置，徐徐落钩，调整下拉缆入水自浮。同时，在灌水下沉前，将下拉缆的顶点转挂于第二节钢吊箱的挂点上。钢吊箱在测量仪器控制下，利用 8 台 30 m^3/h 潜水泵均匀向吊箱 8 个隔水舱内灌水，灌水高度为 2.8 m，此时钢吊箱干舷高度为 2.9 m。然后，起吊第三节钢吊箱，就位于第二节吊箱顶端，对接施焊。

第三节钢吊箱焊接完成后，将下拉缆转挂于第三节钢吊箱上，用潜水泵向吊箱隔仓内灌水，使吊箱均匀下沉到+4.0 m 的标高。

4）钢吊箱就位后的稳定

钢吊箱下沉就位完成后，带紧下拉缆及对拉缆，并用 120 a 将吊箱顶端与边上两根承重梁做临时焊接。然后，利用浮吊将 40 根钢护筒从+17.0 m 标高割除。在钢护筒顶用厚

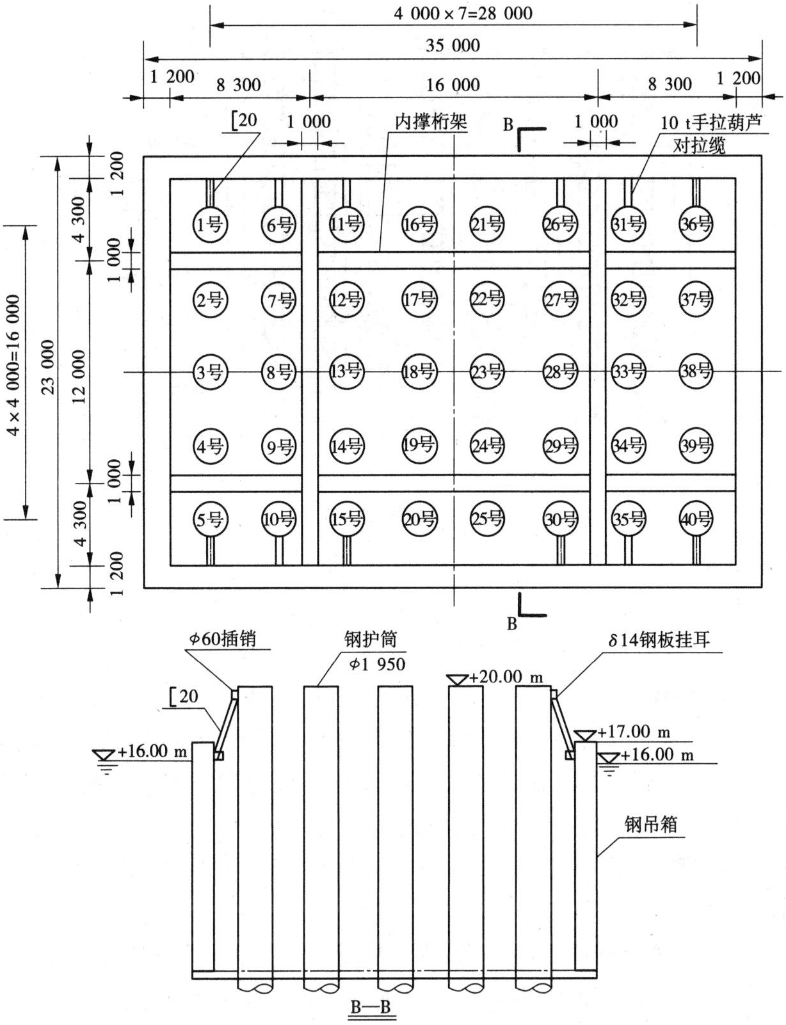

图 2-53 钢吊箱悬挂及对拉装置布置图 （单位:mm）

度 14 mm 的钢板焊接 160 个拉杆吊耳,并将拉杆与吊耳焊接牢固。拉压杆焊接完毕后,吊安 8 根异形桁架于 8 排钢护筒及 2 根承重梁上,并焊接固定以稳定吊箱。在吊箱定位完成后,均匀向隔仓内灌水 1.5 m,以始终保证钢吊箱在封底混凝土完成前不会因水位的上涨而上浮。钢吊箱就位稳定示意见图 2-54。

5)拉压杆设置

拉压杆在承台施工中起着重要作用,在封底混凝土及承台混凝土灌注时,其承受拉力;在吊箱抽水施工时,其承受压力,须满足抗浮稳定要求。

根据施工要求,每根钢护筒上设 4 根拉压杆,拉压杆承压时为最不利工作状态,故以此作为设计控制工况。拉压杆用 ϕ45 的插销随钢吊箱接高下沉进行接长,并用 ϕ10 的圆钢将每根护筒上的 4 根拉压杆临时焊接。在钢吊箱下沉就位后,再将拉压杆与钢护筒顶的吊耳焊接。

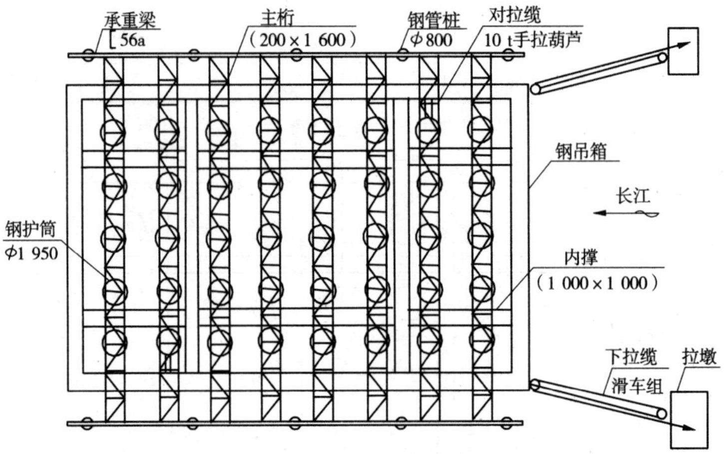

图 2-54　钢吊箱就位稳定示意　(单位:mm)

封底混凝土施工完成后,当水位低于+15.0 m 时,可采用 8 台 30 m^3/h 的潜水泵直接抽干吊箱内的水。将拉压杆在+6.15 m 高处用厚度 14 mm 的钢板与钢护筒焊接,焊接完成后,将+6.15 m 标高以上的护筒割除,进行承台施工。

2.3.3.4　钢吊箱底板的封堵

为了钢吊箱的下放施工,在钢吊箱底板上均开有桩位孔,且在加工吊箱底模时还需特意将底模上的桩位预留孔加大,这就使其底板开孔处与钢管桩的钢管或钻孔灌注桩的钢护筒之间形成了较大的缝隙。待钢吊箱下放就位后,钢吊箱内部与其外部水域还是连通的,此时需封堵这些缝隙后才能浇筑封底混凝土,以防止封底混凝土浇筑的过程中出现底板泄漏混凝土的现象。

底板封堵是一项关键的施工环节,其施工质量将直接关系到钢吊箱封底的成败,以及封底混凝土与桩钢护筒之间的握裹力是否可靠。因此,选择合理经济安全的底板封堵施工方法,就显得尤为重要。

1. 圆环橡皮圈法

采用 20 mm 厚的 16 MnQ 钢制成异形圆环,从钢护筒套下压于底板面板之上,中间夹以厚 5 mm、宽 150 mm 宽的橡皮圈,利用螺栓固定于吊箱底板的桩孔四周。橡皮圈内径应略小于钢护筒外径,套入护筒后即可紧紧箍住钢护筒。且为了确保其封堵和承载力,圆环与底板的螺栓必须一一对应,圆环拼接缝间的连接螺栓也必须一一对应。要求焊缝焊脚高为 8 mm,重要受力部位的焊缝要连续饱满,其封堵结构示意如图 2-55 所示。此法连接可靠,但对橡皮圈加工的要求较高。

2. 布袋水泥肠封堵法

对于小型钢吊箱底板封堵施工,可以在钢吊箱处于低潮水位时,用装入水泥及砂(按一定比例调配)的布袋水泥肠封堵底板空隙,其布袋可根据每个开孔与钢护筒实测缝隙的大小制作。布袋水泥肠以上约 45 cm 高部分应进行人工填充水下不分散细石混凝土,且混凝土与钢护筒间的黏结力及 3 d 强度必须满足工程要求。在不分散混凝土填充缝隙

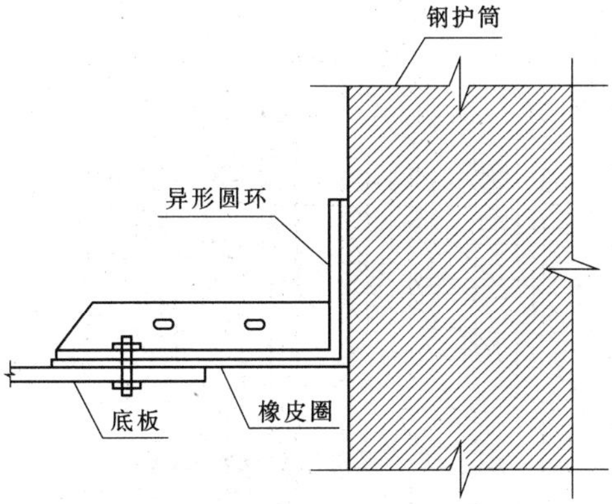

图 2-55　圆环橡皮圈封堵结构示意

完成 3 d 后,开始抽水。经一个高水位后若所有堵漏部位无漏水现象出现,说明堵漏效果较好。此时,在空隙处封堵混凝土面上再焊接上钢板封口,即完成钢吊箱的底板封堵工作,其结构示意如图 2-56 所示。这种用布袋水泥肠封堵缝隙的施工方法,操作方便但没有可靠的机械连接,其效果可靠度需要混凝土面上焊接钢板封口保证。

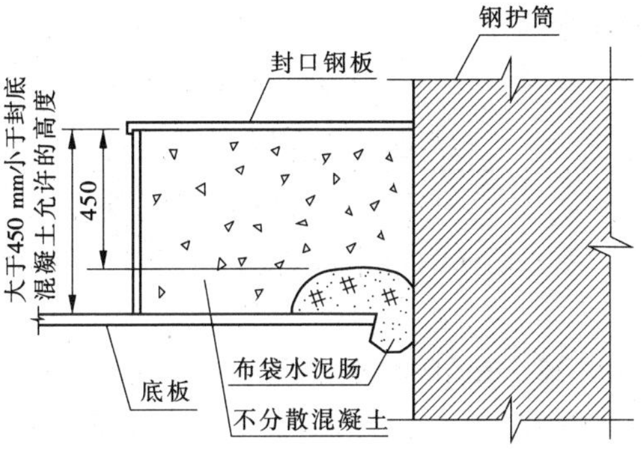

图 2-56　布袋水泥肠封堵示意

3. 弧形板封堵法

环形弧形板分若干小块制作,其尺寸比缝隙略宽,满足可在圆周上翻转下的要求,且板与底板孔口采用合页结构。在钢吊箱下放阶段,弧形板先向上暂时固定,待吊箱下放完成后,解除其锁定,使其弧形板紧贴钢护筒,板与板之间的缝隙再采用麻布带或橡胶带堵漏,其封堵结构示意如图 2-57 所示。弧形板的制作较复杂一些,但连接可靠,不过仍存在需要堵小缝隙的缺点。

4. 围圈凹槽封堵法

在底板上用厚 2 mm 的薄钢板将箱内桩护筒分别围起来,围圈高度不大于封底混凝土厚度,以便于分块灌注水下封底混凝土。同时在底模上沿桩钢护筒周边离护筒 10 cm 处加焊一圈形如"⊥"的薄钢板,在护筒周边形成一凹槽。灌注水下封底混凝土前利用低水位将直径为 100 mm 的干水泥袋嵌入护筒周边的凹槽内,然后利用低水位进行灌注水

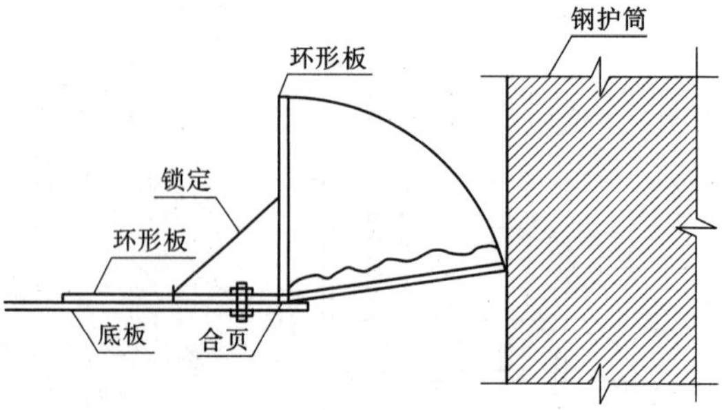

图 2-57 弧形板封堵结构示意

下混凝土封底，其封堵结构示意如图 2-58 所示。最后，采用低水位抽水检查底板封堵情况，如有漏水，采用棉纱麻筋堵塞。此法可以一个一个施工，一个一个检查，与第二种方法有些类似，构造更为可靠。

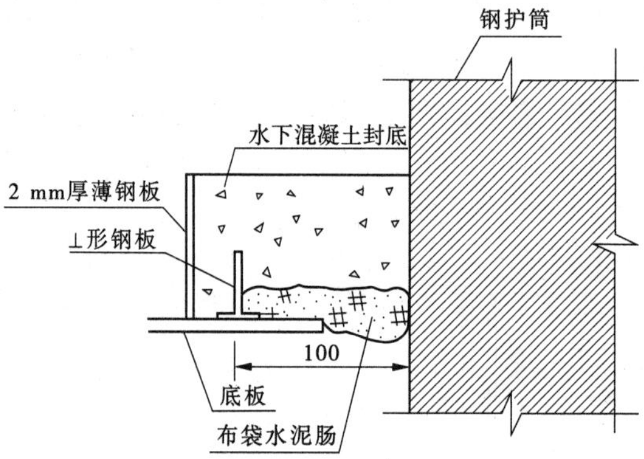

图 2-58 围圈凹槽封堵结构示意 （单位：mm）

2.3.4 沉井基础

2.3.4.1 概述

对于桥梁深水基础，当上部荷载较大，基础需要埋置较深时，沉井基础也是常用的基础类型之一。沉井基础刚度大，能承受对基础作用的较大的弯矩，且沉井基础有较大的承载面积。沉井基础作为桥梁深水基础的另一特点是：在其下沉过程中，可以自身防水，避免了桩和管柱基础中的防水围堰；深水浮运沉井的类型有带临时井底的沉井、双壁浮运（空体自浮）沉井、带钢气筒的浮运沉井等，如图 2-59 所示。

沉井下沉时，原来都是取土后辅以射水或井底爆振等，靠沉井自重下沉。随着技术的发展，先后出现采用泥浆润滑套和壁后压气的空气幕等方法，减少下沉时的井壁摩擦力，以减小井壁厚度或增加下沉深度。在桥梁深水沉井基础中，沉井可以穿过不同深度覆盖层，将基底设置在承载力较大岩面上，当岩面有倾斜时，可在掌握岩面高差变化的情况下，把沉井刃脚制成与岩面倾斜相适应的高低刃脚沉井。

沉井通常由刃脚、井壁、隔墙、井孔、射水孔、封底混凝土、顶盖各部分组成，如图 2-60

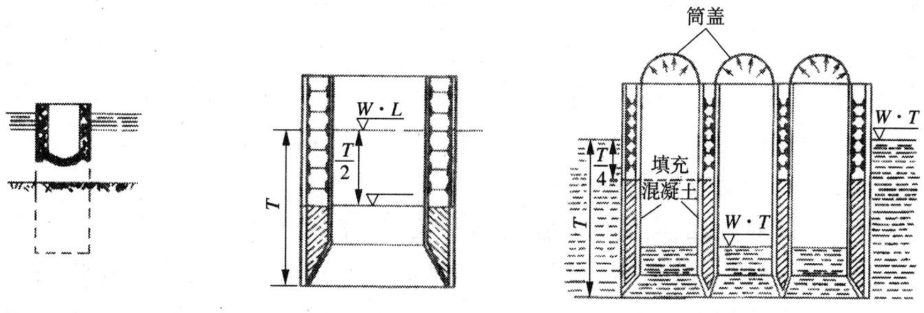

(a)带临时井底的沉井　(b)双臂浮运沉井　(c)带钢气筒的浮运沉井

图 2-59　深水浮运沉井

所示。各部分的作用及构造要求如下。

1. 刃脚

沉井井壁最下端做成刀刃状，故称作刃脚。其作用在于使沉井下沉时，减小土的正面阻力。刃脚的形式应根据沉井下沉时所穿越的土层的紧密程度和刃脚单位长度上的反力选择，以利切入土中。

刃脚下面有一水平的支承面，称作刃脚踏面。踏面宽度一般采用 15 ~ 30 cm，当在坚硬土层或岩层中下沉时，刃脚踏面宽度可减小至 15 cm 以下，甚至可做成不带踏面的尖刃脚。为防止下沉中遇障碍或需用爆破法清除刃脚下硬物时，可用角钢加固或用钢板包裹，如图 2-61(c)所示。刃脚斜面倾角 α 应大于或等于 45°，斜面高度视井壁厚度，便于拆除刃脚下垫木和挖土而定，一般在 1.0 m 以上。

2. 井壁

井壁是沉井的主体，它在下沉过程中起挡土、挡水的围护结构作用。当施工完毕后，即成为基础

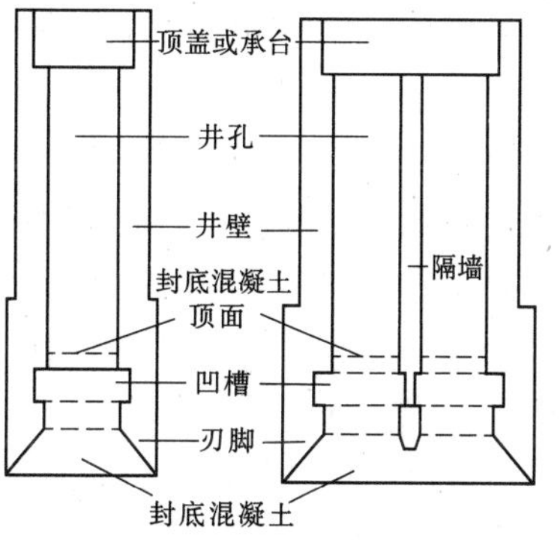

图 2-60　沉井构造

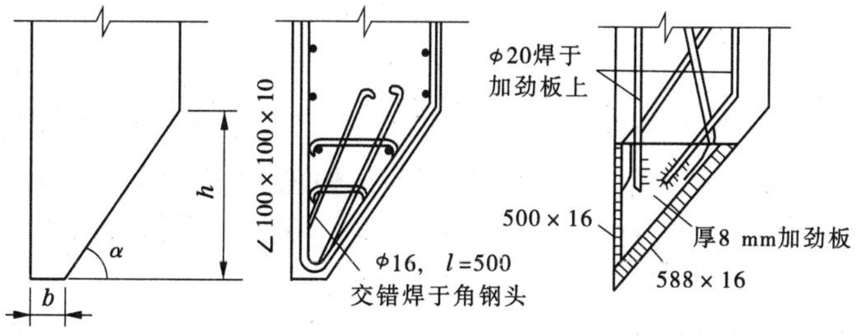

(a)　(b)　(c)

图 2-61　沉井的刃脚构造　(单位：mm)

或基础的外壳保存下来，而将上部荷载传至地基。井壁厚度除考虑沉井结构强度、刚度需要外，还应根据下沉需要的自重确定。对于薄壁沉井，应采用触变泥浆润滑套、壁外喷射

高压空气等措施，以降低下沉时的摩阻力，达到减薄井壁的目的。

3. 隔墙

沉井长宽尺寸较大，应在井筒内设置隔墙，以减小外井壁的受力计算跨度，增加沉井下沉时的刚度，同时将井筒分隔成若干个井孔，有利于控制挖土下沉的方向。因隔墙不直接承受土压力，所以厚度较外壁要薄些。

隔墙底面距刃脚踏面的高度与土层性质有关，当在软土及淤泥质土层中下沉时，为防止突然下沉或下沉过速，隔墙底面应高出刃脚踏面 0.5 m 左右。若在硬土层及砂类土层中下沉时，为防止隔墙被下方土搁住，造成井壁断裂或妨碍纠偏和下沉时，可将隔墙底提高至距刃脚踏面 1.0~1.5 m，并在刃脚与隔墙联结处设置梗肋加强两者的连接。如为人工开挖，应在隔墙下端设置过人孔，便于过人和排水。

4. 井孔

沉井内设置了隔墙而形成的格子称作井孔。它是挖土出土的工作场所和通道。井孔尺寸应满足施工要求，其宽度(直径)一般不小于 3 m。井孔的布置应简单对称，便于对称挖土保持沉井均匀下沉。

当沉井到达设计标高并进行封底后，一般用低强度混凝土充填。若是带钢筋混凝土预盖的空心沉井，井孔可用砂砾石或水充填。

5. 射水管

沉井在砂类土或黏砂土中下沉深度较大，预计沉井自重不足以克服井壁摩阻力时，可考虑在井壁中预埋射水管组。射水管应均匀布置，以利于控制水压和水量来调整下沉方向。射水管的作用是利用射水管压入高压水(一般水压不小于 600 kPa)，把井壁四周的土冲松，减少侧向摩阻力和端部阻力，使沉井较快地下沉到设计标高。

6. 封底混凝土

沉井沉至设计标高进行清基后，便可进行封底混凝土灌注。如井中水无法排干，可采用水下混凝土封底，达到强度后即可抽水，凿除与水接触的表层混凝土。

7. 顶盖

不以混凝土填心的沉井，需设置 1.5~2.0 m 厚的钢筋混凝土顶盖，以承受墩身传来的力。

8. 井顶围堰

当沉井顶面按设计要求位于地面或岛面以下一定深度时，井顶需接筑围堰，以挡土防水。待刃脚沉至设计标高后，直至墩身混凝土高出地面或水面时，即可将这一临时结构拆除。围堰用材料，应视井顶埋入深度和水位(含地下水位)高低而定，常用的有木板、砖石、钢板桩，如图 2-62 所示。

2.3.4.2 一般沉井的设计计算

一般沉井设计前，必须掌握下列资料：①各项设计水位、施工水位和冲刷标高；②河床标高和地质情况，土的重度、内摩擦角、承载力和井壁的摩擦力，沉井通过的覆盖层有无障碍物，岩面的高差变化；③上部结构和墩台的情况，沉井基础的设计荷载；④施工设备情况和拟采用的施工方法等。一般沉井的设计计算包括沉井各部尺寸的拟订、沉井基础的计算、沉井结构计算三部分。现分别简介如下：

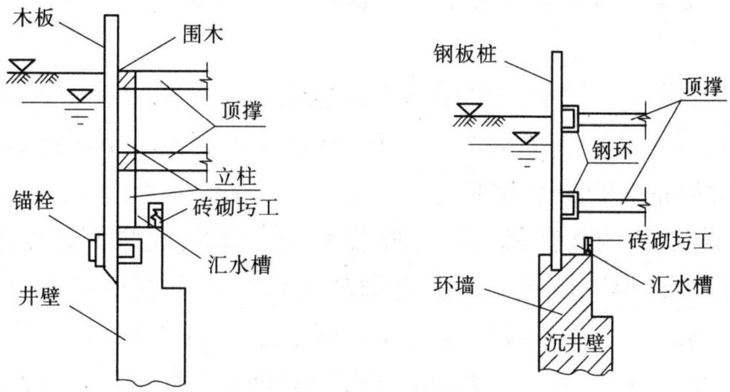

图2-62 井顶围堰构造

1. 沉井各部尺寸的拟订

根据水文、地质及上部结构情况,结合沉井的构造要求、施工方法,分别拟订沉井的高度和分节、沉井的平面尺寸、井孔的大小及形状、刃脚的形式和尺寸、井孔的填料、凹槽的位置以及封底和承台的厚度等。

2. 沉井基础的计算

根据所拟订的沉井基础的尺寸及其他技术数据,按各种最不利荷载组合,分别检算基底应力、偏心距及稳定等。当考虑到土的弹性抗力时,沉井基础可按刚性基础考虑土弹性抗力的计算方法计算。对于采用泥浆套施工的沉井,仅在有恢复侧面土的约束能力的措施后,才能考虑土的弹性抗力作用。对高低刃脚的沉井基础,检算其稳定时,应考虑岩面倾斜的不利因素。必要时,可在井孔内钻岩,设置钢筋笼,以加强其锚固。

3. 沉井结构计算

由于沉井是空间整体结构,要进行精确的理论计算是非常复杂的,所以在设计中,多采用近似计算方法。因沉井结构计算纯系结构计算理论和方法问题,这里不作赘述。

2.3.4.3 深水浮运沉井基础

在筑岛困难的条件下修筑沉井基础,可使用浮式沉井,即先将底节沉井浮运就位,再就地接高下沉。浮式沉井的底节需做成水密的浮体,可以将沉井外墙,或连同隔墙一起,做成双壁中空结构,使其能够自浮;也可在四周外墙之间加设临时性井底,待沉井接高下沉,落在河床后,再将底板拆除,继续下沉。加临时井底的沉井,必须保证底板水密,且便于在水下拆除,仅宜用于浅水、低流速的场合。

当水深不大,且浮力足以承托落到河床前的底节沉井重量时,底节浮运就位后即可接高下沉。如水深较大,底节沉井不能承托落到河床前的沉井重量,则须设法加大浮力。如将外墙、隔墙的双壁中空结构向上延伸,也可在沉井井孔内安装若干气筒,向气筒内压气排水,以加大浮力。

双壁中空沉井的底节,一般使用钢壁,水深不大时,可使用钢丝网水泥制壁。为减轻沉井在悬浮状态下的自重,沉井底节以上,可根据浮力要求,采用单壁钢壳或就地灌注的薄壁钢筋混凝土外墙,内墙可采用预制或现浇薄壁钢筋混凝土结构,待沉井落在河床以后,再根据需要填充混凝土并接高。

底节浮运就位，灌水下沉落在河床后，壳体内填充混凝土，成为通常的重力式沉井，然后接高除土下沉。

下面以泰州长江公路大桥中塔深水基础为例说明浮运沉井基础的施工。

1. 工程概述

泰州长江公路大桥位于长江下游江苏省境内，主桥跨径为390 m+1 080 m+1 080 m+390 m，为世界首创的二塔两跨悬索桥。中塔采用沉井基础，沉井刃脚断面尺寸为44.4 m×58.4 m，标准断面尺寸为44.0 m×58.0 m。标准断面以上分两级逐步加宽，第一级加宽断面尺寸为46.0 m×60.0 m，第二级加宽断面尺寸为50.4 m×64.4 m。沉井在平面上共分为12个井格，整个沉井总高76 m，分为上、下两段，下段为钢壳沉井，上段为钢筋混凝土沉井，两段高度均为38 m。中塔沉井结构见图2-63。

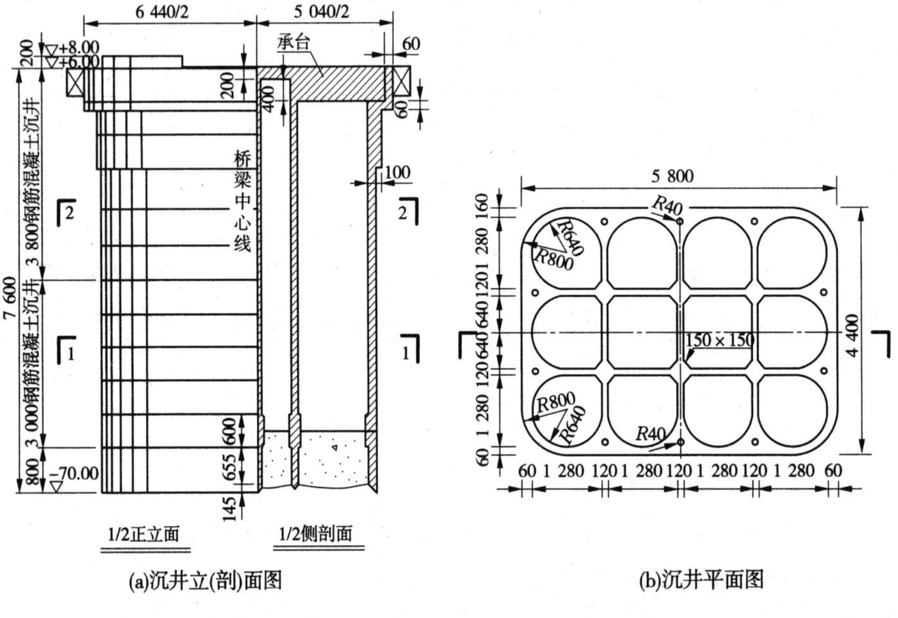

图2-63　中塔沉井结构　(单位:cm)

2. 总体工艺流程

首节钢壳沉井岸边抛锚定位→浇筑刃脚混凝土→钢壳沉井岸边整体接高→沉井整体浮运至江心定位→着床前平面位置调整→注水着床→钢壳沉井吸泥下沉→浇筑钢壳夹壁混凝土→钢壳沉井继续吸泥下沉→混凝土沉井接高、吸泥下沉(二者多次交替进行)→沉井下沉到位→清基并封底施工。

3. 沉井施工方法

1)钢沉井接高及浮运

首节钢沉井加工完成后浮运至岸边临时接高场地，进行临时锚固，采用起重船配合，岸边接高至38 m。在38 m钢沉井整体拖运前，对钢沉井浮运阻力和稳定性进行详细计算，对浮运路线进行详细勘测，配置足够马力的拖轮。在拖轮配置数量确定后，采用绑拖的方式，在沉井两侧各编队两艘拖轮，其中靠前的一艘主要负责沉井的转向功能。在沉井靠近墩位处临时定位船时，靠定位船一侧拖轮散队，一艘待命，一艘靠沉井下游变为顶拖，见图 2-64。

图 2-64　38 m 钢沉井整体浮运

2）沉井锚墩定位系统

泰州大桥采用了“钢锚墩+锚系+卷扬机+滑车组”的刚性定位调整体系。在沉井上下游约 170 m 的江中心各设一钢管桩锚墩平台，该平台钢管桩打入河床相当深度具有足够稳定性及刚度来抵抗水平力，并在沉井南北侧各抛 6 个 8 t 铁锚（边锚）并通过边缆（分为上拉缆和下拉缆）与沉井相连，所有边缆均通过沉井上下游侧的吊耳导向后分别转缆到两个钢锚墩上。沉井在上下游方向则通过正面拉缆（也分为上拉缆和下拉缆，其中上拉缆为主缆）直接与钢锚墩相连，每个钢锚墩平台上各架设 12 台卷扬机，所有正面缆及边缆均通过 50 t 滑车组与卷扬机相连。在该体系中，沉井上下游方向各布置有 12 根拉缆，其中 4 根正面上拉缆（主缆），2 根正面下拉缆，4 根边上拉缆，2 根边下拉缆，主缆通过 5 股绳的滑车组连接到 10 t 卷扬机上，其他各缆均通过 5 股绳的滑车组连接到 5 t 卷扬机上，如图 2-65、图 2-66 所示。

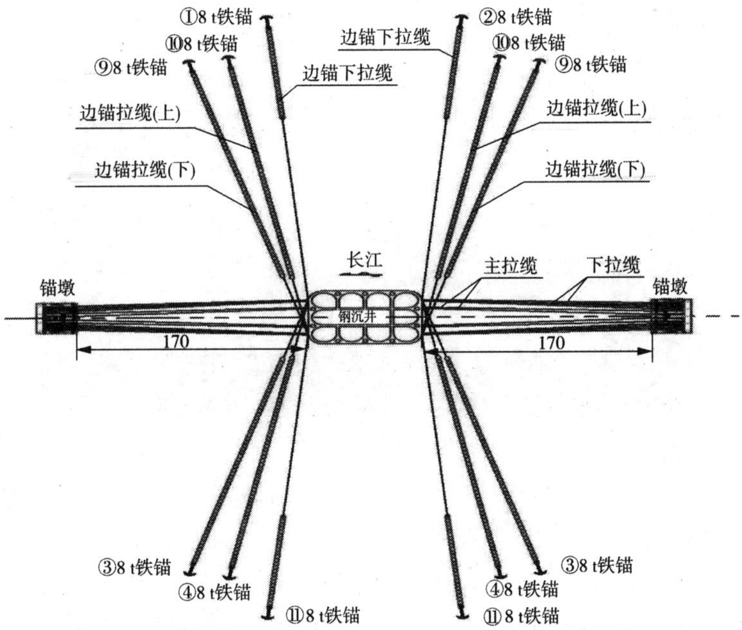

图 2-65　沉井锚墩定位布置　（单位：m）

图 2-66　卷扬机及滑车组

通过调节不同拉缆的拉力，可以实现对沉井的平面位置及倾斜度的调整。钢锚墩(见图 2-67)上所有拉缆均连接有拉力表及压力传感器，二者对拉力进行双控制。该体系建立后，不会再因涨落潮因素而导致缆索拉力反复变化，因此该体系为刚性受力体系，能最大限度地保证沉井精确着床。此外，钢锚墩可作为船舶的临时系船桩及大桥的永久防撞墩。需补充说明的是，在沉井着床前，该体系能精确实现沉井平面位置及几何姿态的调整，但沉井刃脚着床入泥后，该体系所能提供的动力不足以克服河床的摩阻力，一旦着床后不能通过调节拉缆受力来调整沉井的平面位置。鉴于此，沉井着床前务必将其平面位置精确调整到位。反过来讲，沉井一旦精准着床后，因受到该体系各拉缆的约束，沉井平面位置亦不会因为吸泥而产生过大的偏差。

图 2-67　钢锚墩

沉井吸泥到一定深度后，沉井下口因土约束，下拉缆不再起作用需解除，混凝土沉井接高后，沉井继续吸泥下沉，上拉缆在入土前也应解除。此后，沉井平面位置靠调整吸泥顺序来动态纠偏。

3) 沉井定位着床

钢沉井在码头接高至 38 m 浮运到墩位处就位、着床。钢沉井就位通过钢沉井上下游钢锚墩平台，利用钢锚墩上的卷扬机和滑车组对钢沉井上各个方向拉缆拉力控制进行平面位置调整定位；钢沉井着床定位通过调整主拉缆及下拉缆和控制各井壁隔仓注水量，而达到对钢沉井着床平面位置调整。

(1)沉井定位施工。沉井定位采取动态控制法，与沉井注水下沉同步进行。其施工步骤为：首先利用钢锚墩定位系统各个方向上的拉缆对钢沉井进行平面位置的调整定位，然后通过上下拉缆对钢沉井的垂直度进行调整或调整各隔舱的注水量来辅助调整沉井垂直度。

沉井调位又分两个阶段进行，粗定位和精确定位。粗定位每沉井浮运到位，拉缆转换完毕之后进行，精确定位在沉井注水离河床还有 2 m 时进行。

粗调位：沉井粗调位施工步骤见图 2-68。

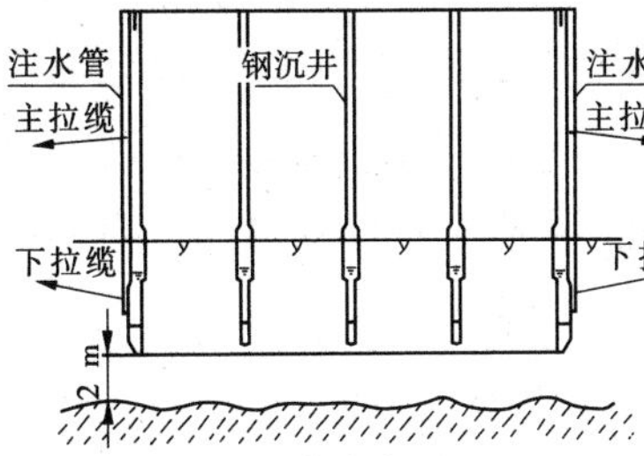

(a)沉井注水下沉

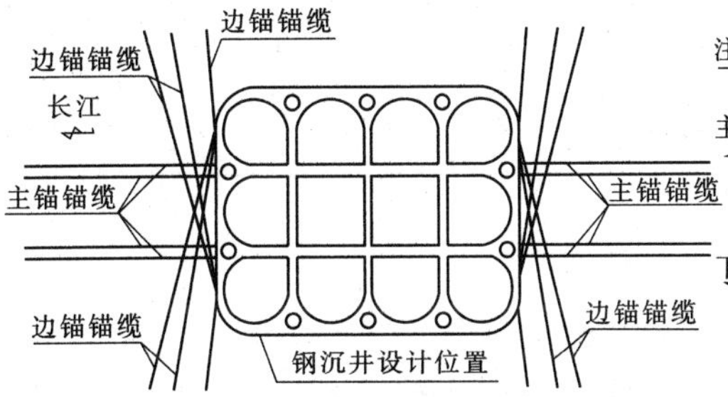

(b)平面位置调整

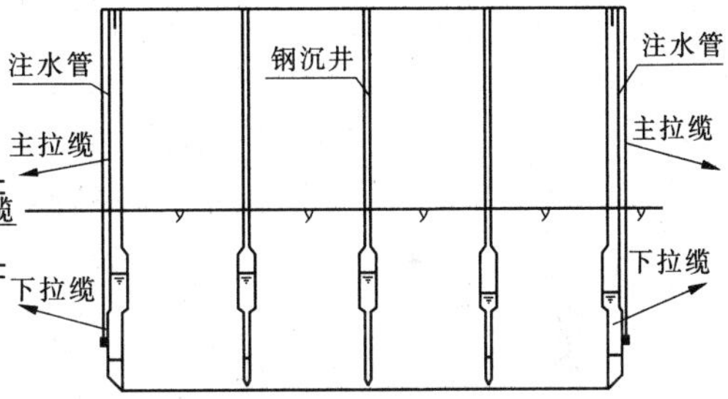

(c)垂直度调整

图 2-68 沉井粗调位

沉井注水下沉至离河床面 2.0 m 左右时，注水高度 5.1 m，注水方量 3 927 m^3(水位标高+2.5 m，河床面标高−15.4 m，干舷高度 16.1 m，入水深度 15.9 m)。

平面位置调整：在监控系统的控制、指挥下，通过主拉缆对应的卷扬机调整沉井的上下游至设计位置偏下游 30 cm(预偏量)，再通过边锚锚缆对应的卷扬机调整沉井的南北侧至设计位置。

垂直度调整：在监控系统的控制、指挥下，通过上下游下拉缆对应的卷扬机调整沉井上下游方向的垂直度<1%，再通过边锚下拉缆对应的卷扬机调整沉井的南北侧的垂直度<1%。

精调位：

①时机选择。当沉井选定着床时机之前进行沉井的精确定位。精确定位选择在低平潮之前进行动态控制。在低平潮前，完成钢沉井的精确定位。

②调整依据及主要内容。根据监控系统,采用 GPS 测出钢沉井四个角的坐标、垂直度,将超声波测得的沉井范围内的河床面高差等控制指标与设计及施工要求进行比较,利用锚墩系统的各个拉缆、沉井上的吸泥泵等进行调位。在调位过程中进行同步观测。

③定位方法。沉井调整方法与沉井粗定位基本相同。

(2)沉井着床施工。选择有利于沉井的着床的加载与精确定位的时机。

沉井壁体内对称、均匀,快速注水 2.5 m。

调整主缆、上拉缆(收紧)和下拉缆(放松)。

沉井局部着床。

检查沉井平面位置、垂直度。

调整沉井平面姿态。

根据河床冲刷情况,沉井壁体内采取偏心注水(见图 2-69),直至刃脚进入河床不再下沉。图 2-69(a)为沉井在注水平衡后,继续注水增加沉井底部对河床的压力;图 2-69(b)为继续注水,增加沉井入泥深度,使得沉井最终达到一个相对稳定的状态,便于沉井吸泥施工。

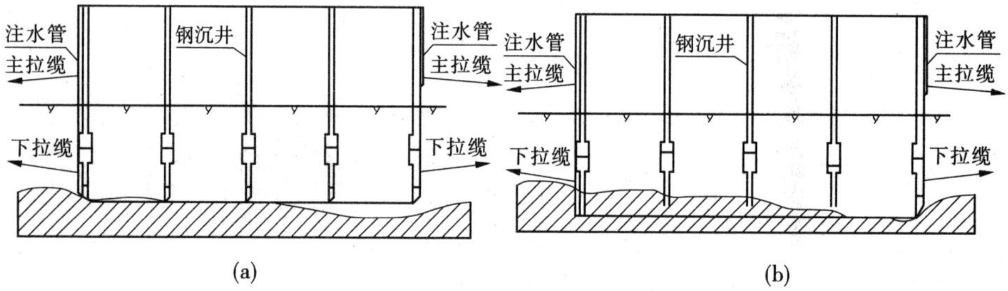

图 2-69 沉井着床后偏心注水示意

监测河床面形态,启动吸泥泵吸泥,并根据水深适时启动空气吸泥机,进行偏心吸泥(见图 2-70)。图 2-70(a)为沉井注水着床平衡后,由于沉井上游发生冲刷,对沉井下游隔仓进行吸泥。图 2-70(b)下游隔仓吸泥后沉井入土增加,待上下游河床面相同时,对上游隔仓同步吸泥,随着沉井入土深度的增加,沉井着床趋于稳定。

随着吸泥调整缆索,沉井继续下沉至全断面入泥 4.0 m,干舷高度不小于 3.5 m。

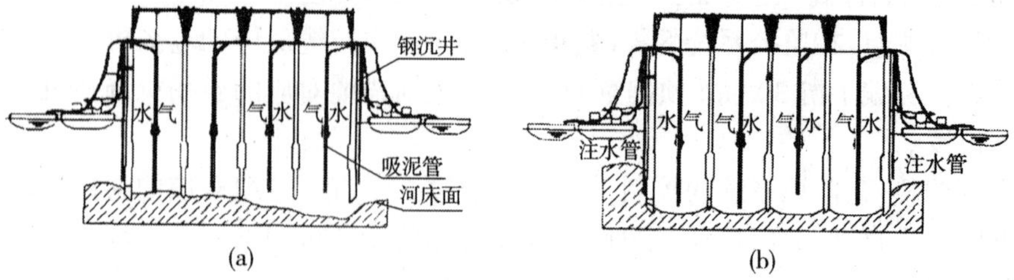

图 2-70 沉井着床后偏心吸泥示意

4)沉井吸泥下沉

沉井下沉采用的是空气吸泥工艺取土,靠沉井自重下沉。各用“潜水钻机+射水”系统，如遇胶结层及板结钙化层冲吸法空气吸泥取土下沉效果较差，采用潜水钻机水下松动胶结土层及板结钙化层后再用冲吸法空气吸泥取土。在沉井夹壁的“三角区”设置有 10 个直径 80 cm 的射水孔，如三角区阻力太大无法下沉，同样可采用潜水钻机从射水孔内松动砂层，并射水吸泥。

空气吸泥设备主要包括供气设备及管路、高压射水装置、吸泥管及风包等。吸泥管采用直径 325 mm 的无缝钢管，最底下工节设置“风包”。空气吸泥时，在沉井顶面设置 6 台龙门吊并配置 4 台塔吊作为起重设备。吸泥设备布置见图 2-71、图 2-72。

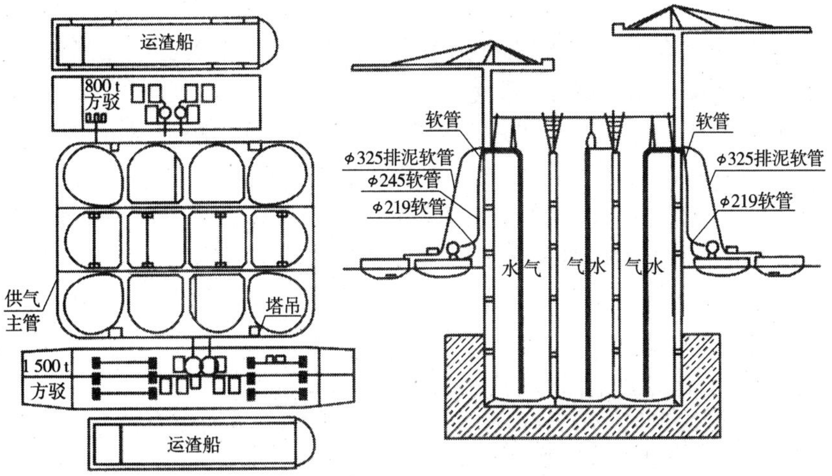

图 2-71　吸泥总体布置图

图 2-72　沉井顶面吸泥设备布置

为保证吸泥过程中沉井内外水压平衡，在沉井的南北侧外壁每隔一定高度各设置一个补水孔，下层补水孔入土前由潜水员下水封闭，此时由上层补水孔进行补水。此外，沉井内部所有仓壁上均设有一个连通孔保证各仓水压平衡，该孔位置必须高于封底混凝土顶面一定距离。

吸泥过程中，沉井可能产生一定程度的偏斜，若沉井重心较高（沉井重心未入泥），则可通过调整吸泥方位来进行姿态改变，若沉井重心入泥较深，则很难调整沉井姿态。因此,把握好沉井几何姿态调整的最佳时机成为下沉的关键,特别是终沉前,一旦错过最佳时机,将再无机会把已经偏位的沉井调整回来。

此外,在沉井下游主动土压力过大的情况下,可通过吸泥管或吸砂船将沉井下游外壁多余的砂吸走。沉井在终沉前,为保证刃脚河床形成理想的“小锅底”状态,需加强测量及监控频率,切实采取合理的吸泥顺序,并减小每次吸泥的厚度,切忌吸泥过猛,使内部刃脚处形成大悬空状态(大锅底),因封底混凝土是分仓对称浇筑的,“大锅底”状态会导致封底混凝土串仓。

5)夹壁水下混凝土浇筑

因钢壳沉井自重有限,当吸泥下沉到一定深度后,沉井下沉已经相当艰难。因此,需要浇筑夹壁水下混凝土增加沉井自重来帮助下沉。

整个夹壁混凝土超过6万t,如此庞大的重量可帮助沉井顺利下沉,当钢壳沉井下沉至距干舷高度4~5 m时,停止吸泥,进行混凝土沉井的接高。各仓夹壁混凝土需对称浇筑,浇筑共分9次进行,单次浇筑方量最大可达3 240 m^3,浇筑时间长,现场配备2台浇筑能力达120 m^3/h的水上搅拌船。图2-73为沉井施工现场照片。

图2-73　沉井下沉至设计位置状态

6)混凝土沉井翻模施工

混凝土沉井接高采用劲性骨架配合翻模工艺,混凝土浇筑采用可旋转、可折叠式布料杆,浇筑覆盖范围大。翻模施工工艺成熟,因背架相对较窄,对吸泥施工影响不大,可以很快地进行工艺转换,方便吸泥施工。

2.3.4.4　泥浆套沉井基础

靠沉井自重克服井壁摩阻力以使沉井下沉的方法,一般来说是一种很不合理的方法,因为把混凝土当作压重来用,不仅不经济,而且将增加地基的额外负担。因此,当基础在稳定性方面不要求以过大的自重来平衡水平力与力矩时,可以采用泥浆套技术来减少下沉摩阻力,即泥浆套沉井基础。泥浆套沉井基础是20世纪60年代发展起来的新工艺型基础。它不仅可以降低井壁侧摩阻力,减少井壁的圬工数量,使薄壁沉井得以采用,而且加大了沉井下沉的深度和提高沉井的下沉效率。因而,给沉井的下沉带来了轻(井壁薄、自重轻)、快(润滑、进度快)、稳(倾斜小、易纠正)、省(圬工量少)的特点,表现出显著的经济效果,并为沉井施工拼装化的发展提供了条件。

泥浆套沉井基础中沉井结构部分,基本与前述相同,泥浆套部分的构造主要包括泥浆排射孔、射口挡板、压浆管、地表防护围圈、压浆泵与泥浆搅拌机等。其布置如图 2-74 所示。

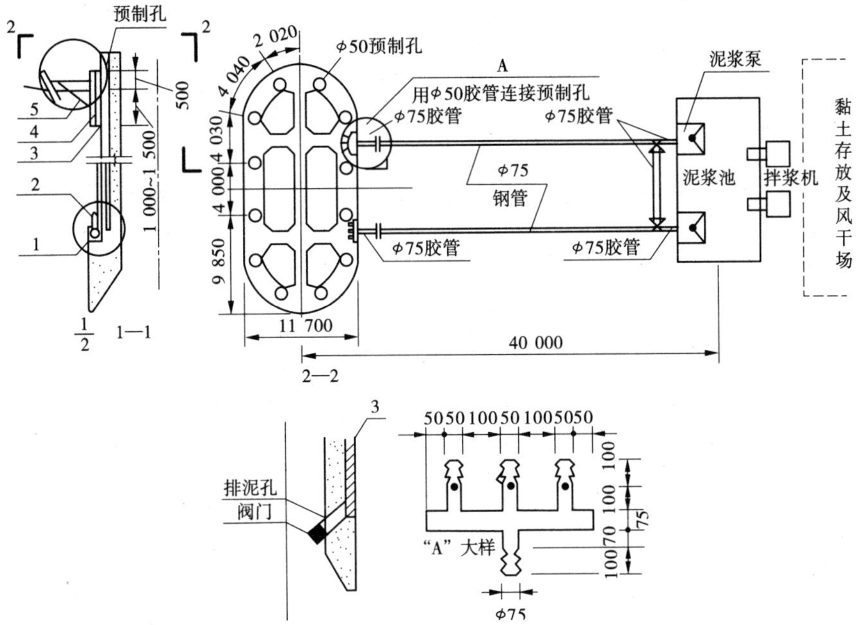

1—射口挡板;2—射口围圈;3—泥浆套;4—钢板;5—地表围圈

图 2-74 泥浆套沉井施工布置 (单位:mm)

1. 泥浆套施工工艺及设备

当对水中的筑岛沉井拟采用泥浆套下沉时,其搅拌机、储浆池和压浆泵均可装设在驳船上,其主要施工工艺及设备如下。

1)泥浆制备

泥浆制备的程序为:存放黏土→风干→碾碎→配料→搅拌→筛滤→储浆。

黏土经风干碾碎后,清除石子及杂物,按试验的配合比配料,然后进行搅拌,并掺入化学处理剂。然后,将搅拌好的泥浆经筛网过滤后,流入储浆池备用。储浆池的容量,一般为每节沉井按理论计算所需的体积。泥浆实际用量一般为理论用量的 1.5~2.0 倍。

2)压浆管路及围圈

泥浆套施工操作主要设施有压浆管路、泥浆管射口围圈、井壁地表围圈。

(1)压浆管路。压浆管路包括输浆管和压浆管。

输浆管:用直径 50 mm 左右的钢管或胶管,一端连接压浆机,一端通至井顶,并与三通相连。三通上装有胶管和闸阀,胶管再分别与井顶各压浆孔口的管头相连,见图 2-75。当某一孔道需压浆时,只需将相应闸阀打开,即可压浆。图中 N_5 和连接螺栓预埋在井顶混凝土内,沉井接高时卸下 N_8,即可倒到上一节井顶使用。

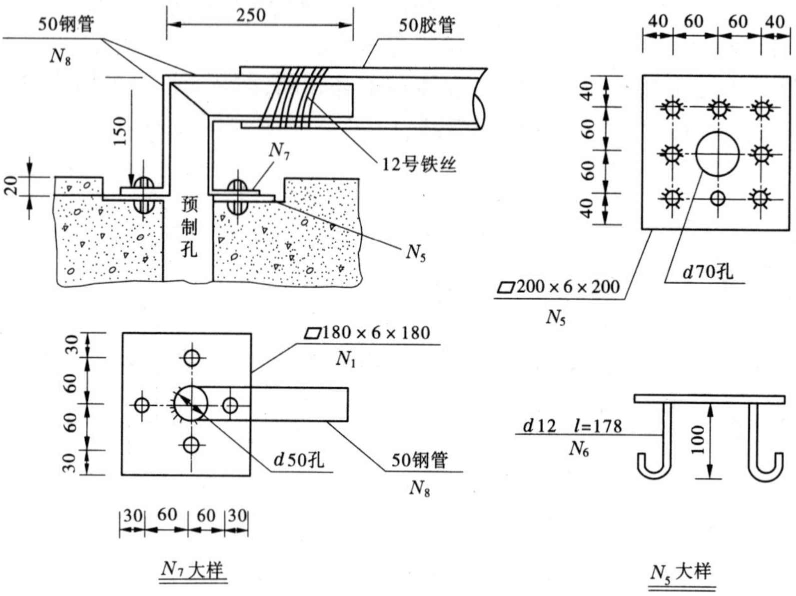

图 2-75 井顶压浆管与输浆管连接示意 （单位:mm）

压浆管:压浆管道的布置分为内管法和外管法。内管法就是用高强胶管内插穿钢芯在沉井井壁中预制管道,浇完井壁混凝土后约 4 h,将胶管拔动提起,待 1~2 d 后再拔除胶管形成压浆孔道。而外管法又分为井外外管法和井内外管法。井外外管法就是将压浆管顺井壁外侧直插入泥浆套内进行压浆;井内外管法则是将压浆管从井孔内插下,在接近沉井台阶高度处,穿过井壁将压浆管出口引至泥浆套内,见图 2-76。

(2)泥浆管射口围圈。采用内管法及井内外管法设置压浆孔道,出口一段采用铁皮弯管,射口设在底节沉井顶部台阶处,射口方向与井壁周边成 45°斜角。为防止压浆时,泥浆直接冲击土壁和减少压浆孔出口堵塞,一般均在射口处设一短角钢防护,此即泥浆管射口围圈,如图 2-77 所示。

(3)井壁地表围圈。地表围圈是沿井壁周埋设的围板,用以防止地面土层坍塌而破坏泥浆套。地表围圈与井壁间的净距即泥浆套的厚度,地表围圈的高度一般为 1.5~2.0 m,顶部高出地面约 0.5 m。

3)压浆

压浆可采用泥浆泵压浆,压浆压力为:启动时约为 0.7 MPa,正常后保持为 0.1~0.3 MPa。在处理故障时,其启动压力可提高到 1.2~2.0 MPa。压浆一般是一个孔一个孔地压注,并随沉井下沉而不断补浆,使泥浆面保持略低于地表围圈顶即可。压浆时,泥浆流动半径为 5 m 左右,流动坡度为 3%~10%。

4)泥浆套所用泥浆的性能指标

泥浆套所用泥浆应具有固壁、触变、稳定等性能,其主要指标见表 2-18。

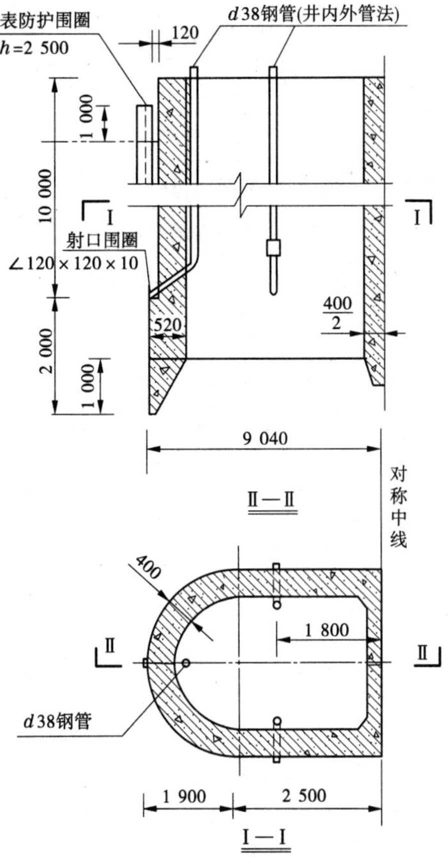

图 2-76 井内外管法布置 (单位:mm)

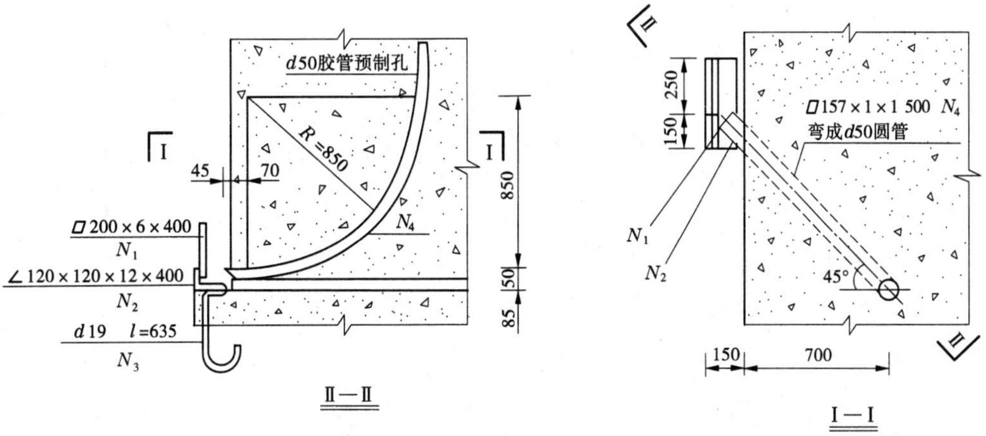

图 2-77 泥浆管射口围圈 (单位:mm)

表 2-18 沉井泥浆润滑套所用泥浆性能指标

项目	使用测定仪表	指标
比重	（根据计算井壁压力时选用值）	1.1～1.3
黏度	1006 型野外黏度计	大于 100 s
失水量	1009 型失水量测定器	大于 8 mL
泥皮厚	1009 型失水量测定器	小于 3 mm
静切力	1007 型电动旋转式静切力计	大于 10^3 N/cm^2
胶体率		100%
含砂量	1004 型含砂量测定器	小于 4%
pH 值	（泥浆液氢离子浓度）酸碱试纸	6～8

2. 泥浆套下沉沉井注意事项

采用泥浆套下沉沉井施工中应注意如下事项：

（1）在采用泥浆套下沉沉井施工操作中，最忌将泥浆套破坏，因为其一旦破坏很难予以恢复，故在施工操作中应防止大量翻砂、倾斜和缺浆现象。

（2）采用吸泥机取土时，应注意给井内注水，并保持井内水位高于井外，以防止翻砂涌水破坏泥浆套。

（3）由于采用泥浆套下沉沉井，侧面阻力减小，沉井在下沉中较易产生倾斜，所以一方面井内除土要对称均匀，使沉井下沉平稳；另一方面沉井下沉过程中有小量倾斜要随时调整。沉井倾斜所引起的最大水平位移值超过泥浆套厚度，就会破坏地表围圈和泥浆套。

（4）当泥浆面迅速下降，有漏失现象时，应压入流动度小、黏度及静切力大的泥浆以稳定其漏失现象。若泥浆仍继续漏失，则不宜大量压浆，应及时使沉井下沉，切断通路，然后压入稠浆。

（5）在泥浆套下沉沉井施工最后阶段，应提前停止压浆，防止最后沉井继续不断下沉难以控制。

（6）沉井沉至设计标高后，为恢复土对井壁的固着作用，则应破坏泥浆套，排除泥浆，此时可用沿井壁布置的排浆孔，此孔在沉井下沉期间是堵塞的或用阀门关闭的，见图 2-78。

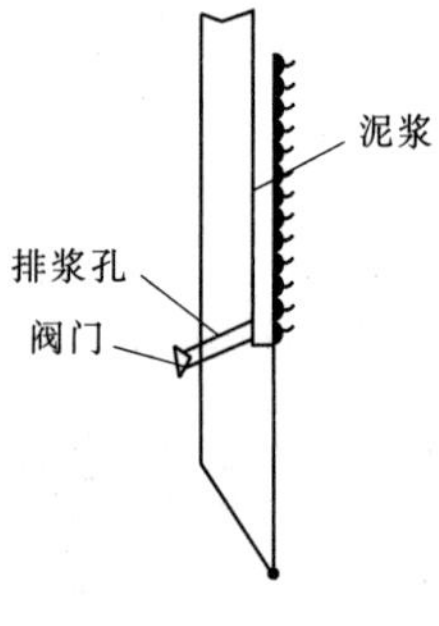

图 2-78 排浆孔示意

2.3.4.5 空气幕沉井基础

空气幕沉井基础的特点与泥浆套沉井基础基本相似，只是从预先埋设在井壁四周的管道中压入高压空气以代替泥浆。而此高压空气由设在井壁上的喷气孔喷出，气流沿沉井外壁上升带动砂粒翻滚形成液化，黏土则形成泥浆，在井壁周围形成一层松动的含有气体与水的液化土层，从而减小土对沉井外壁的摩阻力。此含气土层围绕沉井如同幕帐一般，故称空气幕。利用空气幕减小土对沉井侧壁摩阻力，而达到减少圬工量，加快施工进度的沉井基础称为空气幕沉井基础。据工程实践初步统计，采用空气幕下沉沉井与普通沉井相比,可节省30%~50%的圬工量,可提高下沉速度20%~60%。

1. 空气幕系统

空气幕沉井构造示意如图2-79所示。

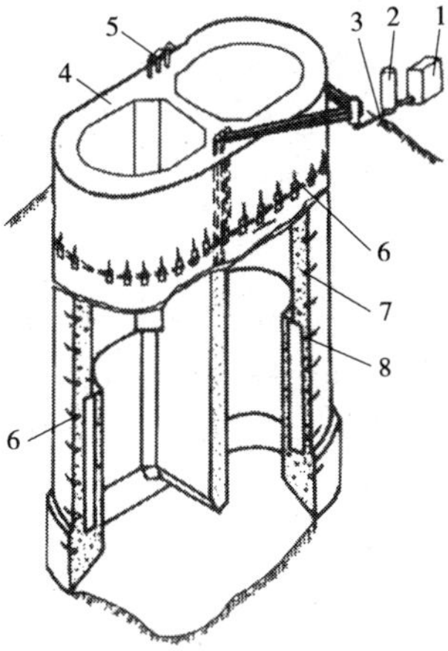

1—压风机;2—风包;3—地面风管路;4—沉井;5—井壁预埋竖管;
6—井壁预埋环形管;7—气龛;8—气龛中的喷气孔

图2-79　空气幕沉井构造示意

空气幕沉井与普通沉井相比,仅在构造上增加了一套空气幕系统,这套系统是由气龛、井壁预埋管、压风机、贮风筒及地面风管路等几部分组成的。

1) 气龛

气龛即预设于沉井外壁上的凹槽及凹槽中的喷气孔,其构造见图2-80。凹槽的作用大致有三点:①保护喷气孔不受土的直接磨损;②便于气体的扩散,使喷出的高压气束经扩散空间较均匀地附壁上升,以形成气幕;③尺寸较大的气龛,压气时凹槽内充满气体,像一个气囊,起着减小摩擦面积的作用,早期的空气幕沉井即多用这类气龛,亦收到减小摩阻力的效果。气龛为空气幕沉井的关键设施,其形式很多,可设计成尺寸大小不同的桃形、半圆形、长方形,气孔直径也可大小不一。目前多用小气孔,长方形气龛。

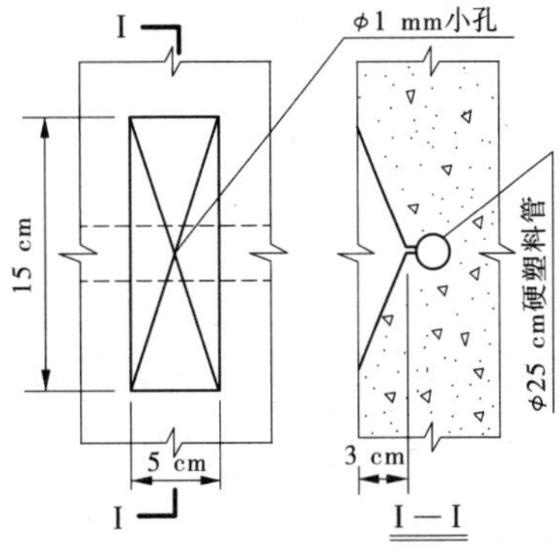

图2-80　气龛构造

气龛数量与沉井的重率[重率=沉井重量(不扣浮力)/沉井外壁总侧面积]和外壁侧面积有关,重率越小,气龛数量应越多,侧面积越大,气龛数量也越多,一个沉井往往需用几百个至几千个气龛。气龛的排列,则应在沉井的下部密、上部稀;底部3~5 m范围内不设气龛,以免空气顺井壁下压穿过刃脚,引起沉井翻砂;顶部5~8 m因空气向上扩散起作用,也可不设气龛。一般沉井下部宜每1.3 m^2设一个;上部宜每2.6 m^2设一个。

2)井壁预埋管

井壁预埋管的布置有两种方式:一种是同时设环形管和竖管,环形管视沉井的大小及纠偏的需要而定,可按半周或 1/4 周设一根。喷气孔即钻在环形管上,由竖管连接引出井顶。压气时,气体由竖管进入环形管,然后从各气龛喷出。还有一种方式是只设竖管,喷气孔即设在竖管上,此法好处在于管路顺直,气压损耗少。下端可设贮砂筒,储存由气龛渗进的沙子,防止喷气孔堵塞。但由于这种方式用料多,每灌注一节沉井接长管路的工作量大,故只有采用特殊气龛时,才考虑采用它。

3)压风机

压风机是提供高压气体的设备,空气幕以压风机供风,压力的大小视沉井下沉深度而定。下沉深度 40~50 m 以内的沉井,可用风压为 0.7~0.8 MPa 的压风机供风。风量和土层结构的紧密程度有关,结构紧密者耗气量小,反之则大。有试验资料推荐,每个气龛的平均耗气量为 0.015~0.023 m^3/min。

4)贮风筒

贮风筒的作用是储存高压气体,压风机必须配备总容量不小于压气机每分钟耗气量的贮风筒,以免压气时压力骤然降低影响压气效果甚至堵塞气孔。

5)地面风管路

地面风管路是用来联结压风机、风包和井顶的风管所组成的压气通路,压气通路应力求垂直、短捷、不漏气,尽可能减少压力损失。

用空气幕下沉沉井,沉井外壁摩阻力在压气时减小,停气时基本恢复,无须在施工全过程中不停地供气,而是除土与压气下沉轮番进行。由于除土和压气不同步,除土用的空气吸泥机可和压气共用一套设备。此外,出于操作和测量的需要,还安装有各种阀门及仪表等。

2. 空气幕沉井的施工

空气幕沉井在制造方面增加了气龛制作工作量,在混凝土灌注上也有些不同之处。

1)气龛制作

气龛制作的工序较多,可分为以下几步:

(1)管材加工:按设计尺寸,将预埋在井壁内的环形管和竖管下料,短管的接长和端头的封闭采用专门的塑料焊枪和塑料焊条焊接。此外,还配有小压风机(风量为 0.6 m^3/min)及可调变压器各一台,以供应焊枪的压缩空气及调节焊枪的温度。丝扣联结的部位,是用管子钳来加工,并事先作试装检查。环形管的圆弧部分,因塑料管本身有弹性不需预弯,钢管则放在弯管机上加工。

(2)安装预埋管:立好模板后,即可安装预埋管。首先在模板内放线,钉气龛木模,再将环形管对气龛木模中心安设,并用 U 形扒钉固定在模板上。最后安装竖管,竖管与环形管的联结是采用塑料三通,便于安装。

(3)钻喷气孔:拆模后,先在气龛内找出外露的环形管,然后用手电钻在上面钻一个直径为 1 mm 的小孔。钻孔时应注意钻通,并将周边的毛刺清理干净,否则容易堵塞。

(4)检查气龛:为了保证气龛的通畅,每节沉井在下沉之前,必须对新制气龛进行压气检查。发现气龛不通,应采取措施进行补救。气龛的制作工序如图 2-81 所示。

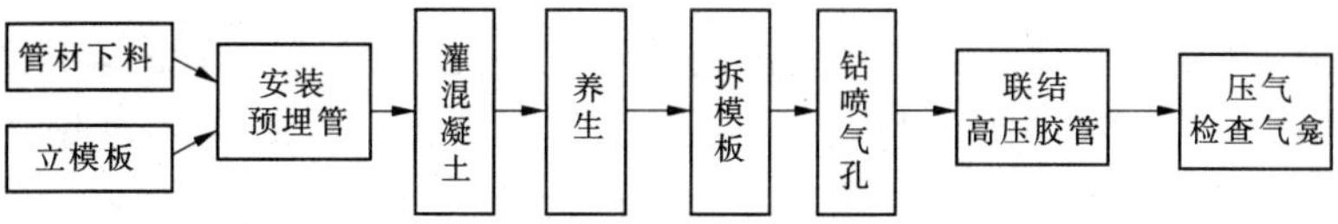

图 2-81 气龛的制作工序

2)混凝土灌注

沉井混凝土灌注施工时,为防止模板内的预埋管被损坏,应严格控制混凝土的灌注高度。一般每节沉井按每次灌注高度控制在 3~4 m,而分多次灌注。为便于安装气龛木模和预埋管,模板都采用木制;也可采用预制混凝土管作内模,混凝土灌注后不取出,即作为井壁的一部分,减少了一部分内模制作、拆装的工作量。

3)压气下沉

与一般重型沉井和泥浆套沉井不同,重型沉井和泥浆套沉井下沉中,当正面阻力消除到一定程度后就会自动下沉,而空气幕沉井侧面阻力的减小是有时间性的,即在压气时减小,停气时又恢复。因此,在整个空气幕沉井下沉过程中,当吸泥清除正面阻力后,还必须及时辅以压气,才能收到良好的下沉效果。如果连续不断吸泥,锅底过深或井内外水位差太大时,不仅沉井不能顺利下沉,还可能造成翻砂。而吸泥太少,正面阻力消除得不够,压气效果也不会好,只有认识到两者之间的关系,施工中注意互相配合,才能更好地发挥空气幕的作用。因此,吸泥过程中应加强对泥面的测量,随时掌握泥面深度的变化,并注意配合压气,就能充分发挥空气幕的作用,使沉井顺利下沉。

实践证明,在粉细砂层中,吸泥的深度不可太深(沿井壁内测量),一般不宜超过刃脚下 0.7~1.0 m,并在控制井孔内水位的情况下进行压气,这样效果较好,再深则容易造成翻砂。空气幕沉井压气下沉施工中,吸泥、压气、测试,基本上是按图 2-82 中所示程序循环进行的。

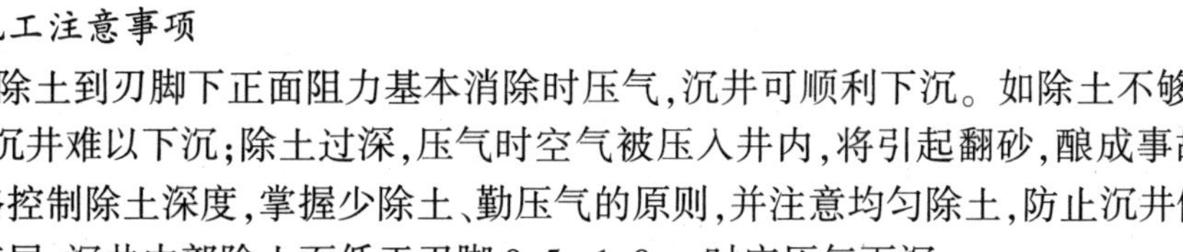

图 2-82 空气幕沉井压气下沉的循环工序

3.施工注意事项

(1)除土到刃脚下正面阻力基本消除时压气,沉井可顺利下沉。如除土不够,正面阻力过大,沉井难以下沉;除土过深,压气时空气被压入井内,将引起翻砂,酿成事故。施工中应严格控制除土深度,掌握少除土、勤压气的原则,并注意均匀除土,防止沉井倾斜。一般砂土底层,沉井中部除土面低于刃脚 0.5~1.0 m 时应压气下沉。

(2)压气时应尽可能使用压风机的最大风压以保证压气效果。开气顺序从上而下,沉井周围同时送气,以免空气压入井内引起翻砂或导致沉井倾斜。每次压气时间不宜过长,一般在 10 min 左右,过长不仅对下沉无效果,而且使土受扰动过大,停气后气龛容易堵死。

(3)保证气龛不被堵塞是空气幕下沉的关键。为此,除在预埋管的端部设置贮砂筒外,全部压气管应在安装前吹净管内泥沙杂物,安装后要经试气检验;气龛钻孔时,孔边毛刺应清除干净;压气下沉后停气时,必须尽量缓慢减压,防止泥沙倒流堵塞气龛。

(4)控制及调整沉井的倾斜和位移,可利用分段设置的压气管路,根据需要分段压气进行。

模块3 桥梁下部构造施工

【学习目标】

1. 掌握桥梁工程下部构造柱式墩台的施工技术。
2. 掌握桥梁工程下部重力式墩台的施工技术。
3. 掌握桥梁工程下部构造高墩的施工技术。

【学习任务】

1. 桥梁工程下部构造柱式墩台的满堂支架、无支架施工技术。
2. 桥梁工程下部重力式墩台的地基处理、模板加工等施工技术。
3. 桥梁工程下部构造高墩的滑模、翻模、液压爬模施工技术。

【思政目标】

1. 了解桥梁结构中桥墩、桥台施工方法及原理,引导学生热爱所学专业,使学生理解下部结构对桥梁工程结构安全的重要性,在施工中遵守安全规程,同时强调安全施工的重要性,强调保护自己和他人的安全。

2. 在桥梁桥墩、桥台施工中,掌握不同施工工艺流程。通过思政教育,培养学生的质量意识,强调质量是工程的生命线,鼓励学生追求卓越,确保每一项工作都达到或超越质量标准。

墩台施工是桥梁工程施工中的一个重要部分,其施工质量关系到桥梁上部结构的制作与安装及使用功能,因此墩台的位置、尺寸和材料强度等都必须符合设计和规范要求。在施工过程中应准确地测定墩台位置,正确地进行模板制作与安装,采用经检验合格的建筑材料,严格执行施工规范,确保施工质量。

项目3.1 柱式墩台

【项目描述】

柱式墩台是桥梁下部构造的基本形式,柱式墩台施工包括现浇墩台施工和预制拼装施工。

【项目分析】

1. 承台、系梁施工。
2. 现浇墩台施工。
3. 预制拼装。

【项目案例】

参考图纸　　完成作业

【项目实施】

3.1.1 承台、系梁施工

(1)在基坑无水情况下浇筑钢筋混凝土承台,如设计无要求,基底应浇筑10 cm厚混凝土垫层。

(2)基坑有渗水时应有排水措施,基坑不得积水,如设计无要求,基底可铺10 cm厚碎石,并浇筑5~10 cm厚混凝土垫层。

(3)水中高桩承台采用套箱法施工时,套箱应架设在可靠的支承上,具有足够的承载能力、强度、刚度和稳定性。

(4)套箱顶面设计高程应考虑包括浪高、潮汛变化等因素影响的最高水位。套箱在工作平台上整体拼装下沉,就位后可以固定于工作平台、基桩上,也可以用其他方式连接固定。

(5)套箱拼装应保证拼缝严密,不漏水。套箱底板与基桩接触面应便于下沉后堵缝。套箱下沉就位可浇筑水下混凝土封底。然后排水,截断桩头,绑扎钢筋,浇筑承台混凝土,承台混凝土一般应连续浇筑成型。

(6)如设计允许,可分层浇筑。分层浇筑时应充分利用已浇筑的钢筋混凝土参加工作,以改善套箱各部分的受力状况,方便施工。分层浇筑,接缝应按工作缝处理。

(7)承台基础施工前应检查基桩位置是否符合设计,如偏离过大超过检验标准要求,应会同设计、监理制订措施后施工。

(8)墩台柱施工前应按图纸测量定线,检查墩台位置,合格后施工。

3.1.2 柱式墩台现浇施工

3.1.2.1 **墩台模板**

1.模板设计原则

根据《公路桥涵施工技术规范》(JTG/T 3650—2020)的规定,模板的设计原则如下:

(1)宜优先使用胶合板和钢模板。

(2)在计算荷载作用下,对模板结构按受力程序分别验算其强度、刚度及稳定性。

(3)模板板面之间应平整,接缝严密,不漏浆,保证结构物外露面美观,线条流畅,可设倒角。

(4)结构简单,制作、拆装方便。

模板可采用钢材、胶合板、塑料和其他符合设计要求的材料制成。浇筑混凝土之前,木板应涂刷脱模剂,外露面混凝土模板的脱模剂应采用同一种品种,不得使用废机油等油料,且不得污染钢筋及混凝土的施工缝处。重复使用的模板应经常检查、维修。

2.常见模板类型

1)拼装式模板

拼装式模板是用各种尺寸的标准模板利用销钉连接,并与拉杆、加劲构件等组成墩台所需形状的模板。如图3-1所示,将墩台表面划分为若干小块,尽量使每部分板扇尺寸相同,以便于周转使用。板扇高度通常与墩台分节灌注高度相同,一般为3~6 m,宽度可为1~2 m,具体视墩台尺寸和起吊条件而定。拼装式模板由于在厂内加工制造,因此板面平整、尺寸准确、体积小、质量轻,拆装容易、快速,运输方便,故应用广泛。

2)整体吊装模板

整体吊装模板是将墩台模板水平分成若干段,每段模板组成一个整体,在地面拼装后吊装就位(见图3-2)。分段高度可视起吊能力而定,一般可为2~4 m。整体吊装模板的优点是:安装时间短,无须设施工接缝,加快施工进度,提高了施工质量;将拼装模板的高空作业改为平地操作,有利于施工安全;模板刚性较强,可少设拉筋或不设拉筋,节约钢材;可利用模外框架作简易脚手架,不需另搭施工脚手架;结构简单,装拆方便,对建造较高的桥墩较为经济。

图3-1 拼装式模板

图3-2 整体吊装模板

3)组合型钢模板

组合型钢模板是以各种长度、宽度及转角标准构件,用定型的连接件将钢模拼成结构用模板,具有体积小、质量轻、运输方便、装拆简单、接缝紧密等优点,适用于在地面拼装,整体吊装的结构上。

3.1.2.2 **模板施工**

(1)墩台模板和支架应有足够的强度、刚度和稳定性。拼缝应严密不漏浆,表面平整不错台。

(2)模板的变形应符合模板计算规定及验收标准对平整度控制的要求。

(3)要求模板、支架拆装灵活,施工时操作方便,保证工程质量和安全。

(4)支架的设计应根据施工图设计进行制作与安装,应尽可能采用标准化、系列化、通用化的构件拼装。现桥梁施工中普遍使用碗扣式支架,因碗扣支架拆装灵活,操作方便,便于施工。

(5)墩台混凝土浇筑脚手架,不得与模板支架联结,应自成体系。

(6)墩台混凝土浇筑时应设专人维护模板,检查变形、埋件、保护层等,发现问题及时采取措施。

(7)墩台模板拼装要求如下:

①按结构物的轮廓尺寸设计绘制模板总装图,并对不足模数的空缺部位按符合设计尺寸的木模板配补,编制钢模板配件表,拟订所需机具和各工序劳动力计划。

②按承受混凝土侧压力的要求配备连接件和支撑件。

③拼装前要平整预拼场地,清理立模现场,测量模板控制点标高,底板上画出模板位置。

④组拼模板一般按自下而上的顺序进行，每块模板要求位置正确，将各种尺寸的标准模板利用销钉连接，并与拉杆、加劲构件等组成墩台所需形状模板，并设立支撑使模板保持整体稳定，防止浇筑混凝土时模板受力变形。

⑤墩柱的模板一般采用整体安装的钢模板，既可以重复使用多次，拆卸也较方便，又能保证墩柱外观平整，施工效果好。

⑥模板拆除时间，按设计的规定执行。模板拆除顺序和方法，应按设计规定，先拆侧面模板，后拆底面模板，先拆非承重部分，后拆承重部分。

3.1.2.3　墩台浇筑

(1)墩台柱模板除应满足强度、刚度外，还要按建筑区域和柱高充分考虑风力影响，保证稳定性。

(2)墩柱钢筋混凝土浇筑除按混凝土工程的有关规定外，宜采用一次连续浇筑成型，因截面小，浇筑速度快，混凝土中宜掺加速凝剂或控制浇筑速度。首层混凝土浇筑时，应铺垫与混凝土同配合比的水泥砂浆层。墩柱与承台基础接触面可采用平面接缝、凹面接缝，接缝处应凿毛，清洗干净，钢筋应除锈及凿除水泥浮浆。

(3)柱身高度内如有系梁连接，则系梁应与柱同时浇筑。V形墩柱混凝土应对称浇筑。

(4)墩柱混凝土施工缝宜留在结构受剪力较小且易于施工部位，如基础顶面、梁的承托下面。

(5)墩台帽、帽梁、垫石、抗震墩等混凝土的浇筑应符合以下要求：

①墩台帽混凝土浇筑前，必须对墩台中线、标高及各部位尺寸进行复核，并准确放样，标出预留孔道、预埋件位置，并对基面进行凿毛清理干净。钢板埋件应设排气孔，混凝土应加强振捣，防止空鼓，振捣时不得碰撞埋件。

②帽梁为悬臂梁时，考虑施工中帽梁模板沉降变形，混凝土浇筑应从悬臂端开始。

预应力钢筋混凝土帽梁拆除底模时间应按设计要求办理。如设计无要求，应考虑预应力孔道灌浆后拆除底模板。

③垫石宜采用二次浇筑，以保证其位置高程准确。垫石浇筑前应对基面凿毛清洗，钢筋除锈。

④混凝土帽梁上的抗震墩施工时，抗震墩与梁体必须保持设计规定的间隙，保证梁伸缩自由。

3.1.3　预制拼装墩台施工

3.1.3.1　柱式墩施工

装配式柱式墩是将桥墩分解成若干轻型部件，在工厂或工地集中预制，再运送到现场装配桥梁。其形式有双柱式、排架式、板凳式和钢架式等。

施工工序为预制构件、安装连接与混凝土养护等。其中拼装接头是关键工序，既要牢固、安全，又要结构简单便于施工。常用的拼装接头有以下几种形式：

(1)承插式接头：将预制构件插入相应的预留孔内，插入长度一般为1.2~1.5倍的构件宽度，底部铺设2 cm砂浆，四周以半干硬性混凝土填充，常用于立柱与基础的接头连接。

(2)钢筋锚固接头：构件上预留钢筋或型钢，插入另一构件的预留槽内，或将钢筋互相焊接,再灌注半干硬性混凝土,多用于立柱与顶帽处的连接。

(3)焊接接头:将预埋在构件中的铁件与另一构件的预埋铁件用电焊连接,外部再用混凝土封闭。这种接头易于调整误差,多用于水平连接杆与立柱的连接。

(4)扣环式接头:相互连接的构件按预定位置预埋环式钢筋,安装时柱脚先坐落在承台的柱芯上,上下环式钢筋互相错接,扣环间插入U形短钢筋焊牢,四周再绑扎钢筋一圈,立模浇筑外围接头混凝土。要求上下扣环预埋位置正确,施工较为复杂。

(5)法兰盘接头:在相互连接的构件两端安装法兰盘,连接时用法兰盘连接,要求法兰盘预埋位置必须与构件垂直。接头处可不用混凝土封闭。

装配式柱式墩台应注意以下几个问题:

(1)墩台柱构件与基础顶面预留环形基座应编号,并检查各个墩、台高度是否符合设计要求;基杯口四周与柱边的空隙不得小于2 cm。

(2)墩台柱吊入基坑内就位时,应在纵横方向测量,使柱身垂直度或倾斜度以及平面位置均符合设计要求;对重大、细长的墩柱,需用风缆或撑木固定,方可摘除吊钩。

(3)在墩台柱顶安装盖梁前,应先检查盖梁口预留槽眼位置是否符合设计要求,否则应先修凿。

(4)柱身与盖梁(顶帽)安装完毕并检查符合要求后,可在基坑空隙与盖梁槽眼处灌注稀砂浆,待其硬化后,撤除楔子、支撑或风缆,再在楔子孔中灌填砂浆。

在基础或承台上安装预制混凝土管节、环圈作墩台的外模时,为使混凝土基础与墩台联结牢固,应由基础或承台中伸出钢筋插入管节、环圈中间的现浇混凝土内,插入钢筋的数量和锚固长度应按设计规定或通过计算决定。管节或环圈的安装、管节或环圈内的钢筋绑扎和混凝土浇筑,应按《公路桥涵施工技术规范》(JTG/T 3650—2020)的规定执行。

3.1.3.2　构件安装

(1)墩柱起吊吊点应符合设计要求。

(2)基础杯口应准确测设纵横轴线,并标志在基础上。杯口在安装前应校核长、宽、高三向尺寸,对安装间隙不符合要求的(间隙应不小于8 cm)应修整合格。杯口与预制件接触面均应凿毛处理,埋件应除锈并应校核位置合格后安装。

(3)预制件应在侧面用墨线画出中线,墩柱起吊就位后应两面吊线校正位置,准确就位后用硬木楔或钢楔固定,并加斜撑保持柱体稳定,在确保稳定后方可摘去吊钩。

(4)安装后应及时浇筑杯口混凝土,待混凝土硬化后拆除硬楔,楔坑补浇二次混凝土,待其达到设计强度75%后方可拆除斜撑。

(5)预制盖梁安装前,对槽口与接头混凝土接触面应凿毛处理,设有埋件时应除锈。

(6)在墩柱上安装预制盖梁应按设计要求对墩柱稳定进行加固,如设计无要求,墩柱各柱顶处应加横向夹板、两侧斜撑保护。当柱墩受冲撞时不被损坏,接头混凝土达到设计强度时拆除。

(7)盖梁就位:轴线和各项尺寸检查无误可固定,摘掉吊钩,浇筑接头混凝土。接头混凝土达到设计强度后,卸除临时固定联系。

(8)预制管节安装。在基础上以预制混凝土管等作柱墩外模时,预制管节安装时应符合下列要求：

①与基础基面宜采用凹槽接头，凹槽深度不应小于 5 cm。

②上下管节安装就位后，用四根竖方木对称设置在管柱四周并绑扎牢固防止撞击错位。

③混凝土管柱外模应加斜撑，保证浇筑时的稳定性。

④管口应用水泥砂浆填严抹平。

项目 3.2　高墩施工

【项目描述】

为适应跨越深谷、既有线路等需要，在桥梁建设中常需要修建高墩。目前桥梁高墩常采用滑模、爬模、翻模等施工方法。

【项目分析】

1. 滑动模板施工。

2. 爬升模板施工。

3. 翻模施工。

【项目案例】

参考视频　　　　完成作业

【项目实施】

3.2.1　滑动模板施工

3.2.1.1　概述

当墩身有一定高度且桥墩上下断面变化不大时，可采用滑动模板施工。

滑模装置由模板系统、操作平台系统、液压提升系统和垂直运输系统等四大系统组成。滑模施工工艺原理是预先在墩身混凝土结构中埋置钢管（称之为支承杆），利用千斤顶与提升架将滑升模板的全部施工荷载转至支承杆上，待混凝土具备规定强度后，通过自身液压提升系统将整个装置沿支承杆上滑，模板定位后又继续浇筑混凝土并不断循环的一种施工工艺。

滑动模板是按墩身外形（实体墩）或断面（空心墩）轮廓制成的钢质模板节段，由顶架支承。顶架上分布有提升千斤顶，千斤顶为穿心式或旋转式，中心通过芯棒或支承于螺杆上，其底部支承在已凝固的墩身混凝土顶面，或埋入陆续浇筑的混凝土墩身，并随浇筑高度而接长，将顶架及附着其上的模板重力传到半硬结的墩身，通过千斤顶施力：逐节提升整个模板装置。安设模板后的基本工序为：①等候墩身已浇筑的一节混凝土达到要求强度;②接长顶棒,提升顶架及模板;③供应适量混凝土,浇筑新的一节墩身,以后交替进行,直到墩顶。

工程中使用的节段模板一般高约1.2 m,支承模板的顶架要求具有足够的强度,须视墩身断面形状、提升质量、千斤顶提升能力做出适当的结构设计。笔直的模板是早期的形式,后又有了改进,即在模板内侧设置0.5%~1.0%的上小下大锥度,以利于提升。灌注的混凝土须具有低流动度或半干硬性,当模板提升后,未完全硬结(特别是上部)的混凝土会有少量的塌落及侧涨,使锥度消失。每次灌注的墩身混凝土,高度为0.3~0.5 m,即每节模板分三次或两次提升。钢筋混凝土的设计强度一般在25 MPa以上,每立方米混凝土的水泥用量约在400 kg,水灰比为0.35~0.40,则坍落度为2~4 cm,实体墩身则可用坍落度为0.5~2.0 cm的配合比。每次滑动模板时,提升范围内的混凝土强度,以达到0.2~0.5 MPa为宜,以在灌注后3~4 h,用手指按压刚出模的混凝土表面,能出现指痕为度。因为灌注高度不同,提升次数和时间间隔也有出入。气温对混凝土早期强度有很大影响,因此为了达到施工要求,必要时可掺适量速凝剂或用快硬水泥。

具体的提升工艺与墩身结构和施工布置有关,其大致工艺流程如下:

(1)首先浇筑墩身底节段混凝土,待凝固后,在其上安设滑动模板,安装时须保持顶棒位置,可以回收的顶棒仅支承在底节表面。

(2)如为实体墩身,以后可灌一层约30 cm高度混凝土,0.5 h后灌第二层约30 cm,等待0.5~1 h后灌第三层约30 cm,随即抽提模板3~5 cm,以防黏结;到总计约3.5 h,正式提升模板约30 cm高度;以后每浇筑一层,抽提2~3 cm,等底层强度足够,又正式提升一次;每次灌注的总高度距模板上缘应留出10~15 cm;如此循环操作,每天进度5~6 m。

(3)如为空心墩身,可先灌注50~60 cm的第一层混凝土,使表面摩擦力提升时不致带动这层混凝土;以后每次提升30~50 cm。

(4)不论实体或空心墩身,灌注混凝土时须用振捣器捣固。

(5)模板提升后,施工人员应刷抹脱模的混凝土表面,特别应将表面留有的横向缝隙弥合;提升的顶架高差应控制在5 mm以内。

(6)混凝土脱模后应在12 h内,用安装在模板臂架上的环形带眼水管喷水养护。

3.2.1.2 实体钢筋混凝土桥塔滑动模板

滑动模板是由顶平面的提升梁、竖向的挂杆和必要的联结、支承部件组成的立体钢构架。提升梁在顶面内按辐射形布置,根数由要求的提升点决定,各提升梁在辐射中心由圆形拼接板(圆形墩身)或腰圆形内环梁(圆端形墩身)连接;外端由挂杆组成悬吊钢模板及安设顶棒、提升设备的骨架,并附设工作平台托梁。图3-3为早期用于实体墩身的滑动模板,采用螺旋杆支承构架,每一提升梁处的竖断面,为图示的Π形构架,两外侧竖杆连到弯成环形的钢模板,合围定出墩身轮廓,以利在工作平台上浇筑墩身混凝土。每侧内、外竖杆形成的骨架将承受顶棒的作用力,并保持顶棒的位置。

钢模板最薄可用有加劲肋的2 mm薄钢板,如受力较大且无加劲肋,也可用中厚钢板,按刚度和湿混凝土侧向压力要求设计。钢模板底部支承在初凝墩身四周,对整个构架起到稳定作用。但整体模板结构的竖直质量由顶棒支承,顶棒也是提升顶架时的导向。

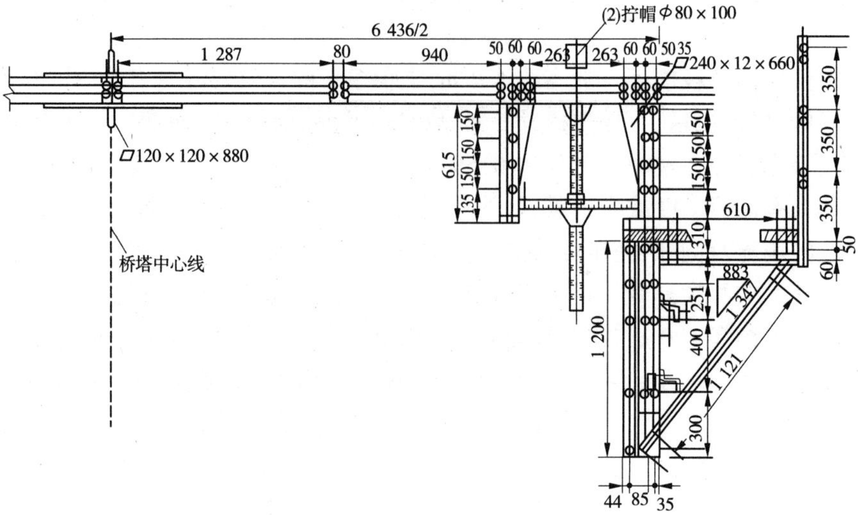

图 3-3　实体钢筋混凝土桥塔滑动模板的构造　(单位:mm)

如整体结构简单,墩身截面、高度不大,则顶棒受力有限,图示的顶棒为直径 38 mm 圆钢,分布点也不多,顶棒支承在墩座混凝土表面,灌注混凝土及提升时,顶棒将处于提升架上的套管内,留下孔道,顶到需要的高度后,顶棒能抽出回收。

提升工具及方法如下:顶棒上节为直径 40 mm 的丝杆,长约 70 cm,丝杆顶端有方形拧头;旋转丝杆,构架内的丝套将迫使构架随着升降;丝杆上附有支承托,可以支承上顶梁。顶棒下节为直径 38 mm 的圆钢,两端车有正反丝扣,以利拼接;上端附有支承托,可以支承上顶梁。顶棒上、下节之间有球形支座衔接。每次提升前,旋动下支承受力,此时可提高上节丝杆,拼接下节圆钢,等于一次提升约 30 cm 的高度。然后落低上节丝杆,使球形支承受力,再拧动上节丝杆,上顶梁将沿上节丝杆上升,到预定高度后,旋紧上支承,然后浇筑墩身滑动模板内混凝土,如此反复进行,墩身不断提高,直到要求标高。当墩身设有钢筋时,须增设一层工作平台,提高构架,以便于接长钢筋的操作。

3.2.1.3　空心钢筋混凝土桥塔滑动模板

空心钢筋混凝土桥墩的墩壁,须有内外侧模板,其构造较复杂,墩壁有内外层钢筋,可结合设置提升时的支承点。图 3-4 给出一个直径 10.8 m,竖直圆形空心墩身的滑动模板总布置。

布置中以小型Π形提升架与墩壁内外模板连接,成为构架的主体结构。每片提升架有两根直径 25 mm 的圆钢顶棒承托,顶棒底埋入墩身的底节,全部构架安装以后,逐次通过穿心千斤顶,提升模板,然后焊接长顶棒,浇筑墩身混凝土,顶棒可浇筑入墩壁而成为墩身竖向钢筋的一部分。墩壁内外钢模板由 2 mm 薄钢板,加焊竖向加劲肋弯成,每三个提升架与 6 块宽约 60 cm 的外模及宽约 53 cm 的内模组成一个单元,8 个单元与插入其间的单块模板,拼焊成整体构架,并用上、下层角钢制成的内、外横围圈保持位置。为获得模板的锥度,在内外上围圈设直径 4 mm 的钢筋环,控制模板直径,而下围圈不设。

在该系统中为了提升预架、焊接和绑扎钢筋、浇筑混凝土,在提升架上接高支承柱,搁

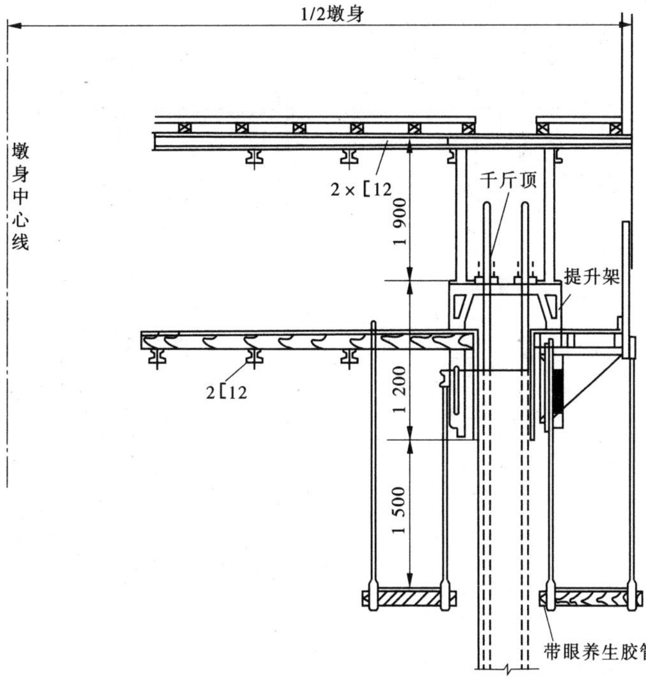

图 3-4 竖直圆形空心墩身的滑动模板(半幅) (单位:mm)

置两层工作平台,以利于操作。在墩中心为拼组常备钢脚手架,在架顶设起重吊臂,以运送混凝土,故两层平台中心,都留出通过吊架的空洞。下平台下,还吊挂有悬吊平台。提升架由型钢组焊而成,细部见图 3-5。

内、外模板将由围圈角钢卡进提升架,并由架上短角钢限制围圈的位置,为了精确调整,垫进硬木。内、外模板单块及组拼单元细节见图 3-6。

提升用的油压千斤顶为 HQ30 型,提升能力 3 t,行程 3 cm,工作油压 10 MPa,该系统有 24 个提升架。使用 48 台千斤顶,按每台卡紧时承受荷载 1 t 计算。操作时,鹤台油路并联,千斤顶穿在芯部直径 25 mm 的顶杆上,顶座固定于提升架横杆上,依靠进油、回油和上、下卡头、小弹簧与钢球的联合作用控制升降。进油时上卡头与顶杆锁紧,活塞不能下行,缸体连同提升架上升。当上、下卡头互相顶紧时,一个行程结束,排油弹簧被压缩,开始回油,油压降低。排油弹簧要恢复原状,下卡头与顶杆锁紧,缸体不能下落,活塞上升,等排油完毕,活塞到达止点,千斤顶活塞的一个上升行程结束。如此多次反复,达到每次提升的预定高度。

为了使滑动模板在任何时候都有足够的千斤顶支承,每次只允许有四根顶棒脱出千斤顶,这时,将接长部分圆钢穿进千斤顶芯孔,与脱空的顶棒头焊接,而其他顶棒则至少露出千斤顶帽上 0. 3 m。因此,采用了 12 种不同长度的顶棒节段,交错设置。液压千斤顶的构造及顶升原理见图 3-7。

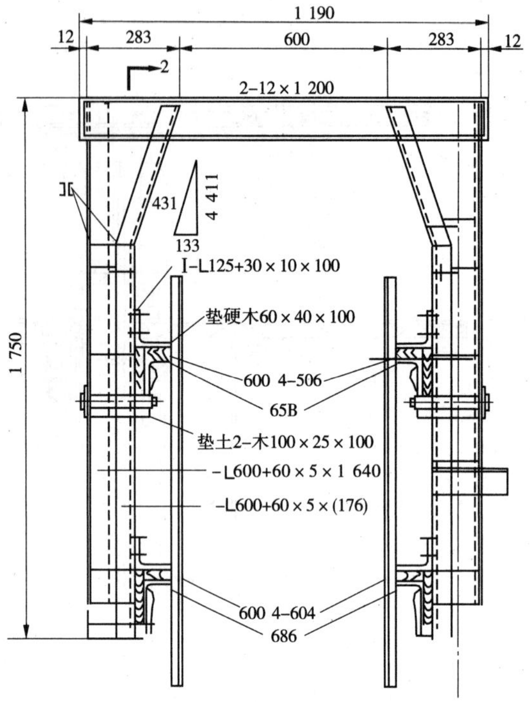

图 3-5 提升架结构 (单位:mm)

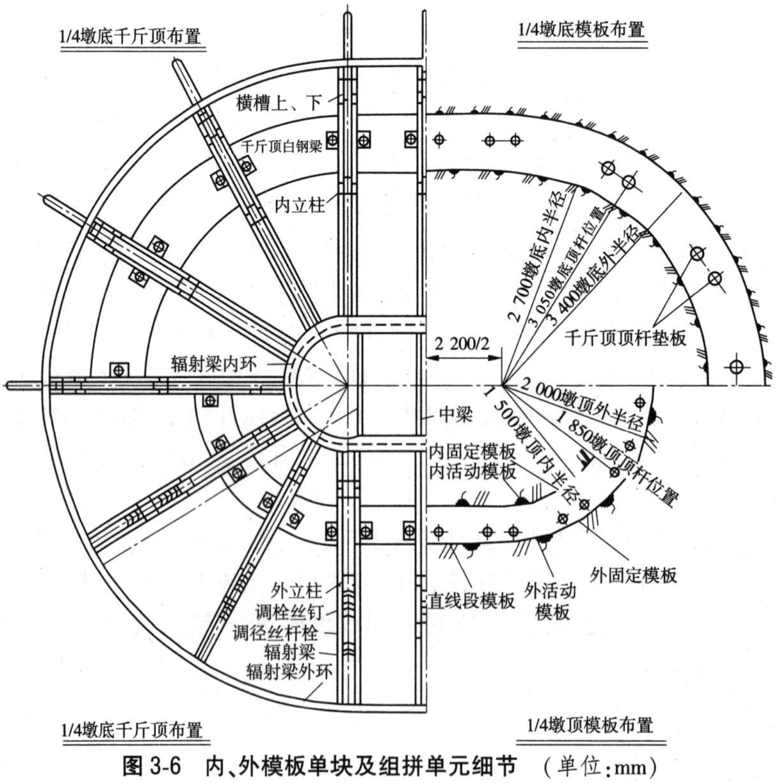

图 3-6 内、外模板单块及组拼单元细节 (单位:mm)

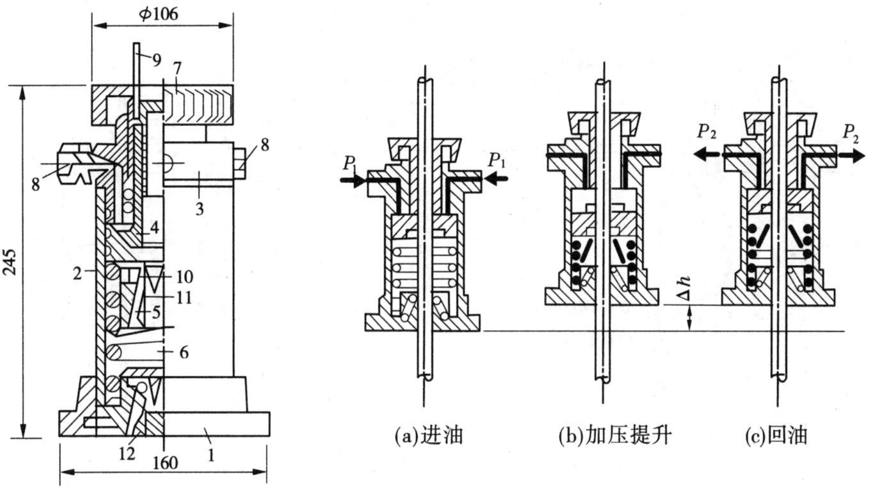

1—底座;2—缸筒;3—缸盖;4—活塞;5—上卡头;6—排油弹簧;7—行程调整帽;
8—油嘴;9—行程指示灯;10—钢珠;11—卡头小弹簧;12—下卡头

图 3-7　液压千斤顶的构造及顶升原理

提升过程中整个模板节段易与墩身混凝土间产生旋转,影响墩壁钢筋网质量,对螺旋千斤顶可将顶棒丝扣一半做成左旋、一半做成右旋,每次操作严格旋转 90°,避免单向移位,可设置倒链滑车及时观察和拉回旋转量,或将芯棒稍稍焊偏纠正。

当空心墩没有中间水平隔板时,可在墩壁钢筋上焊设顶埋钢板,以后再从预埋钢板接焊隔板主筋,绑扎骨架,再浇筑水平隔板混凝土。

3.2.1.4　收坡滑动模板

实际工程中高墩墩壁外侧可能有一定的斜坡,有时墩壁厚度也有改变,对这种结构形式的高墩混凝土灌注,常采用收坡滑动模板。常用的圆形或圆端形墩身的收坡滑动模板见图 3-8,收坡滑动模板构造较为复杂,图 3-8 的顶架总重大于 40 t。工程中一般使用 HQ 型穿心式电动液压千斤顶,当这种特制千斤顶供应困难时,也可以用较易获得的 YQ 型汽车用千斤顶替代,采用人工压油,这时须在顶棒上附设上、下卡头,在提升过程中支承顶架。图 3-8 中左半部为采用 YQ 型千斤顶的布置,右半部为采用 HQ 千斤顶的布置。

图 3-8 的滑动模板顶架在拆去内模支承立柱的拼接板后,内模将随同下节立柱移去,从而可用于实体墩身。由于收坡需要,示例中的滑动模板将做成空间整体顶架。基本构件仍为竖直面上的提升架。各提升架在顶部由平面框架连接,框架由内环、外环及两环之间辐射梁组成。施工中,平面框架也利用它铺设面板,作为工作平台,其布置可参见图 3-9。辐射梁是收坡的主要构件,由两片槽钢背向组合,中间留空隙,容纳提升架立柱在其中滑动;内、外环梁是连接支承辐射梁的框架组成部分,为了能够容纳多根辐射梁端,内环梁须有足够的周边。平面框架由固定于提升架上直径为 70 mm 的上、下滚轮支承,提升时下滚轮着力,静止时上滚轮着力。在每根辐射梁上设有调径丝杆架,调径丝杆作用于提升架上的横杆,在提升中,同时旋动丝杆,推动提升架沿辐射梁中空槽移位,来适应收坡的要求。

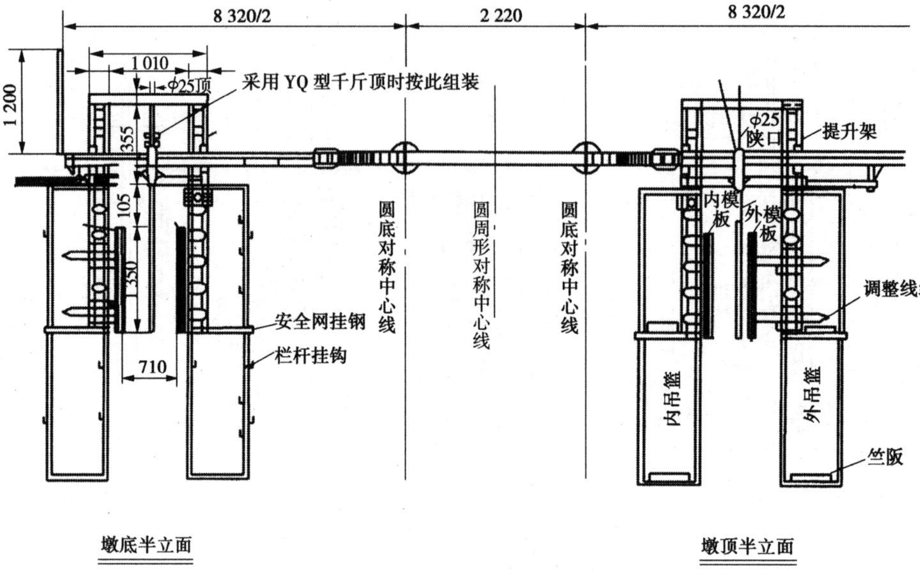

图 3-8 常用的圆形及圆端形墩身的收坡滑动模板 (单位:mm)

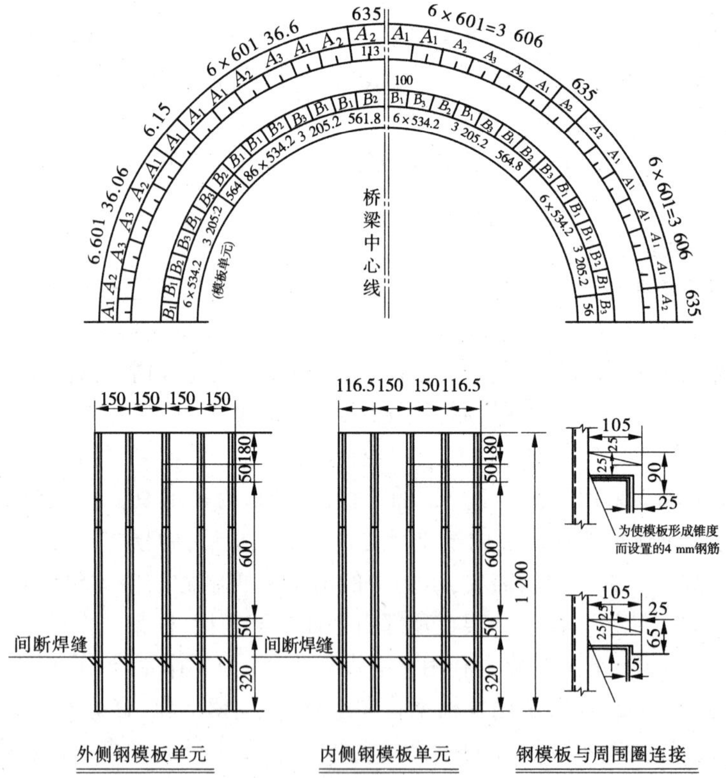

图 3-9 滑动模板顶视图及收坡示意 (单位:mm)

注意事项如下：

(1)采用HQ型千斤顶时，千斤顶顶架只需安装下横梁，其余杆件不安装。采用YQ-5型千斤顶时，千斤顶安设在顶架的中间，靠该系统的卡头支承在顶杆上。进油时，上卡头卡紧顶杆，提升钢模；回油时，下卡头卡紧顶杆，被压缩的回程弹簧反弹，使千斤顶及上卡头上移，完成一个工作行程。每次行程0.16 m，依此类推。

(2)该设施采用斜顶杆，顶杆坡度与墩身坡度一致，顶杆由直径25 mm的圆钢加工而成，可接长至墩高所需长度，最后全部拔出，重复使用。

(3)为了减少调径丝杆的自由长度，保证其刚度，待丝杆旋到头时，将后座向前移一次。移动后座前，先将顶架外立柱沿辐射梁滚动的小轮用木楔楔住，以防止松开后座之后混凝土的侧压力使顶架后退，造成钢模及墩身混凝土变形。

(4)为保证钢模的平稳和正常滑升，应尽量保持工作平台的平衡，平台的荷载应尽可能地均匀分布并靠近中心。

(5)工作平台的栏杆及吊篮外，应设安全网。

每个∏形提升架顶有上横梁，中部连有下横梁。上横梁顶又平放有槽钢上扁担梁，它是提升时顶棒的导向。上横梁上固定由两个竖直槽钢组成的下扁担梁，在使用HQ穿心千斤顶时，下扁担梁中穿顶棒，挑托千斤顶，底连下横梁是重要传力部件。当使用YQ千斤顶时，千斤顶将固定在中层活动扁担梁上，中扁担梁穿过顶棒，可以上、下滑动，进油起顶时，扁担梁将被上卡头临时固定于顶棒，提升架上横梁受到千斤顶的顶力，整个顶架随同上升；回油时，下卡头卡紧顶棒，被压缩的弹簧反弹，使活动扁担梁连同上卡头及千斤顶上移。如此反复提升，每次行程约0.16 m，见图3-10。顶棒位于提升架的两侧，最好按墩身外侧斜度平行设置，斜度达到1/40~1/30时，实际施工滑动也能顺利进行。图例中用直径25 mm的圆钢，随提升高度斜向逐步焊接接长。图中顶棒外穿套管，准备回收。如墩身较高，则宜将顶棒打进混凝土，作为墩壁钢筋的一部分。当采用穿心千斤顶时，提升架自然按顶棒坡度斜置和滑动，调径丝杆仅起到扶持作用。但如采用YQ型千斤顶，千斤顶与顶棒无直接联系，主要靠调径丝杆与千斤顶配合达到收坡的要求。由于提升架是稍稍斜放的，故与竖直、水平面构件的连接须安放斜垫板或考虑这种因素后再确定设计尺寸。

模板由附着于提升架的固定模板和搭接两固定模板空隙间的活动模板组成。固定模板厚2.5 mm，带竖向小角钢加劲，加劲角伸出肢尖端焊有槽钢横带，固定模板的两竖直边缘为加劲的滑翼。同样厚度的活动模板由心板与可拆卸的两边页板组成，心板与页板角钢用螺栓连接齐平，而槽钢横带竖向位置高于固定模板横带，支承于后者，并在其上滑动。当收坡时，活动模板将插进固定模板的滑翼，收坡量超过一块页板宽度，即拆去这一块页板。所有模板均弯成近似于墩身的曲率。

模板的规定曲率将由附着于提升架立柱的调模丝杆进行精细调整。如需改变壁厚，也可以用上、下层丝杆的不同进丝量形成。为了便于施工，配合顶架结构，在顶面铺设混凝土工作平台，在模板内、外侧吊挂两层吊篮，上层供操作调径丝杆、绑扎钢筋用，下层供抹面修补及养生工作用。

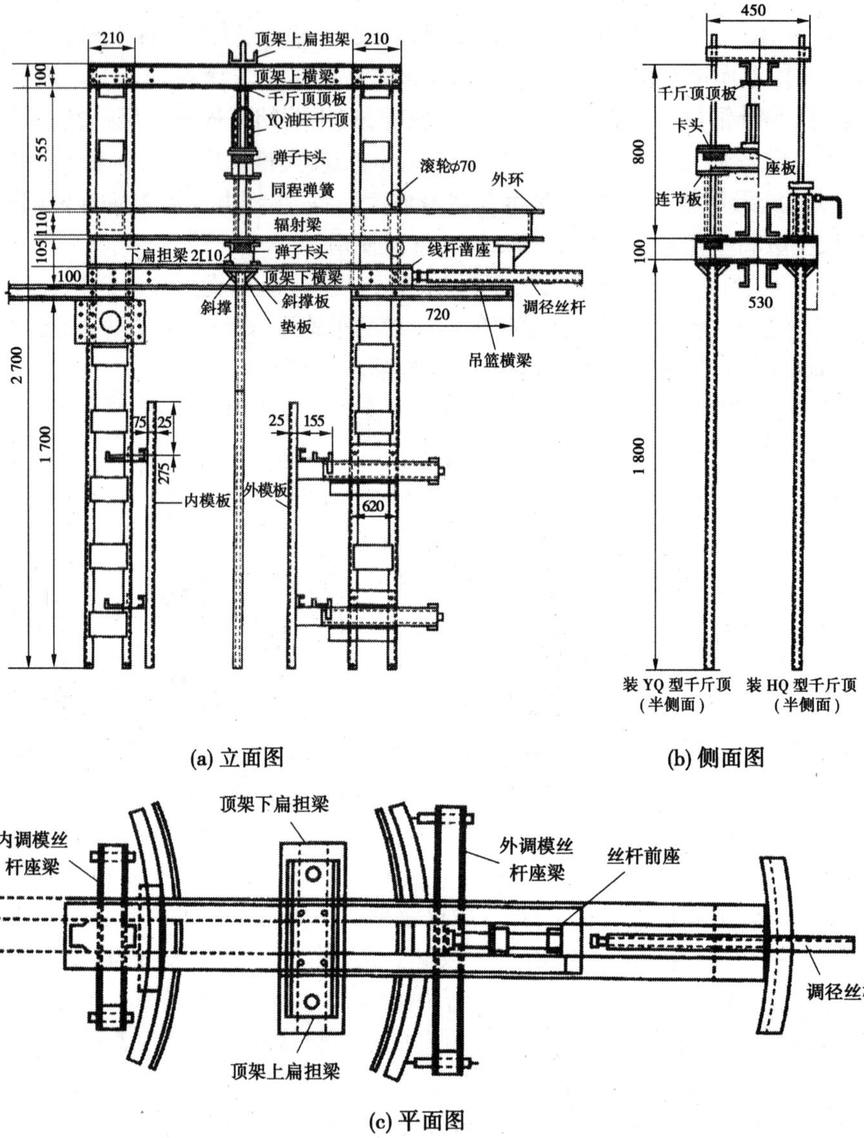

图 3-10　顶架的提升、收坡装置　(单位:mm)

3.2.2　液压爬模施工

3.2.2.1　液压爬模系统的组成

爬模是综合大模板与滑升模板工艺特点的一种施工方法。爬模主要由爬升装置、外组合模板、移动模板支架、上爬架、下吊架、内爬架、模板及电器、液压控制系统等部分构成。液压自爬模板工艺原理为自爬模的顶升运动通过液压油缸对导轨和爬架交替顶升来实现,导轨和爬模架互不关联,二者之间可进行相互运动。当爬模架工作时,导轨和爬模架都支撑在埋件支座上,两者之间无相对运动。

液压自爬模是现浇竖向钢筋混凝土结构的一项较为先进的施工工艺。它是在建筑物或构筑物的基础上,按照平面图,沿结构周边一次装设一段模板,随着模板内不断浇筑混凝土和绑扎钢筋,不断提升模板来完成整个建(构)筑物的浇筑和成型。它的特点是:整个结构仅用一个液压滑动模板,一次组装;爬升过程中不用再支模、拆模、搭设脚手架和运输等工作,混凝土保持连续浇筑,施工速度快,可避免施工缝,同时具有节省大量模板、脚手材料和劳力,减轻劳动强度,降低施工成本,施工安全等优点。广泛应用于烟囱、贮仓、水塔、油罐、竖井、沉井、电梯井、电视塔和桥梁高墩等工程上。图 3-11 为塔柱液压爬模结构。

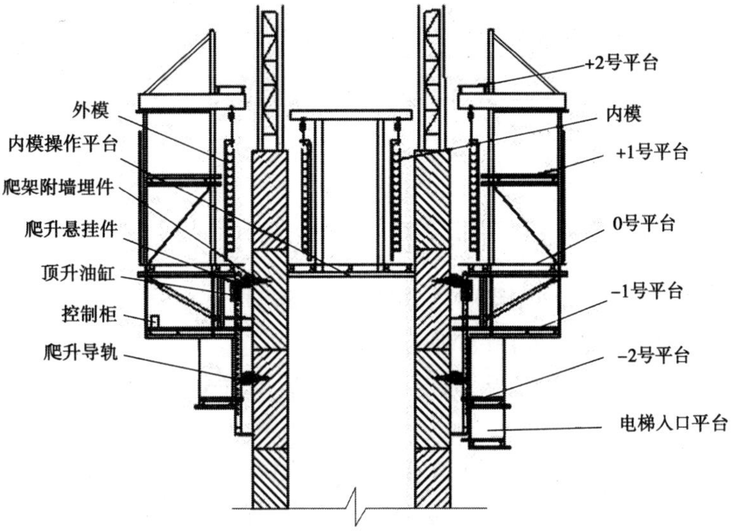

图 3-11 塔柱液压爬模结构示意

整个液压爬模是由模板结构系统和液压提升设备系统两大部分组成的。模板系统主要由模板、围护栏、内平台、外爬架、支撑杆件等组成;液压装置由液压缸和控制台组成。

3.2.2.2 **施工方法及流程**

根据爬模的结构特点,按一循环一节钢模施工,当上一节模板混凝土灌注完毕并经过 10 h 左右的养生后,即开始爬升。爬升就位后,拆下一节模板,同时绑扎上节钢筋,并把拆下的模板立在上节模板上,再进行混凝土灌注、养生、爬模、爬升等工序。如此循环往复,两节模板连续倒用,直至完成整个墩身。整个工艺流程见图 3-12。

施工过程如下:

(1)第一节模板组装,如图 3-13(a)所示,第一次混凝土浇筑高度按设计高度进行设计,保证其余部分满足 4 m 整的模板长度。该节模板的支撑采用钢管脚手架。

(2)第一次墩身混凝土浇筑,如图 3-13(b)所示,混凝土浇筑时要预埋挂件螺栓,浇筑混凝土时要做好空心内侧顶面部分的振捣。

(3)第一次浇筑完后,安装支架及模板,第二次混凝土浇筑高度为 4 m,模板为 4.5 m,如图 3-13(c)所示。

(4)第二次混凝土浇筑完后安装导轨,通过液压系统提升模板。内模板平台由塔吊

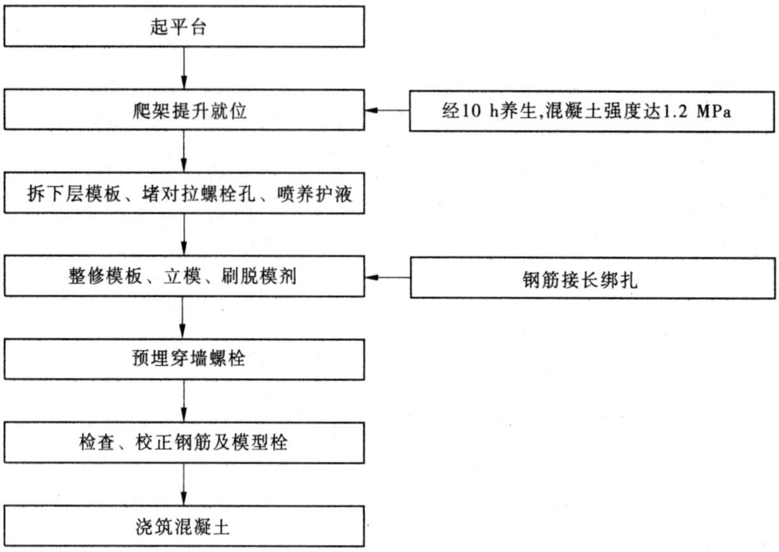

图 3-12 爬模施工工艺流程

或上爬臂利用扒杆提升,如图 3-13(d)所示。

(5)模板提升到位后,合模板,吊装内模,布置对拉螺杆,第三次混凝土浇筑,如图 3-13(e)所示。

由于墩身高,需多次爬模,为保证墩身垂直度和中心位置准确,施工中采用三维空间定位法,采用空间坐标控制墩身四角,测量仪器采用全站仪。

模型安装完成后,利用全站仪直接测量墩身四角坐标与计算的理论坐标进行对比,利用千斤顶调整模型,坐标误差要求在 10 mm 以内,然后用不同的后视点重新测量一遍,确保结果一致;利用水平仪检查模型顶四角标高,误差控制在 5 mm 以内。在混凝土的浇筑过程中,严格沿墩身四角均匀分层浇筑,并在浇筑过程中,使用 1 kg 的垂球沿模板外侧测量本节段的垂直度,指导浇筑顺序。

3.2.3 翻模施工

翻模是大模板施工方法,以墩身作为支承主体,上层模板支承在下层模板上,循环交替上升。分为塔吊翻模和液压翻模两种,前者工作平台支撑于钢模板的牛腿支架或横竖肋背带上,通过塔吊提升模板及工作平台;后者工作平台与模板是分离的,工作平台支撑于提升架上,模板的提升靠固定于墩身主筋上的手动葫芦来完成。

翻模施工法是利用已达到一定强度的墩身钢筋混凝土,采用外模板及爬架作为承力结构,以支承及提升工作平台,平台提升到位后,拆卸最底一节模板并提升至顶节模板上,进行安装、校正,绑扎钢筋后灌注混凝土。实施作业时,模板翻升、绑扎钢筋、灌注混凝土和提升平台等项工作是循环进行的,直到墩顶为止。其间穿插平台对中调平、接长顶杆、混凝土养护及埋设预埋件等项工作。

外爬式液压翻模取滑模与翻模的优点,将两种体系综合为一体,又把平台与模板分成

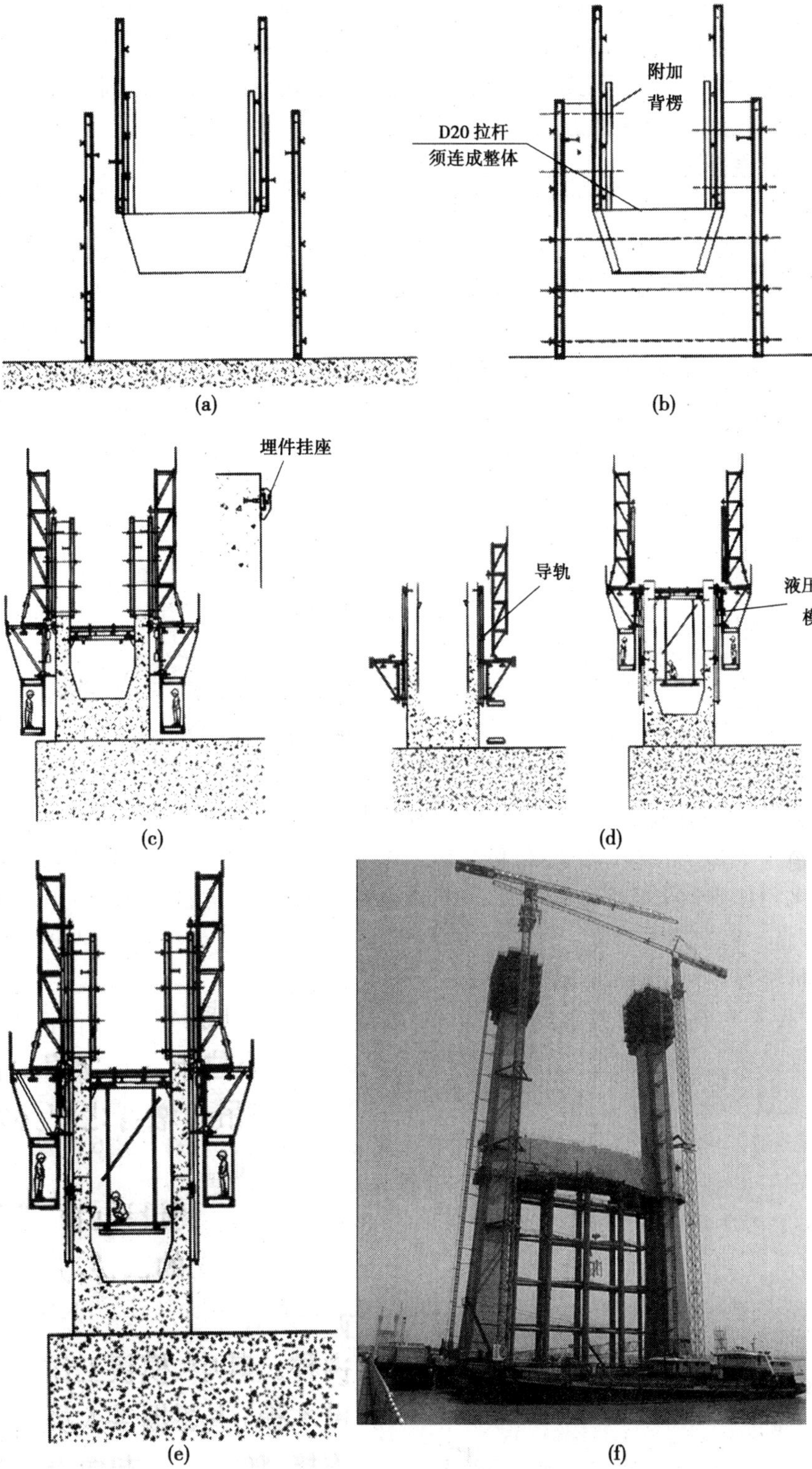

图 3-13　爬模施工过程示意及现场

两个独立的体系，从而克服了滑模施工所要求的连续性和施工组织的复杂性及体系易扭转造成混凝土体表面质量差的不足，解决了翻模施工脚手架及平台的周而复始地架立、拆除与上翻而带来的工人劳动强度大，施工工序循环周期长等诸多矛盾。下面结合某客运专线铁路桥的高墩施工介绍此方法。

3.2.3.1　吊机提升法

1. 施工系统

施工系统由提升机构、模板系统、工作平台和安全设施组成。

（1）提升机构为每个施工墩位处设置塔吊一台，塔吊中心位于路线墩身侧边，采用50型以上塔吊，可同时施工前后3个墩身且减少塔吊周转次数。塔吊与墩身之间必须使用撑拉构件进行连接，以确保塔吊的稳定性。具体位置根据地形情况确定。

（2）模板系统可采用整体式钢模，由定型钢模、拉杆组成，据图设计由专业钢模厂制作。模板完成后在加工厂进行试拼，试拼分水平方向的试拼和垂直方向的试拼，尤其要注意模板第一次翻升后垂直方向的试拼，见图3-14。

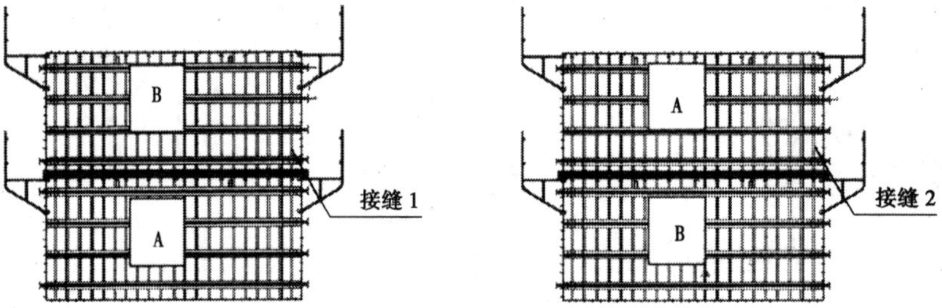

图3-14　模板试拼示意

（3）工作平台分为模板工作平台和钢筋工作平台两种。其中，模板工作平台设置在翻模外侧，采用钢管制成可拆卸骨架及栏杆，上部搭设木板，主要提供人员工作和小型机具的操作平台。每节模板均设工作平台，并用螺栓与模板连接，随模板一起向上翻升，为模板组装、拆模提供作业空间，见图3-15。

钢筋工作平台采用钢管及角钢地面制作。每次绑扎钢筋前由塔吊提升至已浇筑段顶面，并固定在模板上，钢筋绑扎完成后吊至地面，以备下次使用，见图3-16。

（4）安全设施由上部平台围栏、横向安全网、围栏密目网等组成。墩身施工时，在墩位之间搭设支架，上设“之”字形爬梯，宽度为1.2 m，仰角为45°。每升高6 m设一处休息平台，平台宽1 m，供人员休息，保证施工和检查人员上下安全便捷。

2. 施工工艺步骤

翻模是由上、下两组同样规格的模板组成的，随着混凝土的连续灌注，下层混凝土达到拆模强度后，用吊机配合自下而上将模板拆除，接续支立，如此循环往复，完成桥墩的灌注施工。高墩墩身翻模施工工艺流程如图3-17所示。

3. 施工方法及工艺要求

1）墩身模板

外模分上、下两节，一次支立而成，接缝采用阴阳锲接头，模板制作精度如下：尺寸误差小于2 mm，倾斜角偏差小于1.5 mm，孔位误差小于1 mm。为确保工程质量，在工厂内

图 3-15　模板工作平台

图 3-16　钢筋工作平台

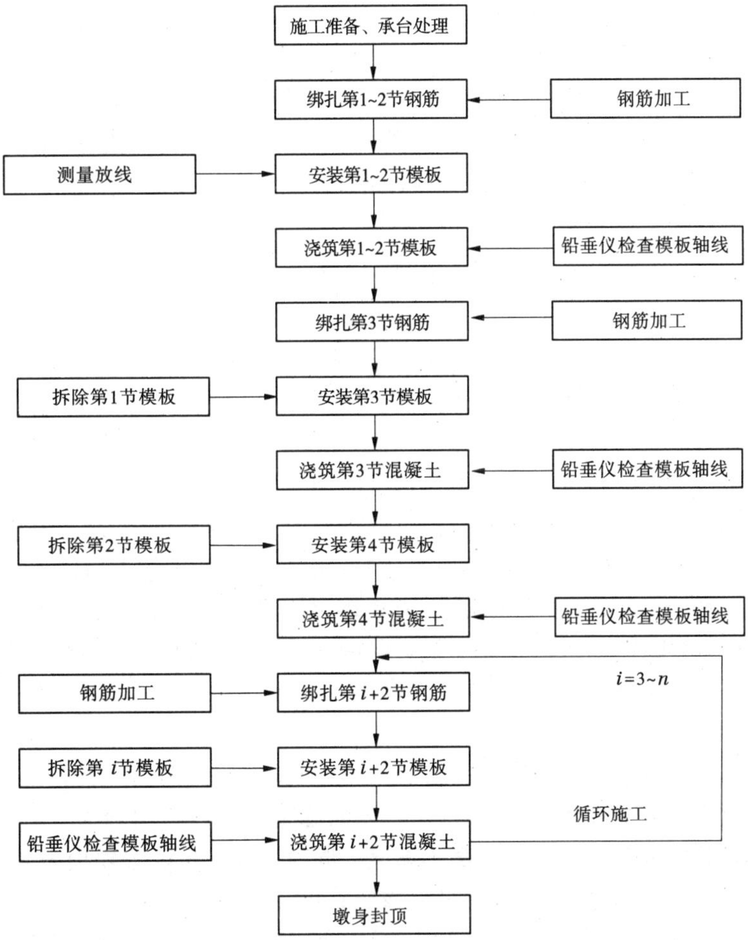

图 3-17　高墩墩身翻模施工工艺流程

统一加工。模板用槽钢骨架与 6 mm 钢板组焊成整体。施工过程中,两节模板交替轮番往上安装,每一节都立在已浇筑混凝土的模板上。内模采用组合钢模拼装,内外模间设带内纹的对拉螺栓,以利于拆模和避免墩身混凝土内形成孔洞。墩身内腔每隔一定高度预设型钢作支撑梁,上面搭设闸式脚手架作为装拆内模和浇筑混凝土工作平台之用。安装和拆卸模板,提升工作平台以及钢筋等物品的垂直运输均由塔吊完成。每块外模背面沿墩身上升方向焊接两条带孔钢轨,并使上、下节模板的钢轨对齐,工作平台利用插销固定在钢轨上。安装好上节外模后,可取下插销,利用塔吊将平台沿钢轨向上滑升到上节固定。墩身翻模过程见图 3-18。

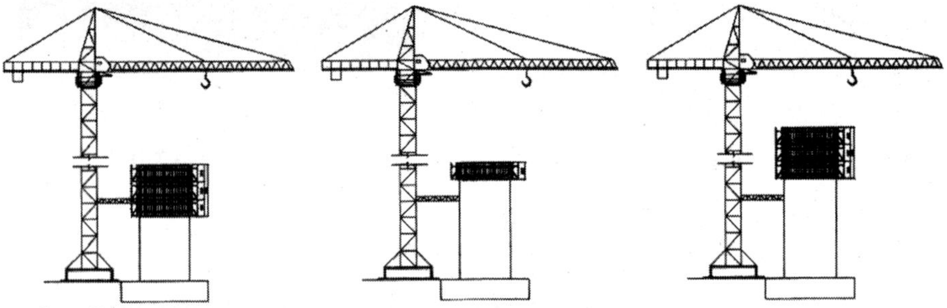

(a) 立好 3 节模板并浇筑混凝土 (b) 混凝土强度达到要求时,拆除下面 2 节模板 (c) 把拆下了的 2 节模板安装到未拆模板的顶端,继续施工

图 3-18 墩身翻模施工示意

2) 模板位置调整

当模板组拼成形后,所有螺栓留出少量松动余地。模板前后方向偏斜的调整通过手拉葫芦调整,左右偏斜的调整则在模板底边靠倾斜方向的一端塞加垫片实现。模板之间的缝隙塞有橡胶条或者双面胶,防止漏浆。精调调整完毕后,拧紧全部螺栓,即可浇筑混凝土。

3) 拆模

在安装钢筋的同时,拆除底节外模。拆模时用手拉葫芦将模板与上节模板上下挂接,同时采用两条钢丝绳连接上下模板。拆除连接螺栓,然后通过两个设在模板上的简易脱模器使下节模板脱落。脱模后放松葫芦,底节模板由钢丝绳挂包边的模板上。然后逐个将四周各模板拆卸并悬挂于上节模板上,再由塔吊提升进行下节段墩身施工。这样将拆模工作和钢筋安装工作同时进行,同时最大限度地减少了对塔吊工作时间的占用。

3.2.3.2 液压穿心千斤顶提升法

1. 墩身模板的安装

在模板安装时,要控制好模内尺寸及墩身端部模板的坡度。模板缝采用填塞橡胶条或双面胶、双层海绵条的方法,避免混凝土浇筑时漏浆,同时观察上下层、左右层模板之间的平整度,确保接缝处及拉杆处的孔隙不漏浆。同时用磨光机除去模板表面的浮浆、浮锈以及其他不洁净物,然后涂脱模剂,并且外露模板的脱模剂应用同一品种,不得使用废机油,且不得污染钢筋及混凝土的施工缝处。重复使用的模板、支架和拱架应经常检查、维修,确保使用过程中模板加固的稳定性。立外侧模板时,从内侧时刻观察外侧模板上下层、左右侧模板连接缝的平整度,避免出现错台现象。然后立内侧模板,立内模时,必须用全站仪放出墩柱内侧模板四个角的点位,然后利用钢管及紧线器配合进行加固,但必须确保与其下一层混凝土或已浇筑混凝土的模板进行连接,形成一个稳定的整体,避免出现整体移动的现象。利用与薄壁墩厚度相同的顶筋控制薄壁墩的厚度,然后利用直径不小于16 mm 的拉杆拉紧进行接紧控制。最后用吊线垂的方法检查外侧模板的竖直度,如果竖直度在允许偏差范围内,方可进行下一步施工工序。

2. 高墩翻模的施工工艺流程

高墩为减轻自重,一般设计为空心墩。高空心墩采用翻模进行施工,翻模由模板、工作平台、吊架、提升设备组成。工作平台采用20号槽钢组拼成型的空间桁架结构,配合随升收坡吊架,为墩身施工人员提供作业平台,稳定性能良好。平台的提升系统采用液压穿心千斤顶进行提升,自动化程度高,可控性能良好。

矩形空心墩翻模与圆端形空心墩翻模设计、施工原理相同,外模形状按矩形设计,工艺流程参见圆端形翻模工艺流程。圆端形空心墩翻模施工工艺流程见图3-19。

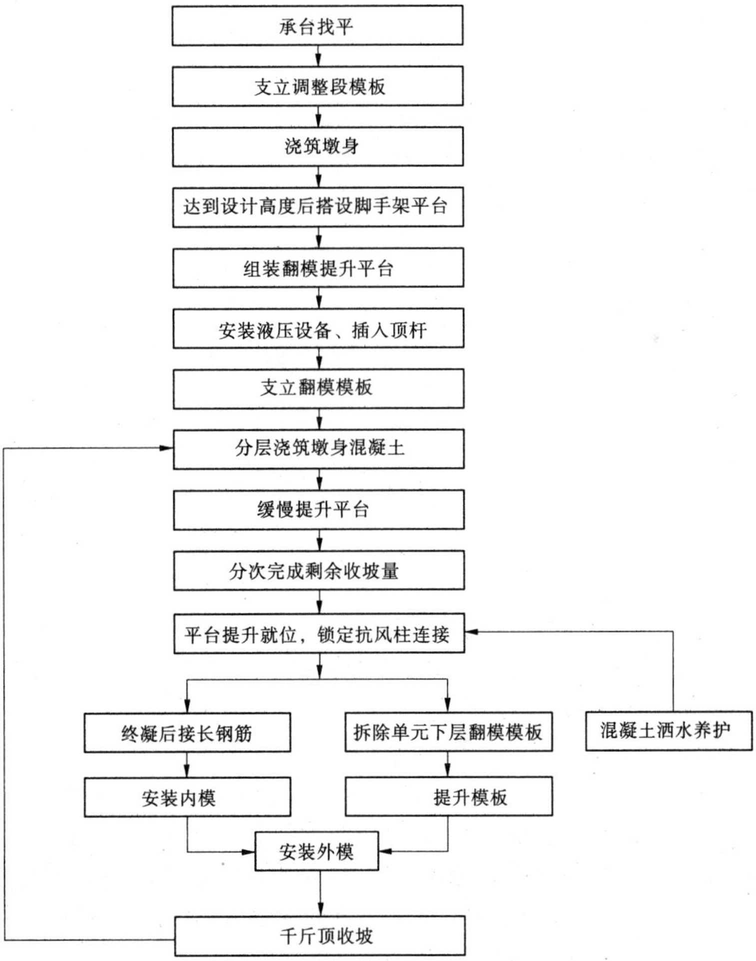

图3-19 圆端形空心墩翻模施工工艺流程

3. 施工过程

1）下部实心段施工

外模的支立好坏直接关系到以后的施工，要求尺寸正确，外模顶水平，否则在空心段施工时，造成模板不平整。外模模板立完时，使用锤球检查模板的垂直度，严格控制模板的垂直度在规范的标准以内。如果垂直度的误差偏大，则应停止下一步工序的进行，直到调至标准以内。

2）翻模安装

（1）搭设平台吊装的脚手架。利用短钢管在实心段上及墩身四周搭设一脚手架平台，安放整体吊装的平台。

（2）平台的组装、吊装。组装按由内到外的顺序，在平地上进行组装；组装时，内外钢环按圆心对称安装在辐射梁上，不得有偏心；辐射梁均匀分布在半个圆周，采用丁顺结合布置，安装好后将所有螺丝拧紧，并涂上黄油；利用塔吊进行整体吊装，每侧辐射梁下设2台千斤顶。

（3）安装预埋件及液压设备预埋靴子的位置要特别准确，它是为整个平台的顶杆预先造孔，使套管能顺利提升，保证平台的平衡。平台安装就位后安装千斤顶，插入顶杆套管，并采取措施保护套管不与混凝土黏结。

（4）组装翻模。内、外模板各设2层，翻模按顺序、部位进行组装。组装时，模板间缝隙要严密，内、外模板间按设计尺寸进行校正，并安设拉筋和撑木。圆端形空心墩的翻模见图3-20。

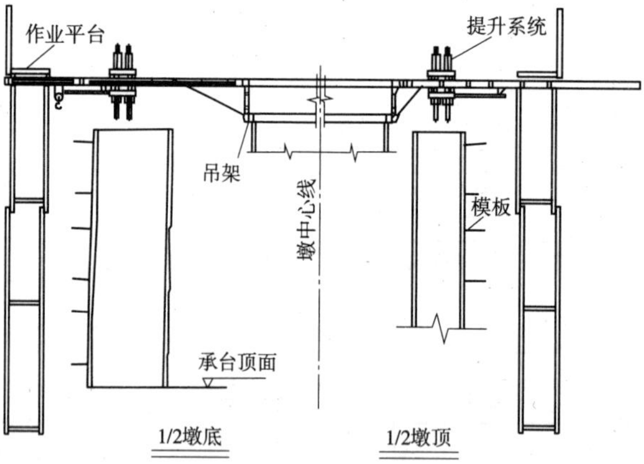

图3-20 圆端形空心墩的翻模总装图

3）钢筋加工及安装

钢筋加工不得随意使用其他牌号或直径的钢筋代替设计中所规定的钢筋。钢筋在加工过程中避免弯折过度或反复弯曲。钢筋加工前应复核图纸工程数量，钢筋的下料长度必须足够，加工尺寸精确，并考虑钢筋弯钩的长度及钢筋弯曲后的长度变化。

4）灌注混凝土

混凝土由拌和站集中拌制，混凝土搅拌运输车运至墩下，混凝土输送泵泵送入模，对称均匀浇筑。

混凝土灌注到模板顶时，要低于模板口1~2 cm，为下一板方便组装翻模，防止有错台。当混凝土的强度大于3 MPa时清除浮浆，凿毛混凝土表面，进行第二、第三节段施工。

混凝土的浇筑注意事项如下：

对混凝土倾注高度超过2 m的，采用串筒下料，防止离析。浇筑过程中，要按一定的顺序和方向分层进行，分层厚度不大于30 cm。振捣方式采用插入式振动器，插点交错式布置。插点间距以不超过1.5倍的作用半径为宜，振捣按一定方向依次进行，不得进行跳跃式振捣。插入式振捣器的机头，不得贴上模板，靠近模板振动时要保持5~10 cm的间距。当振捣折角处不可避免靠近模板时，可用胶皮包裹机头。插入式振捣器一般只要15~30 s。混凝土应振捣到浆体停止下沉、无明显气泡上升、表面平坦泛浆，呈现薄层水泥浆的状态为止，然后慢提振捣器。

混凝土养护采用无色塑料薄膜包裹，自然蒸养的方法，但必须保证要有足够的水分，且塑料薄膜无破损、无透气。

墩身质量控制要点如下：

(1)由于工作平台空间有限，考虑墩身模板的安装调整，要求工作平台搭设牢固、稳定。

(2)每节混凝土浇筑前要进行墩位的纵、横轴线的测量，以防轴线的偏移。

(3)模板接缝采用双面胶带处理以防漏浆，施工中尽量避免模板上、下倒运过程中发生碰撞，应及时检查模板平整度，及时整修校核，确保墩身的几何尺寸及外观质量。

(4)施工中注意新、老混凝土的结合面的清洗和凿毛。

5)提升平台

翻模组装后，第一次提升平台在混凝土灌入达到一定高度后进行，时间宜在混凝土初凝后、终凝前，提升高度以千斤顶的1~2个行程为限(一个行程3 cm)。

第二次及以后每次提升(终凝前)，每小时提升一次；当混凝土表面发硬时，每0.5 h提升一次，当混凝土表面发白时，再提升1~2个行程。

混凝土终凝后，每4~6 h提升一次；模板组装完毕后，在灌混凝土前提升一次，以检查套管是否被粘住，在浇筑下一板混凝土前把套管擦干净，并涂油。

平台提升总高度以能满足一节模板组装高度为准，同时控制在终凝后达到设计高度，切忌空提过高。

平台提升过程中注意随时进行纠偏、调平。收坡在平台提升至总行程一半后进行，终凝前完成，就位后有专人检查。

平台的提升操作人员应选派责任心强、素质较高的工人，培训后上岗。

6)模板翻升

模板解体：模板可视情况分为若干个大块整体翻升，此工作在灌注最上层模板混凝土过程中提前进行。解体前先用挂钩吊住模板，然后拆除拉筋、围带等。

模板翻升：待平台提升到位后，用倒链将最下层模板吊升至安装位置。提升过程中(包括平台的提升)有专人检查，以防模板与固定物挂碰。

检查模板组装质量，符合桥墩设计要求。检查合格后安放撑木，拧紧拉筋。

7）墩顶实心段及托盘、顶帽的施工

墩顶实心段施工时，先拆除内模及内吊架，然后安装实心段的过梁和底模，再安装实心段外模。

墩帽施工时，托盘与顶帽分两次进行施工；每次将平台升至所装模板高度后，再安装托盘或顶帽模板，然后绑扎钢筋、灌注混凝土。

8）翻模拆除

拆除按照与组装的相反顺序进行，先拆除模板，后拆除平台。

拆除平台时，在墩顶用短钢管搭设一脚手架平台，使液压平台稳放于脚手架平台上，将套管与平台的螺栓松开（不要卸掉），将千斤顶倒置套在顶杆上，反向爬升，将顶杆依次抽出；完毕后，拆除平台上所有设备，将套管与平台的螺栓全部松掉，利用双索吊同时起吊，整体吊装，最后拔出套管，灌孔。

三种高墩施工方法的比较见表 3-1。

表 3-1　三种高墩施工方法的比较

项目	施工方法		
	滑模施工	爬模施工	翻模施工
适用范围	适宜浇筑低流动度或半干硬性混凝土，同时由于其工作原理，滑模施工要求结构物结构形式单一，断面变化少。无局部突出物及其他预埋件等物体。应用范围较为狭窄，适用于等截面或半截面的实体或薄壁空心墩	适用于浇筑钢筋混凝土竖直或倾斜结构；适用于墙体、桥梁墩柱、索塔塔柱等，范围较广	适用于等截面或半截面的实体或薄壁空心墩等，范围较广
优点	施工速度快，安全度高	实体及外观质量好	实体及外观质量好
缺点	投入较大，施工质量相对较差，不便于在施工和养护期间对桥墩混凝土进行保温和蒸汽养护	投入较大，施工进度相对较慢，不便于在施工和养护期间对桥墩混凝土进行保温和蒸汽养护	施工进度相对较慢，不便于在施工和养护期间对桥墩混凝土进行保温和蒸汽养护
施工效率	一般混凝土的浇筑及滑升速度为平均 0.2 m/h，模板高度为 0.9～1.5 m	每次混凝土浇筑高度为 4.5～6 m，5～6 d 一个循环，每天 1 m	塔吊翻模模板分 2～3 节，每次浇筑高度为 4～6 m；液压翻模模板分 3 节，每次浇筑高度约为 1.5 m，5～6 d 一个循环，每天 1 m
经济投入	较大	较大	1. 塔吊翻模：较少； 2. 液压翻模：较大
外观质量	因脱模时间早，所以滑模混凝土外观需经涂抹才能达到比较光滑。施工中墩身的垂直度控制好坏取决于千斤顶是否同步顶升，控制不好将发生墩身截面扭转和不规则错台现象	由于采用整体大块模板，并且脱模时间有保证，所以混凝土外观质量易于控制，施工接缝易于处理	采用整体大块钢模板，并且脱模时间有保证，所以混凝土外观质量易于控制，施工接缝易于处理

续表 3-1

项目	施工方法		
	滑模施工	爬模施工	翻模施工
钢筋及小型机具垂直运输	卷扬机提升系统	输送泵、塔吊、缆索吊等	塔吊翻模:塔吊、缆索吊等;液压翻模:塔吊、缆索吊和卷扬机提升系统等
模板滑(爬,翻)升方式	千斤顶顶升系统	液压爬升系统	1. 塔吊翻模:塔吊、缆索吊; 2. 液压翻模:手拉葫芦
脱模强度与时间	0.2~0.4 MPa;3~4 h	15 MPa 左右;2~3 d	15 MPa 左右;2~3 d
施工进度	0.2 m/h	1.0~1.5 m/d	1.0~1.5 m/d

模块 4　桥梁上部构造施工

【学习目标】

1. 掌握桥梁工程简支梁桥的施工技术。
2. 掌握桥梁工程先简支后连续桥梁的施工技术。
3. 掌握桥梁工程连续梁桥的施工技术。

【学习任务】

1. 先张法、后张法预制台座、梁板预制安装的施工技术。
2. 先简支后连续桥梁施工技术。
3. 支架现浇连续梁桥施工技术。
4. 悬臂现浇连续梁桥施工技术。
5. 悬臂拼装连续梁桥施工技术。

【思政目标】

1. 了解桥梁上部结构施工方法及原理，引导学生热爱所学专业，使学生理解上部结构是桥梁直接承受荷载的载体，培养学生的责任感，明白每一个环节、每一个细节都关系到整座桥梁的安全和质量。

2. 在桥梁上部结构施工中，掌握不同施工工艺流程。通过思政教育，培养学生的环保意识，了解施工过程对环境的影响，鼓励他们采取环保措施，减少施工对环境的破坏。

项目 4.1　简支梁桥施工

【项目描述】

先张法预制简支梁桥和后张法预制简支梁桥在简支梁桥中占比最大，主要介绍先张法、后张法预制台座的设计制作，先张法、后张法简支梁的预制、安装。

【项目分析】

1. 先张法、后张法预制台座的设计计算。
2. 先张法、后张法简支梁的预制。
3. 先张法、后张法简支梁的预制、安装。
4. 造桥机施工。

【项目案例】

参考图纸　　完成作业

【项目实施】

4.1.1 先张法预应力预制简支梁施工

4.1.1.1 先张法预制简支梁发展历程及特点

我国先张法预制简支梁是在后张法预制梁基础上发展起来的,其预应力钢筋采用过65MnSiV Φ16 粗钢筋,即7 Φ5 钢绞线、45MnSi$_2$V 精轧螺旋钢筋,现在主要采用7 Φ5 高强、低松弛钢绞线,钢束布筋方式主要采用直线配筋,为增加端部抗剪强度,最早在端部曾设置过预应力钢筋,先张法预制简支梁的跨度大多在 20 m 以下,以 16 m 居多,国内在青藏铁路桥梁建设中,为避免后张法孔道压浆可能产生的冻胀病害,大量采用了先张法预制简支梁。

先张法工艺需要一个专门台座,台座长度可以根据现场实际情况制定。长线先张法一次张拉可生产多片梁,不需要预留孔道、压浆等工序,可以缩短梁体制造周期;先张法台座一次生产梁数和预应力筋直线布筋有关,直线布筋可一次生产多片梁,但其端部抗剪强度有限,其跨度一般不大,若采用预应力折线布筋,其端部抗剪强度可能提高,但由于折点处存在较大摩阻力,一个台座上不可能生产多片梁。我国青藏铁路中预制简支梁采用了折线布筋先张梁,生产方法采用一个台座生产一片梁的短线法。

4.1.1.2 先张法台座类型

台座是先张法施工中重要的临时构件之一。按其受力方式(结构形式)可分为压柱式台座和底板承压式台座。

1. 压柱式台座

压柱式台座主要构造特点是在台座两侧设置传力柱,由传力柱承受水平张拉荷载。根据传力柱受力方式不同,分为轴心压柱式和偏心压柱式。

1) 轴心压柱式台座

轴心压柱式台座是最早的台座结构形式,张拉力合力中心和压柱中心重合,压柱中心受压,受力明确,但传力柱需布置在地面以上,对钢筋绑扎、混凝土浇筑、拆模、移梁等施工影响较大,见图 4-1。

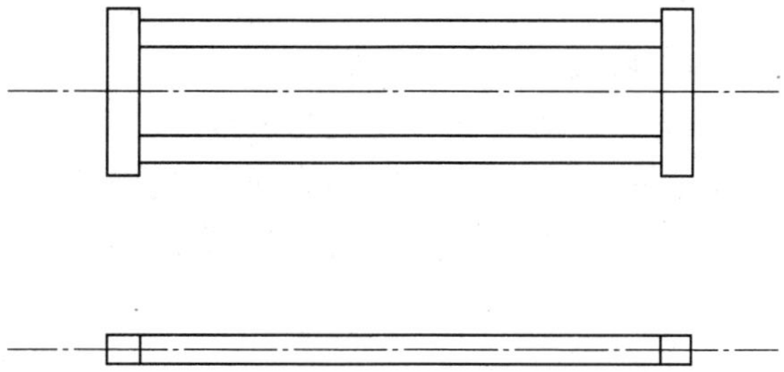

图 4-1 轴心压柱式台座结构

2) 偏心压柱式台座

偏心压柱式台座是轴心压柱式台座的改进形式,其构造特点是将压柱端部设置牛腿,使压柱降至地面以下,通过牛腿将张拉力传递给压柱,压柱处于偏心受压状态。在相同张拉荷载作用下,压柱截面或配筋比轴心压柱大,在张拉荷载比较大时,可在端部设置平衡重，降低材料消耗并平衡偏心压力对压柱的倾覆力矩（见图 4-2）。

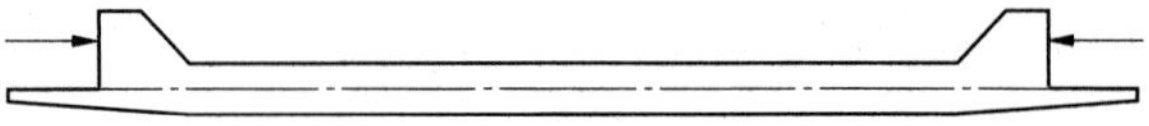

图 4-2　偏心压柱式台座结构

3）墩柱式台座

墩柱式台座是轴心压柱式台座的改进形式。其构造特点是将牛腿和端节压柱分开，之间设置传力铰，压柱受力仍然为轴心受压，其顶面也可设置在地面以下（见图 4-3）。

4）梭形台座

梭形台座采用整体偏心压柱结构（见图 4-4），仍采用牛腿承受张拉荷载，传力柱在端节处向内弯折，在端部用较短的端横梁连接成整体，形成在平面内为梭形的整体偏心结构，压柱处于双向偏心受压状态，压柱一般采用高强度混凝土，并施加预应力。该种台座的优点是整体性好，可免除大型钢端横梁，但由于该种台座为整体式，只适用于固定生产的预制工厂。

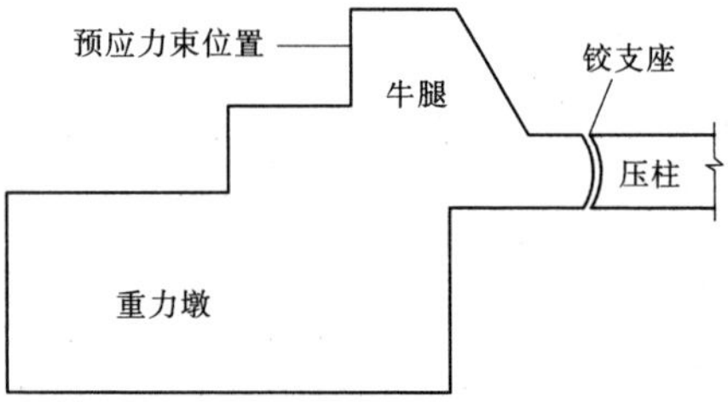

图 4-3　墩柱式台座结构

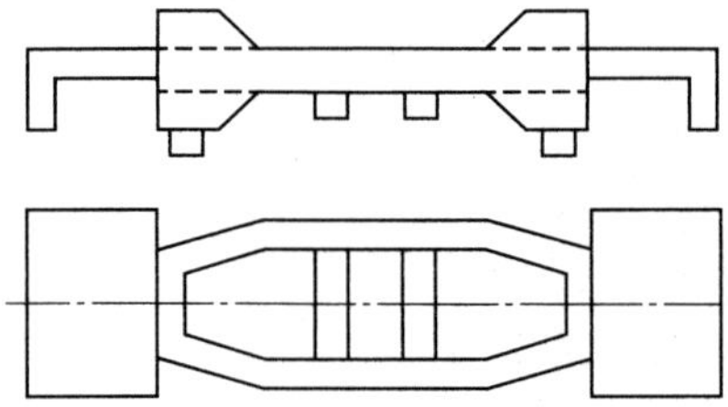

图 4-4　梭形台座结构示意

2. 底板承压式台座

底板承压式台座是一种新型的预应力台座形式（见图 4-5），张拉水平荷载由台座底板承受，因此这种台座底板不但承受构件自重、施工竖向荷载，还承受水平张拉荷载，台座底板处于双向受压状态。为避免立柱对底板局部产生集中荷载，在立柱和底板间设置刚度较大的前横梁，从而使集中荷载转化为对底板的均布荷载，为平衡张拉荷载产生的倾覆力矩，在立柱后下方设置重力墩平衡重，并与立柱形成整体。

为使此类型台座能便于拆卸，可将重力墩部分改为拼装桁架结构，并用砂子埋入地下，利用砂床的自重及砂床的被动土压力来平衡倾覆力矩（见图 4-6）。

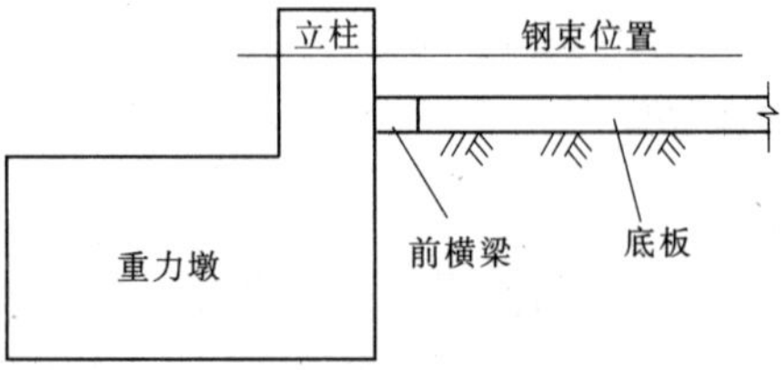

图 4-5　底板承压式台座

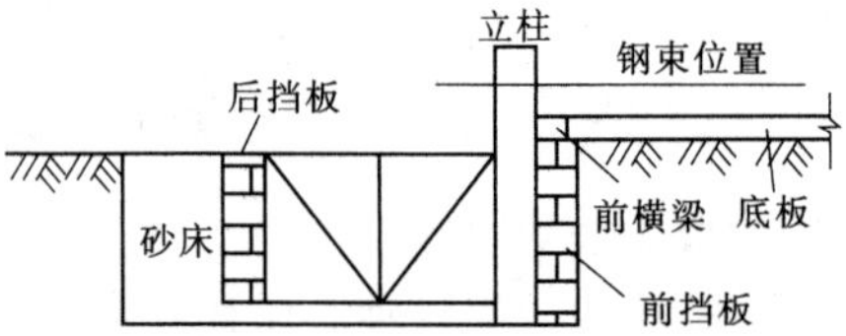

图 4-6　换埋砂重力墩

4.1.1.3 先张法台座构造

先张法台座有多种类型,其基本构造均由承力系统、台面系统、放张系统三部分组成。

1. 台座的承力系统

台座的承力系统主要由主体承力构件和端横梁、锚梁等传力构件组成。

1)主体承力构件

(1)压柱及平衡重。在压柱式台座中,压柱是承受全部水平张拉荷载的构件,应有足够的强度和刚度,一般采用对称的矩形或圆形截面,所用材料可采用钢筋混凝土、型钢或钢管混凝土。根据设计要求和现场不同情况,压柱可以整根现浇,也可分节制造后组装连接,对于分节组装的压柱,其接头可以焊接,也可以用法兰盘螺栓连接,但接头接缝必须严密密实,且保持同心。

压柱一般搁置在混凝土支墩或垫梁上,并用铁件与之固定,两根压柱之间,要设置联系杆或联系梁,将两柱连接在一起,以加强压柱的整体性。

对于偏心压柱式台座,端部一节压柱有牛腿,水平张拉荷载作用于牛腿上,将产生倾覆力矩,为平衡此力矩,需要在端部设置平衡重。

(2)承压底板和前横梁。在底板承压式台座中,底板既承受水平张拉荷载,又承受竖向荷载。承压底板一般采用现浇钢筋混凝土结构,混凝土等级常采用C30以上,其宽度根据施工工艺确定,厚度则由抗压强度计算确定。在底板端部,为避免局部失稳,会做一段加厚段,为避免台座底板集中荷载局部承压,在底板端部要设置刚度较大的前横梁,前横梁一般采用钢结构,前横梁宽度应不小于底板厚度的2/3。高度尺寸由计算确定,和立柱接触的局部设置加劲板,前横梁顶面与台面齐平,且要与底板混凝土接触紧密。

(3)立柱和重力墩。在底板承压台座中,立柱和重力墩连接为整体,立柱承受钢梁传递的水平张拉荷载并将荷载传递给底板,承受弯矩、剪力较大,因此立柱常采用钢板焊成箱形截面,内填高强度等级混凝土,以增加抗剪强度,立柱底部应和重力墩可靠连接。立柱间距一般为台座宽度的1/2~3/5,但最少要大于梁下翼缘宽度。

重力墩的作用是为了平衡水平张拉荷载的倾覆力矩,可采用钢筋混凝土结构,也可采用桁架加压重的结构形式,后者受力明确,易于拆卸,可反复应用。

2)传力构件

传力构件是将预应力钢筋的张拉力传递给台座主体的构件,原来由端横梁和锚梁组成,目前现场常将端横梁和锚梁做成一体。

端横梁安放在台座两端,承受张拉过程锚固时的张拉力,然后传递给压柱或立柱,由于需要承受较大集中荷载,要求端横梁要有足够的刚度及抗弯承载能力。

端横梁一般采用钢结构,可采用大型工字钢或钢板焊接成箱形钢结构。为便于预应力筋穿过,端横梁上需要留有对应的孔洞,也可方便预应力钢筋的临时锚固。端横梁和立柱、牛腿接触区域设置加劲肋板加强。

目前,现场应用较多的是锚固端采用单排端横梁、张拉端采用双排端横梁,见图4-7、图4-8。

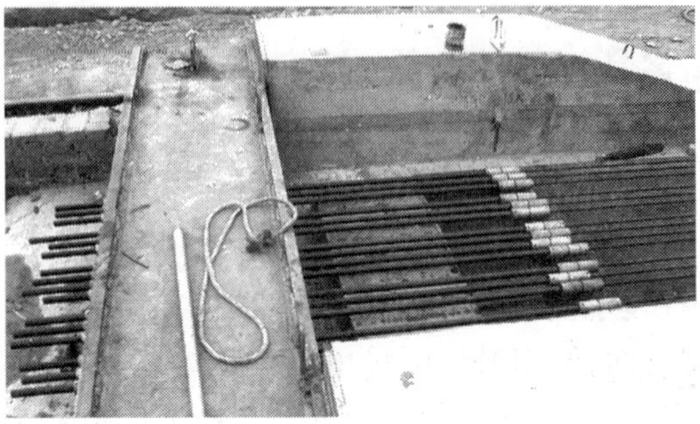

图 4-7　单排端横梁(锚固端)

图 4-8　双排端横梁(张拉端)

2. 台座的台面系统

先张法预应力梁台座的台面系统主要由底板和支墩组成。

1)底板

台座底板主要作为浇筑混凝土的平台,对于底板承压式台座,底板还起着传递张拉荷载的作用。以上已介绍底板构造,在此不再重复。

2)支墩

支墩是用于支撑压柱或底板的墩式结构。在压柱式台座中,压柱支墩设置在压柱接头之下:一方面支撑压柱,另一方面又对压柱起固着作用。因此,压柱支墩既承受压柱自重荷载,又承受因压柱对中误差或偏心受力所产生的水平和垂直附加荷载。压柱支墩一般采用矩形截面,基础可用片石或混凝土,墩身采用混凝土,墩顶预埋螺栓,以固定压柱。

3. 台座的放张系统

台座的放张系统是当梁体混凝土达到放张强度时,为放松预应力而设置的装置。

目前现场主要采用张拉千斤顶作为放张装置。在张拉完毕后,预应力钢束通过高强精轧螺纹钢筋锚固在端横梁上,拆除千斤顶进行其他台座预应力束的张拉,在需要放张时,将千斤顶安装在原来位置,当施加拉力、端横梁上高强精轧螺纹钢筋螺母可以松开后,千斤顶缓缓回油,可以安全将预应力钢束放张。钢束端部采用精轧螺纹钢筋的目的一是方便锚固、放张,二是可减少端部钢绞线用量。钢绞线和螺纹钢筋通过连接件连接在一起(见图 4-9)。

(a) 钢绞线和粗钢筋连接

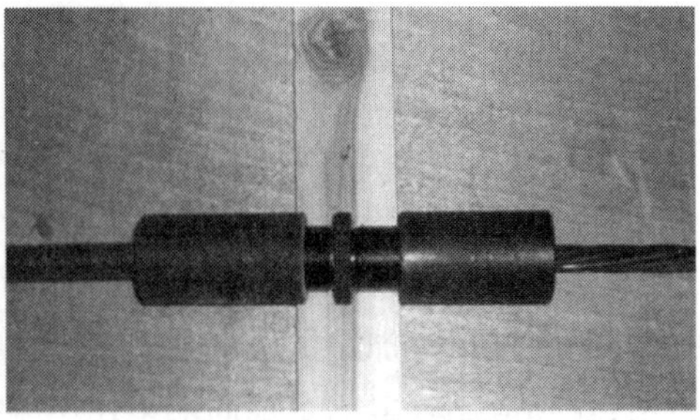

(b) 钢绞线和粗钢筋连接件

图 4-9　钢绞线和精轧螺纹钢筋连接

4.1.1.4 先张法台座设计原则及受力计算

1. 先张法台座设计原则

按《公路桥涵施工技术规范》(JTG/T 3650—2020)规定，先张法承力台座应进行专门设计，并应具有足够的强度、刚度和稳定性，其抗倾覆安全系数应不小于1.5，抗滑移系数应不小于1.3。锚固横梁应有足够的刚度，受力后挠度应不大于2 mm。

2. 压柱计算

压柱是轴心受压、偏心受压等压柱式台座的主要承力构件。压柱式台座有多种形式，但就压柱的受力状态而言，只有轴心受压和偏心受压两种。

1) 设计计算要点

(1) 压柱长度确定。对于分节制作的压柱，除偏心压柱式台座的端节压柱长度需单独计算外，中间节长度和轴心压柱的每节长度，可采用4~6 m。

(2) 压柱截面选择。对于钢筋混凝土压柱和钢压柱，截面选择可根据荷载大小、工艺要求，按常规进行。对钢管混凝土压柱，要注意以下几点：

钢管壁厚不宜小于3 mm，钢管外径与壁厚之比 D/t 可取50左右；钢管混凝土的套箍指标 $\Phi=A_s f/(A_c f_c)$ 宜限制在0.3~3；长细比 L_0/D 不应超过50，两压柱间应设置系杆(或枕梁)连接，或压柱与压柱支墩锁定，防止压柱失稳；压柱混凝土等级不宜低于C30。

(3) 连接节点。对于分节制作的压柱，其连接节点设计要保证连接牢固，能均匀全断面传递荷载，特别是钢管混凝土压柱，要避免单纯依靠钢管传力，注意将作用力传于核心混凝土或整个压柱。

(4) 计算要素。荷载：主要为预应力钢筋张拉荷载产生的轴向压力和弯矩。对于轴心受压压柱，$N=T/2$，T 为台座设计张拉荷载。对于偏心受压压柱，应考虑实际偏心产生的弯矩大小。

计算长度 L_0：对于分节制作的压柱，L_0 取压柱各节长度；对于通长制作的压柱，L_0 取压柱间刚性支撑间最大间距。

2) 算例

【例4-1】 一轴心压柱式台座，其压柱为钢管混凝土构件。采用 ϕ460 mm×10 mm 钢管，管内填充C40级混凝土，压柱分节长度4 m，台座设计张拉荷载12 000 kN。验算该压柱承载能力是否满足要求。

解：钢管管壁面积： $A_s=\frac{\pi}{4}(460^2-440^2)=14\ 137(\text{mm}^2)$

钢材的设计强度： $f=215$ MPa

核心混凝土面积： $A_c=\frac{\pi}{4}\times 440^2=152\ 053(\text{mm}^2)$

混凝土轴心抗压设计强度： $f_c=19.5$ MPa

$$N=T/2=12\ 000/2=6\ 000(\text{kN})$$

该柱的长细比：$L_0/D=4/0.46=8.696>4$，属长柱。

所以该柱的长细比承载能力折减系数：

$$\varphi_1=1-0.115\sqrt{L_0/D-4}=0.751$$

因该柱为轴心受压，所以偏心率承载力折减系数：$\varphi_e=1$。

该柱套箍指标：

$$\Phi=A_s f/(A_c f_c)=14\ 137\times215/(152\ 053\times19.5)=1.025$$

所以该压柱的极限承载力：

$$N_u=A_c f_c(1+\sqrt{\Phi}+1.1\Phi)\varphi_1\varphi_e=152\ 053\times19.5\times(1+\sqrt{1.025}+1.1\times1.025)\times0.751\times1=6\ 992(\text{kN})$$

该压柱计算承载能力大于设计要求承载能力，满足设计要求。

3. 承压底板

在底板承压台座中，承压底板是主要承力构件，主要承受张拉预应力水平荷载，同时承受预制梁自重荷载和施工荷载，基础的不均匀沉降也会引起承压底板的附加荷载。因此，承压底板受力比较复杂，为简化起见，可将自重荷载略去，仅将底板视为素混凝土受压构件来进行计算，且按两端支承在刚性的横向结构上予以考虑。

1）设计计算要点

（1）底板长度。底板长度为两个前横梁之间的距离。

（2）底板截面选择。对底板承压式台座，底板宽度等于台座设计宽度，一般根据设计荷载确定，可为3~5 m。底板厚度主要根据计算来确定。一般试算时，可取为底板宽度的1/15~1/10。

（3）底板伸缩缝间距及设置。伸缩缝位置应设置在预制梁之间的空隙。伸缩缝板宜采用防腐处理的钢板，在现浇时埋入，但当底板构造钢筋采用预应力钢筋并施加预应力时，可不设置伸缩缝。

（4）计算要素。荷载：为预应力钢筋张拉荷载产生的轴向压力，$N=T$。轴向压力的作用点，综合考虑张拉时台座实际状况和安全因素，确定为在截面重心上侧1/6板厚处（距板面1/3板厚处）。

强度计算：可依照《混凝土结构设计规范》（2015年版）（GB 50010—2010）中素混凝土受压构件计算公式进行计算，但考虑到轴向力作用点上偏心的有利因素和底板基层对底板的约束作用，式中的构件稳定系数 φ 可取为1。

底板的受压承载力按下式计算：

$$N<f_{cc}b(h-2e_0)$$

式中　N——轴向力设计值；

f_{cc}——素混凝土的轴向抗压强度设计值，为 $0.95f_c$（混凝土轴心抗压强度设计值）；

b——底板截面宽度；

h——底板厚度；

e_0——受压区混凝土合力点至截面重心的距离，即为轴向力作用点至截面重心的距离，为 $1/6h$。

此外，由于前横梁的作用，底板上压力可视为均匀分布，因此底板局部承压，可不予验算。

2)算例

【例4-2】 一底板承压式台座,设计张拉荷载 $T=12\ 000$ kN,计划采用C30混凝土浇筑,台座设计宽度5 m,试计算应采用的底板厚度。

解:

$$N=T=12\ 000\ \text{kN}$$

$$f_{cc}=0.95\times f_c=0.95\times 15=14.25(\text{MPa})$$

$$e_0=1/6h$$

$$N\leqslant f_{cc}b(h-2e_0)$$

$$12\ 000\times 10^3\leqslant 14.25\times 5\ 000\times(h-2\times\frac{1}{6}h)$$

$$47\ 500h\geqslant 12\ 000\times 10^3$$

$h\geqslant 253$ mm,取 $h=260$ mm,则采用的底板厚度为260 mm。

4.底板承压台座前横梁

前横梁是底板承压式台座中立柱和承压底板间的传力构件,主要承受立柱传递的水平张拉集中荷载和底板均布反力荷载。为简化计算,可将立柱的计算按一承受均布荷载的外伸梁进行,其计算简图如图4-10所示。

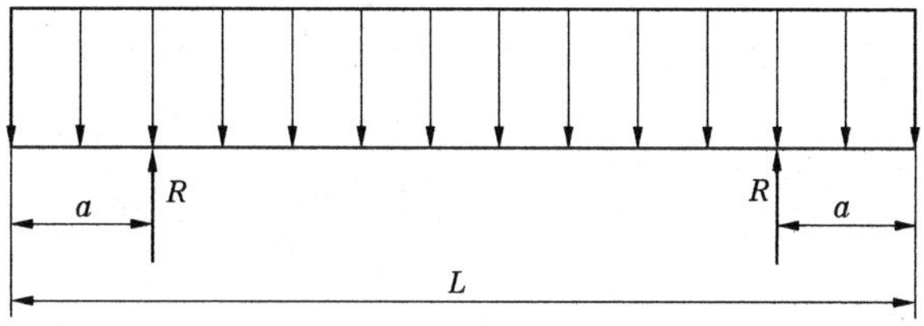

图4-10　前横梁计算简图

1)设计计算要点

(1)前横梁长度。前横梁长度等于底板宽度。

(2)前横梁截面选择。前横梁一般为钢结构,选择截面时注意:应满足截面宽度大于2/3。

(3)加劲肋的设置。在前横梁与立柱接触处,应设置加劲肋,加劲肋每处可设3~5对,间距100 mm左右,肋板采用钢板,厚度10~20 mm,可通过计算确定。

(4)计算要素。荷载:梁上均布荷载:$q=T/L$,L 为前横梁长度。

跨度:梁跨度为两立柱的中心距。

计算内容:按现行《钢结构设计标准》(GB 50017—2017),进行强度、整体稳定性、局部稳定性和连接计算,均应满足要求。

2)算例

【例4-3】 一前横梁,梁长4 m,为一箱形截面钢结构构件(见图4-11)。断面尺寸为1 000 mm×300 mm,中间设置一通长隔板。台座两立柱中心距3 m。前横梁与立柱接触处各设置3对横向加劲肋。梁体及肋板皆用 $\delta=20$ mm Q345钢钢板焊接而成。焊脚尺寸 $h_f=10$ mm。台座设计张拉荷载 $T=12\ 000$ kN。试验算该前横梁承载能力是否满足要求。

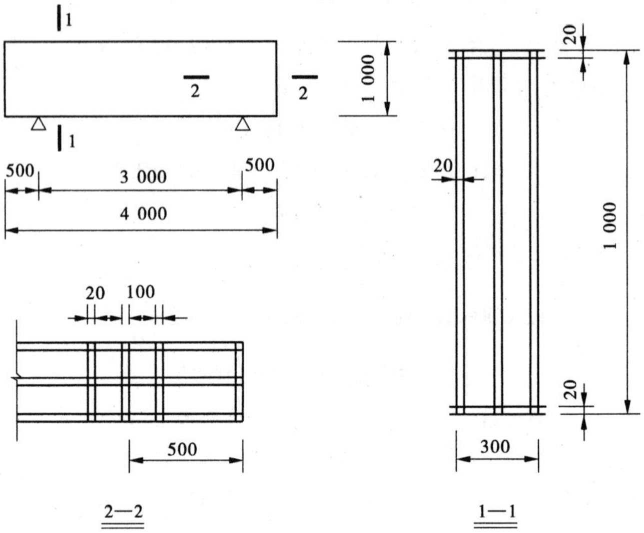

图 4-11　前横梁结构　(单位:mm)

解:

1. 截面几何特性

$$I = \frac{30 \times (100^3 - 96^3)}{12} + 3 \times \frac{2 \times 96^3}{12} = 288\ 160 + 442\ 368 = 730\ 528(\text{cm}^4)$$

$$W_{nx} = \frac{730\ 528}{50} = 14\ 611(\text{cm}^3)$$

半截面的面积矩:

$$S = 30 \times 2 \times 49 + 3 \times 2 \times 48 \times 24 = 9\ 852(\text{cm}^3)$$

2. 内力计算

$$q = \frac{T}{L} = \frac{12\ 000}{4} = 3\ 000(\text{kN/m})$$

支座反力

最大弯矩在跨中截面,其值为

$$M = 6\ 000 \times 1.5 - (1.5 + 0.5) \times 3\ 000 \times \frac{1.5 + 0.5}{2} = 3\ 000(\text{kN} \cdot \text{m})$$

最大剪力在支座,其值为

$$M = 6\ 000 - 30 \times 50 = 4\ 500(\text{kN})$$

3. 截面验算

钢材为 Q235 钢,钢板厚度为 20 mm。采用的强度设计值为:钢材的抗拉、抗弯强度和抗压强度设计值 $f = 205\ \text{N/mm}^2$,钢材的抗剪强度设计值 $f_v = 120\ \text{N/mm}^2$,钢材角焊缝的抗拉、抗压强度和抗剪强度设计值 $f_f^w = 160\ \text{N/mm}^2$。

1)强度验算

(1)抗弯强度验算。

根据《钢结构设计标准》(GB 50017—2017),该梁为箱形截面,故取截面塑性发展系数 $\gamma=1.05$。

$$\sigma=\frac{M}{\gamma W_{nx}}=\frac{3\ 000\times10^6}{1.05\times14\ 611\times10^3}=196(\text{N/mm}^2)<205(\text{N/mm}^2)$$

(2)抗剪强度验算。

根据《钢结构设计标准》(GB 50017—2017):

$$\tau=\frac{VS}{It_w}=\frac{4\ 500\times10^3\times9\ 852\times10^3}{730\ 528\times10^4\times60}=101(\text{N/mm}^2)<120(\text{N/mm}^2)$$

2)整体稳定验算

因有台面混凝土与梁的受压翼缘密贴,该梁的整体稳定性不需计算。

3)翼缘与腹板的焊缝验算

翼缘与腹板的焊缝采用双面角焊缝。焊脚尺寸 $h_f=10$ mm。

焊缝有效厚度 $h_e=0.7\times10=7(\text{mm})$。

翼缘对梁中和轴的面积矩:

$$S_f=30\times2\times49=2\ 940(\text{cm}^3),I=730\ 528(\text{cm}^4)$$

根据《钢结构设计标准》(GB 50017—2017)第 11.2.7 条规定:

$$\frac{1}{2h_e}\frac{VS_f{}^2}{I}=\frac{1}{2\times7}\times\frac{4\ 500\times10^3\times2\ 940\times10^3}{730\ 528\times10^4}=129(\text{N/mm}^2)<160\ \text{N/mm}^2$$

4)支撑加劲肋验算

支撑加劲肋采用 $\delta=20$ mm 的钢板焊接。焊脚尺寸 $h_f=10$ mm。

(1)稳定性验算。

按承受支座反力的轴心受压构件计算其在腹板平面外的稳定性。该轴心受压构件截面如图 4-12 所示,在直接承压部位布置加劲肋。

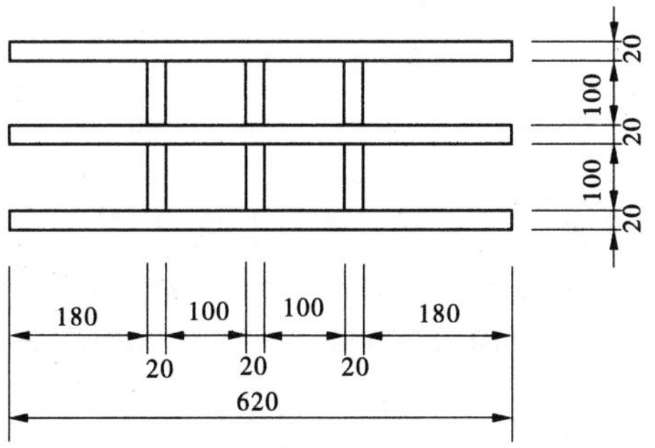

图 4-12 腹板支座部位稳定计算尺寸 (单位:mm)

根据《钢结构设计标准》(GB 50017—2017),该轴心受压构件计算长度取 $h_0=96$ cm,构件截面中,腹板每边取长:

$$15t_w\sqrt{235/f_y}=15\times2\times\sqrt{235/235}=30(\text{cm})$$

$$A=2\times62\times3+2\times10\times6=492(\text{cm}^2)$$

$$I = \frac{1}{12} \times 62 \times 26^3 - \frac{1}{12} \times 56 \times 22^3 = 41\ 119(\text{cm}^4)$$

$$i = \sqrt{\frac{41\ 119}{492}} = 9.14(\text{cm})$$

$$\lambda = \sqrt{h_0/i} = \frac{96}{9.14} = 10.5$$

根据 λ 值,按 b 类截面根据《钢结构设计标准》(GB 50017—2017),查表 D-2,由插入法得稳定系数 φ=0.991。

$$\frac{N}{\varphi A} = \frac{6\ 000 \times 10^3}{0.991 \times 492 \times 10^3} = 123(\text{N/mm}^2) < 215\ \text{N/mm}^2$$

稳定性符合要求。

(2)焊缝验算。

加劲肋与腹板的焊缝为双面角焊缝,所以焊缝的计算长度:

$$L_w = 12(h_0 - 1) = 12 \times (96 - 1) = 1\ 140(\text{cm})$$

焊缝有效厚度:

$$h_e = 0.7h_f = 0.7 \times 10 = 7(\text{mm})$$

根据《钢结构设计标准》(GB 50017—2017)得:

$$\tau_f = \frac{N}{h_e L_w} = \frac{6\ 000 \times 10^3}{7 \times 1\ 140 \times 10} = 75(\text{N/mm}^2) < 160\ \text{N/mm}^2$$

符合规范要求。

5. 立柱设计及计算

立柱是底板承压式台座的主体承力构件之一。其上部承受由端横梁传来的预应力水平张拉荷载,下部与重力墩连成整体,承受重力墩自重产生的弯矩或压重桁架杆产生的拉力。与前横梁接触部位,还承受前横梁支座反力。为简化起见,可将前柱视为一承受集中荷载的悬臂梁来进行计算。

1)设计计算要点

(1)立柱长度。立柱总长度:

$$l = l_1 + l_2$$

式中　l_1——立柱外露出张拉操作平台地面以上长度,该长度为两端横梁外皮之间距尺寸加端横梁滑道高度尺寸,另加上 200 mm 富余量;

l_2——立柱埋入操作平台地面以下的长度,该长度根据重力墩或压重的设计尺寸而定。

(2)立柱截面选择。立柱一般采用箱形截面钢结构,其截面选择原则可参见前横梁截面选择,然后通过试算调整,如仅抗剪不能满足要求,箱内可填灌混凝土。

(3)加劲肋的设置。立柱与前横梁、端横梁的接触处,均应设置加劲肋,每处可设 3~5 对,间距 100 mm 左右,肋板采用钢板,厚度 10~20 mm,可通过计算确定。

(4)计算要素。荷载:每根立柱承受的水平集中荷载 $F=T/2$,其作用点高度为合力重心高度。

悬臂梁计算长度 $l_0=l_1+h/3$,l_1 为立柱外露出底板面长度,h 为底板厚度。

计算内容：按现行《钢结构设计标准》(GB 50017—2017)和《混凝土结构设计规范》(GB 50010—2010)进行强度、整体稳定性、局部稳定、连接和刚度计算，均应满足要求。

2)算例

【例4-4】　一底板承压式台座，设计张拉荷载 $T=6\ 000$ kN。其立柱为一箱形截面钢结构。构造和安装位置情况见图4-13。梁体及加劲肋板皆用 $\delta=20$ mm Q235 钢钢板焊接而成(翼缘板用两层 $\delta=20$ mm 叠焊，且用铆钉焊加强)。角焊缝焊角尺寸为15 mm。试验算该立柱承载能力是否足够。

解：根据上述的计算原则，该立柱可简化为悬臂梁进行计算。

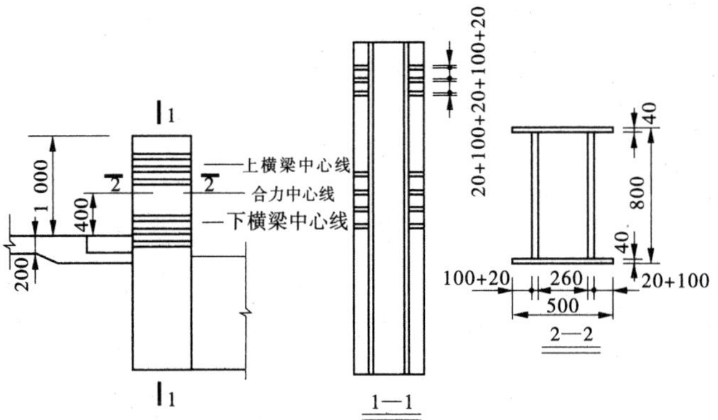

图4-13　钢立柱结构　(单位：mm)

1. 内力计算

$$F=\frac{T}{2}=\frac{6\ 000}{2}=3\ 000(\text{kN})$$

最大弯矩　$M=3\ 000\times0.5=1\ 500(\text{kN}\cdot\text{m})$

剪力　$V=3\ 000$ kN

2. 截面几何特性

$$I=\frac{50\times(80^3-72^3)}{12}+2\times\frac{2\times72^3}{12}=578\ 133+124\ 416=702\ 549(\text{cm}^4)$$

$$W_{nx}=\frac{702\ 549}{40}=17\ 564(\text{cm}^2)$$

$$S=50\times4\times38+2\times2\times36\times18=7\ 600+2\ 592=10\ 192(\text{cm}^2)$$

3. 截面验算

1)强度验算

抗弯强度验算：

$$\frac{M_x}{Y_xW_{nx}}=\frac{1\ 500\times10^6}{1.05\times17\ 564\times10^3}=81(\text{MPa})<205\ \text{MPa}$$

抗剪强度验算：

$$\tau = \frac{VS}{It_w} = \frac{3\ 000 \times 10^3 \times 10\ 192 \times 10^3}{702\ 549 \times 10^4 \times 40} = 109(\text{MPa})$$

折算应力验算:

支座处腹板计算高度边缘处,同时受较大的正应力和剪应力。因此,需要进行折算应力验算。根据《钢结构设计标准》(GB 50017—2017)要求。

$$\sigma = \frac{M}{I_n} y_1 = \frac{1\ 500 \times 10^6}{702\ 549 \times 10^4} \times 360 = 77(\text{MPa})$$

翼缘截面面积对中性轴的面积矩:

$$S_1 = 50 \times 4 \times 38 = 7\ 600(\text{cm}^3)$$

$$\tau = \frac{VS_1}{It_w} = \frac{3\ 000 \times 10^3 \times 7\ 600 \times 10^3}{702\ 549 \times 10^4 \times 40} = 81(\text{MPa})$$

取强度设计值增大系数 $\beta_1 = 1.1$,得:

$$\sqrt{\sigma^2 + 3\tau^2} \leqslant \beta_1 f$$

$$\sqrt{\sigma^2 + 3\tau^2} = \sqrt{77^2 + 3 \times 81^2} = 160(\text{MPa}) < 1.1 \times 215 = 237(\text{MPa})$$

腹板局部承压强度验算:

根据《钢结构设计标准》(GB 50017—2017),梁上虽有沿腹板平面作用的集中荷载,但荷载处设置了加劲肋,且支座处也设置了加劲肋,故无须进行腹板局部承压强度验算。

2)整体稳定验算

根据《钢结构设计标准》(GB 50017—2017)得:

$$\frac{h}{b_0} = \frac{800}{300} = 2.67 < 6$$

$$\frac{L_1}{b_0} = \frac{1\ 100}{300} = 3.67 < 95$$

所以,无须进行整体稳定性计算。

3)翼缘焊缝验算

翼缘为两层 $\delta = 20$ mm 的钢板焊接而成。翼缘层间焊缝和翼缘与腹板之间的焊缝均为直角角焊缝,焊脚尺寸 $h_f = 15$ mm。

$$h_e = 0.7 \times 15 = 10.5(\text{mm})$$

(1)翼缘板之间焊缝验算。

外层翼缘板对中和轴的面积矩

$$S_1 = 50 \times 2 \times 39 = 3\ 900(\text{cm}^3)$$

根据《钢结构设计标准》(GB 50017—2017)要求,得

$$\frac{1}{2h_e} \cdot \frac{VS_t}{I} = \frac{1}{2 \times 10.5} \times \frac{3\ 000 \times 3\ 900 \times 10^6}{702\ 549 \times 10^4} = 79(\text{MPa}) < 160\ \text{MPa}$$

(2)翼缘与腹板之间焊缝验算。

$$S_2 = 50 \times 4 \times 38 = 7\ 600(\text{cm}^3)$$

$$\frac{1}{2h_e} \cdot \frac{VS_t}{I} = \frac{1}{2 \times 10.5} \times \frac{3\ 000 \times 7\ 600 \times 10^6}{702\ 549 \times 10^4} = 155(\text{MPa}) < 160\ \text{MPa}$$

4)加劲肋验算

计算过程同前横梁加劲肋,故略去。

5)刚度验算

$$f=\frac{Pa^2}{6EI}(3L-a)=\frac{3\ 000\times10^3\times500^2}{6\times206\times10^3\times702\ 549\times10^4}\times(3\times1\ 100-500)=0.24(\text{cm})$$

所以该立柱承载能力满足要求。

6. 端横梁设计及计算

端横梁位于压柱两端,直接承受张拉时产生的荷载,并将张拉荷载传递给压柱,计算时可将端横梁视为跨中部位承受一段均布荷载的简支梁。

设计计算要点如下:

(1)端横梁长度。压柱式台座端横梁长度可按两压柱外侧之间距离;底板承压式台座端横梁计算长度可取两立柱间距离。

(2)端横梁截面。端横梁一般采用钢结构,可采用工字形或箱形截面,截面宽度可采用300~500 mm,截面高度则通过试算确定。对箱形截面梁要满足 $h/b_0\leq6$。对于张拉设计荷载较大的台座端横梁,可采用加大跨中梁高的变截面梁。

(3)加劲肋的设置。端横梁端部支座处,要设置加劲肋,布置可参见前横梁。

(4)两横梁间距。对于设置两个横梁的结构,横梁间距离应满足该台座所生产型号的先张梁梁体布筋尺寸的需要,且要留有200 mm的余地。

(5)计算要素。荷载:对于设置一个横梁的端横梁结构,局部均匀荷载 $q=T/C$;对于设置两个端横梁的结构,$q=T/(2C)$,C 为锚梁宽度。

计算跨度:端横梁计算跨度为台座两压柱或两立柱的中心距。

计算内容:按《钢结构设计标准》(GB 50017—2017)进行强度、整体稳定性、局部稳定性、连接和刚度的计算,都应满足要求。

4.1.1.5 台座整体稳定计算

施工过程中先张法台座承受荷载较大,除可能造成台座损坏外,还存在台座整体失稳,如侧移、倾覆等,必须进行台座的整体稳定分析和计算。

不同台座的整体稳定计算有不同的内容,下面就压柱式和底板承压式两种常见的台座整体稳定计算加以说明。

1. 轴心压柱式台座的整体稳定

轴心压柱式台座的两根压柱承受很大压力的压杆,承压后会产生竖直方向或水平方向的侧向弯曲,可能导致压杆失稳。在竖直方向,由于压柱自重及压柱下支墩的影响,一般不易发生,在水平方向,情况要复杂一些,既可能出现两压柱的相对侧向弯曲(同时向内弯曲或同时向外弯曲),也可能出现两压柱的同向侧向弯曲。

对于两压柱相对侧曲的情况,为避免失稳,可采用在两压柱间设置一定数量的刚性横联杆,以减少压柱的自由长度。此时,该横联杆将承受一定的拉荷载或压荷载,只要横联杆的承载能力和稳定能满足要求,不致失稳,压柱的自由长度就不会加大,也就不致因侧向弯曲加大而失稳。因此,为保证台座的整体稳定,就必须对横联杆进行验算,且在计算时,应按横联杆为压杆考虑。

对于两压柱同向侧曲的情况,必须设置横联杆;当设置横联杆不能完全避免台座的此类失稳时,必须采取其他措施,如在两横联杆间增加斜杆,形成桁架,或加固支墩,提高支墩的抗滑移能力等,来保证台座的稳定。因此,在设计计算中,要对桁架杆件的强度或支墩的抗滑移能力进行验算,使之满足要求。

1)设计计算要点

(1)横联杆的设置。横联杆的设置间距(压柱分段计算长度 L_0),可采用限定一定长细比来控制。

对于钢筋混凝土结构:

$$\frac{L_0}{b} \leqslant 8$$

$$\frac{L_0}{d} \leqslant 7$$

$$\frac{L_0}{i} \leqslant 28$$

式中　b——矩形截面的短边尺寸;

d——圆形截面的直径;

i——截面最小回转半径。

对于钢管混凝土结构:

$$\frac{L_0}{D} \leqslant 4$$

式中符号意义同前。

(2)横联杆选择。横联杆一般采用型钢,常用的截面为双角钢或双槽钢截面,具体型号可通过试算来选择,也可用钢筋混凝土横梁。

(3)计算要素。计算长度 L_0:取 $L_0 = 0.8L$,L 为横联杆的几何长度(节点中心间距离)。

荷载 N:横联杆承受的荷载可按 $N=0.15T$ 取值(按压柱内力的3%取值),T 为台座张拉设计荷载。

(4)支墩抗滑移验算。支墩基础滑移稳定系数 K_c 应满足下式要求:

$$K_c = \frac{f \cdot \sum P_i}{T_i} \geqslant 1.3$$

式中　P_i——竖直力;

T_i——水平力($T_i = N = 0.015T$);

f——基底摩擦系数,可按相关规范取值。

2)算例

【例4-5】　一轴心压柱式台座,设计张拉荷载 $T=12\ 000$ kN,两压柱间横联杆采用双槽钢[16,杆件长度 $L=3.6$ m。横联杆与压柱上的节点板采用焊接连接,两面侧焊,焊缝长度8 cm,焊脚尺寸10 mm。试验算该横联杆承载能力是否足够(见图4-14)。

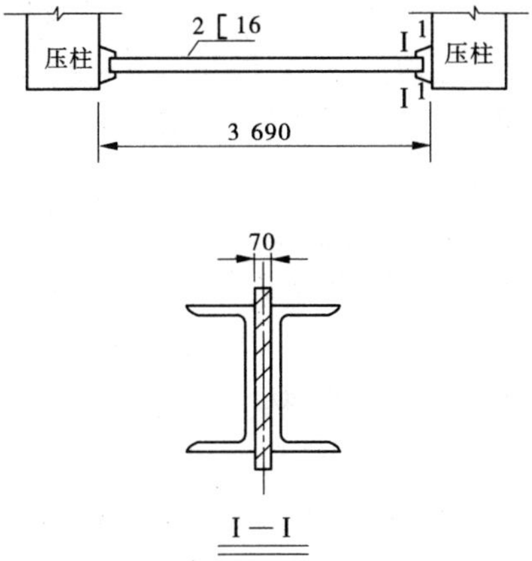

图 4-14　横联杆　（单位:mm）

解:1. 截面几何特性

$$A = 25.15 \times 2 = 50.3(\mathrm{cm}^2)$$

$$I_y = 2 \times [83.4 + (1 + 1.75)^2 \times 25.15] = 547(\mathrm{cm}^4)$$

$$i_y = \sqrt{\frac{I_y}{A}} = \sqrt{\frac{547}{50.3}} = 3.3(\mathrm{cm})$$

2. 荷载

$$N = 0.15T = 0.15 \times 12\ 000 = 180(\mathrm{kN})$$

3. 截面验算

根据槽钢的厚度≤15 mm,采用以下的强度设计值:

$$f = 215\ \mathrm{MPa}$$

$$f_v = 125\ \mathrm{MPa}$$

$$f_c^w = 160\ \mathrm{MPa}$$

1)稳定性验算

$$L_0 = 0.8L = 0.8 \times 360 = 288(\mathrm{cm})$$

$$\lambda = \frac{L_0}{i_y} = \frac{288}{3.3} = 87$$

按 b 类截面查《钢结构设计标准》(GB 50017—2017)得 $\varphi = 0.641$。

$$\frac{N}{\varphi A} = \frac{180 \times 10^3}{0.641 \times 50.3 \times 10^2} = 56(\mathrm{MPa}) < 215\ \mathrm{MPa}$$

2)局部稳定验算

根据《钢结构设计标准》(GB 50017—2017),轴心受压构件翼缘板自由外伸宽度 b 与其厚度 t 之比应符合下列要求:

$$\frac{b}{t} \leqslant (10 + 0.1\lambda)\sqrt{\frac{235}{f_y}}$$

而该横联杆

$$\frac{b}{t} = \frac{65-10}{10} = 5.5$$

$$(10+0.1\lambda)\sqrt{\frac{235}{f_y}}=(10+0.1\times87)\times\sqrt{\frac{235}{235}}=18.7$$

由于 5.5<18.7,符合要求。

3)连接焊缝验算

$$h_f = 10\ \text{mm}$$

$$h_e = 0.7h_f = 0.7 \times 10 = 7(\text{mm})$$

焊缝计算长度　　$L_w=4\times(80-10)=280(\text{mm})$

根据《钢结构设计标准》(GB 50017—2017)得:

$$\tau_f = \frac{N}{h_e L_w} = \frac{180\times10^3}{7\times280} = 92(\text{MPa}) < 160\ \text{MPa}$$

所以,该横联杆承载能力满足要求。

2. 偏心压柱式台座的整体稳定

偏心压柱式台座的整体稳定问题,比轴心压柱式台座又复杂一些,除要满足压柱侧向整体稳定外,还必须对作用于端节压柱上的偏心张拉荷载所引起的压柱倾覆问题进行验算。只有端节压柱抗倾覆能力满足要求,才能保证台座整体稳定。

1)计算要点

(1)倾覆点的确定。台座端节压柱在偏心张拉荷载作用下发生倾覆时,必将以端节压柱与中间压柱接触面上的某点为轴旋转,该点即为倾覆点。该点的位置应为端柱与中间压柱接触面上反力的位置。可以通过计算来确定。

(2)倾覆力矩 M_c:

$$M_c = \frac{1}{2}TH$$

式中　T——张拉设计荷载;

H——张拉合力中心至倾覆点的距离。

(3)抗倾覆力矩 M_k:

$$M_k = M_1 + M_2$$

式中　M_1——端节压柱及牛腿自重对倾覆点的力矩;

M_2——台座端部平衡重对倾覆点的力矩。

(4)抗倾覆安全系数 K:

$$K = \frac{M_k}{M_c} \geqslant 1.5$$

3. 底板承压式台座的整体稳定性

底板承压式台座的整体稳定问题,主要是台座是否会发生倾覆问题。因为在承压底板强度符合要求的情况下,由于作用在立柱上的预应力张拉荷载,合力作用点高于底板面,必将使立柱及其相连的平衡重,发生以立柱与前横梁接触面上的某点为轴的旋转,可能导致倾覆,因此必须对立柱及平衡重进行倾覆验算,才能保证台座的整体稳定。

计算要点如下:

(1)倾覆点的确定。台座立柱倾覆时,倾覆点位置应为立柱和前横梁接触面上反力作用点的位置，此位置为距离板面1/3板厚处。

(2)倾覆力矩 M_c：

$$M_c = T \cdot H$$

式中　H——张拉合力中心至倾覆点的距离。

(3)抗倾覆力矩 M_k：

$$M_k = M_1 + M_2$$

式中　M_1——立柱自重对倾覆点的力矩；

M_2——平衡重对倾覆点的力矩。

(4)抗倾覆安全系数 K：

$$K = \frac{M_k}{M_0} \geqslant 1.5$$

4.1.1.6　先张法施工

1. 绝缘的概念、处理原因及方法

在先张法中，常常在部分预应力钢束端部套上PVC管，将部分钢束端部和混凝土隔开，消除此部分钢束和混凝土之间的黏结力，称为绝缘，如图4-15所示。

图4-15　先张法钢束绝缘

先张法绝缘的目的是消除绝缘部分的预应力，避免在放张后预应力、自重作用下梁端部顶端出现垂直梁轴的裂缝。图4-16分别给出了未绝缘和绝缘后梁体在自重、预应力作用下的弯矩图。

图4-16中正弯矩为梁体自重产生的弯矩，负弯矩为放张预应力钢束产生的弯矩，放张时梁体承受荷载只有自重和预应力。如果端部钢束不进行绝缘处理[见图4-16(a)]，在预应力作用下梁端上部将承受较大的负弯矩，有可能造成梁体端部上侧出现垂直梁轴的裂缝，将梁体端部预应力钢束绝缘后，将使绝缘部分钢束和梁体混凝土隔开，不再传递预应力，可减小端部钢束产生的负弯矩，避免梁体端部上侧的开裂[见图4-16(b)]。

2. 两个台座共用压柱时相互影响问题

如果两个台座共用一个压柱，在施工过程中，两个台座张拉施工必须同步。如果两者张拉不同步，将会造成先浇梁体混凝土的开裂。在某工地中两个台座共用压柱，一个台座先张拉预应力钢束、浇筑混凝土，在该台座上梁体混凝土终凝后，张拉另外一个相邻台座

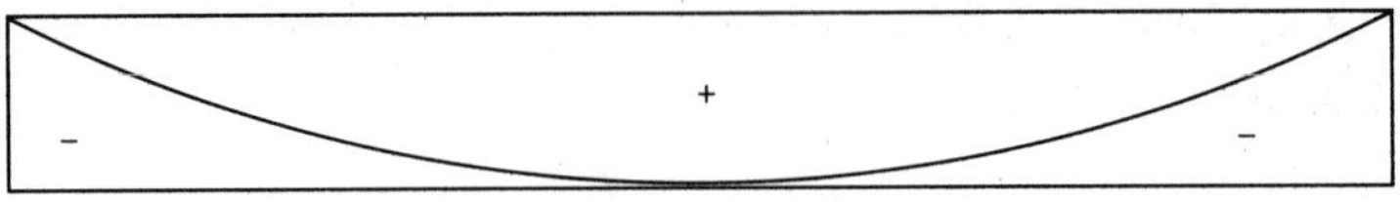

(a)钢束未绝缘时梁体弯矩作用

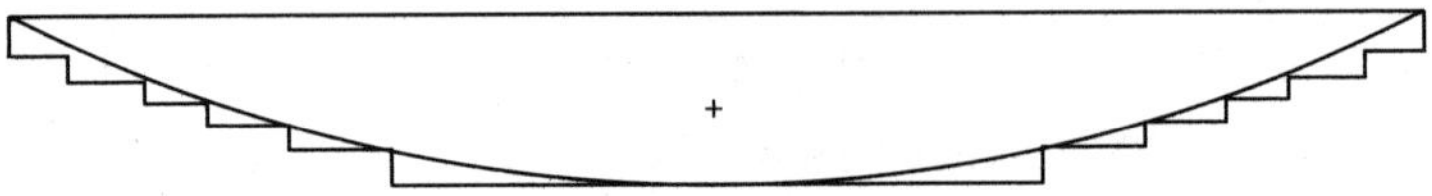

(b)钢束绝缘时梁体弯矩作用

图 4-16　绝缘作用示意

的预应力束。在张拉该台座上预应力束时，由于共用牛腿、压柱，压柱在张拉后面预应力束时会发生压缩变形，对先期张拉的台座相当于部分放张，当混凝土强度不足时，造成先期施工梁体顶部出现垂直梁轴线的裂缝。为避免此现象的发生，在实际工程中尽量避免两个台座共用一个牛腿(压柱)，如果由于场地等条件限制必须采用，应考虑其张拉相互影响，合理安排施工。

如图 4-17 所示，A、B 两区共用一个压柱，B 区张拉完成浇筑混凝土后，如果 B 区混凝土终凝后强度不高的情况下张拉 A 区预应力钢束，共用压柱将发生弹性变形，将引起 B 区钢束的缩短，相当于对 B 区混凝土施加部分的预应力。在 B 区混凝土强度不高的情况下，有可能造成 B 区已浇筑梁体上部出现垂直梁轴的裂缝。

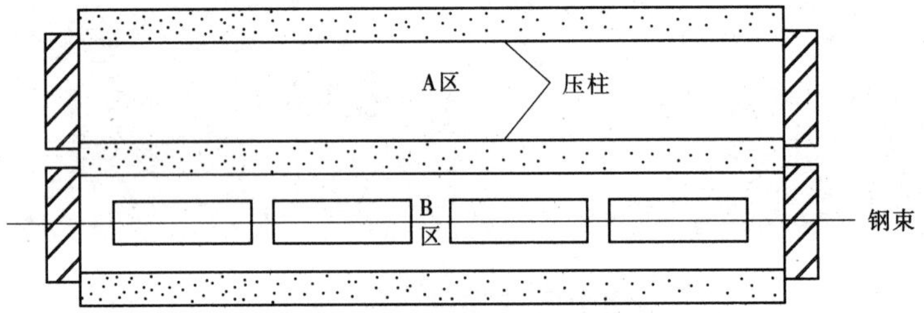

图 4-17　共用压柱时影响示意

3. 施工注意事项

(1)钢束尽量整体张拉，以控制各根钢束间张拉力的差别。

(2)若分批张拉应考虑后张拉对先张拉钢束弹性压缩影响。

(3)按设计要求进行绝缘处理。

(4)对一组台座设置多排梁的情况，应注意后张拉钢束时间。

(5)绑扎钢筋时应特别注意电焊、焊渣不能接触钢束。

(6)张拉完后尽快浇筑混凝土。

(7)张拉过程中注意安全。

(8)放张应均匀、对称、缓慢进行。

(9)在台座设计时，除计算构件受力性能外，还应计算台座的倾覆稳定性及滑移稳定性，倾覆稳定性系数 $K_1=M_1/M_2\geqslant 1.5$、$K_2=T_1/T_2\geqslant 1.3$，其中 M_1 为抗倾覆力矩，由台座自重及土压力产生；M_2 为倾覆力矩，由张拉力产生；T_1 为抵抗滑动力，由台座与土壤之间的摩擦力产生；T_2 为滑动力，即总张拉力。

4.1.2 后张法预应力预制简支梁施工

4.1.2.1 后张法台座

后张法也需要设置台座，台座常设计为台阶形，底部部分顶面和地面齐平，顶部两边倒角处可用角钢作边，防止施工时损坏台座，确保模板和台座密贴。顶部沿纵向设置拉杆孔，便于外侧模的固定，台座顶面也可铺设一层钢板，作为台座顶面。后张法预制简支梁台座横截面见图 4-18。

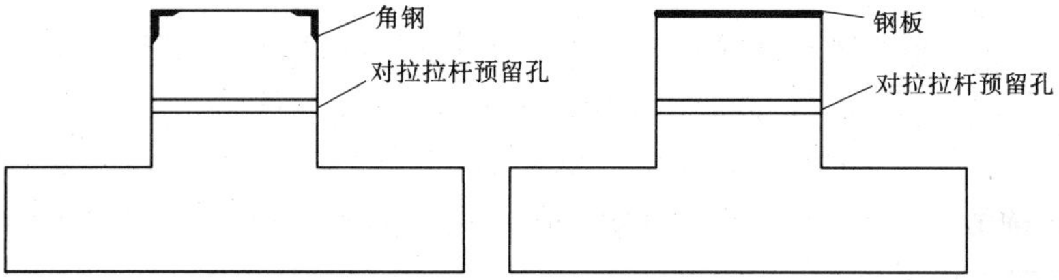

(a)台座两侧设置角钢 (b)台座顶部设置钢板

图 4-18 后张法预制简支梁台座横截面

在张拉完预应力钢束后，梁体会起拱，此时梁体支撑相当于简支梁，梁端部分台座将承受比较大的压力，因此在台座设计时，此部分尺寸应加大。

在后张法台座中，为避免梁体徐变引起跨中的上挠对梁体影响，在台座中应设置反拱，即在台座上设置向下的预拱度。设置预拱度的大小设计图中一般会有说明，在实际工程中，台座上设置向下反拱可使梁底有向下预拱度。为使梁体底部、顶部均设置有向下反拱，在设计外侧模时，应考虑此影响，否则可能会造成梁体底部设置反拱、顶部水平的现象。

梁体过大，上拱对公路桥梁影响更大，如梁体反拱控制不好，若只保证桥面设计高程，将使跨中桥面铺装厚度不足；若保证跨中部分桥面铺装厚度达到设计要求，梁端部分铺装层厚度将超限，增大桥梁结构自重。

控制预应力梁反拱的措施有两个方面：一方面是控制张拉时梁体的龄期、强度、弹性模量；另一方面是从材料方面控制，如控制粗骨料的弹性模量及水灰比等。

4.1.2.2 后张法预制简支梁预应力施工

后张法预应力施工包括波纹管定位、预应力穿束、螺旋钢筋定位、防崩钢筋设置、张拉、压浆等。预应力穿束、张拉、压浆等已介绍过，在此不再介绍。

波纹管定位可采用“井”字形网片或半圆形钢筋和钢筋骨架焊接，在直线段可按 1 m 左右设置一道，在曲线段应加密到 0.5 m 设置一道，波纹管的接长一般采用大一号、长度为 20 mm 左右的波纹管。

由于后张法多采用集中布束，锚下局部压应力较大，一般应设置螺旋钢筋。螺旋钢筋常采用光圆钢筋，每孔中不同数量的钢束采用螺旋钢筋也不相同。螺旋钢筋在安放时应和锚垫板贴紧,其中心应和波纹管中心重合,并应将螺旋钢筋固定在钢筋骨架上。

在后张法中,波纹管深入锚垫板喇叭口内 50 mm 左右即可,深入过长在张拉时会影响钢束在喇叭口内自由扩散,一是增加摩擦力,二是可能会造成钢束滑丝。在穿束前,应检查喇叭口内波纹管长度,如过长应清除。波纹管和锚垫板间应用胶带缠牢,如果处理不当,将造成锚垫板喇叭口内漏浆,如有漏浆,处理比较困难。

4.1.2.3 后张法预制简支梁混凝土浇筑

后张法预制简支梁外模一般采用钢模板,以便多次倒用。在侧模上一般会安放附着式振捣器,混凝土振捣采用插入式振捣棒和附着式振捣器联合振捣。后张法预制简支梁预应力钢束在简支梁端部会弯起,此部分常会出现麻面、蜂窝或气泡,应特别注意此处的振捣。

混凝土下料可采用水平分层或斜向水平分层方式,分层厚度应控制在 300 mm 以内,在振捣时应将振捣棒插入下层混凝土,混凝土振捣合格的标准为混凝土不再下沉、表面翻浆或无气泡出现。

锚下钢筋较密,承受较大的局部应力,此部分混凝土应有专人负责振捣,一般采用 ϕ30 振捣棒加强振捣。

如果预应力钢束采用浇筑混凝土前穿束,在浇筑混凝土过程中,应安排专人来回抽动钢束,以防止波纹管漏浆后影响后期张拉、压浆。现场出现过由于波纹管内漏浆造成孔道内钢束不能被拉动、影响孔道内预应力分布,不得不将梁废除的事故。

4.1.3 移动模架法(造桥机)简支梁施工

造桥机是国内最近几年发展起来的新的桥梁制造、架设技术。按施工方法其分为原位浇筑和原位节段拼装,分别对应移动模架和移动支架。其中移动模架(原位浇筑)带有模板,是对混凝土梁进行逐孔现场浇筑,简称为 MISS;而移动支架(原位节段拼装)不带模板,是将在预制厂预制的节段在该机上进行拼装,通过干接缝(湿接缝)将各节段纵(横)向连接在一起,移动支架法也可归纳到架桥机范畴。造桥机在我国公路、铁路桥梁中都有应用,造桥机分类见图 4-19。

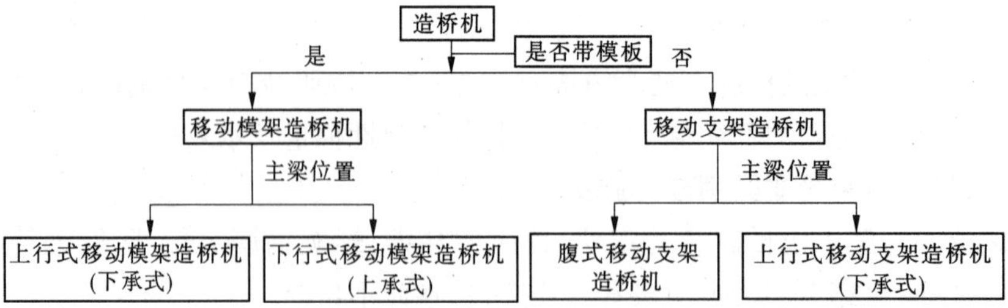

图 4-19　造桥机分类

采用造桥机架梁系墩顶原位造梁,跨度、墩高适用范围广,不影响桥下交通,梁施工时的状态与运营工况一致,且省工省料,建造速度快,梁既可工厂化分节预制,也可在模架上整孔现浇。施工中梁的几何变形易于调整,梁体质量好且作业安全,因而在铁路和公路桥梁的施工中得到迅速发展和广泛应用。

4.1.3.1　**上行式移动模架造桥机**

1.上行式移动模架造桥机结构及工作原理

上行式移动模架造桥机的主承重梁支承于桥墩墩顶及已成梁的梁面上,利用安装在主承重梁上的吊杆、吊臂等吊挂系统进行桥梁的施工。国内 MZ900S、DSZ32/900、TY900、MSS1800 型造桥机均属上行式移动模架造桥机,下面以 MSS1800 型移动模架造桥机为例说明其构造及工作原理。

MSS1800 型移动模架在结构上可分为承重主梁及导梁、支承机构(前、中支腿)、后支腿(含纵移机构)、挑梁及吊臂、模架及模板、液压和电气系统及安全走道等几部分,构成一个完整的承载结构体系,如图 4-20 所示。

图 4-20　MSS1800 型移动模架造桥机整体结构

1)主梁及导梁

承重主梁总长 73.5 m,由 6 节钢箱梁、5 组(两种)接头构成。钢箱梁构成为 12.1 m+3×12.6 m+12.1 m+11.5 m,各节间以精制螺栓连接。为满足主梁强度及刚度设计要求及运输要求,后 5 节承重钢箱梁均分为上、下两层制造,在组装时以精制螺栓将上、下两层结合连接,单层单节最大质量约 22 t。箱梁全宽 2 400 mm,全高 5 580 mm,其中上层梁高 2 530 mm、下层梁高 3 050 mm,下翼缘设 2 根 50 mm 的高轨道方钢,供整机纵移使用;腹板根部设有吊挂角钢及加劲板,作为支腿吊挂的轨道,同时保证腹板根部在轮压作用下不发生弯曲变形。

钢箱梁在支腿部位设有支承牛腿。在移动模架工作时,移动模架主梁及其模架、模板、箱梁钢筋及混凝土等荷载均通过牛腿传递至移动模架支腿,并通过支腿传递至墩身或混凝土箱梁顶面。

导梁由两节空腹箱形梁组成,为辅助整机过孔的结构。导梁总长 2×10=20(m),箱梁分段采用变截面过渡,每节之间均以精制螺栓及节点板连接。导梁下弦焊有 2 根 50 mm 的高走道方钢,供整机纵移使用。腹板下部两侧与主梁一样焊有吊挂角钢及加劲板,作为支腿吊挂转移的轨道,同时保证腹板根部在轮压作用下不发生弯曲变形。

导梁前端设置鼻架,用于安装卷扬机钢丝绳转向及张紧装置。

主梁及导梁构成如图 4-21 所示。

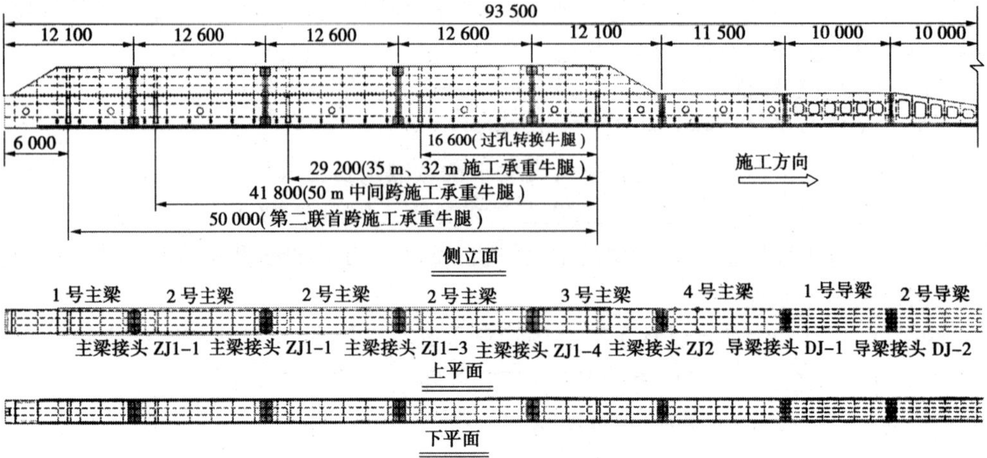

图 4-21　承重主梁及导梁构成　(单位:mm)

2) 移动模架支承机构

移动模架支承机构是移动模架主梁荷载的直接支承体系,根据移动模架工作状态所处位置不同,分为前支点支承机构和后支点支承机构。

前支点支承机构支承在前方墩顶预埋件顶端,由支腿横梁、托辊轮箱、吊挂轮、销轴、液压系统等构成。移动模架工作时,竖向荷载通过箱梁牛腿依次传递至支承油缸、支腿横梁、墩顶预埋件、墩顶,如图 4-22 所示。

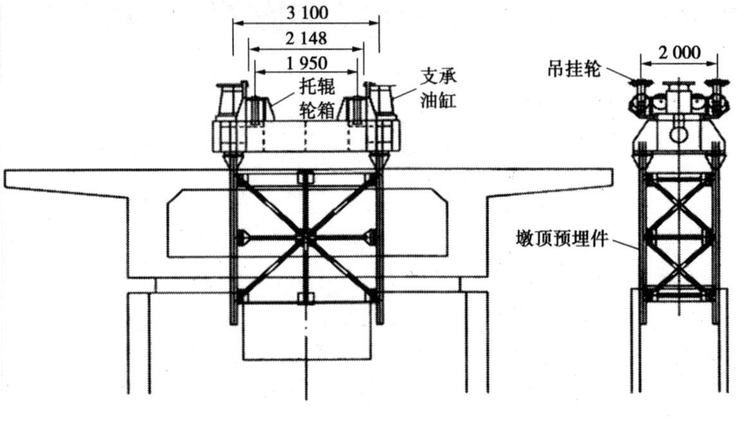

图 4-22　前支腿及墩顶预埋件　(单位:mm)

移动模架的中支腿即是后支点支承机构,其构造与前支点支承机构基本相同。不同的是后支点通过中支腿锁定垫块支承在混凝土箱梁顶面,只有每一联的首跨支承在墩顶预埋件顶面,垫块尺寸能满足箱梁混凝土局部承压要求,如图 4-23、图 4-24 所示。

(1) 支腿横梁。前、中支腿横梁均为箱形结构。前支腿横梁底部与墩顶预埋件柱头通过法兰连接,中支腿底部通过垫块与混凝土梁顶部预埋件连接(每一联的首跨与墩顶预埋件柱头通过法兰连接),顶部均安装托辊轮箱及支承油缸。

(2) 吊挂轮。吊挂轮挂在主梁两侧的吊挂走道上,通过卷扬机无极绳分别锁定牵引支腿横梁以实现支腿纵移。

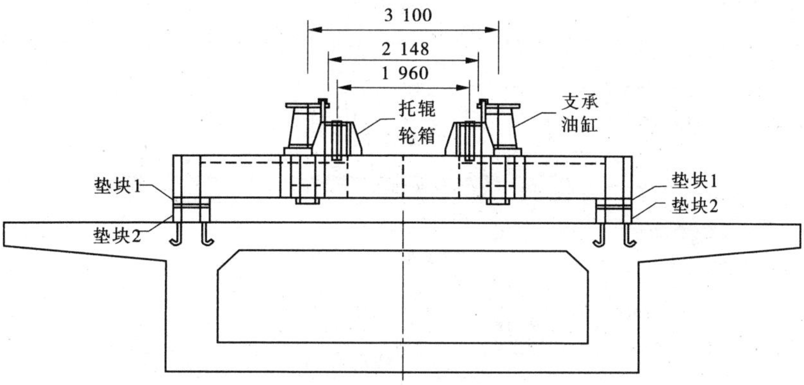

图 4-23 后支点结构示意 （单位:mm）

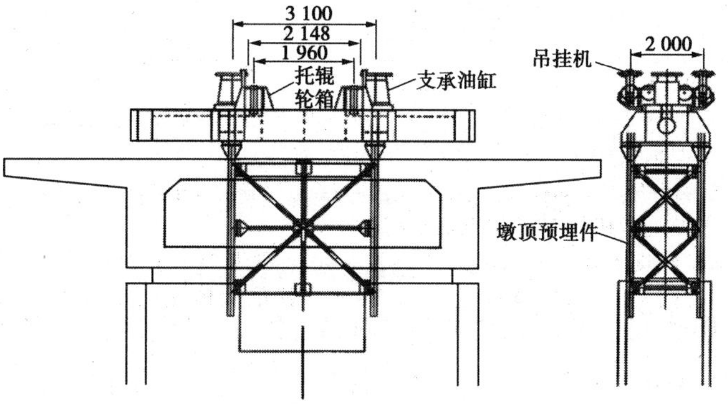

图 4-24 中支腿 （单位:mm）

(3)托辊轮箱。每支腿共有两组托辊轮箱,包含大轮箱、小轮箱、支座、托辊轮等结构。每组轮箱有1个支座、1个大轮箱、2个小轮箱和4个托辊轮,形成对称结构,使托辊轮均匀受力;支座布置在大轮箱的中部,两个小轮箱对称于支座布置在大轮箱内部,每个小轮箱包含2个托辊轮,两组轮箱对称布置在横梁上。轮箱铰座与横梁为圆管铰接,这样整个轮箱可以水平旋转一定角度,适应性更好。

轮箱是主梁纵移的滚动支撑。主梁走行前,梁体下降,梁底的走道方钢落在轮箱的托辊轮上。

3)后支腿及纵移机构

MSS1800型上行式移动模架纵移机构包含在后支腿内,它由纵移油缸、移动滑道和定位销轴等组成。纵移油缸一端通过销轴连接在滑道耳座上,另一端通过销轴连接于后支腿横梁上。其推移步距为1 000 mm,推移合力约2×340 kN。

后辅助支腿及纵移机构如图4-25所示。纵移使用的卷扬机采用1.5 t级吨位的卷扬机,根据卷扬机底座的具体尺寸制作卷扬机安装支架,支架螺栓连接于后支腿横梁上。卷扬机的钢丝绳一端与支腿横梁的绳头1、2使用卡环连接,另一端与支腿横梁的绳头3、4使用卡环连接,形成一个闭合的绕绳结构。钢丝绳缠绕时要注意,绳头1、2、3、4的长度要尽量相等(约2.5 m),钢丝绳要尽量绷紧,增大钢丝绳与卷扬机滚筒间的摩擦力,这样才能使支腿吊挂前移时不发生较剧烈的摆动。如果钢丝绳没有完全达到张紧状态,可以使用导梁前端的张紧倒链进行收紧,张紧倒链未进行收紧时,转向滑轮中心距离槽钢滑道约 1 m。

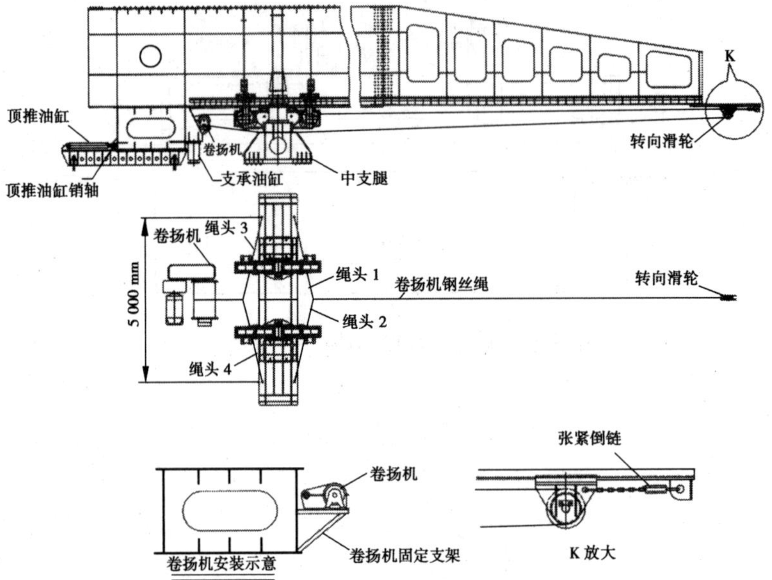

图 4-25 后辅助支腿及纵移机构

纵移机构工作过程:整机需要过孔移位时,先将纵移收至最小行程,同步顶推 1 m 后,将后支腿支承油缸起顶脱空移动滑道,回收纵移油缸 1 m,收起后支腿油缸,滑道下落至混凝土梁面,继续纵移油缸顶推 1 m,实现步进式纵移的原理。顶推时要严格遵守"同步顶推、单边换位"的操作要求,一侧油缸换位时,另一侧滑梁的锁定销轴一定要与混凝土梁顶面预留孔锁定好,防止移动模架下滑。

4)挑梁及吊臂

挑梁为桁架结构,位于主梁的两侧,负责吊挂模架,将模架的荷载传递给主梁。挑梁每两根为一组,每组中间用联结系连接;整个移动模架含挑梁系统 30 组。

吊臂是连接将模架及模板等结构吊挂在挑梁上的结构,为两片一组的桁架结构,每片吊臂结构与挑梁及侧模架间均设有调节撑杆,以便整体调节模架及模板线形。整机吊臂桁架共计 30 组,见图 4-26。

5)模架及模板

(1)侧模架及底模架。侧模架和底模架均采用桁架式结构,是模板的直接支撑体系。为运输及制作方便,横桥向每组模架分为左右两个标准节段,其中底模架中间采用螺栓对接,侧模架端部与侧模螺栓连接。侧模架通过两个外侧的单铰吊挂在挑梁上,底模架通过吊挂轮吊挂在侧模架的下弦杆上。底模架和侧模架均设有可调撑杆,以支承外模的悬出部分。

本机采用侧模架及底模架携带模板整体旋转开启过墩工艺,模架旋转开启通过支撑在挑梁下弦节点上的可调撑杆伸缩实现。旋转开启前,要将底模架横桥向对接螺栓及与侧模架锁定销轴解除,然后使用倒链牵引,底模架相对于侧模架分别向左右横移开启 3.3

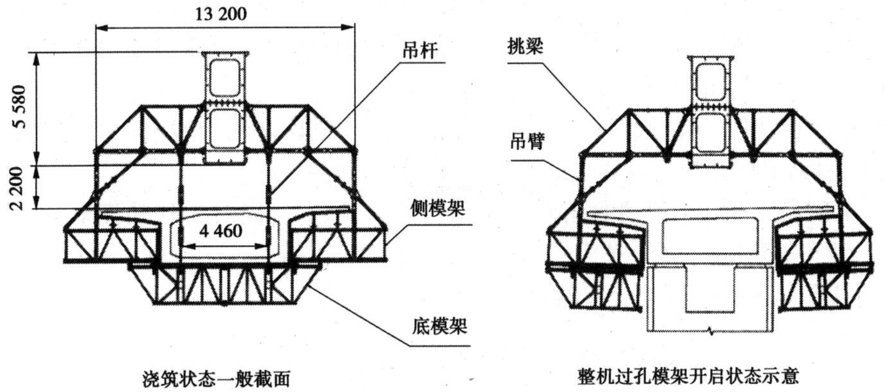

图 4-26　挑梁及吊臂、侧模架、底模架及吊杆

m，再用锁定销轴将底模架和侧模架再次临时锁定。

吊杆是附属在挑梁上的重要传力结构，顶端与挑梁相连，下端与底模架锚固。为便于安装、拆卸，吊杆分为上、中、下三节，节间通过连接器连接，吊杆拆除时，旋动下方螺母即可。

(2)外模板。外模板是箱梁混凝土的支撑及成型体系，包括底模、侧模、翼模及端模。除端模外，外模板均是由钢板和型钢组焊而成的新制模板。为适应施工需要及满足运输要求，纵横向与模架对应分块制造；为脱模及移动模架施工方便考虑，在顺桥向两相邻模板间留 30 mm 的缝隙；模板与模架间使用螺栓连接固定，以利于脱模及过孔。外模板的平面展开布置见图 4-27。

造桥机前进方向 →

外侧翼模3	外侧翼模1	外侧翼模1	外侧翼模1	外侧翼模1	外侧翼模1	外侧翼模1	外侧翼模1	外侧翼模1	外侧翼模1	外侧翼模1	外侧翼模1	外侧翼模2	外侧翼模1	外侧翼模1
外侧侧模3	外侧侧模1	外侧侧模1	外侧侧模1	外侧侧模1	外侧侧模1	外侧侧模1	外侧侧模1	外侧侧模1	外侧侧模1	外侧侧模1	外侧侧模1	外侧侧模2	外侧侧模1	外侧侧模1
	底模	底模	底模	底模	底模	底模	底模	底模	底模	底模	底模		底模	底模
	底模	底模	底模	底模	底模	底模	底模	底模	底模	底模	底模		底模	底模
内侧侧模3	内侧侧模1	内侧侧模1	内侧侧模1	内侧侧模1	内侧侧模1	内侧侧模1	内侧侧模1	内侧侧模1	内侧侧模1	内侧侧模1	内侧侧模1	内侧侧模2	内侧侧模1	内侧侧模1
内侧翼模3	内侧翼模1	内侧翼模1	内侧翼模1	内侧翼模1	内侧侧模1	内侧翼模1	内侧翼模1	内侧翼模1	内侧翼模1	内侧翼模1	内侧翼模1	内侧翼模2	内侧翼模1	内侧翼模1

图 4-27　外模板的平面展开布置

为消除施工挠度对混凝土梁线形的影响，移动模架设置有预拱度。造桥机自身引起的预拱度可通过预压得到。底模和底模架之间通过抄垫不同高度的垫板来实现预拱度，侧模架与侧模的连接处设有长圆孔，二者可以相对滑动实现预拱度，翼模的预拱度通过可调撑杆实现。

6)预埋件

为满足移动模架工作要求，需在墩顶及已浇筑混凝土桥面设置预埋件和预留孔。根据预埋件安装位置的不同分为墩顶预埋件和桥面(梁顶)预埋件。

(1)墩顶预埋件。墩顶预埋件应在墩顶混凝土浇筑前安装并可靠固定,防止混凝土浇筑过程中发生变位。墩顶预埋件为栓接桁架结构,其作用是有效传递混凝土施工前后的竖向力及可能产生的水平力。

(2)梁顶预埋件。梁顶预埋件为锚固中支点支承机构之用,预埋件通过锚栓与中支腿横梁下垫块相连,垫块顶面通过螺栓与中支腿横梁连接。

(3)梁顶预留孔。梁顶预留孔为锚固后支腿滑梁之用,同时为移动模架的纵移提供反力。预留孔采用钢管制孔,直径约 68 mm,深度约 150 mm。

上行式移动模架模板闭合、开启状态见图 4-28。

(a) 混凝土浇筑时(闭合)

(b) 模架纵移时(开启)

图 4-28　上行式移动模架模板闭合、开启状态

2. 上行式移动模架造桥机的优缺点

与下行式移动模架造桥机相比,上行式移动模架造桥机的主要优缺点如下:

优点:主体结构在桥墩以上,主梁支承在墩顶及已成梁段上,因此不需要占用桥下净空,不需要墩旁托架。特别适用于立交桥、城市高架桥、深谷高桥的施工以及软土地基高架桥的施工,同时便于桥梁首末孔的施工。

缺点:体形庞大,制梁时后支点必须支撑在新制的梁体上,因而需等到新浇梁体能够承受较大的荷载时方可浇筑下一孔,在施工中造成不便;由于底模在打开时多采用下翻的方式,因此要求桥下净空较大,其使用范围受到限制。

4.1.3.2　下行式移动模架造桥机

1. 下行式移动模架造桥机工作原理

下行式移动模架造桥机的主承重梁支撑于设置在桥墩边的牛腿上,牛腿采取直接支撑于桥墩承台或采取桥墩身预留孔的方式设置,主承重梁上安装支撑模板进行桥梁施工,MZ32/900、DXZ32/900 型造桥机均属于下行式移动模架造桥机。

整个移动支架系统对称桥中心线分为两部分,分别支撑于安装在桥墩两侧的支撑托架上。支撑托架利用承台、桥墩上预埋件(见图 4-29、图 4-30、图 4-31)作为支撑点,模板系统与主梁连为一体。系统自重及施工荷载由主梁承担,纵向移动前由桥中心线分开,在推进台车动力作用下使系统顺利通过墩身。

下行式移动模架系统在浇筑混凝土前,应采用堆载等方式对其进行预压,并根据预压

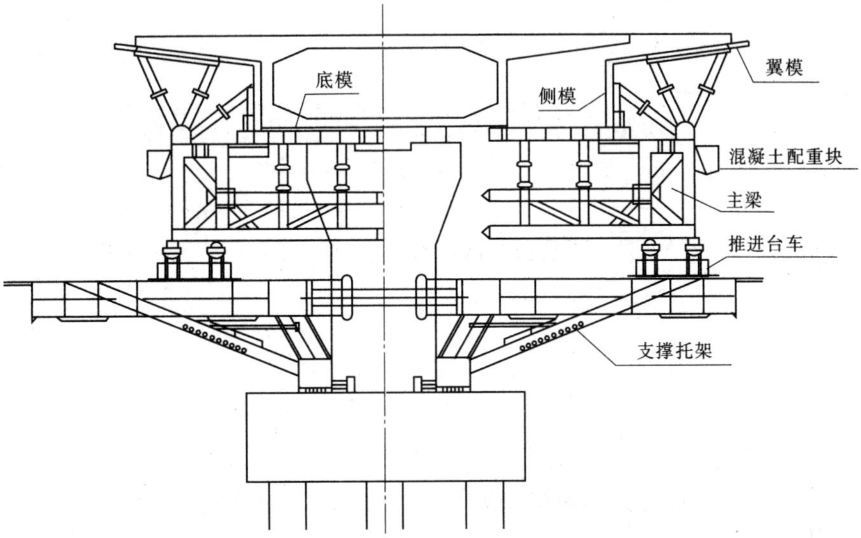

图 4-29　利用承台支撑的下行式移动模架横截面

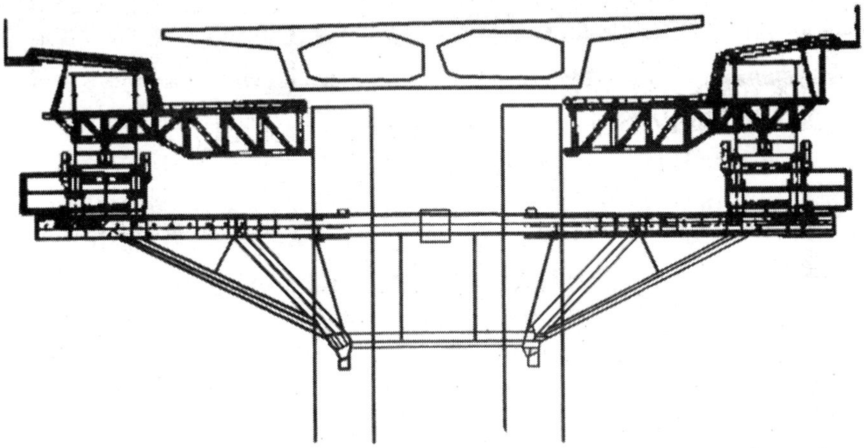

图 4-30　利用桥墩预埋件支撑的下行式移动模架开模状态

结构对其设置竖向预拱度,模板横坡度、预拱度和平曲线均用液压系统调整。

2. 下行式移动模架造桥机的优缺点

与上行式移动模架造桥机相比,其优点为:PC 梁宽度不受限制,采取了直接支撑的方式,便于对底模线形的调整,由于下行式移动模架横向迎风面积小于上行式移动模架,施工中受到的风荷载较小,在台风季节及风力较大桥位处施工受影响较小。其缺点为:需占用桥下净空,需在桥墩上安装大型的托架;模架移动时需要横向打开,为保证横向抗倾覆稳定,需要设配重设施;横向打开时,桥梁两侧占用空间大。由于有前后导梁存在,在施工桥梁首末孔时难度较大。

4.1.3.3　上行式支架造桥机

支架造桥机建造预应力混凝土箱梁是基于先“化整为零”后“集零为整”的思想。其

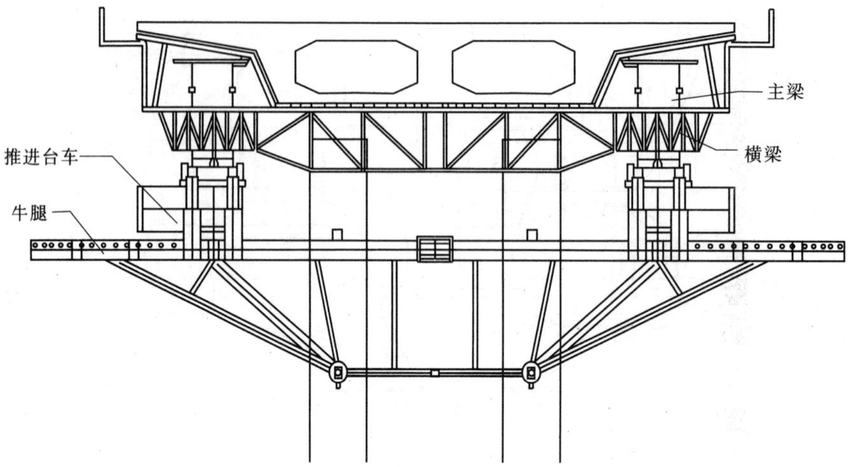

图 4-31　利用桥墩预埋件支撑的下行式移动模架合模状态

施工作业原理是通过将一孔混凝土梁分成若干个节段(可分成纵向、横向节段),先在预制场预制各节段,然后将各节段安放在支架造桥机上,用接缝现浇(湿接缝)或涂胶(干接缝)将节段连接在一起,在造桥机上原位张拉预应力钢束,将各节段连接为整体。

相对于干接缝,湿接缝预制节段的位置偏差可以通过湿接缝调整,节段预制精度要求要低,相邻节段拼装采用干接缝时,在拼接面涂 2~3 mm 厚度的环氧树脂来弥补节段端面出现的微小缺陷和变形,并保证预应力孔道接缝处的密闭,施工难度较湿接缝高得多。不论是湿接缝还是干接缝,接缝施工质量将影响梁体耐久性,但这种施工方法可将上部结构预制与下部结构施工同时进行。上部结构预应力加载龄期较长,预制场规模不大,相对移动模架法对其承重梁刚度要求低,故能适应更大跨度桥梁的建造。目前,国内采用移动模架施工的最大跨度为 50 m,而采用移动支架法施工的最大跨度已达 64 m。

下面结合温(州)福(州)铁路客运专线白马河特大桥工程实践介绍上行支架造桥机构造及工作原理。

1. 工程概况

温(州)福(州)铁路客运专线白马河特大桥位于福建省福安市甘塘镇,桥跨布置自温州方向起为 10×32 m 简支梁+(80+3 145+80)m 连续刚构+1 564 m 简支梁+(48+80+48)m 连续梁+31×32 简支梁,全桥长 3 126. 96 m。简支梁均为预应力混凝土箱形梁,其中 15~30 号墩共 15 孔为 64 m 铁路双线简支箱梁,双箱单室结构,长 66. 3 m,宽 13 m,高 5 m;梁体采用分节段预制,造桥机吊装,浇筑混凝土湿接缝并施加预应力成孔。箱梁顺桥向分 13 节,横桥向分 2 块进行预制,两侧翼尖后浇,预制梁节段长度有 5. 15 m、4. 5 m、4. 4 m 三种规格,纵、横向湿接缝均宽 0. 6 m;整孔梁自重 3 167 t(未计翼尖),预制节段最大质量 137 t。64 m 梁结构分块示意见图 4-32。

2. 施工方案

该桥施工单位中铁大桥局股份有限公司经方案比选决定采用单孔双线拼装施工。造桥机节段安装方式经对比吊挂方案和支撑方案后,决定采用支撑方案,两种方案示意见图 4-33。

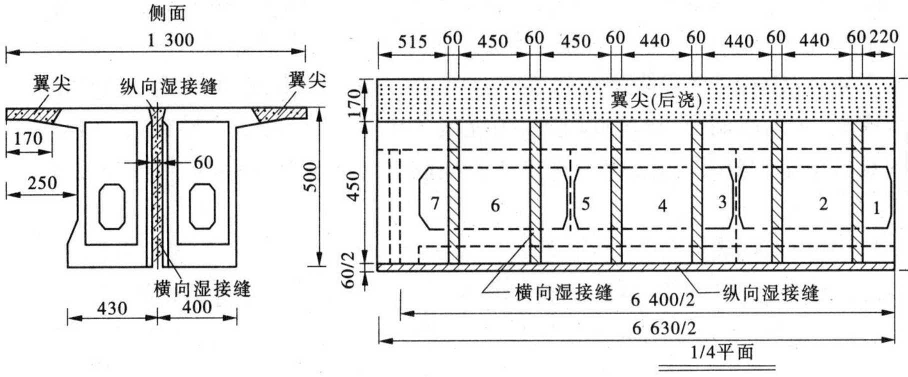

图 4-32 64 m 梁结构分块示意 （单位:cm）

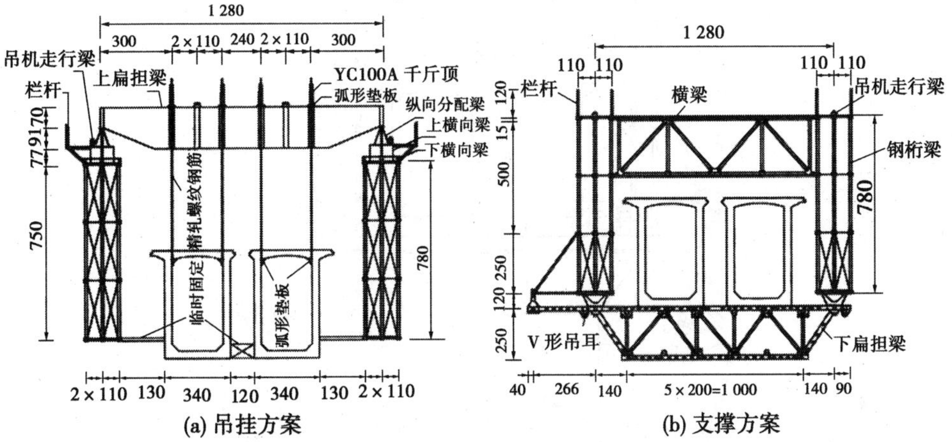

图 4-33 造桥机悬挂、支撑方案示意 （单位:cm）

造桥机主要由承重梁、150 t 提梁吊机、支承及纵横移系统构成,如图 4-34 所示。

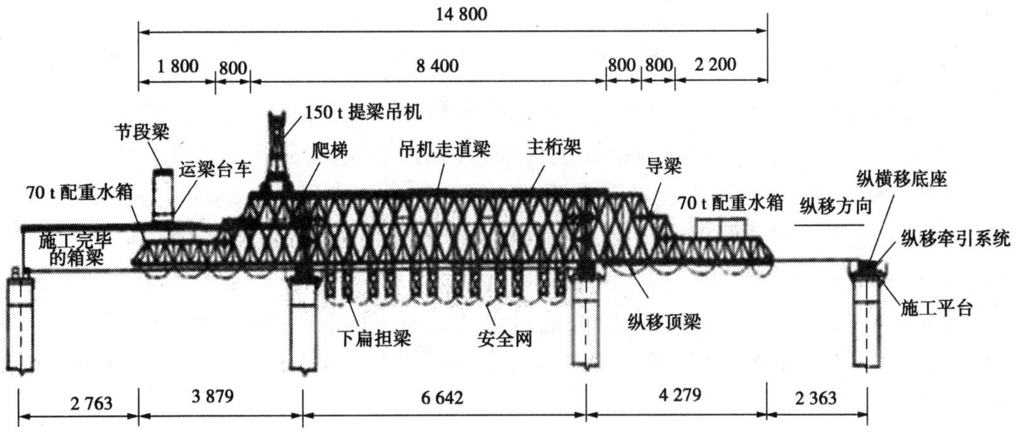

图 4-34 造桥机总体布置 （单位:cm）

(1)承重梁。钢桁梁:全长 148 m,包含前后导梁,主桁高 7. 5 m,每组 3 榀,间距 1. 1 m,两组主桁中心距 12. 8 m,对称布置在墩顶。主桁跨中上下弦杆采用低合金杆件,其屈服点不小于 400 MPa,强度极限不小于 540 MPa;应力水平较低的杆件,采用 Q345B。

桁间横联:主桁高而窄,稳定性较差,为此设置了 5 组桁间横联,导梁前端 1 组,7. 5 m 高桁段两端各 1 组,跨中附近 2 组。跨中 2 组横联设计成易拆装结构,便于梁块吊装时临时拆除。

下扁担梁:由军用梁杆件组拼而成,通过 V 形吊耳吊挂在主桁特制的横杆下,扁担梁顶面设支点承托节段梁,顶面、底面均设操作平台;造桥机过孔时将扁担梁绕一端旋转开启,过墩后及时复位;根据受力需求适当加大了墩帽的尺寸,如图 4-35 所示。

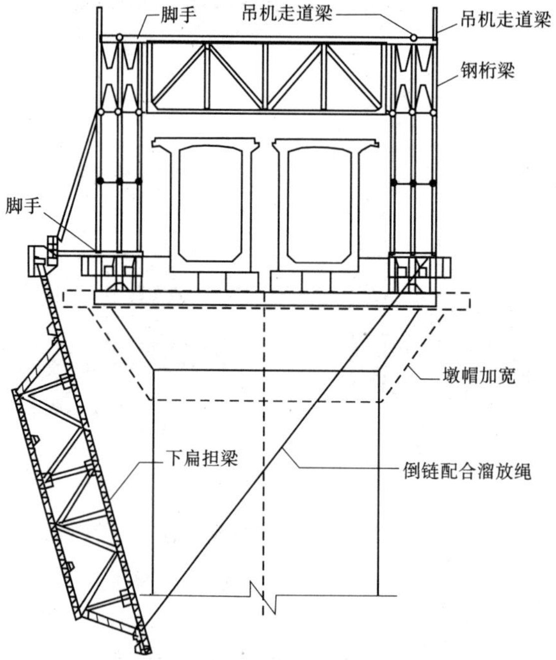

图 4-35　过孔时下扁担梁状态

(2)提梁吊机。150 t 提梁吊机主梁采用扁钢箱,两端均设悬臂,除吊装节段梁的主吊具外,还配备用于安装下扁担梁、横联、模板等结构的 10 t 电动葫芦。吊机采用单轨走行。

(3)支承及纵横移系统。包括支承滑座、纵向牵引装置和横移装置。支承滑座采用平板式结构,底部与墩顶预埋件连接,造桥机的支承、纵移及横移均在此滑座上完成。滑座长 3. 7 m,以尽量减小接触应力,保证纵移过程中始终是主桁节点受力,避免下弦杆受弯。在前方墩顶设置 2 台 150 t 千斤顶,通过钢绞线拖拉承重梁纵移。整机横移采用横置千斤顶顶推结合另一侧穿心式千斤顶拖拉的方式。

3. 施工流程

(1)在首孔桥位安装移动支架造桥机,150 t 提梁吊机进行荷载试验。

(2)运梁台车输送的预制梁块按照先跨中、后两端、对称摆放的原则,由提梁吊机安装至下扁担梁上。

(3)调整线形,安装湿接缝钢筋、模板,浇筑湿接缝混凝土,养护。

(4)湿接缝混凝土强度达到设计要求后,进行纵向预应力束初张拉,解除造桥机对箱梁的支承。

(5)造桥机纵移过孔,纵横移微调、精确就位,准备下孔梁施工。

(6)终张拉纵向预应力束,立模、绑扎钢筋、浇筑翼尖混凝土,养护至设计强度后张拉横向预应力束。

项目4.2　连续梁桥施工

【项目描述】

连续梁具有桥梁线形好、行车平顺,结构体系完整,梁体受力较好的优点,该桥型的应用越来越广泛,特别是先简支后连续梁桥和支架现浇连续梁桥。

【项目分析】

1. 先简支后连续梁桥的施工技术。
2. 支架现浇法施工连续梁桥。

【项目案例】

参考图纸　　　完成作业

【项目实施】

4.2.1　先简支后连续梁桥施工

随着桥梁技术的发展,综合各类结构体系的优点,桥梁越来越多地采用了先简支后连续结构体系。简支梁具有施工工艺简单、建造预制场地及台座结构简单易行、预制安装方便的优点,而连续梁具有桥梁线形好、行车平顺,结构体系完整,梁体受力较好的优点,将这两种优点相结合就形成了先简支后连续的结构体系。

4.2.1.1　工法特点

本工法具有施工工艺简单、预应力施工设备通用性强、安全可靠的特点。采用先简支后连续施工工艺的桥梁,每一联结构体系转换后,其结构体系属于超静定结构,也就是连续结构,它具有梁体整体线形好、受力合理、行车平顺、桥梁运行多年后跨中不易产生挠度的特点。而又克服了连续梁施工必须采用满堂脚手架(或支架)或移动模架投入设备多且占地较大,影响桥下通行的缺点。因此,近年来被广泛推崇。传统的连续梁混凝土必须采用搭设满堂支架现浇或采用移动模架现浇,待混凝土强度达到相应强度进行预应力施工形成连续梁。当桥下净空不足或须通车通航,不具备搭设支架时就必须采用移动模架进行施工，而移动模架设备投入过大，造价较高不便推广。采用先简支后连续施工方法是先将梁体按照简支梁的施工方法在预制场进行梁体预制，同时完成正弯矩区预应力体系的施工，此时梁体作为简支梁可以进行梁板安装，安装后将一联的所有梁体连接形成一体，同时在负弯矩区预留孔道内穿入预应力束，浇灌梁端横梁和湿接缝使其形成整体，最后进行负弯矩区预应力束施工形成连续体系。

4.2.1.2 适用范围

本工法适用于曲线半径大于 400 m，跨度 16 m 以上，多跨结构桥梁施工。适用于桥下无支架搭设条件，需要通车通航的桥梁工程施工。该施工工艺建立在桥梁设计时，对桥梁结构体系就采用本工法进行设计的桥梁工程。

4.2.1.3 工艺原理

先简支后连续箱形连续梁桥与普通板桥最主要的区别在于其施工过程中结构受力体系的转换，即这种结构体系转换前属于简支梁，结构体系转换后变为连续梁。而普通板梁桥设计为简支梁不能进行体系转换，从受力方面分析可知，连续梁比普通简支梁各部分受力更为均匀合理。

由简支转换为连续体系，是通过在箱梁端部顶部负弯矩区内增设负弯矩预应力束来实现的，而为配合梁体结构体系转换，在转换过程中需在箱梁端部布设相应临时支座并适时拆除来实现其体系的转换。负弯矩区预应力束的张拉及临时支座的安装拆除，是能否实现体系顺利转换的重要环节，也是先简支后连续箱梁桥施工的难点工序之一。箱形梁在预制场预制并完成正弯矩区预应力施工后，作为简支梁进行安装，并采用临时支座（每片箱梁 4 个临时支座）支撑于盖梁上。待箱梁安装完毕，即将每一联的连续端端部负弯矩区预应力束管道和非预应力钢筋进行连接（含连续端横梁）。钢筋及管道连接完毕后立模浇筑连续端横梁及负弯矩区梁间湿接缝混凝土。立模时确保各永久支座处连续端横梁底部距永久支座间距均为 10 mm（确保一联所有永久支座顶部预留间隙相等），待混凝土强度达到设计强度的 90%以上，即可进行负弯矩预应力束穿束张拉。张拉完毕进行孔道压浆。此时，桥梁整联上部结构已经形成一个连续的整体。此时将一联所有临时支座同时降低，保证一联整个梁体同时平稳降落在永久支座上，并拆除临时支座即可完成简支体系向连续体系的转换。最后对跨中湿接缝混凝土进行浇筑即全部完成体系转换。待全部湿接缝混凝土达到设计强度即可进行桥面铺装作业。

本工法在进行体系转换中使用的临时支座由无缝钢管制成，分别由上部、底座和漏砂口构成。在上部和底座无缝钢管内腔填充了干砂，支撑箱梁时箱梁压于临时支座上部顶板，当进行体系转换降低梁体时，同时将所有临时支座漏砂口螺栓打开，临时支座腔内的干砂就均匀缓慢流出，支座上部下降，实现箱梁整体降低，下落于永久支座上，从而实现体系转换。

4.2.1.4 工艺流程及操作要点

1. 工艺流程

工艺流程见图 4-36。

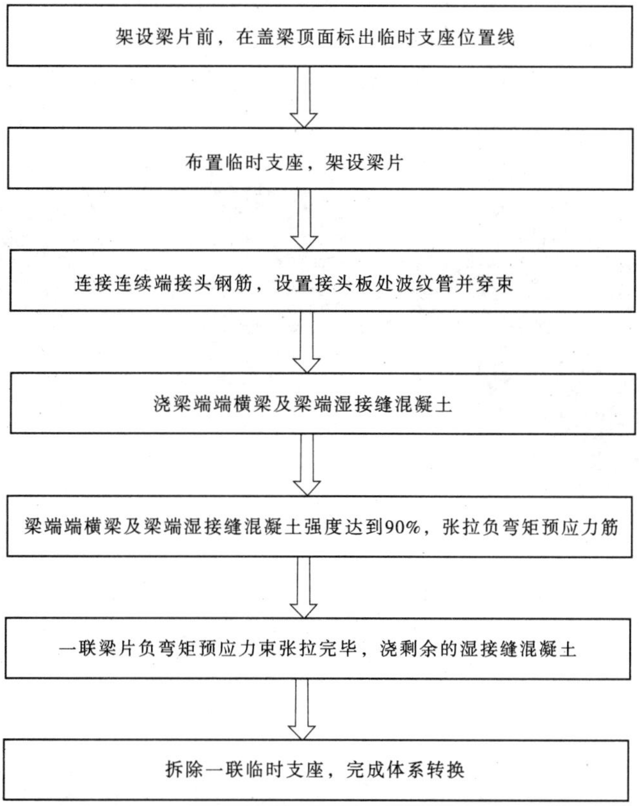

图4-36　工艺流程

2. 操作要点

(1)先预制主梁，混凝土达到设计强度的90%后，张拉正弯矩区预应力钢束，压注水泥浆并及时清理箱梁底板通气孔。

(2)制作临时支座(使用中见图4-37)。

图4-37　临时支座(使用中)

(3)布设临时支座,设置临时支座并安装好永久支座(永久支座和临时支座一样高,联端无须高临时支座),如图 4-38 所示。

图 4-38　临时支座和永久支座

(4)逐孔安装主梁,置于临时支座上成为简支状态,及时连接桥面板钢筋及端横梁钢筋,见图 4-39。

图 4-39　桥面板钢筋及端横梁钢筋连接

(5)连接连续接头段钢筋,绑扎横梁钢筋,设置接头板处波纹管并穿束。

(6)在日温最低时,浇筑连续接头、中横梁及其两侧与顶板负弯矩束同长度范围内的桥面板混凝土。

(7)当接头、中横梁达到设计强度的 95% 后,张拉顶板负弯矩预应力钢束(见图 4-40)。

二次张拉采用单根张拉和锚固,并压注水泥浆。每联箱梁形成连续的步骤,详见现浇接头施工顺序(见图 4-41)。

图 4-40　顶板负弯矩预应力钢束

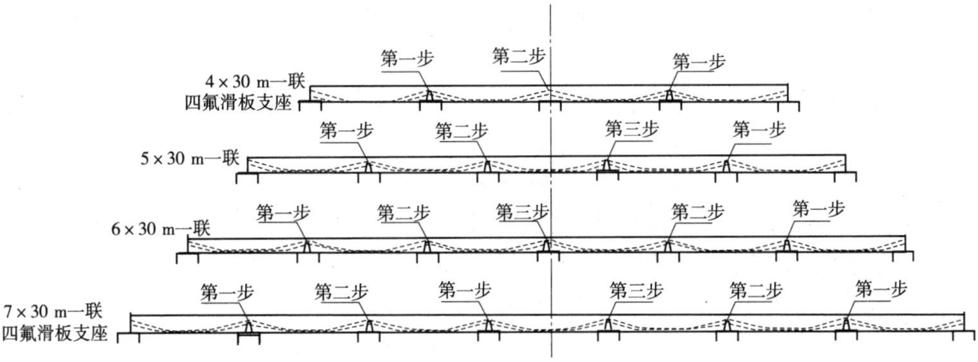

图 4-41　现浇接头施工顺序

(8)接头施工完成后,浇筑剩余部分桥面板湿接缝混凝土,剩余部分桥面板湿接缝混凝土应由跨中向支点浇筑,见图 4-42。

图 4-42　桥面板湿接缝混凝土施工

(9)浇筑完成后拆除一联内临时支座,完成体系转换。解除临时支座时,应特别注意严防高温影响橡胶支座质量。

4.2.1.5　**质量控制**

（1）工程技术人员要深入现场仔细检查，若有异常情况应及时处理。

（2）制作临时支座要求如下：

①在转换前有足够的支撑强度，保证在转换前各项作业顺利完成。

②能在梁归落时操作方便，保证一联梁片同时沉落，同时要便于操作。

③要考虑到经济性。临时支座具体做法是：由上座和下座构成，其中上座采用外径145 mm的无缝钢管及一块厚度14 mm，长、宽均为200 mm的方形钢板制成，上座无缝钢管内采用C25混凝土填充。下座采用内径150 mm的无缝钢管及一块厚度为14 mm，长、宽均为240 mm的底板钢板制成，下座无缝钢管下部设有2个放砂螺口，下座内填充一定高度的河砂，将上座嵌入下座内，通过调整下座内河砂的数量来调节整个临时支座的高度。依据河砂较好的流动性，装入砂筒内，河砂细度模数为3.2，临时支座抗压强度完全可满足要求。

（3）当预制梁板吊装在临时砂支座上时，呈简支状态，此时需将板端间预留的钢筋连接成网，并浇筑混凝土使之纵向连续。

（4）二次张拉是在现浇段达到设计强度95%后进行，其位于板的上部。浇筑湿接头时，预先埋入波纹管，二次张拉仍采用单根张拉和锚固。张拉结束后，在板间上部形成了足以承受负弯矩的结构。体系转换的目的是将板由简支变为连续，即使原来并不承受弯矩的板端处（墩位）可承担负弯矩，并以此减小在跨中出现的最大正弯矩。

（5）拆除临时支座时，需要几个人同时作业，保证梁同时下落，如板不能同时下落，可能会造成三条腿现象，使梁发生扭曲，这是梁受力所忌讳的。

（6）拆除临时支座时，一般采取的方法为将临时支座的螺栓拧开，使砂子匀速地自动流出，梁板得以平稳地沉降到永久支座上去，保证了体系转换的顺利完成。

4.2.1.6　**施工安全**

（1）作业人员要经过技术培训，分工明确，不可乱了工序和阵脚，注意人身、机具及梁体的安全。

（2）参加运梁、架梁操作人员首先要认真学习贯彻“安全生产”的方针，落实各项安全生产规章制度，熟悉各项安全操作规程，懂得指挥信号，并严格遵守操作规程和劳动组织纪律，服从分配，认真执行“三检”制。

（3）对人员要明确分工，并建立岗位责任制。劳动分工应尽可能保持稳定，不得在操作前临时调换工种，以避免由于技术不熟练而发生意外事故。

（4）施工运梁、架梁现场要严格实行统一指挥，在吊装和运输过程中除现场指挥人员外，任何人不得指挥操作。指挥操作采用各种手势、旗号、噪声等信号，应事先做出统一规定，并严格遵守，不得中途随意改变，以免发生误会。

（5）负弯矩张拉是较危险的施工作业，在张拉时要注意安全。

（6）在上班操作前和工作中必须戴安全帽和配备劳动保护用品。并设立安全警示标。

（7）高空作业人员要经过体检，明确无心脏病、高血压、贫血、精神病等不适应于高空作业的疾病,才能担任高空运梁作业,如工作前或工作中,在精神体力方面感到不适应高空作业时,应酌情另行安排作业。

(8)夜间施工必须有足够的照明设备。

(9)水上运梁时防止人员落水,做好救护预防工作。

4.2.2 支架现浇连续梁施工

支架现浇连续梁在中小跨度连续梁中应用较多,支架结构形式常用的有两种:一种是为跨越既有线路施工,为车辆、行人通行预留通道,或在跨越软土等地基承载力低的区域,采用满堂支架时地基处理费用太高,可采用墩梁支架;另一种是采用碗扣支撑体系形成满堂支架。

4.2.2.1 支架结构形式

1. 墩梁支架结构形式

现场墩梁结构形式多种多样,墩可以采用钢管、碗扣钢管支架、军用墩等。梁可以采用贝雷梁、型钢、军用梁等。采用何种墩、梁形式应根据现场地层地质条件、施工单位自身材料情况等选择。

在梁跨度较大(超过 4 m)时,一般采用贝雷梁或军用梁作梁。

墩梁支架的构造特点是采用多片梁承受上部梁体的重量及施工荷载,桥梁结构中现浇梁多采用箱形结构,支架中梁的受力并不均匀,为保证施工过程中支架的整体稳定性,梁间横向应有可靠的连接。对于军用梁、贝雷梁作梁的墩梁支架,可在梁上沿纵向一定间距设置横向连接型钢,将各片梁连接为整体。

墩梁支架中梁的预拱度靠模板下方木调整,在变截面箱梁中如采用墩梁支架,梁上可设置碗扣支架,利用碗扣支架的顶托,作为支架预拱度调整及卸架的装置。

由于墩梁支架中梁的变形是控制的主要因素,墩梁支架的跨度一般不大。在特殊场地条件下必须采用大跨墩梁支架时,为增加支架中梁的刚度,可采用双层贝雷梁或双层军用梁的结构形式。

墩梁支架中的墩主要承受压力,其和地基基础间应可靠连接,使其底部形成固定约束。为保证支墩不失稳,如采用钢管墩,相邻钢管间可用型钢横向连接,钢管顶部、底部可设置加劲肋加强,并加设顶板。

卸架装置是墩梁支架中拆除支架的主要设施,墩梁支架的卸架装置主要采用卸架砂箱。原卸架砂箱常采用钢板焊制成箱形底座,内填充干砂,顶盖用钢板焊成小的钢箱,放置在底座内,浇筑混凝土时利用干砂承受压力,卸架时通过预留螺栓孔清除底座内干砂,降低顶盖高度,使墩梁支架中梁上模板脱开混凝土梁体。

采用钢板焊制砂箱浪费钢板,加工费工、费时,在有雨季节施工时雨水可能进入底座,使砂子含水量增大,造成卸架困难。目前现场将卸架砂箱进行了改进,砂箱底座、顶盖均采用现成钢管,顶盖内填充加少量水泥的碎石粉末,以增大其承载能力,顶盖面板直径大于底座直径,雨水不能进入底座内。可参考临时支座。

对跨越既有公路的墩梁支架,单车道净宽不小于 3.5 m、净高不小于 4.5 m,且应在进入支架前设置限位门架、底座防撞墩,并将底座混凝土涂上反光油漆,在确保车辆能顺利通过的同时,也可保证车辆不会对支架碰撞而影响支架安全。

2. 满堂支架结构形式

满堂支架立杆常采用钢管或碗扣立杆。鉴于钢管支架本身制造质量问题,现在有些施工单位明确提出不能采用钢管支架作为现浇梁的施工支架,故本书仅介绍碗扣式支架满堂支架。

碗扣式支架是一种新型承插式钢管支架,由立杆、横杆、顶托、底托等组成。碗扣节点由上碗扣、下碗扣、立杆、横杆接头和上碗扣限位销组成,见图 4-43。立杆碗扣节点按 0.6 m 模数设置。

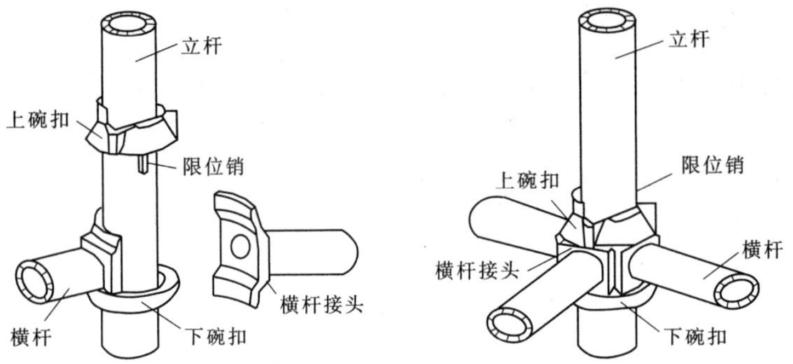

(a)连接前　　(b)连接后

图 4-43　碗扣支架节点构成

钢管立杆材料为 Q235A 级普通钢管,钢管壁厚不得小于(3.5±0.025)mm,立杆与立杆连接的连接孔处应能插入ϕ2 连接销。

实际工程中可根据荷载大小设置不同的立杆间距,立杆间距按 0.3 m 模数设置。在桥梁结构中,除按要求布设横杆外,还应该设置斜撑。斜撑一般采用钢管,用扣件将钢管和碗扣支架立杆连接在一起。

横板支架设计应考虑以下各项荷载:①横板、支架自重;②新浇混凝土、钢筋、预应力筋或其他圬土结构物重力;③施工人员及施工设备、施工材料荷载;④振捣混凝土产生的振动荷载;⑤新浇混凝土对横板侧面的压力;⑥混凝土入模时产生的水平方向的冲击荷载;⑦设于水中的支架所承受的水流压力、波浪力、流冰压力、船只及其他漂流物的撞击力。模板、支架和拱架设计计算的荷载组合见表 4-1,竖向荷载标准值见表 4-2,各荷载分项系数见表 4-3。

表 4-1　模板、支架和拱架设计计算的荷载组合

模板结构名称	荷载组合	
	计算强度用	验算刚度用
梁、板和拱的底模板以及支承板、支架及拱等	①+②+③+④+⑦	①+②+⑦
路缘石、人行道、栏杆、柱、梁、板、拱等的侧模板	④+⑤	⑤
基础、墩台等厚大建筑物的侧模板	⑤+⑥	⑤

表 4-2　竖向荷载标准值

<table>
<tr><td>序号</td><td>项目</td><td colspan="7">材料容重或荷载大小</td></tr>
<tr><td rowspan="3">1</td><td rowspan="3">模板、支架、拱架、脚手架重度</td><td colspan="4">材料(kN/m³)</td><td>钢材(kN/m³)</td><td colspan="2">定型钢模(kN/m³)</td></tr>
<tr><td>松木</td><td>阔叶树</td><td>橡木、落叶松</td><td>杉木、枫树</td><td>钢材</td><td>组合钢模及连接件</td><td>组合钢模、连接件及钢楞</td></tr>
<tr><td>6</td><td>8</td><td>7.5</td><td>5</td><td>78.5</td><td>0.5</td><td>0.75</td></tr>
<tr><td rowspan="3">2</td><td rowspan="3">新浇混凝土、钢筋混凝土或砌体的重度</td><td colspan="4" rowspan="2">混凝土,砌体(kN/m³)</td><td colspan="3">钢筋混凝土(以体积计算的含筋率)(kN/m³)</td></tr>
<tr><td>≤2%</td><td colspan="2"><2%</td></tr>
<tr><td colspan="4">24</td><td>25</td><td colspan="2">26</td></tr>
<tr><td>3</td><td>施工人员,施工料具运输、堆放荷载</td><td colspan="7">1. 计算模板及其支撑模板的小楞时,均布荷载可取 2.5 kPa,另以集中荷载 2.5 kN 进行验算;
2. 计算支撑小楞的梁或拱架时,均布荷载可取 1.5 kPa;
3. 计算支架立柱及支撑拱架的其他结构构件时,均布荷载可取 1.0 kPa</td></tr>
<tr><td rowspan="5">4</td><td rowspan="5">倾倒混凝土时产生的冲击荷载</td><td>序号</td><td colspan="4">向模板中供料方式</td><td colspan="2">容器大小(kN)</td></tr>
<tr><td>1</td><td colspan="4">用小于或等于 0.2 m³ 的容器或用溜槽、串筒或导管倾倒时</td><td colspan="2">2.0</td></tr>
<tr><td>2</td><td colspan="4">用 0.2~0.8 m³ 的容器倾倒时</td><td colspan="2">4.0</td></tr>
<tr><td>3</td><td colspan="4">用大于 0.8 m³ 的容器倾倒时</td><td colspan="2">6.0</td></tr>
<tr><td>4</td><td colspan="4">混凝土厚度大于 1 m 时</td><td colspan="2">不计</td></tr>
<tr><td>5</td><td>振捣混凝土产生的荷载</td><td colspan="7">2.0 kPa</td></tr>
<tr><td>6</td><td>其他可能产生的荷载</td><td colspan="7">雪荷载、冬季保暖设施荷载按实际情况考虑</td></tr>
</table>

表 4-3　各荷载分项系数

序号	荷载类别	γ_i
1	模板、支架、拱架、脚手架重度	1.2
2	新浇混凝土、钢筋混凝土或砌体的重度	1.2
3	施工人员、施工料具运输、堆放荷载	1.4
4	倾倒混凝土时产生的冲击荷载	1.4
5	振捣混凝土产生的荷载	1.4
6	其他可能产生的荷载	—

3. 材料应力、变形限值

模板、拱架、支架等属临时结构,其强度设计采用容许应力法。

1) 木材容许应力

桥梁支架顶部通常采用方木作为底模板的支撑,并通过纵横向方木将上部荷载传递给支架立柱,因此经常会计算方木受力性能。按《木结构设计标准》(GB 50005—2017)规定,作为承重结构的木材其材质不宜低于Ⅲ等材。

2) 钢材容许应力

用于制造钢模板、型钢、碗扣式支架的钢材一般采用 Q235,其容许应力见表 4-4。

表 4-4　钢模板、型钢、碗扣式支架的容许应力　(单位:MPa)

材料	应力类别	符号	规范规定
Q235	抗压、抗拉轴向力	$[\sigma]$	140
	弯曲应力	$[\sigma_w]$	145
	剪应力	$[\tau]$	85

3) 稳定性、刚度要求

按《公路桥涵施工技术规范》(JTG/T 3650—2020)要求,支架的立柱应保持稳定,并用斜杆固定。当验算模板、支架在自重、风荷载等作用下的抗倾覆稳定性时,验算倾覆的稳定系数不得小于 1.3。

验算支架及拱架的刚度时,其变形值不得超过下列数值:

(1)结构表面外露的模板,挠度为模板构件跨度的 1/400。

(2)结构表面隐蔽的模板,挠度为模板构件跨度的 1/250。

(3)支架、拱架受载后挠曲的杆件(盖梁、纵梁),其弹性挠度为相应结构跨度的 1/400。

4.2.2.2　支架现浇施工及质量控制

1. 墩梁支架施工

1) 墩基础处理

墩梁支架主要用于跨越既有公路、河流或采用满堂支架时地基处理相当困难场地情况。相对于满堂支架,墩基础承受荷载较大,除承载能力满足要求外,在上部结构施工期间,其沉降也应符合要求。墩基础一般采用 C25 混凝土,顶部设钢筋网片,对于跨越既有公路的墩梁支架,墩的基础可以采用预制混凝土或现浇混凝土直接支撑在公路路面上;对于位于非既有公路上的墩,应根据场地地质、地层及上部荷载情况,对混凝土墩基础进行处理,如地层承载能力达不到设计要求,可采用换填、夯实等处理措施。如有必要,在浇筑完基础混凝土后,可先选择一个墩基础进行预压。

2) 墩安装

在墩混凝土基础上,一般设置预埋钢筋或钢板,将钢管墩下部和混凝土基础连接在一起(见图 4-44),形成固定约束。墩上下部做加劲肋及托板,以增加钢管墩的局部承载能力,两相邻钢管墩间用型钢连接在一起,以减小钢管墩的自由长度。

图 4-44　现浇混凝土墩与钢管连接

3)卸架砂箱安放

卸架砂箱放置在梁和墩之间,一般在墩上做一水平型钢,砂箱放置在水平型钢上,砂箱和梁之间再放一水平型钢(见图 4-45),也可将砂箱直接安放在钢管墩上,上设水平型钢支撑支架中纵梁。采用何种方式可根据具体情况确定。

图 4-45　砂箱与分配梁布置

4)支架纵梁架设

对于跨越既有公路的墩梁支架,由于车辆通行净空要求,且跨度不大,一般采用型钢作墩梁支架纵梁,其他墩梁支架中纵梁多采用贝雷梁(见图 4-46)。现场使用贝雷梁时,可采用连接横撑(花窗)每隔 3 m 将两片或三片贝雷梁连接在一起,形成钢桁梁(见图 4-47)。制式的横向连接中心宽度分别为 450 mm、900 mm。贝雷梁在地面上拼装成桁架后,分段用吊车将其吊到设计位置。桁架的布置根据梁截面形状确定,一般箱梁腹板下布设较密,翼板范围布设较稀,为保证各桁架共同受力,在桁架顶部每隔一定间距设置一道 10 号槽钢(或其他型钢)(见图 4-45)。槽钢设置间距可根据具体情况确定,但每个节段两端、中间立杆、斜杆交叉位置必须设置槽钢,并将槽钢和桁架上弦杆通过"U"形螺栓连接在一起。

图 4-46　贝雷梁施工

图 4-47　贝雷梁连接

墩梁支架中纵梁必须设置预拱度。纵梁的预拱度包含两部分:一部分是由于支架纵梁在荷载作用下产生的竖向变形;另一部分是设计要求的由于结构后期受力、徐变等引起的竖向变形。由于贝雷梁属销栓连接,支架变形除荷载作用下的变形外,还存在错孔挠度。即由销孔错动、挤密引起的挠度。为消除错孔挠度,并检验支架的受力及变形,在安装模板前都会要求对支架进行预压,预压时一般按 1.2 倍的荷载施加重量。施加荷载可采用砂袋、钢筋等重物。预压可消除纵梁的错孔挠度,根据预压荷载作用下纵梁的变形及设计要求设置的预拱度叠加后,通过支架上面的方木等调整出预拱度。

2. 满堂支架施工

1) 基础处理

基础处理应根据支架受力计算确定,对基础承载能力达不到要求的应进行处理。处理方法应根据现场实际情况确定,可采用换填、抛石挤淤等方法处理,雨季施工或桥位处雨水较多的应浇筑一层厚度 20 cm 的 C15 混凝土,并做排水横坡,在基础两侧做纵桥向排水沟,以防雨水渗透造成基础不均匀沉降。

2) 支架搭设

混凝土基础上可直接安放底托或加设方木后安放底托,底托丝杆旋出长度越小越好,以减小底部立杆的自由长度。第一层横联称为扫地杆,必须安放。相邻立杆间接头位置应错开,立杆平面位置偏差不得超过跨度的1/1 000或30 mm,垂直度应控制在允许范围内。顶托丝杆旋出长度应控制在丝杆总长度的1/3以内,否则丝杆旋出过长会造成立杆顶部自由长度过大。在荷载作用下(尤其是在有纵坡情况下)可能会造成立杆局部失稳。某桥桥墩盖梁为变截面,采用碗扣支撑体系现浇,由于顶托旋出长度过长,在预压过程中发现立杆顶部发生明显偏斜,后不得不在丝杆中间用钢管设置纵、横向连接减小丝杆自由长度。

对于采用满堂支架现浇施工的变截面梁,由于碗扣支架长度为制式,不可能在现场进行切割,加之立杆接头需要错开,在设计支架时必须进行配杆计算,即设计出每排立杆所需杆件型号。安装时按图施工,一方面便于碗扣立杆的进料数量统计,另一方面在安装立杆时也可将接头错开。

斜撑(剪刀撑)在纵、横桥向均应设置,纵桥向在腹板下、顺桥中心、翼板下必须设置,横桥向设置间距应根据具体情况确定。安装剪刀撑时,剪刀撑斜杆按斜向45°~60°由底至顶连续设置,与立杆应尽量在节点附近连接,用扣件将斜杆和立杆连接牢固。对于较高支架,在支架沿高度方向顶、支架底及中部,也应布置水平剪刀撑。

安装立杆过程中应及时架设斜杆及横联,以防在搭设支架过程中发生倾覆事故。

3)支架预压

支架预压是支架现浇桥梁施工的关键步骤。其目的为:检验支架整体稳定性;消除支架、方木、模板非弹性变形,同时得到支架弹性变形,并依此作为支架本身预拱度抛高值的依据;检验支架基础在荷载作用下的变形及承载能力;使桥梁线形符合设计要求,避免箱梁混凝土因支架不均匀沉降出现开裂。

支架预压可采用砂袋堆载预压(见图4-48),采用由纤维材料编织的编织袋每个质量在2 t左右;预压时砂袋堆放尽量和梁体混凝土质量分布相同;预压荷载质量一般为梁体混凝土湿重的1.05~1.1倍。

图4-48　砂袋预压现场

预压加载分级进行,可按30%、60%、100%、110%分级加载。加载过程中选取若干截面在底模、基础顶分别做变形观测点,并按以下程序进行变形观测:加载前记录各测点初始高程，加一级荷载后每隔 6 h 观测一次。当日沉降量小于或等于 2.0 mm 时，施加下一级荷载，当日沉降量小于或等于 2.0 mm 后，认为地基基础沉降稳定，可以卸载。卸载过程中，同样在原变形测点处进行卸载过程中变形观测，根据观测结果，得到支架、基础的非弹性变形及弹性变形，依据弹性变形设置支架自身的预拱度抛高值。

支架预压时应严格控制堆载的均衡。对于支架较高、较窄的公路匝道及铁路桥更应如此，严禁在加载时顺桥两侧堆载偏差过大，使高耸支架偏载严重，有可能造成支架在预压时垮塌。

4) 预拱度设置

预拱度设置包含两项内容：支架弹性变形的抛高值及结构后期徐变、荷载作用的预拱度。支架弹性变形的抛高值可以根据支架预压结果确定，由施工单位自主确定。结构后期徐变、荷载作用的预拱度需根据结构后期受力特点、所用材料特性、施工程序等经计算确定，由设计单位确定（对于施工复杂、跨度较大的可委托第三方监控单位进行），两者叠加后作为支架总预拱度。

3. 支架现浇桥梁混凝土及预应力施工

墩梁支架、满堂支架现浇桥梁混凝土及预应力施工有共同特点：混凝土一次浇筑方量较大、预应力钢束较长。

1) 曲线预应力束防崩钢筋设置

在曲线现浇桥梁中，预应力钢束在张拉时会对曲线内侧混凝土产生很大的径向压力，因此在设计中会设置沿曲线段预应力孔道的防崩钢筋，防崩钢筋一般做成“U”形，端部做成“L”形直钩，以增大防崩钢筋和混凝土的黏结力。曲线束防崩钢筋必须设置，其端部必须做成直钩。防崩钢筋对确保曲线孔道预应力混凝土结构的施工安全是相当重要的，出现以上事故后，给后期孔道压浆造成诸多不便，也会影响结构的施工质量。

2) 锯齿块钢筋

锯齿块是为方便现浇箱梁张拉锚固预应力束需要而设置的。结构形式为在箱梁底板、顶板上形成外形为锯齿的结构。从受力上来说锯齿块受力主要为弯剪组合，受力状态不好，在锯齿块内预应力束为竖直面弯起曲线或竖直面、水平面内弯起空间曲线。在锯齿块内，除锚下钢筋、箍筋外，同样要布置防崩钢筋，此区域钢筋布置较密。在工程实践中发现有的单位为方便防崩钢筋的安装，将防崩钢筋端部弯钩人为切割掉，有的防崩钢筋不垂直管道轴线，这些都严重影响防崩钢筋的功能：在张拉预应力钢筋时，锯齿块和顶板、底板接触面将承受很大剪力，因此在锯齿块内防崩钢筋、箍筋都进入底板（顶板），并和底板（顶板）钢筋连接，形成强大的钢筋骨架。有的施工单位防崩钢筋、箍筋深入底板（顶板）长度不足或没有和底板（顶板）钢筋可靠连接，这都将会对张拉时锯齿块抗剪能力产生影响。国内曾发生过张拉时锯齿块被从顶板（底板）接触面剪断的事故。因此，在锯齿块钢筋施工时，应充分认识到防崩钢筋、箍筋安装的重要性，严格按照图纸设置防崩钢筋及箍筋，不能只图安装方便人为缩短钢筋长度、任意切割钢筋。

3) 混凝土浇筑及养护

支架现浇桥梁混凝土一次浇筑方量较大，在浇筑混凝土时应按一定程序进行。现浇箱梁混凝土浇筑总的程序是从低到高，分段、分层浇筑，对于预应力混凝土箱梁，一般从一端先浇筑 10~15 m 的底板混凝土,然后从腹板下料,斜向水平分层浇筑腹板、顶板,如此循环,形成多段斜向水平分层的浇筑面。每层混凝土下料厚度不得超过 30 cm,在振捣混凝土时振捣棒应插入下层已浇混凝土 5 cm 以上,以保证两层混凝土很好地连接。底板混凝土振捣完毕后,可在腹板底部到脚附近反压宽度为 30 cm 的压板,并将压板顶在内模顶板上,防止在浇筑腹板混凝土时箱内混凝土外翻。在振捣完底板混凝土后浇筑腹板混凝土时,不能再振捣底板混凝土,防止由于腹板内混凝土下落使腹板出现空洞或麻面。

支架现浇桥梁混凝土很少采用附着式振捣器振捣,大部分主要采用插入式振捣棒振捣。对于有波纹管弯起、锚下钢筋密集处、箱梁底板、腹板相交处等容易出现空洞、麻面、振捣不密实的部位,应加强振捣。现场多次实践发现,混凝土振捣出现问题和下料有很大关系。有的施工单位下料时混凝土一次下料厚度达 1 m 以上,容易引起漏振、振捣不密实或过振等情况。因此,应严格控制每层混凝土下料厚度,只有在控制好混凝土分层厚度后,才能保证混凝土振捣质量。

支架现浇混凝土一次浇筑方量较大,在浇筑相邻两层混凝土时应保证下层混凝土不初凝,因此混凝土浇筑工作面、浇筑工序应根据现场混凝土供应量确定,防止混凝土出现"冷缝"。

底板锯齿块混凝土施工时,由于锯齿块高于底板顶面,现场施工时往往只设置锯齿块侧模,不注意设置顶面模板及侧模周边压模。在浇筑锯齿块混凝土时,混凝土从锯齿块顶面较低处及侧模周边大量翻混凝土,工人不敢振捣,造成锯齿块混凝土内部严重不密实,在张拉时锯齿块锚下被压碎甚至整个锯齿块被剪断。在施工锯齿块混凝土时,应按如图 4-49 所示在锯齿块周边加设宽 20 cm 左右的压模,并在顶部根据灌注高度分段加设顶模。

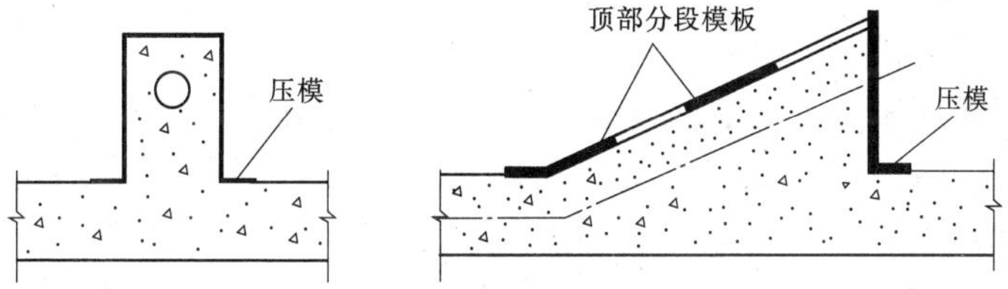

图 4-49 锯齿块模板示意

在浇筑完混凝土后,如果养护不当会造成顶板顶面混凝土的龟裂。为防止龟裂的发生,在振捣完顶板混凝土后,可用木抹子抹平混凝土,然后用竹扫把横桥向在其表面均匀扫过,使混凝土表面粗糙,覆盖塑料薄膜养生。由于混凝土浇筑时间长,在浇筑后期混凝土时,先期浇筑的混凝土可能已终凝,因此在浇筑混凝土过程中,应安排专人对先期浇筑的混凝土进行洒水养生。第一次洒水养生对混凝土的养护质量非常关键,洒水时不能将水管直接冲击混凝土表面,可用手工洒水方式养生。

对于邻近公路、铁路支架现浇桥梁混凝土施工,应特别考虑由于车辆振动引起的支架高程变化对未凝固混凝土的影响。尤其是在基础较弱区域邻近重载铁路时,由于重载列车对地基产生较大的振动,有可能会引起混凝土的开裂。某桥位于海岸附近软基上,和既有铁路线平行,铁路和新建桥梁中心间距 20 m 左右,通行列车为运煤重载列车,新建桥梁采用满堂支架施工,拆除侧模后发现沿桥纵向每隔一定间距产生垂直梁轴裂缝,后分析可能是由于重载列车通行引起的振动造成支架不均匀沉降，使混凝土出现裂缝，对此种情况，可采取增加基础混凝土厚度及立杆数量等措施加以避免。

4）预应力施工

支架现浇桥梁纵向预应力钢束有几种情况：采用P锚作固定端，单端张拉；两端张拉；通过连接器上挂设P锚接长预应力束，接长部分采用单端张拉。下面就几种预应力布束情况施工过程注意事项加以说明。

（1）采用P锚作固定端，单端张拉。在多跨现浇桥梁中，由于场地空间因素，端部预应力束有可能采用P锚作固定端，另一端单端张拉。关于P锚制作、埋设、混凝土浇筑过程注意事项在项目1.3.4中已有说明，在此不再叙述。

（2）两端张拉。在支架现浇桥梁中采用两端张拉时，预应力孔道多为“S”形曲线，孔道多次弯曲，孔道较长，预应力穿束可以在浇筑混凝土前进行，也可以在混凝土浇筑完成后进行。如果预应力束在混凝土浇筑前进行穿束，在穿束过程中应注意观察波纹管是否在穿束时被刮伤、破损，如有破损，应用胶带将破损处缠裹，以防在浇筑混凝土时孔道内漏浆，造成后期张拉、压浆困难。为了能及时发现底板、腹板孔道波纹管穿束过程中波纹管是否被损伤，穿束作业应在安装内模前进行；穿束完成后，可能还会使用电焊进行钢筋焊接等工作，此时应严格控制电焊使用，严禁电焊地线随意安放，造成已穿预应力钢束起火花，降低预应力钢束抗拉强度，影响后期张拉安全及预应力施工质量。焊接地线应尽量放在焊点附近，不致使焊接电流从预应力钢束内通过。在浇筑混凝土时，振捣棒应离开波纹管一定距离，严禁振捣棒直接触及波纹管，尤其是金属波纹管。由于其在制作时是用铁片压制而成的，如果振捣棒多次触及，有可能造成波纹管局部漏浆。浇筑混凝土时，应安排专人来回抽动已穿钢绞线，这样即使孔道内有水泥浆渗漏，在其凝固前可将其搓碎，不致对后期孔道压浆、张拉造成困难。

如果采用浇筑混凝土后穿束，在浇筑混凝土时，应向孔道内穿入PVC管，以增大波纹管的抗弯能力，并保证有漏浆时不致影响后期穿束。在支架现浇桥梁中，普通钢筋、预应力钢筋较密，预应力钢束张拉次序不同，如果出现漏浆情况，为了能够穿束，只能将孔道凿开，不但会影响后期真空压浆的实现，也可能对凿开部位已经张拉钢束产生的预应力释放，影响整个结构的有效预应力。国内某桥在施工过程中采用后穿钢束，穿束过程中发现由于孔道被压扁、有漏浆不能穿束，不得不凿开孔道，但箱梁分段浇筑，凿开部分有的钢束已经张拉部分预应力束，由于绝大部分钢束穿束都存在困难，漏浆、孔道压扁长度较长，经业主方、设计方、相关专家多次论证后，不得不采取调整预应力张拉应力等措施，不但影响了施工工期，给施工单位造成了较大的经济损失，也影响了施工单位的社会信誉。

（3）通过连接器上挂设P锚接长预应力束，接长部分采用单端张拉。此种情况和采用P锚单端张拉情况类似，在浇筑混凝土前，必须将钢束放到设计位置。和两端张拉钢束不同的是，在浇筑混凝土时不能来回抽动钢束，因此在浇筑混凝土前更应注意检查波纹管外观情况，对波纹管破损情况及时修补。在浇筑混凝土时注意振捣棒不能触及波纹管。和P锚相同，每个P锚安放在连接器上应和连接器密贴，过渡段外罩壳与波纹管接头部位应用胶带缠牢，排气孔和排气管接头处也应用胶带缠牢。在浇筑混凝土时，可在排气管内插入钢筋，以防在浇筑混凝土时将排气管压扁。

4. 支架拆除

支架拆除总的原则要求是对称、每次少量、多次、逐渐完成,使结构逐步承受荷载,避免结构物在拆架过程中出现开裂现象。对于钢筋混凝土结构,应在混凝土强度能承受其自身重力及其他可能的叠加荷载时,方可拆除;当构件跨度不大于4 m时,在混凝土强度符合设计强度标准值的50%的要求后,方可拆除;当构件跨度大于4 m时,在混凝土强度符合设计强度标准值的75%的要求后,方可拆除。如设计上对拆除支架另有规定,应按照设计规定执行。

支架拆除分几个循环进行,卸载量开始宜小,以后逐渐增大,在纵向应对称均衡卸落,在横向应同时一起卸落,简支梁、连续梁宜从跨中向支座依次循环卸落。

项目4.3　悬臂浇筑连续梁桥施工

【项目描述】

对于跨越峡谷、江河、既有线路等情况下的中、大跨连续梁,常采用悬臂浇筑连续梁施工。

【项目分析】

1. 0号块施工。

2. 挂篮结构与安装。

3. 合龙段施工。

4. 施工质量控制。

【项目案例】

参考图纸　　完成作业

【项目实施】

4.3.1　悬臂浇筑施工原理及步骤

对于跨越峡谷、江河、既有线路等情况下的中、大跨连续梁,常采用悬臂浇筑连续梁施工。悬臂浇筑施工方法在连续梁、连续刚构、斜拉桥、拱桥中均有应用。

悬臂浇筑连续梁中将连续梁沿桥纵向划分若干节段,每个节段长度3~8 m,利用挂篮反吊模板,对称浇筑各"T"构除墩顶块(0号块)外的各节段,在对称施工过程中,通过设置在梁顶的纵向预应力钢束将各节段连接在一起,最后通过合龙段将各"T"构连接在一起,形成连续梁;墩顶块(0号块)通过墩旁托架(满堂支架)作为支架浇筑混凝土;对每个"T"构,为保证悬臂对称施工过程安全,0号块需要和桥墩进行临时固结,在进行第一次合龙后（可能是边跨，也可能是中跨，具体合龙顺序需要根据设计制定），拆除合龙“T”构上的临时固结，全部合龙段施工完成、张拉完所有合龙束后，拆除最后临时固结，形成连续梁。

下面以三跨悬臂浇筑连续梁施工为例，说明悬臂对称浇筑连续梁施工顺序，图 4-50 给出了三跨连续梁节段划分示意，三跨连续梁施工顺序示意见图 4-51。

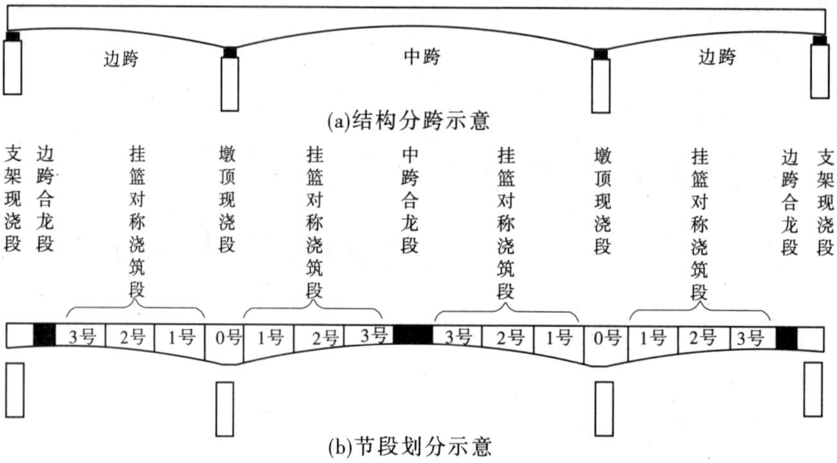

图 4-50　悬臂浇筑连续梁节段划分示意

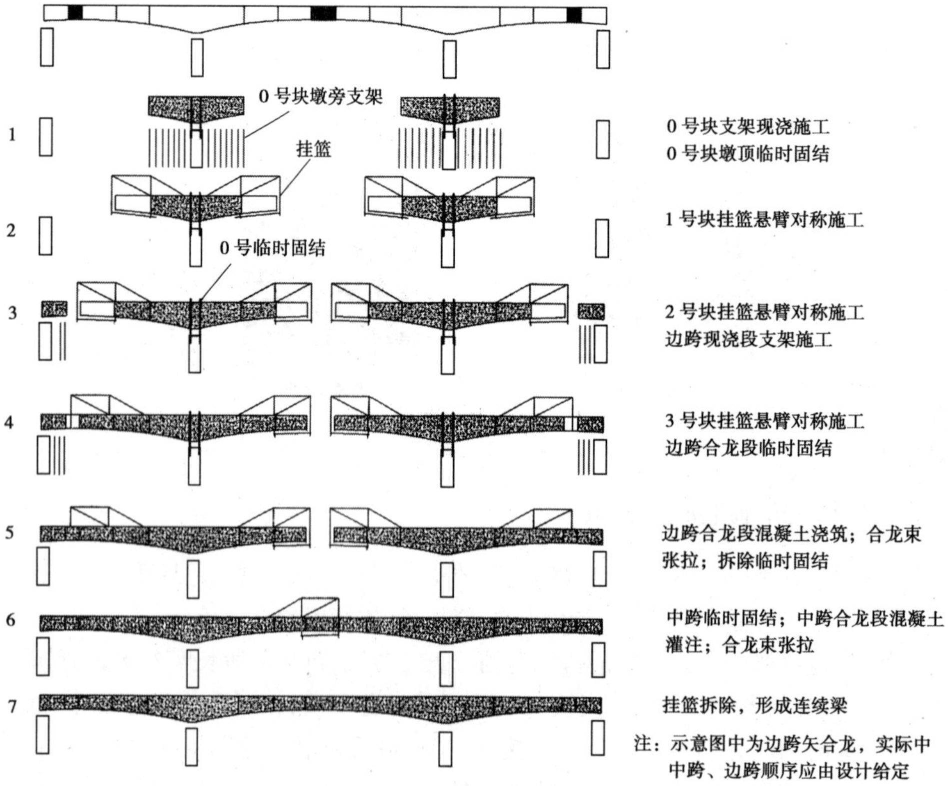

图 4-51　三跨连续梁施工顺序示意

4.3.2　0号块施工

0号块长度最好满足两幅挂篮组拼所需长度。如果长度不足,可以将两幅挂篮连接为一幅挂篮,挂篮下弦采用部分长度,浇筑完1号块后再将两幅挂篮解体为两幅独立挂篮。0号块混凝土浇筑采用支架现场浇筑,支架形式可根据现场情况确定。对于桥墩不高的桥位,可采用满堂支架形式,即对0号块平面投影范围内处理完地基基础后,采用碗扣支架形成0号块施工平台(见图4-52);也可以采用钢管作墩、上铺型钢的墩梁支架(或采用其他方式墩梁支架)施工0号块(见图4-53);对于桥墩较高,采用满堂支架、墩梁支架需要材料过多或支架稳定性不能保证时,可采用在墩顶适当位置设置预埋件,利用预埋件和型钢形成三角形墩旁支架,作为0号块混凝土施工平台(见图4-54和图4-55)。

图4-52　满堂支架上浇筑0号块混凝土

图4-53　采用钢管墩、型钢梁形成墩梁支架

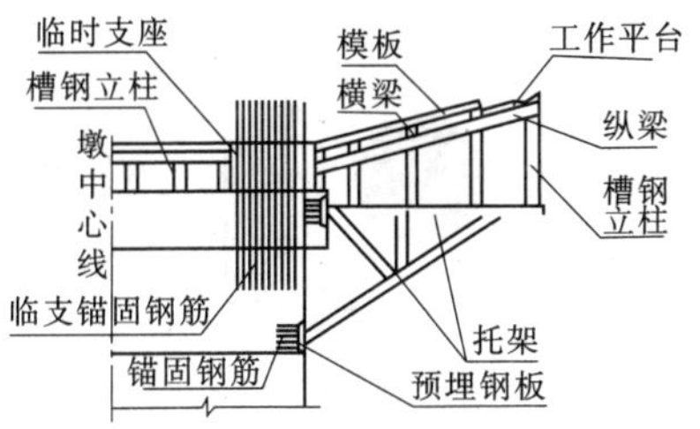

图4-54　墩旁支架结构示意

图4-55　墩旁支架

采用满堂支架、墩梁支架的相关计算、施工注意事项和支架现浇连续梁相同,在此不再叙述。采用在墩顶部设置预埋件形成三角形托架时,预埋件和托架弦杆可以焊接,也可以通过钢销销接,无论采用哪种连接方式,应注意各片三角形桁架的横向连接,同时注意预埋件和弦杆连接处抗剪强度的检算。国内发生过由于此处抗剪强度不足引起的整个托架坍塌的工程事故。

在施工连续梁0号块时,应根据设计要求进行临时固结构件或结构的施工,连续梁中0号块设置临时固结的主要目的是将桥墩和0号块在悬臂浇筑施工时刚性连接为一体,使临时固结承受施工过程中可能产生的不平衡弯矩或扭矩(平面曲线桥),确保结构施工安全。目前,墩顶临时固结措施分为两种:一种为在墩旁设置钢筋混凝土或钢管支墩,支墩上、下分别和 0 号块、承台刚性连接，利用分别设置在每个"T"构两端的混凝土或钢管支墩承受悬臂对称浇筑施工可能产生的不平衡弯矩（见图 4-56）；另一种在桥墩顶部沿纵向两侧或桥墩顶部四周设置混凝土支墩，在沿纵向两端 0 号块和桥墩间设置普通钢筋或高强精轧螺纹钢筋或高强钢绞线，利用混凝土支墩承受施工过程不平衡弯矩产生的压力，普通钢筋或精轧螺纹钢筋或钢绞线束承受不平衡弯矩产生的拉力，由混凝土支墩和钢筋产生的拉力、压力形成的力偶抵抗施工过程不平衡产生的弯矩（见图 4-57、图 4-58）。

图 4-56　墩旁混凝土支墩

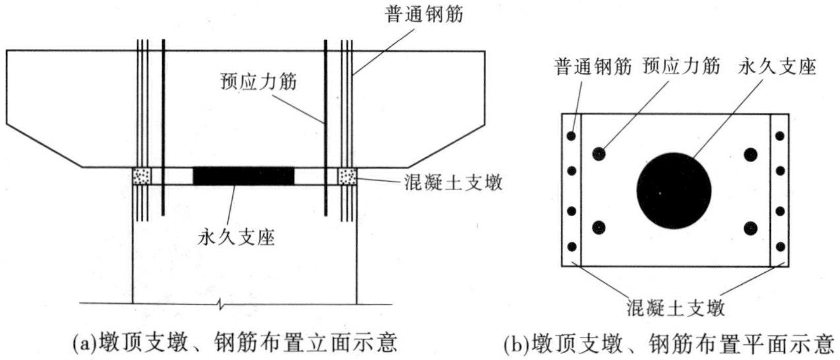

图 4-57　墩顶混凝土支墩、钢筋布置示意

0 号块临时固结是保证悬臂对称浇筑施工安全的重要措施，尤其对于墩旁支墩形式的临时固结，应特别注意检算其稳定性。如果处理不当，将引起整个悬臂浇筑段的倾覆。图 4-59 即为我国某座悬臂对称浇筑连续梁由于 0 号块临时固结失效引起整个"T"构倾覆坠落的情形。

4.3.3　挂篮结构

挂篮是悬臂对称浇筑施工过程中主要的临时结构，是一个能沿梁顶滑动或滚动的承重结构。挂篮主桁后端锚固、支撑在已浇梁段上，前端悬挂模板体系，在挂篮上可以进行混凝土的浇筑、张拉、压浆工作。在一个节段混凝土浇筑完成、张拉完预应力钢束后，对称

图 4-58 墩顶混凝土支墩

图 4-59 墩旁支墩失稳致使“T”构坠落

前移挂篮，固定挂篮后锚、调整模板高程后，即可进行下一节段的施工。

4.3.3.1 **挂篮分类**

根据挂篮主桁结构、抗倾覆平衡方式、走行方式等可分很多类别，按挂篮主桁结构可分为桁架式挂篮、三角形挂篮、斜拉滑动式挂篮和菱形挂篮，见图 4-60～图 4-63。

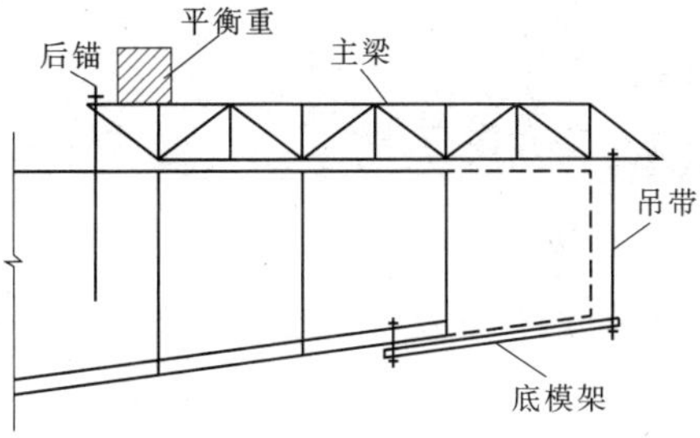

图 4-60 桁架式挂篮结构

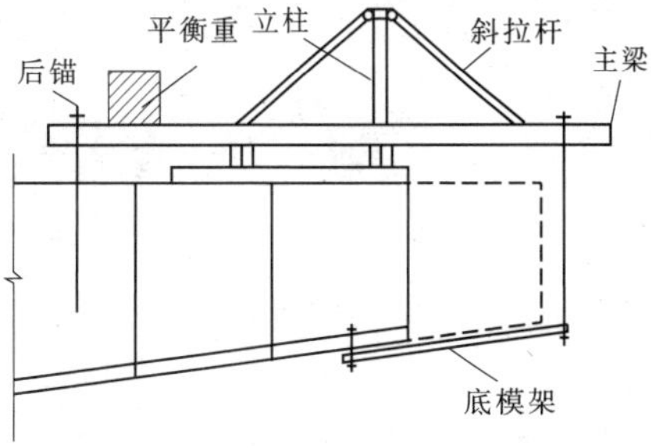

图 4-61 三角形挂篮结构

桁架式挂篮一般采用多片军用梁或贝雷梁作为一组挂篮主桁架，两组挂篮主桁架间通过横梁连接为整体，见图 4-64。三角形挂篮的主桁结构为三角形。一幅挂篮由两片三角形主桁组成，两片三角形主桁间采用横梁连接在一起。立柱与主梁连接为固结，斜拉杆和立柱、主梁间采用销接，如图 4-65 所示。

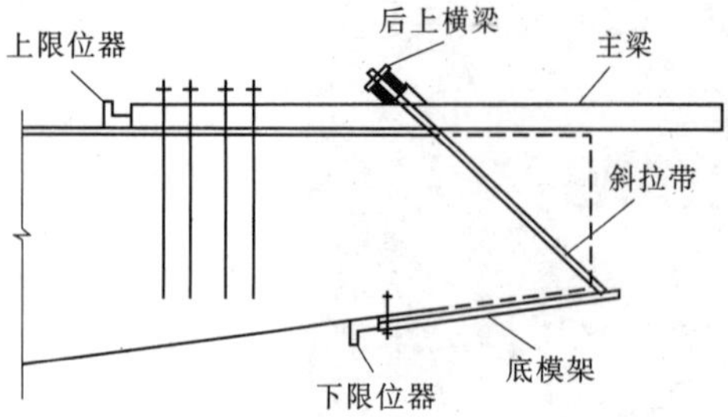

图 4-62 斜拉滑动式挂篮结构

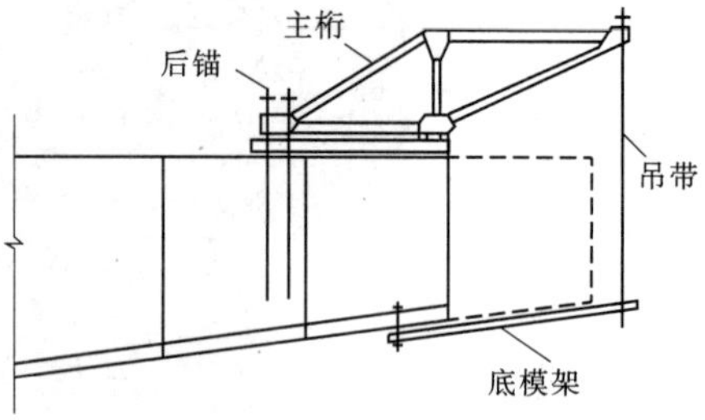

图 4-63 菱形挂篮结构

图 4-64 贝雷梁挂篮主桁

图 4-65 三角形挂篮主桁

菱形挂篮的主桁为菱形,一幅挂篮由两片菱形主桁组成,两片菱形主桁间采用横梁连接在一起。菱形桁架主桁各杆件间连接可以采用焊接,也可以采用销接或栓接。菱形挂篮结构见图 4-66。

图 4-66 菱形挂篮结构

除以上挂篮结构形式外,在斜拉桥中为适应斜拉索布置及主梁结构形式,可采用斜拉式挂篮。

按抗倾覆平衡方式分为压重式、锚固式和半锚固半压重式。压重式挂篮需在挂篮后端加设压重,以保证在挂篮前移、浇筑混凝土时挂篮抗倾覆系数满足设计要求;锚固式挂篮不加设压重,挂篮前移时利用主梁上设置的竖向预应力精轧螺纹钢筋(如设计中无竖向精轧螺纹钢筋,在施工时应按一定间距加设竖向精轧螺纹钢筋)反扣挂篮前移轨道(工字钢),挂篮后部设置反扣在工字钢轨道上的轮对,利用轮对和工字钢间的反力,抵抗挂篮前移或浇筑混凝土时产生的倾覆弯矩,浇筑混凝土时,利用主梁腹板内的精轧螺纹钢筋压紧挂篮下水平杆,提供抗倾覆反力;组合式抗倾覆采用压重和锚固两种方式共同抵抗倾覆弯矩。

按其前移方式分为滚动式、滑动式和组合式。滚动式前移指在轨道和主桁下弦杆间设置滚轴；滑动式前移指在轨道和挂篮主桁下弦间设置四氟乙烯板或在轨道和挂篮主桁下弦间直接涂抹机油，利用主桁下弦在轨道上的滑动前移；组合式前移是采用滚动和滑动式两种方式使挂篮前移的移动方式。

在我国桥梁现场施工中，对于悬臂浇筑连续梁施工，目前主要采用三角形、菱形挂篮，菱形挂篮应用更为广泛。挂篮抗倾覆方式多采用锚固方式，挂篮前移方式采用滚动、滑动、组合式三种方式均有应用实例。

4. 3. 3. 2　菱形挂篮结构

菱形挂篮的主要结构组成如下：

①主桁（菱形）；

②横梁（联结两片主桁）；

③底模架（浇筑混凝土、张拉、压浆平台）；

④悬吊系统（反吊底模架）；

⑤行走系统（挂篮前移）；

⑥模板系统（含内、外模板）；

⑦菱形挂篮主桁由前斜杆、后斜杆、上水平杆、下水平杆、立杆等几部分组成，各杆件间连接方式有焊接、接点板栓接、销接等几种形式。

4. 3. 4　挂篮安装

4. 3. 4. 1　挂篮试压

按《公路桥涵施工技术规范》（JTG/T 3650—2020）要求，挂篮现场组拼后，必须进行模拟荷载试验，符合挂篮设计要求后方可投入使用，预压荷载取值建议采用 1. 2 倍的最大梁段重量；挂篮总变形不能超过 20 mm（包括吊带、桁架、后锚等引起的变形）。挂篮预压可采用两种方式：一种方式在地面上只对主桁片进行加载，这种试压方式简单，因在地面上进行，操作简单，但只能反映主桁片的受力性能，不能反映包括吊带、模板、支撑条件等挂篮总的变形及内力。试验时，在主桁上放置液压千斤顶，利用千斤顶对主桁施加外荷载，试验布置见图 4-67。

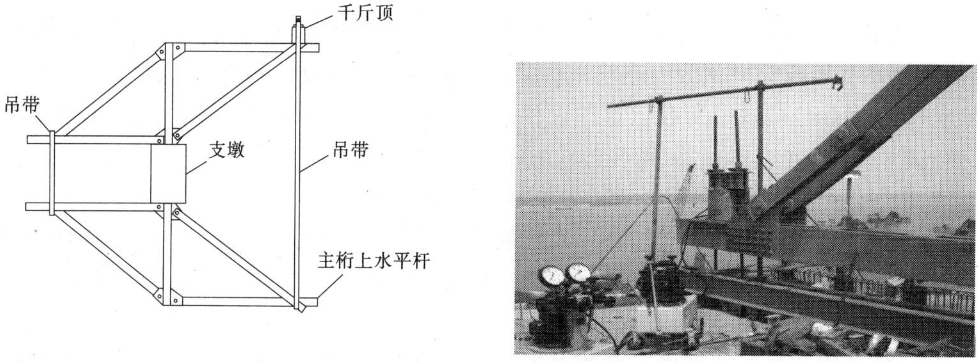

图 4-67　挂篮试压布置示意

另一种试压方式是在挂篮主桁、横向联结系、支撑、反吊系统、模板系统在0号块全部组拼完成、形成完整挂篮体系后,在模板上施加荷载(见图4-68)。这种试压方式加载相对困难,但可反映主桁、模板等整个挂篮的变形及受力情况。原来这种试压方式常采用在模板上加重物施加荷载,现在现场常采用在墩底设置锚固点,在锚固点和挂篮模板间设置高强精轧螺纹钢筋或预应力钢绞线束,利用张拉千斤顶施加荷载。这种试压方式不需要重物,加载吨位大,加载方便。试压所加荷载的大小按最重节段重量及模板的重量和的1.2倍考虑。

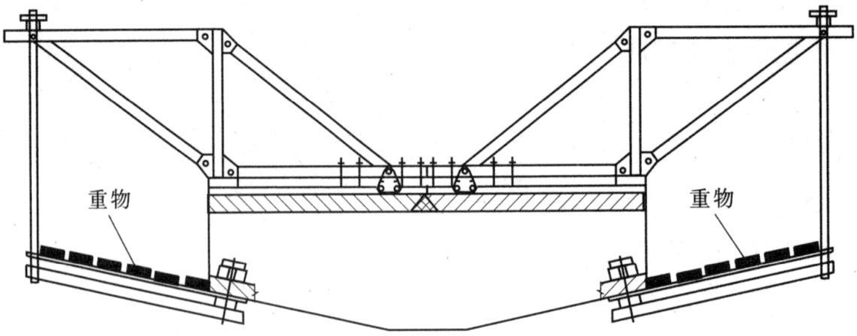

图4-68　拼装完成后在0号块上试压示意

4.3.4.2　**挂篮安装**

如果采用只对桁片进行试压,挂篮试压完毕后,将单片主桁运至桥墩下,准备吊装,挂篮吊装在0号段纵向预应力钢绞线和竖向预应力粗钢筋张拉完毕后进行,步骤如下:

(1)将0号段轨道所在位置顶面清理干净,凿出接茬面,测量放样,定出轨道所在位置,铺设轨道,并用连接器、精轧螺纹钢筋、锚具将轨道固定在已张拉的竖向预应力粗钢筋上,在已安装完毕的轨道上标出主桁前支座所在位置。

(2)单片吊装主桁。将前支座对准轨道安装标记,并临时支撑牢固,用同样方法安装另一片主桁,调整两片主桁的间距、位置后,安装自锚车轮组和中横联、后横联。

(3)安装前横梁、后挑梁及悬吊装置。

(4)利用0号段托架的平台安装挂篮底模、外模,并将其与悬挂装置联结,同时安装工作平台、底模后锚。

(5)调整底模高程。

(6)安装1号段底板、腹板钢筋及预应力孔道。

(7)检查1号段底板、腹板钢筋后,安装1号段内模,将内模后锚于0号段顶板,前端悬吊于主桁前横梁,校准、加固,完成挂篮的安装。

(8)同一"T"构的两个挂篮应一起安装。如果采用挂篮全部安装好后进行试压,在试压结束后,应重新调整挂篮底模高程,检查各锚固点的锚固情况,在检查合格后,再安装钢筋。

在现场实际中,往往由于0号块长度不足以安装两个对称的挂篮。此时,可将两个挂篮的下水平杆拆除一段,并将两个挂篮连接在一起(见图4-69)。待浇筑完成1号块、张拉完1号块纵向预应力束后,打开两个挂篮连接在一起的下水平杆,向两个方向前移,前移到一定距离,接长下水平杆。

如果在浇筑1号块时两个挂篮下水平杆连接在一起,此时进行挂篮拼装好后挂篮的试压并不能反映挂篮的真实受力、变形情况,所测得的主桁变形不能指导后期挂篮本身预拱度的设置。

图4-69　浇筑1号块时挂篮连接为一体

4.3.4.3　挂篮前移

挂篮前移在张拉完本段纵向预应力钢绞线以后进行,包括铺设轨道、松开模板、挂篮前移等工作。

1. 铺设轨道

在新浇筑节段混凝土强度达到设计强度的50%后,安装并锚固轨道。先清理轨道所在位置箱梁顶面的杂物、放样、锚固轨道,然后安装纵移动力倒链,倒链前端挂在轨道上,后端挂在挂篮前支座拉环上。在铺设轨道时,应使轨道顶顺直,其顶面应控制在同一高程上,以防移动挂篮时爬坡或溜坡,应使固定轨道的锚杆及竖向预应力粗钢筋旋入连接器的长度相同。

2. 松开模板

张拉完纵向预应力钢绞线后,先松开侧模顶紧丝杆和内、外模间拉杆,再松开内、外模滑移梁吊杆。而后拆除底模后锚,放松底模前吊杆,使底模、侧模离开梁体10 cm左右,利用内模架上的丝杆拉紧内侧模,使内模离开梁体。

3. 挂篮前移

解除挂篮后锚,使自锚车轮卡在走行轨道上,拉动前移倒链,通过车轮的滚动及前支座下的四氟板滑动,达到挂篮前移的目的(见图4-70)。挂篮前移时,底模后部挂在后挑梁上,前端挂在主桁前模梁上,外侧模、内侧模前端通过滑移梁挂在主桁前横梁上,后端直接挂在滑移梁上。在挂篮纵移过程中,为防止挂篮由于惯性作用发生倾覆,防止自锚车轮失灵,在后挑梁上安装钢丝绳,后端固定在已张拉的竖向预应力钢筋锚具上。在挂篮前移过程中,应使两片主桁的倒链同时拉动,同一"T"构的两个挂篮应对称前移,以防桥墩承受过大的不对称荷载。

除采用倒链作为前移动力外，还可以采用张拉千斤顶施加动力。具体方法为在轨道前端设置锚固点，挂篮后端设置反力座，在锚固点和反力座之间安装高强精轧螺纹钢筋，在挂篮反力座后端安装张拉千斤顶，通过张拉千斤顶对挂篮施加前移动力，如图 4-71 所示。

图 4-70　挂篮采用倒链为动力前移

图 4-71　挂篮采用张拉千斤顶前移

挂篮前移过程示意见图 4-72。

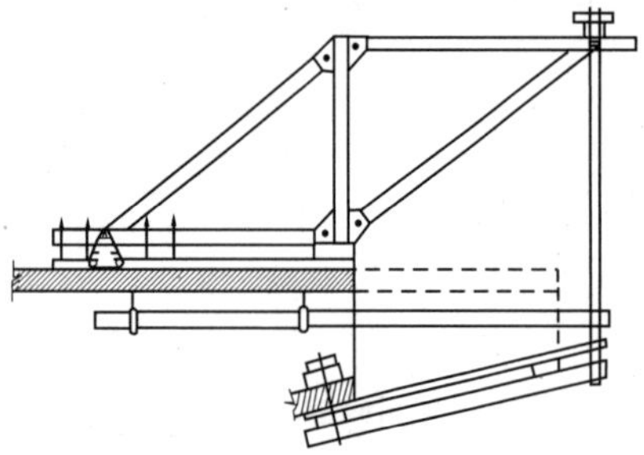

(a)松开侧模

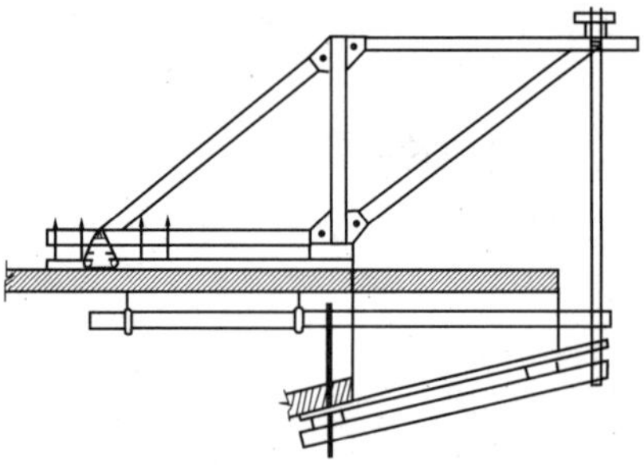

(b)在滑移梁和底模后锚处加钢丝绳，拆除底模后锚

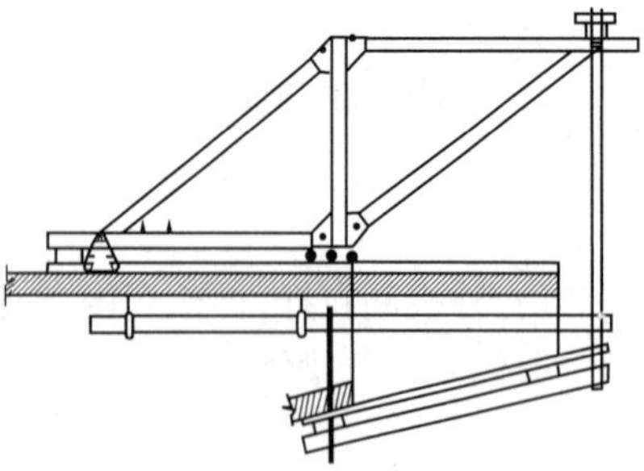

(c)适当松开前吊点，打开后锚，安装滚轴或滑片，施加动力，挂篮前移

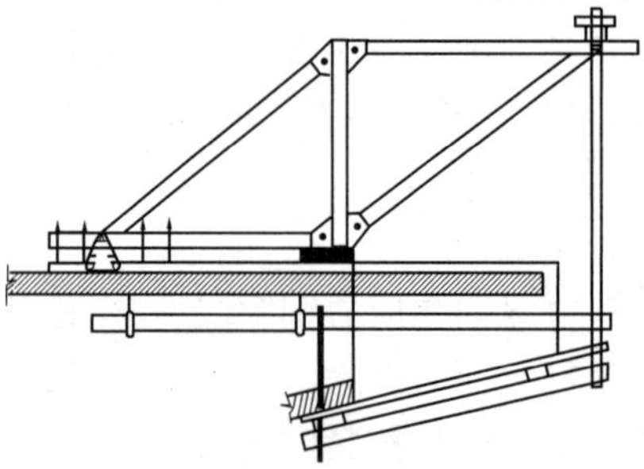

(d)到位后安装前支点钢墩，安装后锚，调整标高

图 4-72　挂篮前移过程示意

4.3.4.4　挂篮安装、前移过程注意事项

如前所述，挂篮是悬臂对称浇筑施工过程中主要的临时结构，除进行必要的计算，在使用前必须进行试压外，由于挂篮本身结构、受力特性的特点，在安装、使用过程中应注意

一些细节。

1. 桁片间连接

不论是三角形挂篮还是菱形挂篮,多是由两片主桁片组成的,其横向刚度一般较小。在浇筑混凝土过程中,即使要求控制浇筑混凝土的对称性,对一端挂篮来说,难免有一定的横向受力偏差,两片主桁可能存在横向受力不均衡。因此,不论采用哪种挂篮,两片主桁间应设置足够的横向连接(见图4-73),以增强主桁的横向刚度。横向连接最好采用型钢加工而成的桁架,并与主桁可靠连接。现场发现有些单位横向连接采用单根型钢,其自身刚度不足,不能保证两片主桁间横向连接及横向刚度,见图4-74。

图4-73 采用桁架作为横向连接

图4-74 采用单根型钢作为横向连接

2. 前吊点锚固方式

在挂篮安装就位后,要根据挂篮试压情况及理论计算情况对每个节段设置预拱度。预拱度设置主要通过调整前吊带处的高程,前吊带高程调节一般采用设置手动千斤顶顶起吊带(见图4-75)。此处锚固处理方式比较关键,如果此处锚固不牢,在浇筑混凝土过程中可能会出现吊带向下滑动,引起挂篮预拱度设置不准或可能造成新浇混凝土节段和已浇混凝土节段接缝上端出现裂缝。在调整完预拱度后,对采用钢板做吊带的挂篮,可采用钢销将吊带锚固在前横梁上;对于采用精轧螺纹钢筋的吊带,则可很方便地采用另外的螺帽锚固在前横梁上,绝对不允许直接采用千斤顶甚至液压千斤顶作为锚固装置,防止在浇筑混凝土或混凝土凝固过程中前吊带出现向下的滑移。

3. 挂篮前支点

挂篮前支点承受在浇筑混凝土时产生的压力,压力较大,如果此处发生向下竖向变形,整个主桁将绕后锚点转动,挂篮前端底模将产生较大的竖向变形,因此挂篮前支点必须采用刚度、承载能力较大的钢支墩。在挂篮前移过程中,需要在前支点处设置滚轴或四氟乙烯滑板。在挂篮前移到位后,应将挂篮顶起,将滚轴或滑片取出,换成钢支墩,以防前支点处发生向下的竖向变形。

4. 主桁后锚点锚固

挂篮后锚点在浇筑混凝土时将承受较大拉力。目前现场后锚多采用主梁腹板内精轧螺纹钢筋接长后,在挂篮下水平杆后部加设螺母锚固(见图4-76)。在连接高强精轧螺纹钢筋时,两侧钢筋应进入连接器各一半,防止由于连接长度不足引起后锚拉力不足。精轧螺纹钢筋应顺直,否则可能引起精轧螺纹钢筋在连接处受剪。

图 4-75 前横梁吊带锚固

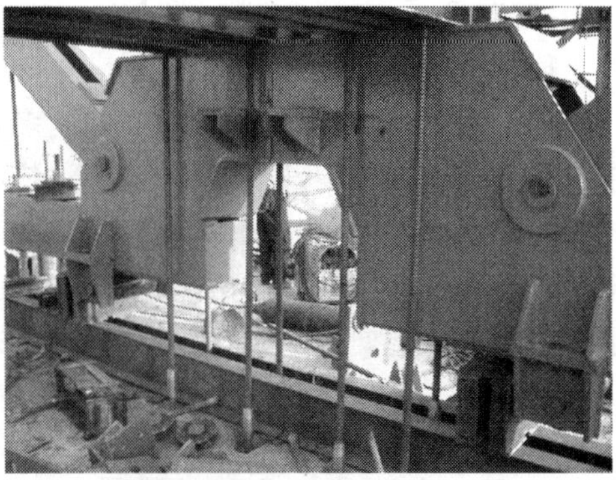

图 4-76 精轧螺纹钢筋不顺直

5. 底模后锚点锚固

在浇筑混凝土时，底模后锚点采用高强螺栓和已浇梁段箱梁底板锚固。挂篮前移过程中，需要将此锚固点打开，由滑移梁承受此部分模板重量。浇筑混凝土前，应检查此处锚固点螺帽是否拧紧，如果没有拧紧，在浇筑混凝土时，此处会出现明显的台阶。在挂篮前移前，应检查此处锚固是否打开。

6. 挂篮前端预拱度设置

悬臂对称浇筑挂篮设置预拱度的原因是挂篮在浇筑混凝土时会发生变形，后期浇筑的混凝土、张拉的预应力束对先期施工的节段都有影响。挂篮预拱度包含两部分：一部分是挂篮自身变形而设的预拱度，此值应根据挂篮试压过程测试数据确定。由于每个节段重量不同，在试压时应得到对应每个节段的变形测试数据，并根据测试结果对每个节段施工时的挂篮设置挂篮自身变形引起的预拱度。此部分预拱度肯定是向上设置。另一部分是由于混凝土徐变、后期施工各节段混凝土重量、张拉预应力束等影响的节段预拱度。此值由监控单位计算，此部分预拱度设置可能向上，也可能向下，挂篮总的预拱度应是各节段两者的代数和。

4.3.5 合龙段施工

合龙段施工是将相邻的悬臂浇筑"T"构和边跨现浇段或两相邻的悬臂"T"构连接在一起。合龙过程将使结构从静定向超静定或向多次超静定转化，结构受力体系将发生变化。因此，合龙段施工是悬臂浇筑连续梁、连续刚构中非常重要的施工步骤。

4.3.5.1 合龙顺序

以三跨连续梁为例，在合龙时是先合龙边跨，还是先合龙中跨，对结构产生的二次内力将有影响。在设计过程中已根据合龙顺序进行了结构计算，确定了合龙顺序，因此在施工过程中必须按设计规定的合龙顺序进行合龙。

4.3.5.2 合龙临时固结

在浇筑合龙段混凝土前，应将相邻的边跨现浇段和"T"构悬臂端或两相邻"T"构悬臂端通过劲性骨架、临时预应力束连接在一起，形成刚性连接。在外界温度变化时，由刚性连接承受拉力或压力，尽量减小合龙段混凝土在外界温度变化时内力，称为合龙段临时固结。在相邻段连接在一起后，结构将从静定转化为超静定或转向多次超静定，梁体在外界温差变化时将不能自由伸缩。如果不设置刚性临时固结，浇筑完合龙段混凝土后，外界降温时“T”构将回缩，将对合龙段混凝土产生拉力；外界升温，“T”构伸长，将对合龙段混凝土产生压力。混凝土是一种特殊材料，其强度随龄期延长而增加。如果在浇筑龄期不长、强度较低情况下有温差变化，将使合龙段混凝土被拉裂或压碎。

按临时固结设置方式分为体内固结和体外固结。体内固结指在相应预应力孔道设置钢管，钢管通过法兰或焊接在相邻节段混凝土上，在其内部穿入临时钢束，张拉钢束，由钢管承受压力、预应力束承受拉力，形成相邻节段的刚性固结。由于钢管放置在混凝土体内，浇筑完合龙段混凝土后，将不能被取出。体外固结指在混凝土截面外设置型钢，将型钢焊接在节段端部预埋钢板上，在部分孔道中穿入预应力束，张拉预应力束，利用型钢承受压力、钢束承受拉力，型钢在混凝土截面以外，合龙段混凝土达到强度、张拉完或部分合龙段钢束后，拆除截面外型钢，这种方式型钢可反复使用。目前现场主要采用这种方式作为合龙段的临时固结，如图 4-77、图 4-78 所示。

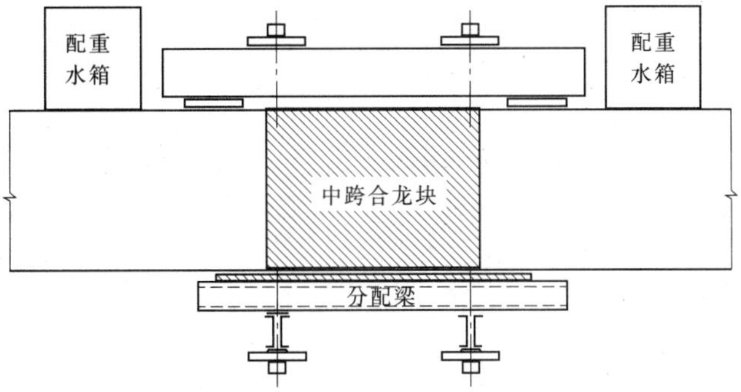

图 4-77　边跨合龙体外临时固结示意

图 4-78　合龙段型钢

4.3.5.3　**墩顶临时固结拆除**

在第一次合龙段施工完成后，结构由原来的简支悬臂“T”构成为超静定结构，其他合龙段的施工一般在已合龙跨墩顶临时固结拆除后进行。拆除墩顶临时固结后，“T”构墩顶由固结转换为铰接，由永久支座承受墩顶内力（见图 4-79）。在拆除墩顶临时固结时，墩顶四周应对称进行,对于墩顶设置混凝土支墩的临时固结,拆除时比较困难,因此在进行墩顶混凝土支墩设计施工时,可考虑将支墩分成若干段、穿过混凝土支墩的钢筋表面包裹塑料布、设置硫磺水泥砂浆等,便于支墩混凝土拆除。

图 4-79　墩旁支柱拆除

4.3.5.4　**台龙施工注意事项**

合龙段施工要求:低温下合龙,设置足够临时支撑,尽快浇筑混凝土,加强合龙段混凝土的养护。

合龙段施工要求在当天低温下进行,这与混凝土受力特性有关。混凝土的抗压强度较高,而抗拉强度较低,在低温下浇筑完成合龙段混凝土后,随时间延长其强度也在提高,而随温度升高,"T"构伸长,将对合龙段混凝土产生压力,大部分压力将被临时支撑承受。这样,随温度升高,合龙段混凝土受到的是压力而不是拉力,与混凝土抗压强度高的受力特性相适应。

合龙段形成临时固结后,应尽快进行合龙段混凝土的施工,张拉永久束,使结构能尽快形成整体。放置时间过长,型钢连接处焊缝、钢板下混凝土会承受多次拉压作用,有可能造成此处出现裂缝。

4.3.6　连续刚构桥施工

大跨连续刚构是预应力混凝土桥梁的主要结构形式之一,我国最早修建的大跨预应力混凝土连续刚构为 1988 年建成通车的广州洛溪大桥。目前国外最大跨度预应力混凝土连续刚构桥梁为挪威的新斯托尔马桥(New stolma),其主跨达到 301 m;国内最大跨度的预应力混凝土连续刚构桥梁为广东虎门大桥辅航道桥,其主跨为 270 m。据不完全统计,到目前为止全国范围内主跨超过 120 m 的连续刚构桥已有 70 多座,主跨 240 m 以上的连续刚构桥有一半以上在中国,我国在大跨度预应力混凝土连续刚构桥的建造技术上已经处于世界领先水平。

大跨连续刚构的主要结构特点是墩梁固结,一般桥墩较高,结构形式多采用双柱式,其 0 号块施工时不需要做墩顶临时固结,悬臂对称浇筑施工和连续梁没有差别。施工主要区别是在中跨合龙段施工时可能会采用顶开施工。

在运营管理中发现,国内不少大跨连续刚构桥出现不同程度的病害,集中体现为箱梁开裂和主跨梁体下挠问题。箱梁裂缝表现最多的是腹板裂缝。裂缝主要分布如下:主拉应力产生的腹板斜裂缝,主要分布于距支座 $L/4$ 跨附近的腹板上;锚后拉应力产生腹板斜裂缝;连续梁边跨端部的腹板斜裂缝;竖向正应力产生腹板水平裂缝,该类裂缝主要发生在边跨支座附近和中跨 $L/4\sim3L/4$,且均位于腹板上缘;竖向正应力和主拉应力作用下的腹板水平、斜向组合裂缝,该类裂缝主要发生在边跨支座附近和中跨 $L/4\sim3L/4$,水平裂缝位于腹板上缘,斜裂缝约呈 45°分布;箱梁顶板、底板裂缝主要有预应力锯齿块锚后裂缝、预应力钢束水平转向受力裂缝。

连续刚构桥另一主要病害是主跨梁体下挠。广东南海金沙大桥主桥是一座三跨预应力混凝土连续刚构桥,跨径布置为 66 m+120 m+66 m,于 1994 年建成通车,2000 年检查发现主跨跨中挠度已达到 22 cm 左右,主跨箱梁腹板有大量的斜裂缝。虎门大桥辅航道桥为一座三跨预应力混凝土连续刚构桥,跨径布置为 150 m+270 m+160 m,于 1997 年建成通车,2003 年检查发现,与成桥时相比,左幅桥跨中累计下挠达 22.2 cm,右幅桥跨中累计下挠达 20.7 cm,腹板出现了斜裂缝,跨中区段截面下缘出现了横向裂缝。三门峡黄河公路大桥主桥为一座六跨预应力混凝土连续刚构桥,跨径布置为 105 m+4×140 m+105 m,于 1992 年建成通车,2002 年 6 月对该桥检查时发现,跨中区域下挠最大达到 22 cm,梁体有大量裂缝。黄石大桥为一座五跨预应力混凝土连续刚构桥,跨径布置为 162.5 m+3×245 m+162.5 m,该桥运营 7 年后,与成桥时相比各跨跨中均有明显下挠,大桥北岸次边跨 2 号墩和 3 号墩之间主梁跨中下挠累计已达 30.5 cm,箱梁出现了大量的裂缝。连续刚构桥后期的挠度过大会使跨中主梁下凹,破坏桥面的铺装层,影响桥梁的使用寿命和行车舒适性,甚至危及高速行车时的安全。

国内有关专家对大跨连续刚构桥跨中下挠、主梁开裂问题的成因进行了大量的分析研究,认为引起以上现象的主要原因如下:混凝土徐变计算模式采用不当,实际发生徐变和理论计算结果有明显差异;对预应力孔道摩阻损失估计不足,导致梁体内有效预应力不足;施工过程质量原因引起有效预应力降低,如预应力孔道压浆不密实,造成孔道内积水、锈蚀甚至断裂,导致钢束的有效预应力发生大幅度的降低,施工过程中混凝土内加入早强剂虽提高了混凝土的早期强度,但对混凝土的弹性模量影响不大,使混凝土在弹性模量不高的情况下进行张拉,势必引起后期徐变的增大;竖向预应力钢筋施工质量的偏差造成竖向预应力的损失过大甚至失效,导致结构抗剪能力下降,主拉应力增大,梁体腹板出现大量斜裂缝,裂缝的出现进一步削弱结构整体刚度,造成主梁跨中的进一步下挠。

针对大跨连续刚构使用过程中存在的问题,在施工过程中应采取相应措施,这些措施中除合龙段顶开施工外,对悬臂浇筑连续梁也是适用的。

4.3.6.1　孔道摩阻控制

在大跨连续刚构桥中,长预应力束较多,孔道摩阻实际值和理论值的偏差将引起梁体内有效预应力的减小。为准确掌握孔道内实际摩阻及偏差系数,必须对孔道实际摩阻系数进行实测,并根据实测结果对张拉控制应力进行调整。

除对摩阻系数进行实测、调整张拉控制应力外,在每个节段混凝土施工过程中,应在波纹管内加设 PVC 管,以防在浇筑混凝土时波纹管发生变形,造成后期穿束困难、引起附加的摩擦力,增大孔道摩擦阻力。

节段接头处波纹管的连接应平顺,波纹管坐标应按设计要求设置,并和钢筋骨架绑扎牢固，避免波纹管出现折点、不平顺现象，以减小可能的预应力钢束和波纹管的接触。

4.3.6.2　张拉时间控制

对于节段施工桥梁，每段施工时间会影响整个工期。以往设计只对张拉时混凝土强度有明确要求，为尽快达到强度要求值，施工单位会在混凝土中加入早强剂，以提高混凝土的早期强度，但早期强度的增大对后期强度、弹性模量影响不大，混凝土弹性模量及张拉时龄期对结构瞬时变形及后期徐变影响较大，应在控制张拉混凝土强度的同时，控制混凝土弹性模量及混凝土龄期。目前，在高速铁路、部分高速公路桥梁设计文件中，都对张拉时混凝土强度、弹性模量、龄期有具体要求，一般要求混凝土强度、弹性模量均应达到设计强度的100%、张拉龄期不少于5 d，但在施工过程中施工单位为加快施工进度，往往控制不严或只控制混凝土强度，给大跨刚构或连续梁桥的后期下挠埋下了隐患。

4.3.6.3　孔道压浆质量控制

资料显示，有黏结预应力混凝土的极限承载能力较无黏结混凝土极限承载能力高20%左右，预应力孔道压浆质量将影响预应力钢束和混凝土的黏结力，同时影响后期预应力钢束的锈蚀。以往孔道压浆存在很大隐患，多次现场压浆孔道开孔表明，预应力孔道压浆质量非常差，孔道内几乎无水泥浆；现在桥梁结构中正推行真空压浆，但由于孔道密封性差或因为操作复杂，现场在长束预应力孔道中应用的较少，如何更有效地控制孔道压浆质量仍是业界应关注的问题之一。

4.3.6.4　竖向预应力高强精轧螺纹钢筋施工质量控制

竖向预应力钢筋一般采用高强精轧螺纹钢筋，设置竖向预应力钢筋的目的是提高箱梁的预剪力，减小主梁主拉应力。在实际工程中，由于以下因素的影响，竖向预应力体系很难达到设计要求：①受梁高限制，竖向预应力筋长度较短，张拉伸长量很小。如果螺母不能拧紧，高强粗钢筋发生回缩，损失应变较大，预应力损失很大，不能保证竖向预应力钢筋的有效预压应力。②竖向预应力粗钢筋张拉后，往往采用从箱梁内部压浆、顶部出浆方式。在浇筑混凝土施工、拆除内模过程中，常发生堵塞竖向预应力孔道、损伤压浆孔的情况，影响压浆效果，注浆质量不易保证。③在长期运营阶段，车辆荷载对桥面不断冲击，若封锚质量不好，可能会导致粗钢筋锚头逐渐松动，造成竖向预应力完全失效。

为保证竖向高强钢筋的张拉质量，应首先使施工单位重视控制竖向预应力钢筋张拉、锚固的重要性。具体操作时可设置若干竖向预应力钢筋锚下传感器，检验竖向预应力钢筋张拉、锚固后有效预应力大小，根据实测有效预应力大小，采取相应施工控制措施。在张拉施工过程中，可采取分两次张拉方法，即在第一次张拉完成后，进行桥面铺装以前，再对所有竖向预应力钢筋进行一次张拉：一方面可补足由于混凝土徐变、高强钢筋松弛引发的预应力损失，另一方面可对所有高强钢筋张拉效果进行一次检验。

现在一般的竖向预应力孔道压浆均采用在箱梁底部内侧留压浆孔，从此处压浆、箱梁顶面出浆（见图4-80），但在混凝土振捣过程中，由于不能观察到底部情况，容易使预留压浆孔处漏浆，且在后期箱梁内模拆除时容易损坏压浆孔。某桥由于竖向预应力孔道进浆口处漏浆，造成大量竖向预应力孔道不能从压浆口处进浆，不得不在进浆口上部重新钻孔压浆，压浆质量很难保证，更重要的是由于下部漏浆，造成后期张拉竖向预应力筋时箱梁底部无竖向预应力或不足，减小了结构的预压主应力。为避免此影响，可采用图4-81所示方式将相邻竖向钢束在底部连接在一起,这样不仅可使压浆、出浆均在箱梁顶面,减轻了劳动强度,也可避免由于拆除内模对压浆孔损伤,确保孔道压浆质量。

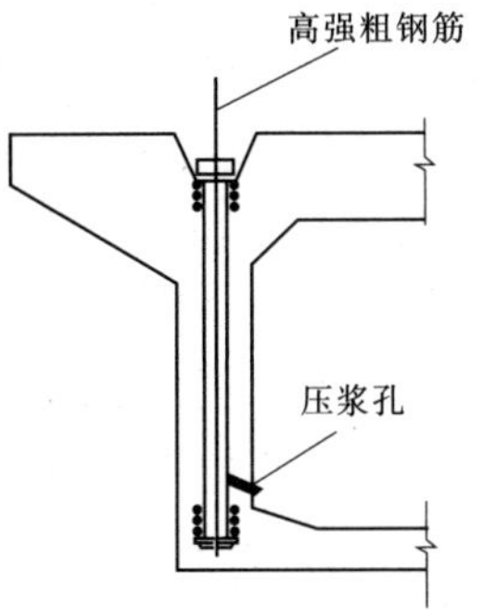

图 4-80 压浆孔在箱梁底部内侧

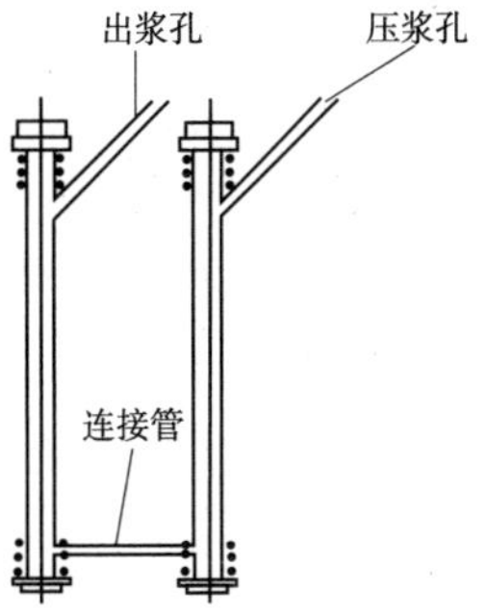

图 4-81 压浆、出浆均在箱梁顶部

在施工过程中,如果采用顶板压浆、出浆方案,在绑扎钢筋时,应将两根竖向预应力钢筋预埋钢管用铁丝拉紧,连接管接头应用胶带缠牢,以防浇筑混凝土过程中漏浆,造成孔道的堵塞。竖向预应力筋预留孔道可采用铁皮管,也可采用波纹管。

4.3.6.5 "T"构顶开施工

国内连续刚构合龙段施工顺序中,既有先合龙边跨,再合龙次边跨、中跨,也有先合龙中跨,再合龙次边跨、边跨。资料显示:连续刚构结构中的最终恒载内力与施工合龙的工序有关。不同的施工工序,它们的初始恒载内力不同,并且在体系转换过程中由徐变引起的内力重分布的数值也不同。采用先边跨后中跨合龙顺序施工时,结构稳定、受力对称,并便于结构内力调整。两种合龙顺序相比,采用先中跨后边跨合龙工序施工时,内力变化曲线幅度明显较大,成桥后内力相对较大,结构呈悬臂状态时稳定性差。

连续刚构的结构特点是桥墩较高,一般采用薄壁结构,墩梁固结,在二期恒载、混凝土徐变、温差作用下,桥墩会发生水平位移,造成中跨跨中挠度增大。因此,不论采用哪种合龙顺序,都可以在合龙前对"T"构进行顶开施工(见图 4-82),即顶梁,顶梁的目的是在合龙前对"T"构施加水平顶力,使"T"构中跨在合龙前产生和二期恒载、活载相反的转角、水平位移、竖向位移,从而抵消部分由混凝土徐变等引起的中跨下挠,调整成桥后结构的内力和线形。顶梁施工一般采用顶裸梁,即所有模板均不密贴,所有钢筋、预应力管道均留一端为自由端。顶梁施工采用大吨位张拉千斤顶,可采用四台千斤顶,左右对称布置在箱梁悬臂端腹板顶、底板上,分级施加到设计顶开力。顶开过程按张拉力和位移控制,并以顶开力控制为主。顶开过程中应观测悬臂端的竖向位移、水平位移变化及桥墩顶部水平位移变化。达到设计顶开力后,应立即对两相邻悬臂端进行临时锁定,即安装合龙段临时固结型钢、张拉临时预应力束,实现两相邻悬臂端的临时固结,然后浇筑合龙段混凝土;边跨合龙时一般不再进行顶开施工。

顶开力计算可按以下原则确定:先计算在 1 000 d(3 年)终极徐变、不施加顶开力时墩顶、中跨跨中的水平位移,然后按在最大悬臂情况下施工水平顶开力。顶开力一般不超过按抵消 1 000 d(3 年)终极徐变时对应节点产生水平位移的 30%,具体的百分数要根据不同的桥梁结构而定。

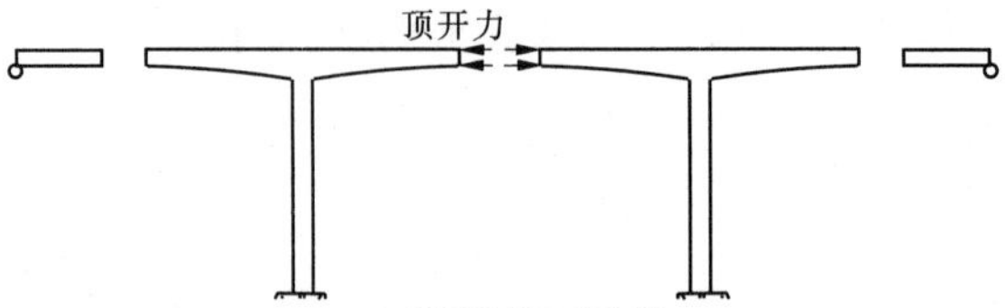

(a)顶开施工示意

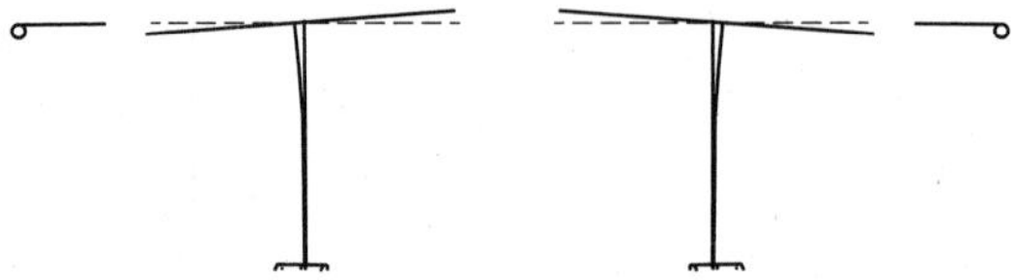

(b)希望发生的变形

图 4-82　连续刚构顶开施工示意

在连续刚构合龙过程中,如果实际合龙温度和设计合龙温度存在偏差,应对由于合龙温差产生的影响对顶开力进行优化。分析表明,温度变化与“T”构各节点水平位移成线性比例关系,且升温将使各节点产生的水平位移方向与收缩徐变产生的各节点水平位移方向相反。因此,若合龙时温度和设计合龙温度存在温差,就要使各节点产生水平位移,就必须采取预顶推的方法来消除合龙温差产生的效应;若实际合龙温度高于设计合龙温度,即在高温状态下合龙,则要增大顶推力来抵消合龙后温差产生的不利降温效应;若实际合龙温度低于设计合龙温度,即在低温状态下合龙,则合龙后合龙温差会产生有利的升温效应。

由合龙温差产生的合龙变形需优化的顶推力为

$$P_{i\Delta T} = \Delta T \times \delta_{i\Delta T} \div \delta_i^1$$

式中　$P_{i\Delta T}$——因合龙温差各节点所需调整的顶推力,kN;

ΔT——设计合龙温度与实际合龙温度的差值,℃;

$\delta_{i\Delta T}$——升温或降温 1 ℃各节点的水平位移,mm,降温效应与升温效应相反;

δ_i^1——单位水平顶推力作用下各节点水平位移,考虑合龙温差优化后顶开力为 $P_{i优化}=P_i \pm P_{i\Delta T}$,若采用高温合龙,式中取正值,若采用低温合龙,式中取负值。

4.3.7　悬臂浇筑施工质量及安全控制

4.3.7.1　0 号块支架

根据桥墩高度、现场场地情况,0 号块支架可采用墩梁支架、满堂支架、墩旁托架等多种形式。对于墩梁支架、满堂支架,应注意检算支架基础承载能力、梁的变形。对于桥墩较高的情况,常采用在桥墩上设置预埋螺栓,将多片三角形支架固定在桥墩上,形成由多片三角形支架形成的桁架。此种托架中,上部预埋螺栓不但承受拉力,还要承受剪力,受力较复杂。在设计时,应分别检算螺栓在正应力、剪应力作用下的受力性能及抗拉拔能力。国内曾有因螺栓抗剪能力不足造成 0 号块混凝土浇筑时墩旁托架的塌落。另外,采用多片三角形支架形成的桁架时,应注意在支架间设置足够的横向连接,保证多片支架的共同受力。

4.3.7.2　挂篮设计及施工

按《公路桥涵施工技术规范》(JTG/T 3650—2020)要求,挂篮与悬臂浇筑混凝土的重量比不宜大于0.5,且挂篮的总重应控制在设计规定的限重之内,包括吊带变形的挂篮最大变形总和应不大于20 mm。挂篮在浇筑混凝土状态、行走时的抗倾覆安全系数、自锚固系统的安全系数均不应小于2。

挂篮是悬臂浇筑施工中非常重要的临时结构,其安全直接影响施工过程安全,尤其是挂篮前移过程和混凝土浇筑过程。如果锚固系统出现异常,后果极其严重,国内曾发生过挂篮前移过程、浇筑混凝土时挂篮倾覆、坠落事故(见图4-83),主要原因是锚固系统细节处理不当造成的,为避免此类事故的发生,除在设计时考虑足够的安全系数外,在施工过程中应有专人负责锚固装置安装细节。

4.3.7.3　混凝土浇筑

悬臂浇筑施工是分段对称浇筑混凝土,节段之间混凝土的抗拉强度相对较低,为保证相邻段混凝土可靠的连接,在拆除端模后,应将端面混凝土表面浮浆凿出,且在浇筑下段混凝土时,应将端面混凝土用水打湿、清理干净(见图4-84)。

图4-83　施工过程挂篮坠落

图4-84　混凝土端部凿毛

由于是在两端挂篮上浇筑混凝土,两端混凝土的浇筑速度不同将引起"T"构的不平衡弯矩。在大悬臂时此弯矩对临时支撑的受力不容忽视。如施工不当将引起严重后果,国内某悬臂浇筑连续梁采用钢管桩作为临时墩,在即将合龙时由于"T"构两端浇筑速度差异较大,在倾覆弯矩作用下使钢管失稳,整个"T"构的坠落,造成极大的经济损失和不良社会影响。

4.3.7.4　合龙段施工及0号块临时约束的拆除

合龙段施工及临时约束拆除过程是悬臂浇筑连续梁体系转换过程,在悬臂浇筑连续梁施工中是非常重要的施工工序。合龙段临时支撑设置完毕后,"T"构由静定结构转化为超静定结构,由外界温度变化引起"T"构的伸缩将受到限制,会对合龙段混凝土施加较大的压力(升温)、拉力(降温),如果合龙段临时支撑设置不当,将造成合龙段的压碎或拉裂。国内某斜拉桥就是因为合龙段临时支撑设置不当,造成了合龙段的压碎。合龙段的临时支撑在设计图中一般会给出,施工时按照设计图施工即可。

0号块临时约束的目的是使连续梁悬臂施工时"T"构和桥墩固结,在合龙段施工过程中,应按照设计要求逐步解除0号块临时固结。目前0号块临时约束方式有很多,对于在

0 号块和桥墩间设置大量普通钢筋的约束方式,在拆除此约束时往往需要时间较长。解除约束时应保证四角对称进行,以防 0 号块出现偏移和受力不均现象。

4.3.7.5　**线形控制**

悬臂浇筑连续梁线形控制是保证桥梁顺利合龙、确保成桥线形的关键工作之一。由于后续施工节段对先期施工节段影响、混凝土徐变、预应力松弛、合龙顺序、结构尺寸偏差、挂篮自身变形等因素,在施工各节段混凝土时,需要设置预拱度。除挂篮自身变形引起的预拱度可通过挂篮预压得到外,其他因素引起的预拱度需要有专门资质的监控单位利用专业软件计算得到。作为施工单位,在节段立模时,应将挂篮自身变形、监控单位提供的预拱度一起考虑,并及时测量各节段在浇筑混凝土、张拉、挂篮前移等工况下的变形,及时反馈给监控单位,作为监控单位调整高程的依据。在测量节段变形处设立节段高程时,应尽量在每天早上日出前进行,以避免日照、温度变化对测量的影响。

项目 4.4　悬臂拼装连续梁施工

【项目描述】

悬臂对称拼装连续梁是将节段先在预制场采用长线法或短线法预制,然后将预制完成的节段运至桥位,采用悬拼吊机将节段安装到位,节段间可以采用湿接缝、胶接缝、干接缝或干湿交替接缝,然后通过纵向预应力钢束将节段连接为整体。

【项目分析】

1. 施工原理及步骤。
2. 节段预制技术。
3. 节段拼装技术。
4. 几种施工方法比较。

【项目案例】

参考视频　　完成作业

【项目实施】

4.4.1　悬臂拼装连续梁施工原理及步骤

悬臂拼装连续梁和悬臂对称浇筑连续梁施工均将主梁沿梁纵轴划分为若干个节段。和悬臂对称浇筑不同的是,悬臂对称拼装连续梁是将节段先在预制场采用长线法或短线法预制,然后将预制完成的节段运至桥位,采用悬拼吊机将节段安装到位,节段间可以采用湿接缝、胶接缝、干接缝或干湿交替接缝,然后通过纵向预应力钢束将节段连接为整体。悬臂拼装连续梁节段间设置剪力键,节段间剪力通过镶合的剪力键和预应力钢束传递。

由于悬臂拼装施工时对节段预制精度要求较高，节段拼装时线形调整余量有限，因此，悬臂拼装施工方法主要在跨径 60~80 m 的中等跨径连续梁中应用，在采用悬臂拼装施工的斜拉桥中主跨跨度在 200~350 m 左右。

悬臂拼装预应力混凝土连续梁施工包含节段预制、节段运输、节段拼装（基准块安装）、纵向束张拉、合龙段施工等主要施工步骤。在每个主要施工步骤中，根据具体情况又可采用不同的方法，节段预制分为长线法、短线法，节段运输可采用汽车或轮渡，0 号块可采用预制或现浇，节段拼装可采用干拼或胶拼，合龙段可采用预制或现浇等，各主要施工步骤具体施工方法、工艺将在下文中介绍。

4.4.2　节段预制方法

悬臂拼装预应力混凝土连续梁的主要特点是节段预制，节段预制可与桥梁下部结构施工同时进行，需要专门的预制场地，目前国内外节段常用预制方法分为两种：长线法和短线法。

4.4.2.1　长线法预制节段方法

长线法预制节段是指将一跨或至少半跨悬臂节段在预制场台座上相互匹配预制，先期施工节段与后期施工节段相邻的端面作为后期施工节段的侧端模，在预制若干节段、先期浇筑的节段达到设计要求的强度后，将先期浇筑的节段采用大型龙门吊吊出台座，移至存梁台座。长线法预制节段台座根据节段形状及预制场地质情况确定。对于纵向变截面的节段、台座周转不多的情况，台座可以采用土牛或石砌的方式；对于等截面节段、台座周转次数较多的工程，由于需要多次调整台座顶面高程、线形，以适应不同跨考虑预拱度的线形，一般应采用混凝土支墩支撑、钢底模板。混凝土支墩和钢底模板间设置竖向调节螺栓，以便调整钢底模板的顶面高程及线形。

对于需要调整台座顶面高程、线形的台座，一般在横梁（垫梁）处加垫片或设置竖向调整螺栓实现；在施工过程中，应注意台座基础的处理，如果处于较软弱地质，应对基础进行处理，以防在预制节段过程中台座沉降，造成预制节段尺寸、线形出现过大偏差，引起悬臂拼装困难。

长线法预制节段顺序一般应根据后期悬臂拼装顺序进行，且 0 号块两侧对应节段预制龄期最好相近。对于 0 号块墩顶现浇的桥梁，每个“T”构两侧悬臂可形成两个独立工作面进行节段预制（见图 4-85），对于 0 号块也需要预制的桥梁结构，如果以 0 号块为预制起始位置向两侧对称预制（见图 4-86），只有在一个完整“T”构全部预制完成后，才能从端部将节段从台座上移出，预制期间占用台座时间过长，不利于台座的周转，为提高预制效率，可采用从一个“T”构一侧开始顺序预制（见图 4-87）。

台座顶面高程、线形应按设计高程、线形并考虑预拱度后设置。

4.4.2.2　长线法预制节段场地布置

长线法预制节段需要较大的场地，且应配置足够的起吊设备。场地中应包括制梁台座、存梁台座、运梁轨道、制梁区龙门吊、存梁区龙门吊，如果采用轮渡运输节段，还应该包括栈桥等。图 4-88 所示为长线法预制节段预制场典型总体布置。

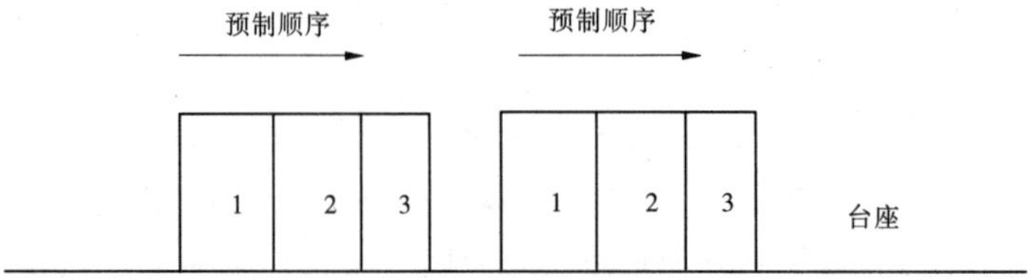

图 4-85　0 号块现浇时预制顺序

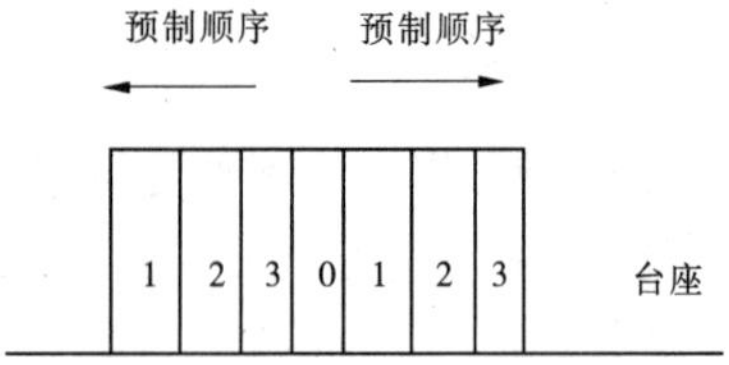

图 4-86　0 号块预制时制梁顺序 1

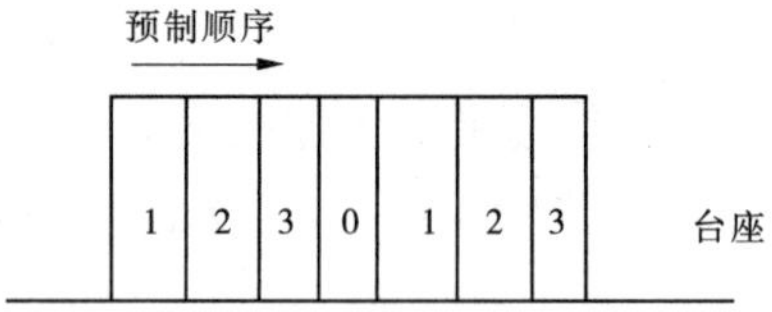

图 4-87　0 号块预制时制梁顺序 2

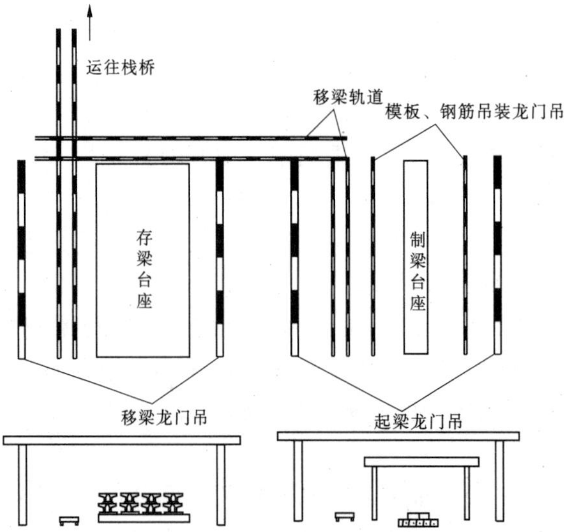

(a)示意

(b)现场

图 4-88　长线法预制节段典型场地布置示意

4.4.2.3　悬臂拼装节段剪力键

悬臂浇筑连续梁中,纵向普通钢筋、预应力钢束均通过节段间接缝。接缝截面剪力传递可通过现浇混凝土、纵向普通钢筋、预应力钢束,悬臂拼装节段间(干拼、胶拼)无纵向普通钢筋穿过,只有纵向预应力钢束穿过,节段间通过剪力键咬合在一起,接缝截面剪力传递通过纵向预应力束及剪力键实现。剪力键按位置分为底板、腹板、顶板剪力键,顶板、底板剪力键主要用于悬臂拼装定位,腹板剪力键主要用于抗剪及定位,剪力键结构见图 4-89 和图 4-90。

图 4-89　腹板剪力键

图 4-90　顶板剪力键

第一个预制节段的剪力键通过端模实现,后续匹配节段的剪力键通过和其相邻节段已形成的端面做端模实现。

4.4.2.4　长线法预制节段起梁设备配置

悬臂拼装预制节段端部设有剪力键,用于节段接缝处剪力传递及悬臂拼装时对位。在预制节段时,各节段相互匹配,通过剪力键咬合在一起。长线法预制节段需要将节段提起后才能将节段脱开台座,由于剪力键的相互咬合作用,需提起相邻若干节段,因此用于长线法起梁的龙门吊起吊能力不能只考虑起吊最大节段重量。实际工程情况表明,起吊时往往需要将相邻 2~3 个节段提起(见图 4-91),因此应按最大节段重量的 2 倍来确定龙门吊起吊能力。

长线法预制节段起梁时,应先采用龙门吊垂直、反复小量程起吊,然后使龙门吊吊钩适当向脱开方向斜置,同时借助设置在箱梁内腹板上水平千斤顶施加水平力,将需要起吊节段移出台座。在起梁时，不但要求需要移出台座的节段混凝土强度达到设计要求，且和其相邻起码三个节段混凝土强度也应达到设计强度，否则在起梁时可能会造成剪力键的损伤，影响后期节段悬臂拼装的精度。图 4-92 所示为某桥在起梁过程中造成的剪力键损伤情况。

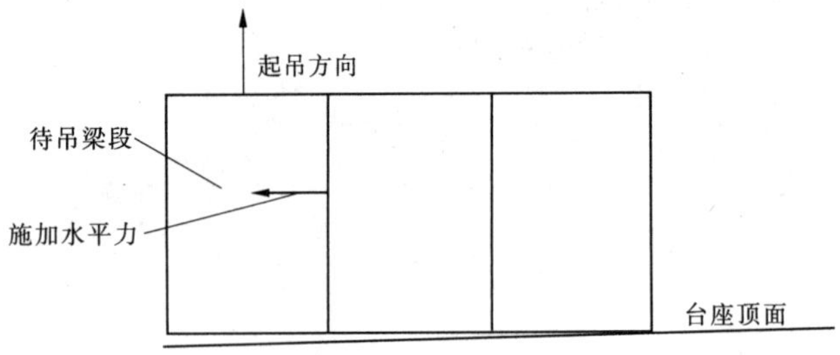

图 4-91　起梁示意

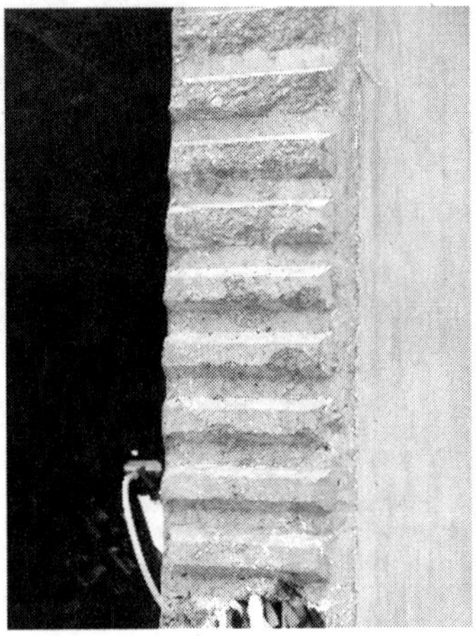

图 4-92　剪力键损伤情况

4.4.2.5　短线法预制节段方法

短线法预制节段是一种在有限场地上进行桥梁节段预制的有效方法，该方法只采用一模板（有一端为固定端模）进行节段预制。预制从第 1 个节段开始，第 1 个节段在固定端模和浮动端模之间浇筑，此节段称为起始节段，然后将该节段前移作为匹配节段，作为端模进行第 2 节段浇筑，以保证相邻节段之间的匹配质量，重复以上过程，将第 i 节段前移，作为第 $i+1$ 节段的端模，进行第 $i+1$ 节段的浇筑，逐次循环完成各节段的预制。短线法节段预制工艺流程示意见图 4-93。图 4-94 和图 4-95 为实际短线法制梁过程。

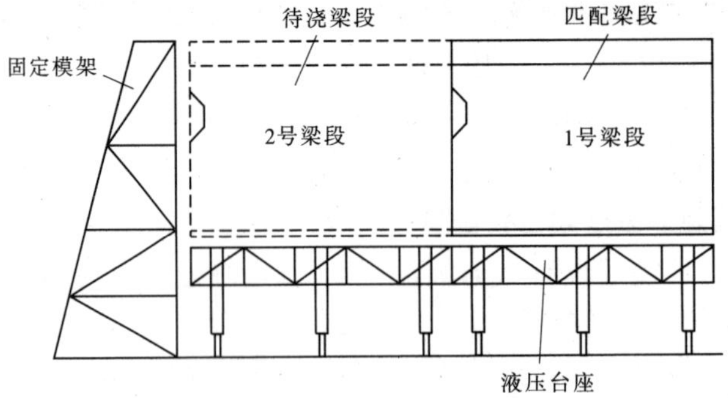

图 4-93　短线法节段预制工艺流程示意

4.4.2.6　短线法预制节段线形控制

短线法预制节段时，只有相邻两个节段相互匹配，容易产生几何形状、空间位置的偏差，由于悬臂拼装时调整余量很小，因此短线法预制节段施工过程中节段几何形状、空间位置的控制特别重要。

图 4-94 短线法第 1 个节段预制

图 4-95 短线法节段匹配预制

由于受混凝土弹性模量,箱梁截面尺寸偏差,箱梁自重偏差,有效预应力差异,混凝土收缩、徐变等影响,箱梁实际挠度与计算挠度存在较大偏差,在节段预制时,应考虑以上影响并设置预拱度。对于位于曲线上采用短线法预制节段施工,在预制节段时,更要控制各节段的空间位置。根据桥梁设计线形及施工预拱度,可得到桥梁的制造线形,根据制造线形,在预制过程中进行每个节段相应的线形控制,即可控制整个桥梁的线形。

4.4.3 节段拼装

节段从预制场到桥位的运输根据场地情况可以采用汽车、轮渡运输;陆地上节段可以采用汽车吊对称拼装;位于河流、海洋场地的桥位,可以采用轮渡运输,悬拼吊机拼装。不论采用哪种方式拼装,每个"T"构均应对称进行。

4.4.3.1 基准块的安装

悬臂拼装是以基准块为基础,逐段对称悬臂拼装各节段,基准块起到基准定位作用。如果基准块轴线和平面位置定位不准确,将引起后续节段拼装困难。对于0号块墩顶现浇的桥梁,0号块和1号块间采用湿接缝,其基准块应该为1号块;对于0号块预制、没有设置湿接缝的桥梁,其基准块为0号块,相对于0号块现浇的桥梁,其安装难度较大。

深圳湾大桥非通航孔悬臂拼装连续梁包含0号块所有节段均为预制,0号块的四角高程、纵轴线、横轴线出现偏差,将直接影响后期节段悬臂拼装速度及质量。为确保0号块四角高程、轴线符合设计要求,在0号块四角箱梁底部各设置一个可以纵、横向移动的对位千斤顶,见图4-96。对位千斤顶的工作原理是利用手动液压千斤顶实现竖向顶、落梁,利用滑块底部涂黄油与不锈钢板的低摩擦系数,由纵、横移丝杆推动梁体沿横向、纵向移动,在0号块腹板四个角分别设置对位千斤顶,通过丝杠的移动及千斤顶的起、落,多次调整后实现0号块高程与纵、横轴线的调节。

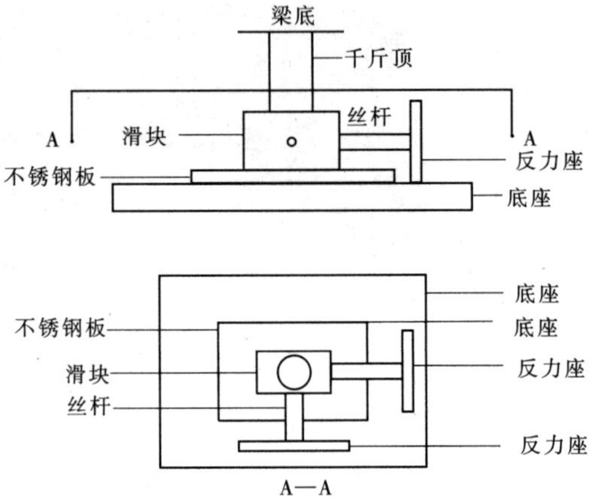

图4-96 0号块对位千斤顶示意

4.4.3.2 墩旁支架

不论0号块是否预制,为给悬拼吊机留出足够的安装位置,需要在支架上拼装1号块、2号块或3号块。墩旁支架的结构形式可以根据桥位实际情况确定,可以采用钢管、碗扣支架,不论采用哪种支架,均应具有足够的刚度,并便于节段的对位调整。

深圳湾大桥非通航孔悬臂拼装时要求1号块、2号块均应在支架上拼装,为悬拼吊机留出足够的长度。由于墩柱以下为另外施工单位施工,在承台、墩柱上未留预埋件,该桥位于海水浸泡环境,承台、墩柱等结构表面均进行了两遍水泥基渗透型防水材料处理,如破坏其表面将对其耐久性不利,不能在承台、墩柱表面打孔。根据实际情况,采取在墩柱两侧各设置2根ϕ 800×8的钢管,在钢管顶部设置斜撑,以增大支架的长度。为增加支架的稳定性,利用墩柱施工时模板拉筋孔设置对拉螺杆,钢管横撑顶在墩柱上,钢管横撑与墩柱间设置5 mm厚的橡胶垫以保护墩身混凝土表面不被损伤,支架顶部设置型钢,形成安装平台,支架纵断面见图4-97,支架横桥向截面见图4-98,支架水平截面见图4-99。

4.4.3.3 悬拼吊机

对于跨越既有线路、河流、海洋的悬臂拼装桥梁,节段拼装一般用悬拼吊机进行节段的拼装,悬臂吊机有多种型号,工作基本原理相同。下面以深圳湾大桥悬臂吊机结构为例,说明悬臂拼装吊机的结构及工作原理。

深圳湾大桥选用的悬臂拼装吊机为郑州大方生产的DQP150型吊机,其技术参数为:适应梁节长度1.95~3.5 m,最大起重150 t(不含吊具等),走行速度0~0.6 m/min(液压驱动),起升速度0~0.7 m/min(电机驱动);为满足涂胶及对位需要,吊点可水平平移,平

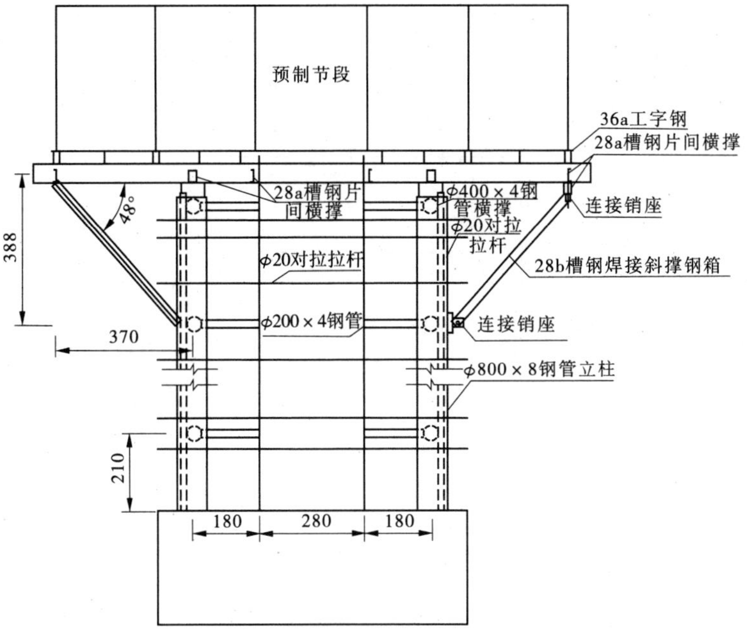

图 4-97　支架纵断面　(单位:cm)

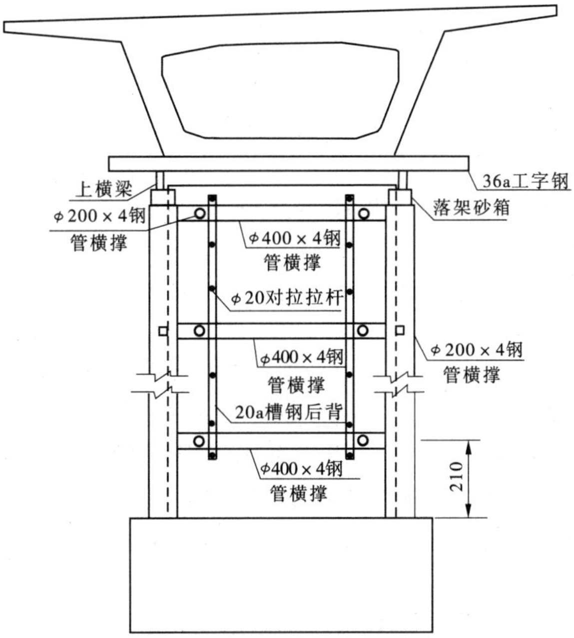

图 4-98　支架横桥向截面　(单位:cm)

移范围-100～+500 mm(液压驱动);起升高度 27.9 m,整机质量 350 kN,提梁机自身质心位置距前支点 0.8 m,空载纵移抗倾覆稳定系数≥1.5(整机无配重走行),外形尺寸(长×宽×高)7.8 m×9.75 m×5.7 m,整机总功率<50 kW。

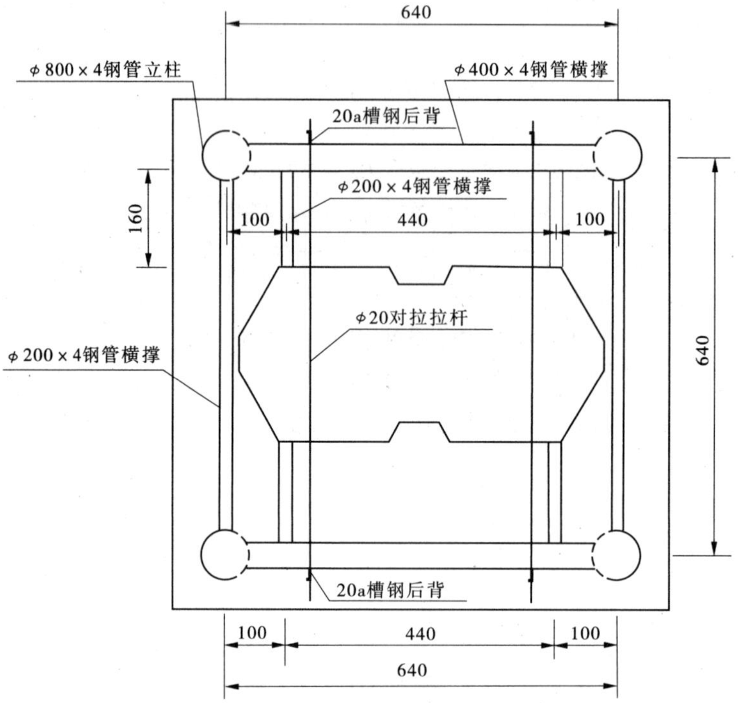

图 4-99　支架水平截面　（单位:cm）

结构由主框架、起吊系统(吊具、动滑轮组、定滑轮组、导向轮、卷扬机)、纵向调节机构、纵移机构及滑道、可调支撑、张拉平台、锚固机构等组成。主框架为两个平行的菱形桁架通过 3 片连接框架连接成整体,为主要承重结构,两个平行的菱形桁架中心间距为 7. 55 m,桁架中心高度 4 m,由三角形臂架、底纵梁、拉杆、联系框架等几部分组成,总质量约 100 kN。三角形臂架左右各一个,由上纵梁、立柱、斜撑焊接而成;底纵梁左右各一件,底纵梁与臂架法兰连接;拉杆 2 件,拉杆两端与臂架的底纵梁销接;联系框架有两种,联系框架一共 2 件,与臂架法兰连接;联系框架一共 2 件,与底纵梁法兰连接。

提升系统主要由吊具、动滑轮组、定滑轮组、导向轮、卷扬机等组成。吊具由吊梁上扁担 1 件、吊梁下扁担 2 件和连接销轴 2 件连接而成;吊梁上扁担和下扁担分别由 2 [40a 和 2 [32a 组焊而成,标准块施工时,吊梁上扁担与动滑轮组采用 2 个销轴连接。合龙块施工时,如需 2 台提梁机提 1 节合龙块,则需拆除吊梁上扁担,使吊梁下扁担直接与动滑轮组销轴连接;吊装节段梁时,吊梁下扁担与梁节通过前吊杆锚固。前吊杆共 8 根,采用 ϕ32 高强精轧螺纹钢筋,锚固时每根前吊杆应配 4 个螺母、2 个垫板、1 个找平垫圈。

动滑轮组共 2 件,定滑轮组共 2 件,轴承均采用 42222E,参见《滚动轴承　圆柱滚子轴承　外形尺寸》(GB/T 283—2021)。

导向轮共 2 件,轴承选用 42316E,定滑轮组安装在纵向调节机构的滑座上。导向轮的支架与主框架上弦内侧牛腿上安装时四周应焊接牢靠,焊缝高度不小于 12 mm。

10 t 机械卷扬机共 2 台,布置在提梁机的尾部,同时起到空机走行时的配重作用,每台卷扬机(含钢丝绳)质量不超过 50 kN。钢丝绳的倍率为 10,其走绳方式为:钢丝绳一端固定在卷扬机上；另一端通过导向轮，在动滑轮组和定滑轮之间进行缠绕，最后固定在定滑轮组挂轮上。

纵向调节机构共2件，每件由油缸和滑座组成，油缸驱动滑座带动定滑轮组纵向移动，实现梁节平移、对位作业，油缸行程为620 mm，型号为HSGK ϕ110 ϕ63。

纵移机构共2件，每件由两个支座和一根油缸组成，其中一个支座焊于主框架的下弦上；另一个支座通过两个销轴安装于滑道上；纵移滑道共10节，每节长度1.75 m，由2[20a组焊而成，每节质量160 kg，接头采用M24法兰螺栓连接，纵移滑道对称布置在桥梁中心线的两侧，两侧滑道间距7.55 m。

可调支撑共4件，位于主框架下弦和纵移滑道之间，最大调节行程300 mm，可调支撑的底部为球铰，用于主框架下弦的调平和支撑。调平时采用2台200 kN手动千斤顶进行调平，可调支撑锁紧。DQP150型吊机悬拼吊机吊装节段如图4-100所示。

图4-100 DQP150型吊机悬拼吊机吊装节段

所有吊机正式使用前均进行试吊，试吊考虑三种工况：空载试验、100%等载、超载试吊。试吊程序如下：检查整机的安装、定位情况及水平和支撑情况，并使吊机处于水平状态，检查液压系统及电器系统工作性能是否正常；空载试验：分别驱动2台卷扬机，下放吊具至节段预制梁处，提升至安装高度，反复运转卷扬机2~3次，检查是否有异常情况；驱动纵向调节油缸来回运动2~3次，并使定滑轮组推至起吊位置，同时下放吊具至梁节顶面位置；检查各处液压管路是否漏油，检查前支点处支承情况及各处制动器工作性能是否正常，完成空载试验。

100%等载、超载试验：分别驱动2台卷扬机，下放吊具至梁节顶面，穿好吊梁精轧螺纹钢筋，拧紧螺帽，缓慢起吊等载试吊，使2台卷扬机同时受力，再次检查支承和锚固情况；同时启动2台卷扬机，使梁节吊离驳船约10 cm后下放，重复2次，无误后再次提升10 cm静置30 min，同时检查桥面吊机各部位工作性能是否正常；提升梁节约1.0 m高度位置，静置30 min后下放梁节至驳船上；检查吊机各设备运转情况是否正常，完成等载试吊试验；采用水箱加载，增加试吊重量，再次重复以上步骤进行130%超载试验。

4.4.3.4 悬臂拼装

当采用0号块和1号块间设置湿接缝的施工工艺时，首先应利用吊机调整好1号块的空间位置、1号块临时固定，浇筑0号块和1号块间的湿接缝。湿接缝缝宽一般0.5 m左右，施工时采用吊机将两侧1号块同时吊起，提升到拼装高度。启动纵移机构，使1号块梁段与0号块梁段靠拢，对准定位后，检查缝宽，同时对1号梁段与0号梁段的纵、横向的中心进行定位测量，并利用水平顶或导链进行桥梁纵坡和中线的调整。1号块纵向坡度、纵向中线、横向坡度调整符合设计要求后，迅速焊接定位型钢。型钢焊接应对称快速进行，可以预先将0号块一端先行焊接定位，1号块定位准确后，再进行加强补焊；安装湿接缝的底模及侧模，绑扎湿接缝钢筋、横向预应力束、纵向预应力束波纹管，在1 d最低温度时段浇筑湿接缝混凝土，并及时进行养护。湿接缝混凝土强度达到80%时张拉顶板、腹板及底板永久预应力束，前移吊机，准备胶拼2号梁段。

如前所述，对于0号块、1号块间不设湿接缝的施工工艺，先在支架上胶拼1号块、2号块，顶面长度足够后，安装吊机，进行后续段的胶拼。

胶拼节段的安装过程为：将“T”构两侧待拼节段同时吊起进行节段间试拼，试拼过程中注意剪力键咬合时用力不得过大，需缓慢移动对位，梁节空间位置初调对位试拼无误后，利用吊机顶部纵向调节液压系统将节段顶推开，留出涂胶空隙（30 cm左右），在两片梁节间放置涂胶用钢爬梯，涂抹人员在拼装梁段匹配断面黏结密封圈后，自上而下均匀涂抹环氧树脂，涂抹厚度为1 mm，以免局部涂胶厚度过大出现倒挂等现象影响胶拼质量和梁体外观；安装接缝处拉杆，梁段接缝吻合后张拉拉杆，张拉力由设计提供，以保证接缝间在压力作用下被压实、硬化，穿节段间体内预应力束，张拉节段间体内预应力束，前移吊机，完成一个节段的胶拼。

深圳湾大桥节段试拼时空间位置控制标准为：中线偏差：横向±5 mm，纵向±5 mm；拼接缝竖向/横向错位：±5 mm；横截面转动：节段顶面高程相对误差：±5 mm/15.15 m；节段拼装过程中空间位置控制标准：竖向和横向偏离设计线形不大于25 mm。

深圳湾大桥节段拼装过程见图4-101。

图4-101 深圳湾大桥节段拼装过程

4.4.3.5 胶拼缝施工

胶拼缝的作用是提高悬拼块件间的抗剪能力，改善接缝处的应力传递，使接缝能承受拉力,提高抗裂性,增强悬臂结构的整体性。胶拼缝的强度除与选用的胶结材料、配合比有关外,还与胶接缝的施工操作工艺有密切关系,如胶拼缝施加压力不足(小于 0.2 MPa)、胶接面处理不佳(油脂未除去,胶合面潮湿)、硬化温度不合适、作业时间超过规定等,均能引起胶接缝强度降低,因此选择适当材料、合理的施工工艺是保证胶接缝质量的关键。

树脂胶材料:为选择适应桥位处环境的材料,应选择多种型号的材料进行试验,确定胶拼材料可按以下原则进行:在桥位气候环境下正常工作;根据不同气候条件,可操作时间控制在 1~2 h;胶拼厚度可控制在 1 mm 以内;涂胶后,在一定压力下(0.2 MPa 左右)固化后达到张拉强度的时间尽量短,不同温度下控制在 5~12 h;其他力学性能指标(抗拉、抗折、抗压、抗劈、抗剪以及弹性模量等)必须满足设计要求。国内悬臂拼装桥梁中采用的胶拼材料情况如下:宜昌夷陵长江大桥经过比选后为适应宜昌界面潮湿、阴雨天气时正常工作,选用了 GR-38 环氧材料,并通过多次试验,确定了在不同气候环境下不同配合比,其中掺入了水泥和外加剂;澳门西湾大桥采用胶结材料为 concersive1441EL 触变性环氧黏结浆体,另外还掺有石英砂;深圳湾大桥采用的胶结材料为 Sikadur742、Sikadur31SBAS02 环氧树脂系列。

胶拼前准备:胶拼前应检查节段端面涂胶面是否清理干净,将由于张拉过程漏油用磨光机打磨干净。

拌胶:将环氧树脂 A 组分(白色)先用带叶片的低速电钻搅拌 2~3 min,然后倒入环氧树脂 B 组分(黑色),同样用带叶片的电钻搅拌。搅拌过程中,电钻要上下反复移动,叶片也随电钻反复上下旋转搅拌,直至黑色的条纹全部融入到白色中,形成灰色的胶,整个搅拌过程约 5 min,拌和后的胶很稀,直接涂抹粘不上,会向下淌,涂胶厚度不够,涂胶匹配面质量差,可以向胶内掺入适当砂。掺砂量和拌胶时的天气温度有关,温度低(低于 15 ℃)时胶很稠,每次掺砂 5 kg 左右(对应 A 组分 14.44 L、B 组分 5.56 L);温度高(高于 25 ℃)时胶很稀,掺砂 10~12 kg,掺砂最多不能超过 15 kg(对抗压强度影响不大,但会降低抗剪强度),掺砂分 2~3 次添加,每次 3~4 kg,便于搅拌,搅拌方法和拌胶一样用低速电钻,拌一桶胶从开始到结束约需 10 min。

涂胶(见图 4-102):把搅拌好的胶倒入事先准备好的干净小桶里,涂胶人员戴上一次性橡胶手套,用手往匹配面上涂胶。一般情况下先涂底板和腹板,涂腹板时,由上往下涂,最后涂顶板。涂胶时,每涂一小块,用掌心或手掌先边缘刮一下,控制厚度在 1~1.5 mm。涂完后,每个部位逐步检查,有漏涂或涂得不够均匀的部位,局部重新涂抹。预应力孔道周围和孔道之间涂胶一定要均匀,不得漏涂或涂得过厚。漏涂会造成后期孔道压浆漏浆,涂抹过厚可能造成胶体进入孔道内,造成后期穿束困难。涂胶完成后,在孔道上粘贴 1 cm 厚的海绵圈。

张拉挤胶(见图 4-103、图 4-104):张拉顶板、底板高强精轧螺纹钢筋临时束,使胶体在有压力情况下挤密,终张拉结束后,把腹板挤出的胶刮干净,用刮下的胶修补匹配面上损坏的小缺陷(碰坏、缺角部分)。节段拼缝效果见图 4-105。

4.4.3.6 悬臂拼装过程几何线形控制及调整

悬臂拼装不同于悬臂浇筑,悬臂浇筑在施工过程中,可以通过各节段立模过程调节轴

图 4-102　节段端面涂胶

图 4-103　箱梁底板张拉挤胶

图 4-104　箱梁顶板张拉挤胶

图4-105　节段拼缝效果

线、高程，由于各节段采用预制，悬臂拼装在节段拼装时高程、轴线调整范围有限，否则可能造成节段接缝处缝隙过大，影响后期涂胶作业，给通过接缝钢束的耐久性埋下隐患。基准块的安装精度将可能引起后续节段发散式偏差，因此在悬臂拼装施工过程中，基准块的安装精度相当重要。

在悬臂拼装过程中，应建立施工挠度观测组，制订切实可行的挠度观测方案，观测每一节段不同工序产生的挠度，并进行适时汇总整理，与节段拼装几何控制图进行比较。当拼装节段的几何误差同时发生以下两种情况（见表4-5）时，在后续节段拼装时采取措施进行调节。

表4-5　节段拼装验收标准　（单位：mm）

项目	悬臂拼装与允许偏差	合龙端允许偏差
高程	±20	±20
轴线	±10	±20
里程	±10	±10

在“T”构悬臂拼装过程中高程、轴线发生偏差时，应根据监控指令进行纠偏，纠偏主要方法见表4-6。

表4-6　悬臂拼装线形调整方法

序号	纠偏方法	说明	备注
1	垫厚度1 mm、3 mm垫片	为常规方法，偏差较大时采用，此时黏结剂厚度应根据垫片调整	可用于调整轴线、高程
2	临时预应力调整	相应调整上、下临时预应力值，同时要求调整上、下缘涂胶厚度	可用于调整高程
3	调整吊机松钩荷载	高程发生较大偏差时采用	调整高程

采用垫片调节时,一般在箱梁腹板与顶板、底板交角处,设置厚度 1~3 mm 的楔形垫片调整,用于调整相邻节段间的夹角,从而调整桥梁高程及轴线。每次调整量不宜过大,可通过后续若干段的调整来实现,垫片材质可采用环氧树脂垫片。

4.4.4 长线法、短线法预制节段比较

长线法、短线法预制节段在悬臂拼装桥梁施工中均有应用实例,两种节段预制方法各有优、缺点,从场地、台座、起梁、节段安装施工难易程度几个方面比较,见表 4-7。

表 4-7 长线法、短线法预制节段比较

项目	长线法	短线法
场地	需至少一个"T"构半边或全长场地	最少 3~4 个节段长度
台座	专门设计、施工台座	无须台座
起梁	需要考虑剪力键影响配龙门吊	可不考虑剪力键作用
节段安装施工难易程度	因是一个或半个"T"构顺序预制,节段间更易安装	需考虑节段误差积累,节段预制精度要求更高

4.4.5 悬臂拼装、悬臂浇筑施工方法比较

悬臂拼装、悬臂浇筑施工方法在连续梁、连续刚构及斜拉桥中都得到了广泛应用。从目前应用情况看,悬臂拼装连续梁的跨度一般在 90 m 以下,悬臂浇筑施工的桥梁结构应用较悬臂拼装施工更多,桥梁跨度更大,这和悬臂拼装节段安装过程线形控制难度较大有很大关系。为更进一步了解两种施工方法的优缺点,下面从工期、徐变对结构受力影响、线形控制难度、施工机具、场地要求、梁体截面形式、预应力体系等几个方面进行对比。

4.4.5.1 工期

悬臂浇筑施工是在桥位上采用挂篮逐段进行现场浇筑,每个节段在浇筑完混凝土后都要在混凝土达到设计要求强度、弹性模量后才能进行张拉、压浆工作。为减小运营期间结构的变形,现在悬臂浇筑施工的桥梁对张拉时混凝土的强度、弹性模量均要求达到100%设计值,且对张拉时混凝土龄期有明确要求,一般每个现浇节段正常循环时间在 7 d 左右,而悬臂拼装施工在进行桥梁下部结构(甚至在进行桩基)施工同时,即可开始进行节段的预制,节段预制和桥梁下部结构交叉进行,相互不制约,节段安装只是节段的吊装过程,正常情况下每天可完成 2~3 个节段的安装,施工速度较快,整个桥梁的施工工期可大大减短。

4.4.5.2 徐变对结构受力影响

悬臂拼装施工中,节段可在进行桥梁下部施工同时开始预制,安装时混凝土龄期较长,可以达到 60~90 d,后期张拉时混凝土产生的徐变较小,而悬臂浇筑施工时为加快上部结构施工速度,在混凝土达到设计要求强度后,会尽快进行张拉工作,一般张拉时混凝土龄期在 5 d 左右;在后期运营期间,徐变作用下桥梁的徐变变形较大,有效预应力减小,国内曾发生由于混凝土徐变造成桥梁主跨下挠过大、结构混凝土开裂等情况。因此,采用

悬臂拼装施工对减小运营期间结构徐变引起的病害是非常有利的。

4.4.5.3 线形控制难度

对于大跨混凝土连续梁、连续刚构或斜拉桥,由于混凝土徐变、后期节段浇筑混凝土、张拉预应力束、结构体系转换等影响,需要对每个节段设置预拱度。由于施工期间材料、结构尺寸、张拉工艺等影响,即使对施工过程进行仿真分析,所设置的预拱度和实际发生的结构变形也存在差异。采用悬臂浇筑施工时,可以根据每个节段的变形、应力反应,及时修正仿真分析模型中相关参数,并对后期施工的节段进行指导;在施工过程中,可以通过调整模板的方式对后续待浇节段的轴线、高程进行调整,线形控制、合龙难度相对较低,而悬臂拼装施工中,安装时节段已在预制场进行预制,在吊装过程中只能通过在节段缝隙间垫垫片、调整上下左右张拉力的方式微调结构线形和高程,如采用短线法预制节段,节段间在预制过程中不能进行整个“T”构或半个“T”构匹配,对节段预制的尺寸、线形偏差要求更高。

4.4.5.4 施工机具

悬臂浇筑施工是采用在挂篮上进行节段混凝土的浇筑、张拉及压浆工作,需要在挂篮上挂设具有足够刚度的模板,其自身重量较大,结构相对复杂。悬臂拼装时需要配置悬拼吊机,其主要功能是进行节段的吊装对位,并作为张拉、压浆的平台,结构构造相对简单,自重也较轻。

4.4.5.5 场地要求

悬臂浇筑采用挂篮在桥位进行节段的对称浇筑,主要工作在挂篮上完成,上部结构施工不需要大块施工场地。采用长线法预制节段时,至少需要半跨长度台座;为加快施工进度,在多跨桥梁中还需要设置多条台座,因此台座需要较大的施工场地;节段预制完成后,需要设置有存梁场地,即使采用多层存梁,需要场地也较大。长线法制梁时,还需要配置大吨位起梁龙门吊,即使采用短线法制梁,也需要在存梁区设置龙门吊;采用水路运输节段时,还需要设置栈桥,作为将节段运至运输船的通道。因此,在节段预制场需要配置设备较多。

4.4.5.6 梁体截面形式

在悬臂浇筑施工的连续梁中,梁体一般采用变截面箱梁,以便和梁体受力相适应。在悬臂拼装施工中,如果采用变截面箱梁,台座施工比较麻烦,所以国内近年修建的悬臂拼装连续梁多采用等截面箱梁,以方便台座及模板的周转,提高节段生产速度及设备利用率。

4.4.5.7 预应力体系

悬臂拼装连续梁中,为保证节段接缝处不至开裂,影响钢束耐久性,一般设计为全预应力体系,即在使用荷载作用下控制截面不出现拉应力;在钢束锚固方式上,锚头位置设置在节段端面以内,即采用深埋锚的方式设置锚具。悬臂浇筑施工连续梁接缝间采用现浇,且有普通钢筋通过,接缝抗剪强度较高,可以采用全预应力体系、部分预应力体系,为方便施工,节段端面锚头设置在端面以外。

模块 5　其他桥梁施工

【学习目标】

1. 掌握钢管混凝土拱桥的施工技术。

2. 掌握矮塔斜拉桥及无背索斜拉桥的施工技术。

【学习任务】

1. 钢管混凝土拱桥施工技术。

2. 矮塔斜拉桥及无背索斜拉桥施工技术。

【思政目标】

1. 了解桥梁其他桥型施工方法及原理,引导学生热爱所学专业,使学生理解其他桥型结构是传统桥型的传承和创新,培养学生的创新意识,鼓励学生勇于创新,探索更高效、更安全的施工方法和技术,提高工作效率和工程质量。

2. 在桥梁其他桥型结构施工中,掌握对应施工工艺流程。通过思政教育,培养学生的创业精神,不满足于现状,勇于开拓新的业务领域。可以通过案例分析、成功企业家讲座等方式,激发创业热情和进取心。

项目 5.1　钢管混凝土拱桥施工

【项目描述】

钢管混凝土拱桥由于造型优美、跨越能力大,在市政桥梁及山涧桥梁中越来越被广泛应用。施工方法可以用常规的满堂支架法,也可以用转体法,转体法可以上下转体,也可以水平转体。

【项目分析】

1. 上承式、中承式、下承式系杆拱桥。

2. 钢管拱拼装,混凝土充填。

3. 转体法施工。

【项目案例】

参考视频　　完成作业

5.1.1　钢管混凝土拱桥分类

根据钢管混凝土两种材料在受力和施工中的作用,应用钢管混凝土修建的拱桥分为两大类:第一类为钢管内填混凝土,即成桥时钢管表皮外露,与钢管内填核心混凝土共同作为结构的主要受力组成部分。施工时先安装空钢管(即裸拱),钢管合龙后,再向钢管内浇筑混凝土，钢管在浇筑混凝土施工时的劲性骨架参与后期受力；国内已修建的此类代表性桥梁有1991年竣工、主跨为115 m的四川旺仓大桥，1995年竣工、主跨为200 m的广东南海三山西大桥，2000年修建、主跨为360 m的广东丫髻沙大桥，2005年修建、主跨为460 m的四川巫山长江大桥。第二类钢管混凝土拱桥是钢管内填外包混凝土，钢管表皮不外露，钢管主要作为施工劲性骨架，先内灌混凝土形成钢管混凝土，再在此处挂设模板，在钢管外浇筑混凝土，此类钢管混凝土拱桥也可称为钢管混凝土劲性骨架拱桥，有时也称为钢筋混凝土拱桥，其跨度一般在100 m以上。国内已修建完成的此类代表性桥梁如1996年8月竣工完成、主跨312 m中承式拱桥——广西邕宁邕江大桥，1997年竣工、主跨420 m上承式钢管混凝土劲性骨架箱形混凝土拱桥——重庆万州长江大桥。

钢管混凝土拱桥可按行车道相对拱肋位置、结构体系分为两种类别。按行车道位置分为上承式、中承式、下承式。上承式（见图5-1）是指行车道在拱肋以上，主要用于跨越峡谷和桥面高程较高的桥梁，其上部结构包括拱肋、拱上立柱、盖梁及桥面系；下承式（见图5-2）指行车道在拱肋以下，一般在两个拱脚之间，由拱肋、吊杆、横梁、纵梁、桥面铺装等组成；中承式（见图5-3）指行车道在拱肋中部，行车道中间部分由吊杆悬挂在拱肋上，两侧通过立柱支撑在拱肋或地基上。中承式、下承式钢管混凝土拱桥主要在地势平坦、桥梁建筑高度受限制时使用。

图5-1　上承式钢管混凝土拱桥
（巴东支井河特大桥）

图5-2　下承式钢管混凝土拱桥
（晴川桥）

图5-3　中承式钢管混凝土拱桥（广州丫髻沙大桥）

钢管混凝土拱桥按结构体系可分为简单体系拱桥、组合体系(拱、梁组合体系)与刚性系杆拱桥。简单体系拱桥是出现最早、应用最为广泛的拱桥,简单体系拱桥为有推力拱,拱的水平推力直接由桥墩或基础承受,在此类桥梁中,桥面系为局部受力与传力,不考虑与主拱联合受力(见图 5-4)。

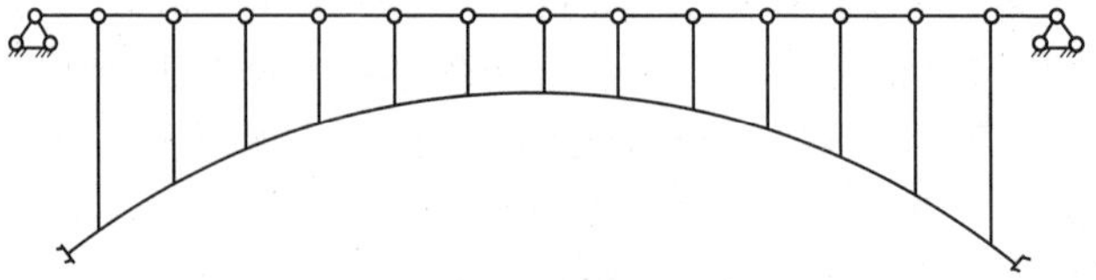

图 5-4　简单体系拱桥结构示意

拱、梁组合体系按行车道与主拱的组合方式不同,分为无推力和有推力两种。无推力拱梁组合桥(图 5-5、图 5-6)中,拱和梁在两端固结,中间用吊杆联结,简支在墩台上,为外部静定、内部超静定结构,拱的水平推力由系梁承担,根据拱肋和系梁的相对刚度大小及吊杆的布置形式可分为:吊杆垂直布置时,柔性系杆刚性拱($I_{系杆}/I_{拱肋}<0.1$)——系杆拱,刚性系杆柔性拱($I_{系杆}/I_{拱肋}>10$)——朗格尔拱,刚性系杆刚性拱($I_{系杆}/I_{拱肋}<10$)——洛泽拱;当用斜吊杆代替直吊杆(单组交叉)时,称为尼尔森拱(见图 5-7);当吊杆为多组交叉斜吊杆时,称为网拱(见图 5-8)。拱梁组合体系钢管混凝土拱桥中主要采用刚性系杆刚性拱。

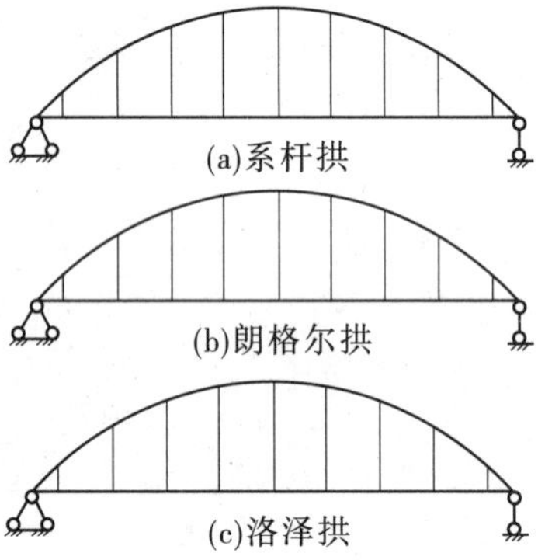

图 5-5　无推力拱梁组合体系结构示意

图 5-6　钢管混凝土系杆拱桥(漳州西洋坪大桥)

图 5-7　尼尔森拱(阿里山新美桥)

图 5-8　网拱(费马恩海峡桥)

尼尔森拱由瑞典尼尔森提出,并于1929年获得专利;在尼尔森基础上,1955年Per Tveit在特隆赫姆技术学院提出了网拱,同年申请专利。目前欧洲、日本已修建多座网拱桥梁。

网拱是由拱肋、系杆、斜吊杆和桥面系梁板等协同工作的组合结构体系,以系杆、斜吊杆的水平分力承受拱脚的水平推力为主要特征。这种体系与桁架结构相似,拱肋、系杆相当于桁架的上、下弦杆,斜吊杆不仅承受节点荷载,而且参与承重结构工作,能减小拱肋和系杆中的弯矩,拱肋和系杆主要以轴力为设计控制内力。

与竖吊杆拱桥相比,网拱有以下优点:

(1)由于吊杆数量的增加,所建桥梁体积更小、更轻盈,自重降低,地震激励作用效果显著降低,因此抗震性能更好。

(2)与一般竖吊杆拱桥相比。由于吊杆间距更小,网拱系梁截面小,可大幅减轻上部结构自重,增大桥梁跨径,并减少下部结构工程数量,可节约总造价的35%~45%。

(3)由于采用斜吊杆,吊杆轴力分解出的水平推力可抵消很大一部分系梁的水平力,同时系梁的弯矩值也大大降低,从而可大大减少钢筋用量。

(4)所有吊杆断面相同,能同时对抗拉做出贡献,部分吊杆松弛对系梁、拱肋的弯矩值变化影响不大。

(5)由于施工主要采用预制拼装,可以减少现浇系梁需要的大量模板、支架安装和混凝土浇筑工作,可加快施工进程。

(6)网拱造型美观,可使桥梁获得较强的美感,是山区、风景区较好的桥型选择。

有推力拱梁组合桥主要用于上承式,由主拱和桥面系主梁共同受力,拱的推力仍由墩台承受。与简单体系拱桥不同的是,桥面系主梁为纵桥向连续结构,最常见的做法是桥面系纵梁与长、短柱固结。当主拱跨径较大时,桥面系纵梁分为若干联,图5-9和图5-10分别为有推力刚性梁柔性拱梁拱组合桥(倒朗格尔拱)和有推力刚性梁刚性拱梁拱组合桥(倒洛泽拱)。

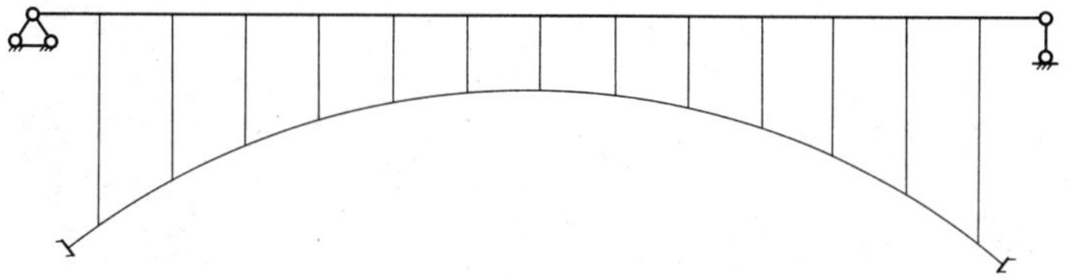

图5-9 有推力刚性梁柔性拱梁拱组合体系拱结构示意

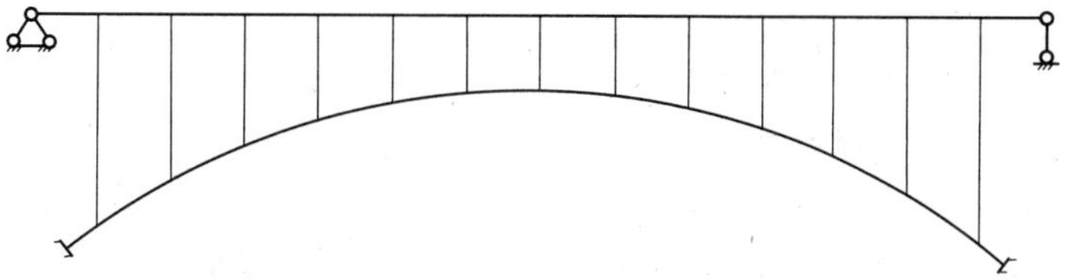

图5-10 有推力刚性梁刚性拱梁拱组合体系拱结构示意

有推力拱梁组合桥是国外大跨径拱桥常用的结构形式，沪蓉西高速公路支井河特大桥是国内钢管混凝土拱桥中典型的有推力拱梁组合钢管混凝土拱桥。

在工程实践中，有些钢管混凝土拱桥不设置拱肋间的横向联结，称为无风撑钢管混凝土拱桥（见图5-11）；有些钢管混凝土拱桥两侧拱肋不在平行的竖直面内，两侧拱肋向桥梁纵向中心线方向倾斜，像篮子提手一样，称为提篮式钢管混凝土拱桥（见图5-12）。

图5-11　无风撑钢管混凝土拱桥

图5-12　提篮式钢管混凝土拱桥

5.1.2　桥梁钢管混凝土拱肋材料

5.1.2.1　桥梁钢管拱肋材料

桥梁结构中采用的钢管结构按制造方法分为电焊接钢管和无缝钢管两类。电焊接钢管又分为直缝焊接管和螺旋缝焊接管。小跨径桥梁中所需拱肋直径较小，可直接从市场上购买成品无缝钢管加工拱肋。采用无缝钢管时，由于受市场供应规格限制，管径和壁厚常常受限制，造价也相对较高。目前钢管混凝土桥梁结构中，多采用根据桥梁设计情况在工厂或桥位处利用钢板(或钢卷)采用直缝(或螺旋焊缝)加工成管节,经接长后形成拱肋吊装节段。

直缝焊管和螺旋焊缝管常采用Q235、Q345、Q370、Q420钢,Q是屈服点汉语拼音的第一个字母,后面的数字代表该钢号的屈服点,如Q420中的420,表示该钢号的屈服强度为420 N/mm^2。此外,在有些钢管混凝土拱桥中也采用了16Mnq钢或15Mnvq钢,主要是16Mnq钢,这两种钢是现行行业标准《桥梁用结构钢》(GB/T 714—2015)中的钢号,其中q是汉字桥字的第一个字母,是用于铁路、公路桥梁结构的专用钢材。

卷管钢材应符合《碳素结构钢》(GB/T 700—2006)、《低合金高强度结构钢》(GB/T 1591—2018)和《桥梁用结构钢》(YB(T)10—81)等规范的要求。钢管焊接必须采用对接焊缝,并达到与母材等强度的要求。无缝钢管必须符合《结构用无缝钢管》(GB/T 8162—2018)的要求。

按四川省交通厅公路规划勘察设计研究院编写的《公路钢管混凝土桥梁设计与施工指南》要求,钢管的外径不宜小于100 mm,也不宜大于2 000 mm,钢管壁厚不宜小于4 mm,钢管的外径与壁厚之比宜在$33\leqslant d/t\leqslant100$范围内,常用含钢率$\alpha_s=0.04\sim0.20$,钢管混凝土的套箍指标不宜小于0.6。

5.1.2.2 **桥梁钢管内混凝土材料**

按中国工程建设标准化协会标准《钢管混凝土结构技术规程》(CECS28:2012)及四川省交通厅公路规划勘察设计研究院编写的《公路钢管混凝土桥梁设计与施工指南》要求,钢管内普通混凝土强度等级不应低于C30,目前钢管内混凝土强度可达到C80。按《公路钢管混凝土桥梁设计与施工指南》要求,混凝土强度等级与钢材等级应相互匹配。

钢管内混凝土强度等级评定按《混凝土结构设计规范》(2015年版)(GB 50010—2010)执行,以标准尺寸(150 mm)立方体试件在28 d龄期用标准试验方法测定的具有95%保证率的抗压强度设计值。

由于钢管内混凝土采用对称顶升压筑,为确保钢管内混凝土密实及方便施工,钢管内混凝土在施工时应具有良好的和易性,同时应确保钢管内混凝土在凝固后不致产生过大收缩,造成钢管内混凝土和管壁间出现缝隙,降低钢管的套箍作用。混凝土水灰比不宜大于0.4,在配置混凝土时可掺入适量的外加剂,按《公路桥涵施工技术规范》(JTG/T 3650—2020)关于泵送混凝土配合比的规定,混凝土最小水泥用量宜为280~300 kg/m^3(输送管径100~150 mm),通过0.3 mm筛孔的砂不宜小于15%,砂率宜控制在35%~45%;混凝土拌和物的出机坍落度宜为100~200 mm,泵送入模时的坍落度宜控制在80~180 mm;宜通过试验掺用适量的减水剂、泵送剂和掺合料。

5.1.2.3 **吊杆构件及材料**

在中承式、下承式钢管混凝土拱桥中,由吊杆将桥面系反吊在拱肋上,将车辆等产生的疲劳、静力荷载等传递给拱肋。吊杆在中承式、下承式钢管混凝土桥梁中是非常重要的构件,要求吊杆具有较高的承载能力、稳定的高弹性模量(低松弛)、良好的耐疲劳和抗腐蚀能力,便于施工,造价合理。吊杆相当于对桥面系施加多点弹性支撑,任何一根吊杆的内力变化都会引起其他吊杆的内力变化,在疲劳荷载和环境作用耦合情况下,吊杆受力情况复杂。近几年国内已发生多起由于吊杆断裂引起钢管混凝土拱桥桥面系垮塌的实例。

拱桥吊杆结构和斜拉桥斜拉索类似，常用的有平行钢筋索、平行钢丝索、平行钢绞线索，常用锚具有冷铸锚、墩头锚、冷铸墩头锚（或称冷铸锚）和夹片锚。国内常用ϕ5、ϕ7平行钢丝或平行钢绞线拉索，配套冷铸锚或夹片式锚具。随着对吊杆耐久性、重要性的认识，近年国内加强了对吊杆防腐的重视，已不再采用在防护套内压注水泥浆的方式，倾向采用镀锌钢丝、钢绞线，外套多层 PE 防护，一般在工厂做成成品索，以保证拉索质量。

柳州 OVM 有限公司针对拱桥吊杆实际需要，研制了 OVMLZM 系列拱桥专用吊杆，其性能为：静载性能达到《预应力筋用锚具、夹具和连接器》（GB/T 14370—2015）的要求，锚具效率系数 $\eta_a \geqslant 95\%$，极限延伸率 $\xi \geqslant 2\%$；疲劳性能达到《斜拉桥用热挤聚乙烯高强钢丝拉索》（GB/T 18365—2018）的要求，吊杆应力上限 $0.4\sigma_b$、应力下限 $0.28\sigma_b$，经 200 万次脉冲加载后断丝不大于总数的 5%。吊杆宏观弹性模量：$E \geqslant 1.9\times10^5$ MPa。索体外层 HDPE 静态应力衰减增量系数 $\lambda \geqslant 0.30$；柔性纠正装置最大转动量：$n = \pm4°$；防水性能：全防水结构；索体 HDPE 性能符合《桥梁缆索用高密度聚乙烯护套料》（CJ/T 297—2016）的要求。高强钢丝性能：抗拉强度 $\sigma_b \geqslant 1\ 670$ MPa，其他性能不低于《桥梁缆索用热镀锌或锌铝合金钢丝》（GB/T 17101—2019）的要求。

OVMLZM 吊杆体系为可换式系统，主要有四种类型，以满足不同场合要求。Ⅰ型吊杆系统是基本吊杆，主要适用于新建结构及预埋管有足够尺寸空间的场合，其安装比较方便，成本较低，实际工程应用较多；Ⅱ型吊杆在Ⅰ型吊杆的基本结构上，下端采用按永久性构件设计的刚性拉杆，把下锚头移至桥面结构以上，从而使下端锚头的防腐、检查维修十分方便。该吊杆适用于中间吊杆及下端防腐、检查不便的场合；Ⅲ型吊杆是在Ⅱ型吊杆基础上的改进吊杆，刚性吊杆与索体间通过内设球形装置的连接体进行连接，以适应桥面纵向位移及施工误差对下端拉杆的影响，减小其附加内力。该吊杆主要适用于短吊杆及施工误差较大的场合；Ⅳ型吊杆是一种单向铰连接系统，特别适合桥面系为钢结构的桥梁结构。

5.1.3　钢管混凝土拱桥施工步骤

上承式、中承式、下承式钢管混凝土拱桥主要施工步骤如下。

5.1.3.1　确定钢管加工拱轴线

在进行加工钢管拱肋前，应根据设计拱轴、后续施工顺序等，确定拱肋预拱度。根据预拱度及设计拱轴线，确定钢管加工拱轴线，并在加工场地按此加工轴线进行 1∶1放样。

5.1.3.2　卷制钢管

对于跨度较小、采用成品管作拱肋的钢管混凝土拱桥，可直接从市场购买成品管加工拱肋；目前多数钢管混凝土拱桥拱肋均需采用钢板自行卷制钢管；自行卷制钢管方法有直焊缝焊管和螺旋焊管。

直焊缝焊管是将长 2 m 左右的钢板卷成桶形，将直缝焊接后形成管节；螺旋焊管是将带钢或钢板经开卷、整板、带钢接头焊接、卷管、螺旋焊缝焊接、焊缝超声检测等过程形成螺旋形焊缝焊管。螺旋焊管在生产过程中，会产生较大的残余应力。试验结果表明，焊缝区及附近的残余应力均在屈服点左右，这对承受疲劳荷载的桥梁结构来说，如果处理不当，将产生严重后果。

5.1.3.3　**吊装拱段加工**

为便于施工,钢管混凝土拱桥在设计时会将单个拱肋划分成单数吊装拱段,中间段为合龙段。对于直缝焊接的钢管,可以采用以直代曲或煨弯两种方式形成拱肋曲线单钢管;对于采用螺旋焊缝的钢管,可以采用煨弯形成拱肋单钢管;如果拱肋结构为桁架结构,在吊装拱段单钢管成型后,可在地面上按1∶1组拼、施焊后,形成单个哑铃及吊装段桁架。

5.1.3.4　**拱肋组拼**

为减少空中作业内容、确保拱肋制造精度,在吊装拱段加工完成后,需要在地面上按1∶1将至少半跨吊装拱段组拼,检查拱肋线形、吊装拱段焊缝接口等是否符合要求。

5.1.3.5　**拱段吊装**

拱段吊装施工是将各吊装拱段按顺序安装到设计位置。吊装拱段是否全桥对应拱段一起吊装要根据实际情况确定。可能是单侧拱段吊装,然后焊接横向连接,也可能是两侧拱肋在地面上先将横向连接焊接,然后将两侧拱肋带横向连接一起吊装;拱肋吊装方法要根据桥位场地情况确定,一般在设计图中会明确。常用吊装方法有缆索吊装、少支架、转体施工等。由于空钢管拱肋线形受温差变化影响较大,设计图中会明确裸拱合龙温度,合龙段应在设计给定合龙温度施工。

5.1.3.6　**钢管内混凝土灌注**

裸拱合龙后,向钢管内压注混凝土。管内混凝土的硬化会改变拱肋刚度,不同压注顺序会影响拱肋变形,因此混凝土压注顺序在设计图中应明确给出,施工时应严格按设计给定顺序进行。

5.1.3.7　**桥面系安装**

对于上承式钢管混凝土拱桥,在钢管内混凝土灌注完成、达到设计强度后,可安装拱肋上立柱、盖梁,安装桥面系;对于中承式、下承式钢管混凝土拱桥,在钢管内混凝土灌筑完成、达到设计强度后,可安装吊杆、横梁、纵梁、桥面铺装等。

5.1.4　钢管拱肋制作

钢管混凝土拱桥拱肋截面形式有多种,与结构跨度、承受荷载有关。一般跨度较小的可采用单管,对于跨度较大的结构,会采用哑铃形或桁架式截面,钢管混凝土拱桥拱肋常用截面形式见图5-13。

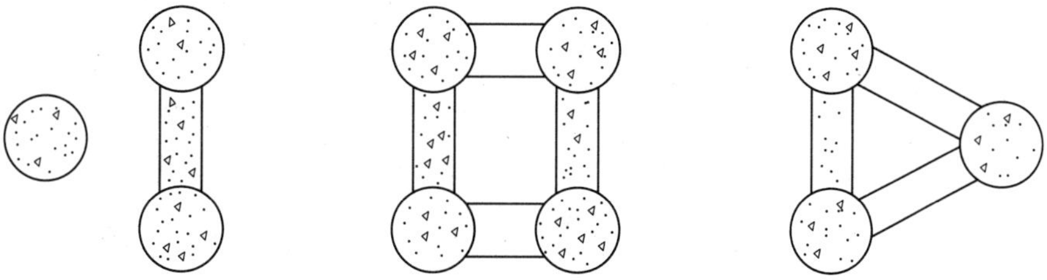

(a)单管截面　(b)哑铃形截面　(c)桁架式截面

图5-13　钢管混凝土拱桥拱肋截面结构示意

5.1.4.1 **以直代曲形成吊装段拱肋单管**

采用直缝钢管的拱肋由于受钢板尺寸限制,每节圆管长度均较短,一般采用若干直管节以直代曲方式拟合拱肋曲线。有些钢管混凝土桥在制作拱肋时,先将若干直管节焊接成10 m左右的直管,然后煨弯成拱肋曲线,以若干曲线拟合拱肋线形。放样时,折点应在计入预拱度后的拱轴曲线上,为避免以直代曲可能造成的拱肋拱轴曲线和设计拱轴偏差过大,一般以分段直线代替曲线时的分段长度应符合下式的要求,且相邻管节长度不应过于悬殊(见图5-14)。以直代曲也称为虾弯成形。

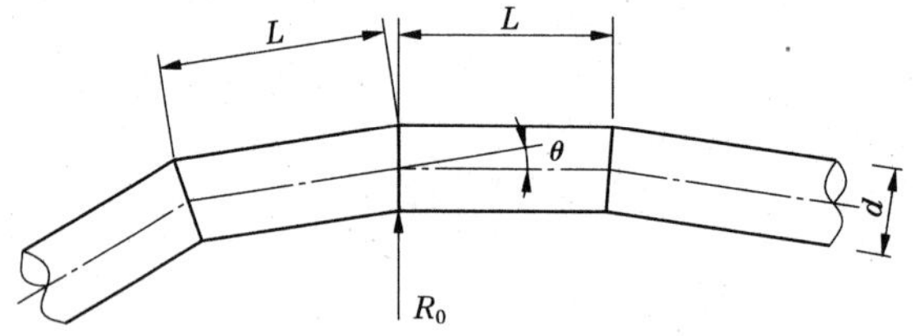

图5-14 以直代曲示意

$$\theta = L/R_0 \leqslant 0.04d/L$$

式中 θ——折角;

d——钢管直径,m;

L——直线段长,m;

R_0——拱的曲线半径,m。

5.1.4.2 **采用煨弯形成吊装段拱肋单管**

煨弯成型基本原理是将由若干直焊缝管节焊接而成或由螺旋焊缝加工的钢管放置在胎具上方,经加热后钢管呈塑性后,通过施力将钢管弯制成设计线形。目前,国内对钢管拱主弦管煨弯主要采用氧气、乙炔火焰加热弯制、中频弯管机弯制及远红外线—全液压自动弯管机弯制三种方法。

钢管热弯可以采用图5-15两种方法,图5-15(a)为加热点固定式热弯,钢管被顶推前进并沿靠模线形弯曲成型;图5-15(b)为钢管固定式热弯,采用拆装式加热器组分段加热钢管,同时予以顶压弯曲成型。

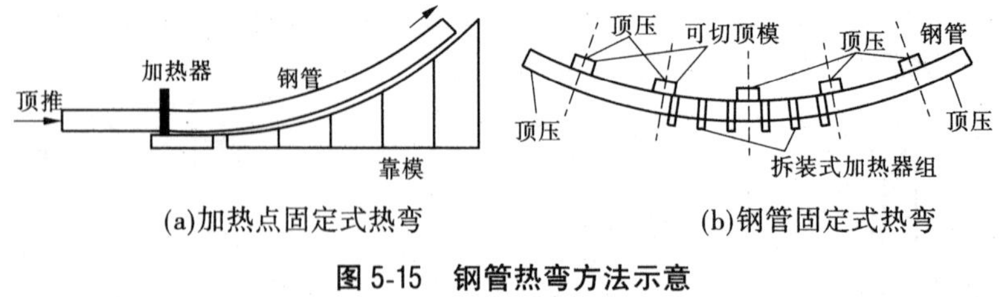

图5-15 钢管热弯方法示意

钢管煨弯注意事项如下。

1. 钢管超弯量确定

钢管加热受外力作用会弯曲,温度降低、外力撤除后,会发生一定的反弹。如果不设置钢管超弯量,可能会造成钢管弧线线形偏离靠模或定型托架的预设线形。因此,在设计靠模、定型托架线形时,应设置超弯量,超弯量的大小应根据工艺措施等试弯制后确定。

2. 加热程序

钢管煨弯顺序一般从中间向管端逐个环带进行,可采用从中间开始向两侧对称加热或先从管中向一端煨弯,完成后再将加热箱移至另一侧,从中间向另一端煨弯。

3. 加热温度控制

加热温度宜控制在700~800 ℃,不宜超过900 ℃,钢材在加热到250 ℃左右时,钢材性能变脆,称为蓝脆,在此温度下不能对钢管进行弯制加工,以防钢管出现裂纹。火工弯曲矫正后不得用冷水方法降温,宜在空气中缓慢冷却,因为骤冷会使普通低合金钢变脆。钢材温度低于600 ℃时,应停止对钢管施加应力,降至室温前,不得锤击钢材。

5.1.4.3 吊装段拱肋组拼

吊装段拱肋单钢管加工完成、验收合格后,可将单钢管通过缀板连接在一起,形成哑铃形拱肋或桁架式拱肋。吊装段拱肋组拼应在专用胎架上进行,桁架式或哑铃形拱肋吊装拱段组拼一般采用卧位法。缀板和钢管的焊接可采用单面坡口焊缝,下垫陶瓷垫片,这样一个工况时即可进行两侧缀板的焊接,可避免吊装拱段的翻身,减少吊装作业量,加快施工进度。

5.1.5 钢管拱肋缆索吊装施工

钢管拱肋吊装应根据桥位场地情况,由设计单位确定。目前,常采用的方法有缆索吊装、少支架、转体施工等。

缆索吊装施工也称为斜拉悬臂法,是拱桥施工中常用的拱肋吊装方法之一,基本原理是利用缆索吊机将拱桥各吊装段拱肋分别吊运至设计位置,并用扣索将各吊装段临时固定,直至吊装完成。缆索吊装适用于跨越深峡谷、深水等桥位。

5.1.5.1 缆索吊机

缆索吊机设备由以下几部分组成。

1. 塔架

塔架是缆索吊机的主要结构之一,一般采用万能杆件组拼,杆件和基础一般采用固结。对于塔较高的情况,为减小塔架底部的弯矩,也可以采用铰接;对于塔底铰接的塔架,应设置足够的缆风绳确保塔架稳定。用于锚固扣索的扣塔可以单独设置,也可以将扣索锚固在塔架上,即塔扣一体化。采用塔扣一体化时,由于后续吊装段会对塔架变形产生影响,需要进行大量计算,考虑此影响对拱轴线形影响,并设置预拱度。

对于底部固结的塔架,塔顶位移限值为$H/400$(H为塔高);对于底部铰接的塔架,塔顶位移限值为$H/150 \sim H/100$。

2. 地锚

地锚连接主缆索,将主缆内力传递给地层,地锚结构可根据桥位场地情况确定。可采用重力式地锚、锚桩等,为便于主缆垂度调整,在地锚前端可设置张拉横梁。张拉横梁通过高强螺栓连接在地锚上,主缆锚固在张拉横梁上,需要调整主缆垂度时,可通过千斤顶张拉高强粗钢筋，调节张拉横梁位置。地锚受力安全系数要求在 1.5 以上。

3. 扣索

扣索是在拱段吊装完成后，临时固定各拱段的主要设施。在拱肋没有合龙前，拱肋结构呈悬臂状，扣索是保证此悬臂结构安全的主要结构。目前，扣索主要采用高强钢丝束或高强钢绞线。一般在吊装拱段前端焊接耳板，钢绞线或钢丝束前端设置 P 锚，将 P 锚挂设在耳板上。在吊装拱肋过程及温差变化时，钢管拱肋高程会有变化，设计耳板时，应特别注意在拱肋高程变化时，钢绞线根部侧面不能接触耳板，以防钢绞线受到剪力，造成钢绞线的断裂。扣索在风荷载作用下可能会引起颤振，使其端部侧面接触锚固点发生断裂，在施工时可采取相应措施，避免此事故的发生。

4. 主缆索、牵引索、起重索、跑车及支索器

主缆索、牵引索和起重索均为钢丝绳，目前我国钢丝绳技术标准为《重要用途钢丝绳》(GB 8918—2006)，各种钢丝绳技术标准可参见该规范。

主缆索为缆索吊机主要承重结构，一般采用较粗的钢丝绳，根据承受荷载大小可由若干根组成。为确保主缆受力均匀，每侧单根主缆穿过地锚上滑轮，形成每侧单根多束主缆。主缆的设计垂度可采用缆索吊机跨度的 1/18～1/13，主缆安装类似悬索桥主索安装。

跑车支撑在主缆索上，通过牵引索的拉动可沿顺桥向两个方向移动，下部通过夹板固定起重索滑轮组，其典型结构示意见图 5-16。

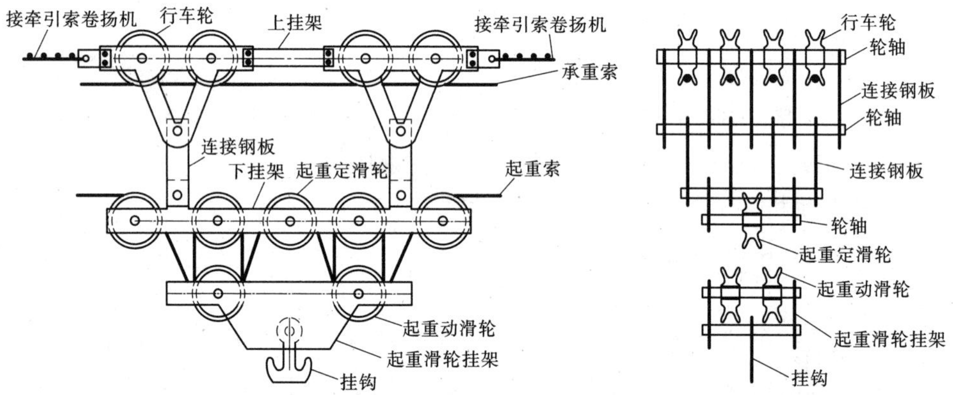

图 5-16　跑车结构示意

支索器按一定间距安放在牵引索、主缆、起重索之间，用于支撑各索相对位置的装置，避免在施工过程中各索缠绕在一起。各牵引索用钢丝绳连接在一起，跑车移动方向侧支索器挤紧，另一侧支索器展开，支索器间距一般在 30 m 左右一道。支索器结构示意见图 5-17。

5. 索鞍

索鞍布置在主塔顶部，一般设计为滑轮结构，牵引索、主缆、起重索从其滑轮轮槽内穿过，主要作用是保证牵引索、主缆、起重索不与塔架直接接触，避免塔架杆件棱角刻伤缆

索，同时减小缆索和塔架摩擦阻力。典型索鞍结构立面、侧面示意见图5-18、图5-19。

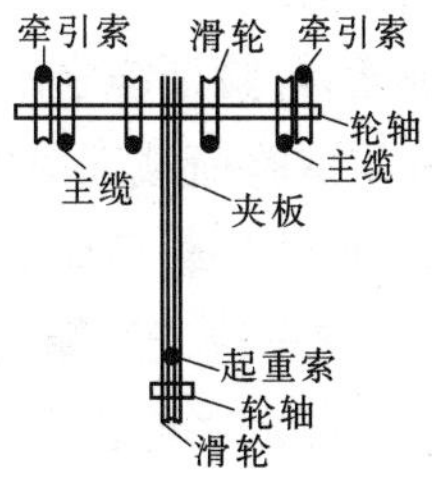

图5-17　支索器结构示意

5.1.5.2　缆索吊装施工

1. 缆索吊机试吊

缆索吊机是钢管拱肋缆索吊装拱肋的主要临时结构，其安全对拱肋吊装至关重要，在正式吊装前，应进行试吊，以检查缆索吊机的性能。试吊前应制订试吊方案，并上报有关部门审批。试吊试验一般分空载反复运转、额定荷载试验、动载试验和最大静载试验。

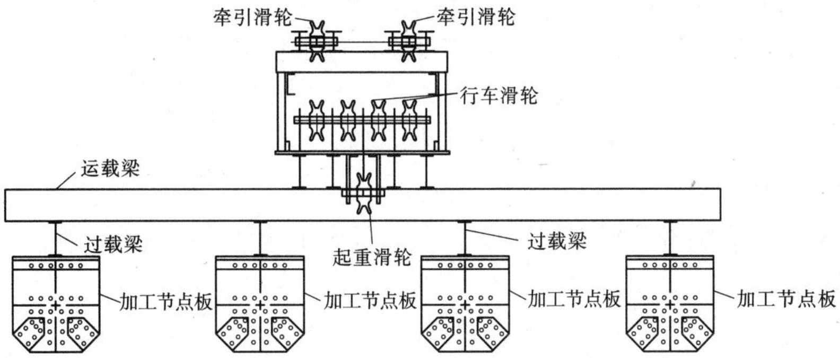

图5-18　索鞍结构立面示意

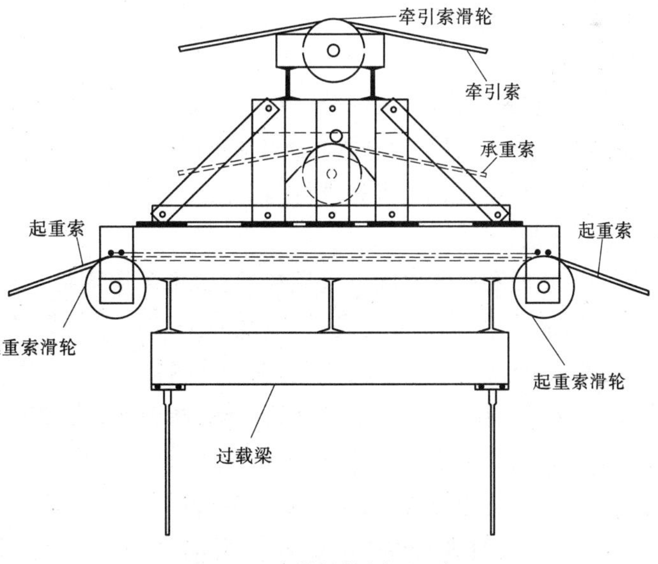

图5-19　索鞍结构侧面示意

空载反复运转一般在吊机上挂2~3 t重物，在跨中位置来回牵引，做放下、提升等动作，做跑车制动试验，检验电器设备完好情况，同时检查卷扬机在轻载下的刹车情况，作为操作练习。

额定荷载试验、动载试验和最大静载试验的目的是检验地锚、塔架、跑车、索鞍、缆索的承载能力，验证缆索吊机各构件和制动器的功能，根据试吊测试数据，验证设计数据是否准确。试验荷载工况可分为50%额定荷载、100%额定荷载、110%额定荷载、120%额定荷载等，每个荷载工况下可开展如下试验：

（1）跑车位于一侧塔架附近，起吊重物离开地面10～20 cm、悬空静置10～20 min，测量塔架顶部水平偏位、地锚位移、塔架杆件受力等。

（2）起吊重物离开地面2～3 m，做上、下起落运动及水平牵引，检查卷扬机的制动性能和跑车牵引速度。

（3）分别将跑车置于另一侧塔架附近、跨中位置，按以上两项内容，检测主缆索垂度、主缆内力、塔架顶部偏位、地锚位移、塔架杆件受力等。

（4）主缆垂度、内力观测：主缆垂度可仅在跑车位于跨中时进行，采用全站仪测量，主缆内力采用测力计测试。

（5）塔顶位移观测：在塔顶设置永久观测点，通过全站仪测量其空间坐标位置，确定塔顶空间位置变化。

（6）地锚位移观测：在地锚上设置观测点，通过全站仪测量观测点空间坐标位置的变化，观测地锚位移。

（7）塔架底部杆件内力及变形观测：杆件内力观测可采用表面钢弦传感器测量，杆件变形可采用全站仪通过空间坐标位置变化观测。

在试吊过程中，塔架、地锚和机电部位及其他连接的重要部位，均应派专人值班看守，发现问题及时上报、处理。

2. 拱肋吊装施工

如前所述，为方便吊装施工，设计图中会将钢管混凝土拱桥拱肋划分成若干吊装段。对于设置两根拱肋的拱桥，每个吊装段会在地面上将两个拱肋通过横撑连接在一起，吊装时整体起吊；对于设置三个以上拱肋，可先进行两个拱肋吊装段的安装、合龙，然后进行其他拱肋吊装段的安装、合龙。

靠近拱脚的第一吊装段和拱脚之间可采用铰接，也可采用刚接。采用铰接有利于后期拱肋线形的调整。拱肋吊装段安装完成后，应及时采用在吊装段前端设置“八字”缆风，以增加拱肋的抗风稳定性。吊装时应在吊装拱肋前、后端分别设置吊点。两吊点应独立设置起重系统，以方便吊装拱段前、后端高程的调整，便于钢管拱肋空间对位。

吊装拱肋段间一般采用高强螺栓连接，待全桥合龙、调整完拱肋线形后，再施焊连接为整体。吊装拱段前端高程应根据计算，考虑后续节段吊装、扣索拆除等影响，设置预拱度。在吊装拱肋过程中，应及时观测拱肋中线偏差，并通过缆风调整中线偏差。

拱肋合龙是钢管混凝土拱肋安装施工的关键工艺之一，钢管合龙时应确保环境温度和设计合龙温度相符。安装合龙段前，应在设计合龙温度附近多次、反复测量两拱肋悬臂端距离，根据此距离确定合龙段长度，通过调整扣索拉力，使拱肋两端抬起，将合龙段起吊到设计位置，缓慢调整两端拱肋高程，将合龙段和两端拱肋焊接在一起。

扣索一般在拱肋合龙完成后即行拆除,扣索拆除应采用多次往复进行。

5.1.6 钢管拱肋转体施工

转体法施工是钢管混凝土拱桥拱肋安装中广泛采用的方法之一。按转动方向分为平转施工和竖转施工,有时又将这两种方法结合在一起,即在拱肋安装时先平转再竖转或先竖转再平转。

5.1.6.1 平转施工

1. 平转施工原理及转盘结构

平转施工的原理是在和设计桥位相同平面一定角度位置上,分别安装钢管拱肋,拱脚下安装平面转盘,利用张拉设置在转盘上的一对预应力钢绞线束形成平面力偶,带动钢管拱肋平面转动到设计位置,拱肋合龙、固定转盘,形成无铰拱。

平转施工适合在上跨铁路、公路、深谷的场地修建钢管混凝土拱桥,平转施工方法在连续梁、斜拉桥、连续刚构等桥型均成功得到应用。平转施工方法分有平衡重和无平衡重两种,对于斜拉桥、连续梁、连续刚构等上部恒载在墩两侧基本对称的结构,一般以桥墩轴心为转动中心,为使中心降低,转盘设于墩底部,由于转动中心两侧基本对称,不需要设置平衡重。对于单跨拱桥,上部结构一侧悬臂长,两侧重量不平衡,在转动前应在拱肋相反方向一侧布置临时压重。

图 5-20 为单跨拱桥平转示意。

由于在相对平整、开阔的场地上进行拱肋的安装,拱肋吊装段可采用汽车吊进行安装,此方法的主要结构为平面转盘。

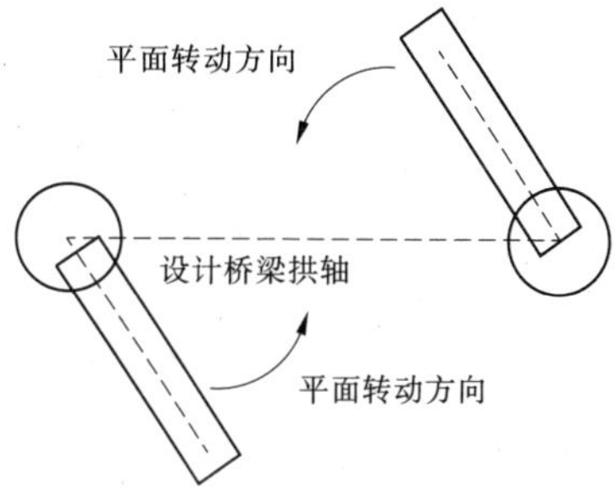

图 5-20 单跨拱桥平转示意

平转施工不但广泛应用在拱桥中,而且在连续梁、连续刚构、斜拉桥等桥梁结构形式中也有广泛的应用,如图 5-21 所示。

平转法转动体系主要有转动体系(转盘和环道)、转动牵引系统组成(见图 5-22)。转动体系是平转法施工的关键,由上、下转盘和转轴组成,下转盘和基础连接,上转盘和上部结构一体,围绕转轴转动,根据转盘形状分为平面转盘和球面转盘。平面转盘由直径 100~300 mm 的钢轴轴心、不锈钢板、四氟乙烯板(四氟乙烯蘑菇头)组成的中心支撑及环形不锈钢板、四氟乙烯板组成的环形滑道组成。

施工时先安装下转盘,下转盘和基础连接为整体。目前现场常采用四氟乙烯蘑菇头代替四氟乙烯板,以最大限度减小上、下转盘的摩擦阻力,蘑菇头镶嵌在下转盘上。

某桥平面转盘结构如图 5-23 所示,安装过程如图 5-24 所示。

按以上设置四氟乙烯蘑菇头的转盘设计静摩擦系数为 0.1,动摩擦系数为 0.06。

球形转盘结构立面示意见图 5-25。

平转动力一般在上转盘上设置一对平行钢绞线束,通过连续张拉千斤顶张拉,对上转

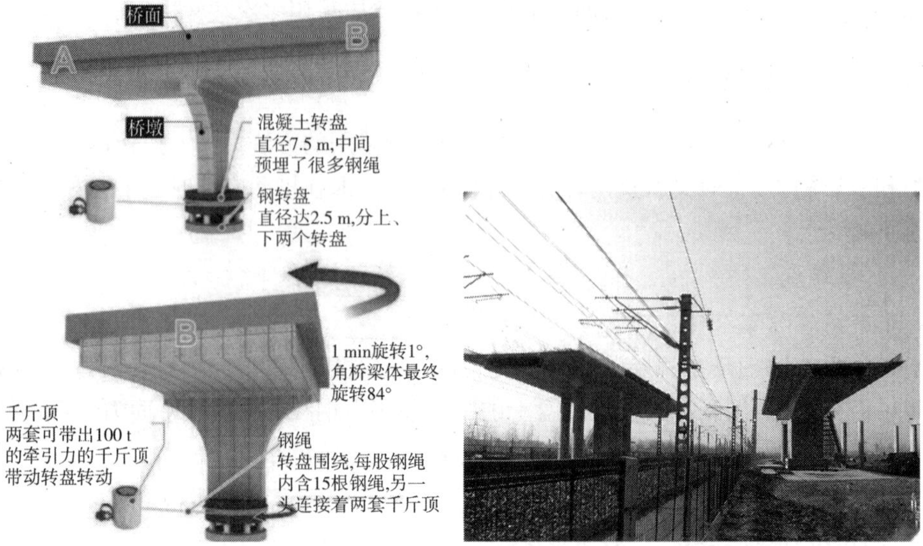

图 5-21　连续梁平转解析与现场

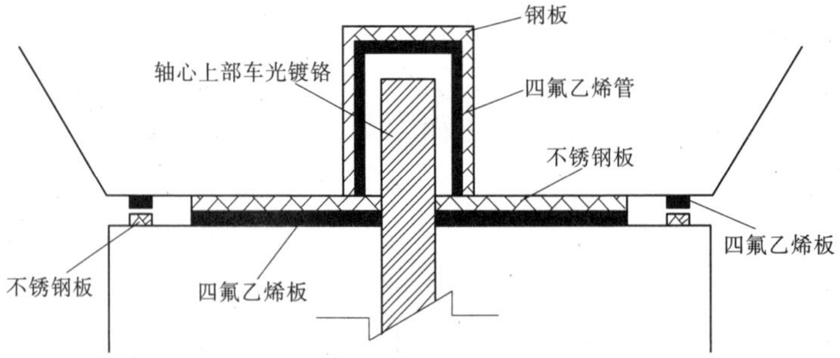

图 5-22　平面转盘立面结构示意

图 5-23　平面转盘结构

(a)下转盘及滑道骨架调整

(b)下转盘安装

(c)滑道安装

(d)安装聚四氟乙烯滑片

(e)下转盘涂抹润滑层

(f)上转盘安装

(g)上转盘混凝土浇筑

(h)上转盘承台及以上结构施工

图5-24 平面转盘安装过程

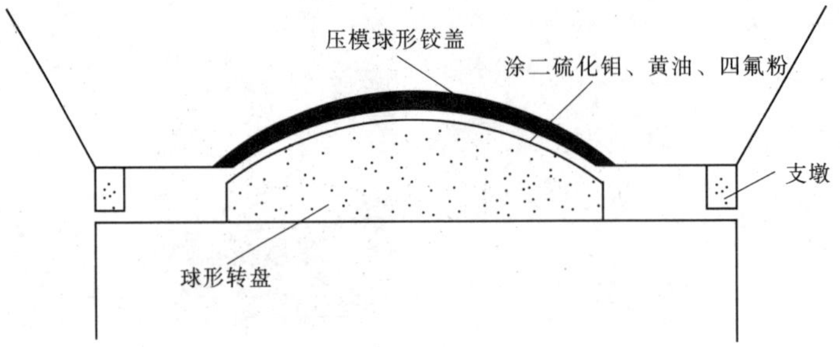

图 5-25　球形转盘结构立面示意

盘形成一个平面力偶,在力偶作用下使上转盘平面转动。为使平转连续进行,用于提供转体动力的千斤顶一般采用连续张拉千斤顶,两台连续张拉千斤顶由一台主控台控制,以确保两台千斤顶同步、形成平面力偶(见图 5-26~图 5-28)。

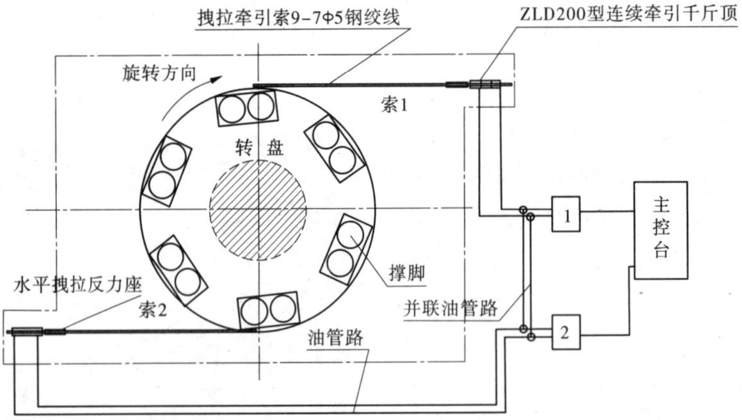

图 5-26　平转动力布置示意

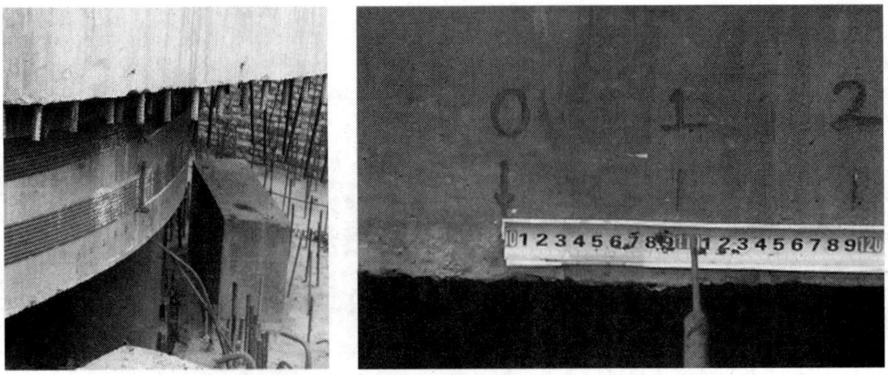

图 5-27　连续梁上转盘缠绕钢绞线及转动控制

转体的牵引动力系统由两台 ZLD200 型连续牵引千斤顶、两台 ZLDB 液压泵站及一台

图 5-28　连续梁上转盘及连续张拉千斤顶

主控台(QK~8)通过高压油管和电缆连接组成。每台 ZLD200 型连续牵引千斤顶公称牵引力 2 000 kN,额定油压 31.5 MPa,由前、后两台千斤顶串联组成,每台千斤顶前端配有夹持装置。助推千斤顶采用 YCW150A 型穿心式千斤顶 3 台(配备 ZB4-500 电动油泵 3 台)。将调试好的动力系统设备运到工地进行对位安装后,往泵站油箱内注满专用液压油,正确连接油路和电路,重新进行系统调试,使动力系统运行的同步性和连续性达到最佳状态。

ZLD200 自动连续转体系统由千斤顶、泵站和主控台三部分组成。其主要特点是能够实现多台千斤顶同步不间断匀速顶进牵引结构旋转到位,以主控台保证同步加压。本系统兼具自动和手动控制功能,手动控制主要用于各千斤顶位置调试和转体快到位前的小距离运动,自动控制作为主要功能用于正常工作过程。

转盘设置有两束牵引索,每束由 12 根强度为 1 860 MPa 的ϕ 15.24 钢绞线组成。预埋的牵引索经清洁各根钢绞线表面的锈斑、油污后,逐根顺次沿着既定轨道排列缠绕后,穿过 ZLD200 型千斤顶。先逐根对钢绞线预紧,再用牵引千斤顶整体预紧,使同一束牵引索各钢绞线持力基本一致。

牵引索的另一端设 P 锚,已先期在上转盘灌注时预埋入上转盘混凝土体内,出口处不留死弯;预留的长度要足够并考虑 4 m 的工作长度。牵引索安装完到使用期间应注意保护,特别注意防止电焊打伤或电流通过,另外要注意防潮、防淋,避免锈蚀。

牵引反力座采用钢筋混凝土结构,反力座预埋钢筋深入下部承台内,反力座混凝土与下转盘混凝土同时浇筑,牵引反力座槽口位置及高度准确定位,与牵引索方向相一致。

2. 平转施工称重原理及方法

由于平转施工常应用于跨越既有铁路、公路,为确保交通运输安全,转体施工应尽量在短时间内完成。为确保转体顺利完成,在正式转体前常要求对其称重试验,以测试其不平衡力矩、偏心距、摩擦力矩及摩擦系数。

称重试验在施工支架拆除后、正式转体前进行,一般包含以下内容:

(1)转动体部分的纵桥向不平衡力矩。

(2)转动体部分的纵向偏心距。

(3)转体球铰的摩阻力矩及摩擦系数。

(4)完成转体梁的配重。

5.1.6.2 **竖转施工**

竖转施工原理是在较设计拱肋位置低的支架上拼装拱肋,然后利用拱脚处的转轴作为转动中心及设置在拱脚处的扒杆作为竖转承力机构,用钢丝绳将拱肋在竖直面内转动到设计位置。竖转所需机具有卷扬机、扒杆、钢丝绳、转轴等。竖转结构示意见图5-29。

竖转转角结构示意见图5-30,某桥竖转施工见图5-31。

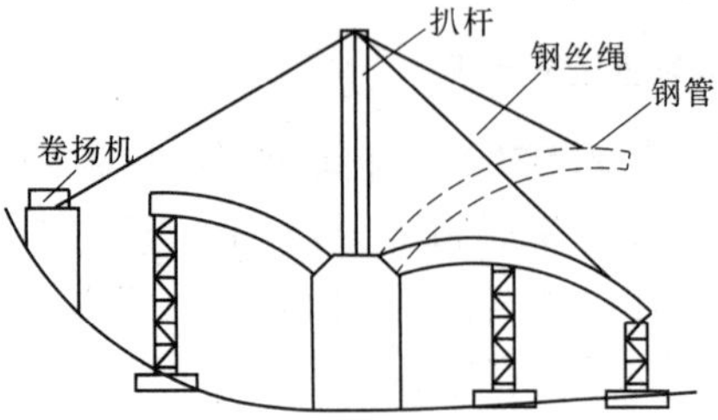

图5-29 竖转结构示意

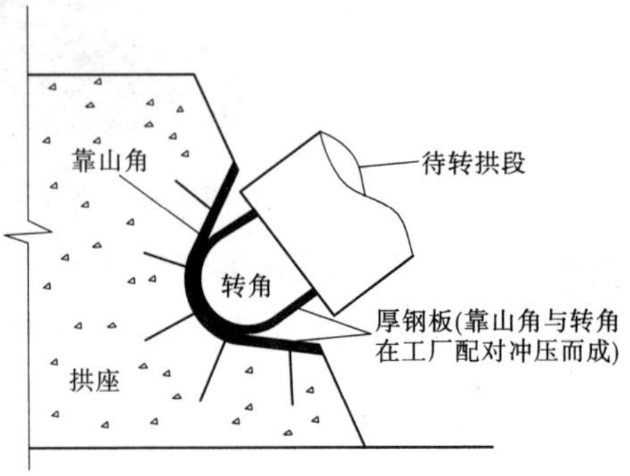

图5-30 竖转转角结构示意

图5-31 竖转施工

5.1.7 少支架及满堂支架上拱肋安装施工

少支架及满堂支架上拱肋安装是将吊装拱段安放在支架上,在支架上进行吊装拱段的拼装、焊接。拱肋节段的吊装采用汽车吊进行,施工难度相对较低,适用于无水或水较少、拱肋地面不高的桥位。少支架施工一般沿拱肋纵向按一定间距设置,支架可采用万能杆件、军用墩等。在支架顶部应设置可进行竖向、水平位置调节的千斤顶;满堂支架一般用在提篮拱拱肋的安装,由于使用支架数量较多,往往可能不经济。支架施工要求和采用支架现浇混凝土梁施工类似。少支架拱肋施工及满堂支架拱肋施工分别如图5-32、图5-33所示。

图 5-32　少支架拱肋施工

图 5-33　满堂支架拱肋施工

5.1.8　钢管混凝土对称顶升压注施工

钢管混凝土拱桥钢管内混凝土灌注一般采用两端对称顶升压注工艺，跨径很小的钢管混凝土拱桥也可以采用常规浇筑施工。混凝土对称顶升压注时在靠近拱脚弦管、缀板内腹板顶部开孔，在此焊接设有阀门的进料口，以便连接混凝土输送泵管(在拱肋钢管和缀板上开孔)；在拱顶钢管、腹板内设置隔板、排气孔，排气孔一般高 1.5 m 左右，管径一般为 15 cm 左右。从两端同时对称向钢管内压注混凝土，待排气孔冒出和压入端同浓度的混凝土后，将压入端阀门封闭，拆除混凝土输送管，进行下一管混凝土的压注。设置排气孔可使钢管内空气在压注混凝土时能排出，从而减小顶升压力，同时由于拱顶排气孔有一定高度，排气孔内混凝土产生的压力差也可增大拱肋钢管内混凝土的压力，使其更加密实。如果桥梁跨度较大，也可以沿拱肋按一定间距设置若干个排气孔，这些排气孔的主要作用是排气，因此这些排气孔可比较小(直径 20 mm)，露出钢管以上也不用太大(200 mm)。设置隔板的目的是保证两端混凝土均能密实，并可使每端为减少压力、润滑管道在开始放置的水泥浆能完全排出。如果拱桥跨度较大，往往会采用多级泵站，即在拱肋上设置多个压入口，此时，应在相隔位置设置排气孔和隔板。对称顶升压注混凝土过程见图 5-34、图 5-35 所示。

在正式压注混凝土前，常在钢管底部先开孔，用清水从拱顶排气孔冲洗管道，将管道内灰尘、焊渣、浮锈冲洗干净，然后将拱底部开孔封闭。为减小顶升压力，可先向钢管内压

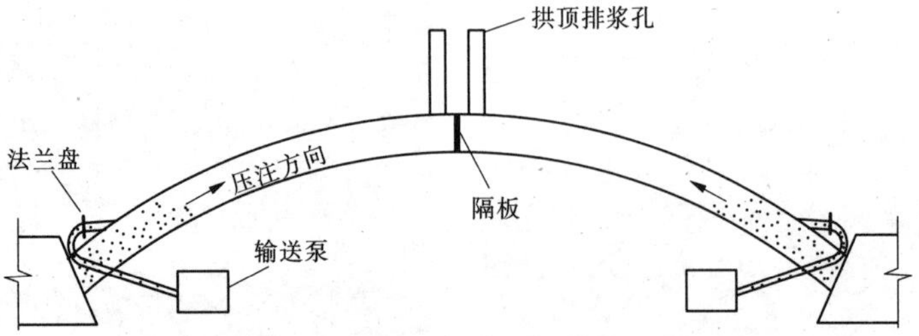

图 5-34　对称泵送顶升压注混凝土施工示意

图 5-35　对称泵送顶升压注混凝土施工

入 1~2 m^3 砂浆，以润滑孔道、减小顶升混凝土时摩擦力，然后压注混凝土。

钢管内混凝土灌注应选择气温相对稳定的时段进行，灌注时气温应大于 5 ℃，若钢管表面温度大于 60 ℃，应在钢管表面采取覆盖、洒水等降温措施。

混凝土输送泵额定输送扬程应大于 1.5 倍的灌注高度，输送泵额定速度应满足下式要求：

$$v \geqslant 1.2Q/t$$

式中　v——输送泵额定速度，m^3/h；

t——混凝土终凝时间，h；

Q——要求灌注的混凝土量，m^3。

输送泵管一般选用直径 125 mm 的管径，输送泵管和钢管拱肋夹角越小，泵送阻力越小，对钢管的冲击力也越小；为确保拱肋内混凝土和钢管密贴，在拱顶排气孔冒出和压入端同浓度混凝土后，即可停止泵送混凝土。同时可采取向拱顶排气孔内插入振捣棒振捣的方式，以增大拱顶部分混凝土的密实程度。待管内混凝土达到设计要求强度后，即可拆除压入端法兰、拱顶排气孔，并用原切口处钢板补回到原来位置，并焊接牢固。

钢管内灌注混凝土注意事项：连续灌注，不能停顿，以防堵管；两端应对称进行，以防钢管出现不对称变形；拱顶应设分隔板，以便两侧均能灌满；拱顶分别设出浆口，以使管内混凝土更加密实。

在灌注混凝土过程中，可根据两端混凝土用量及敲击钢管，判断混凝土浇筑位置及饱满程度。浇筑完成后，可用超声波检测管内混凝土的饱满程度。在钢管混凝土中，如果混凝土配合比收缩较大，即使在灌注时饱满，终凝后在拱顶附近和钢管壁间也会存在缝隙，如果有此类情况，可在拱顶附近将钢管开孔，向内部压入水泥浆。

5.1.9 拱桥吊杆张拉

在中承式、下承式拱桥及系杆拱桥中，常需进行吊杆张拉，设计图中一般只会给出成桥后吊杆内力。在施工过程中，后续张拉的吊杆对先期张拉的吊杆内力有影响。因此，在张拉吊杆前，需要根据张拉顺序及最终吊杆内力，进行施工过程计算，得到每根吊杆张拉内力，以确保张拉完全部吊杆后，吊杆内力符合设计恒载吊杆内力要求。

吊杆张拉内力计算方法一般采用未知系数法，以往多采用解多元方程组计算，目前现有 MIDASCIVIL 软件可方便进行此内容的计算。

项目 5.2 矮塔斜拉桥及无背索斜拉桥施工

【项目描述】

矮塔斜拉桥及无背索斜拉桥由于造型优美、施工方便，必然会在市政桥梁越来越被广泛地应用。施工方法基本用常规的满堂支架法。

【项目分析】

1. 满堂支架的搭设。
2. 主梁施工。
3. 主塔施工。
4. 斜拉索施工。

【项目案例】

设计说明　　参考图纸　　完成作业

5.2.1 矮塔斜拉桥结构特点

矮塔斜拉桥和一般意义上的斜拉桥相比具有以下特点。

5.2.1.1 塔高

矮塔斜拉桥的塔高一般为主跨的 1/12～1/8，为一般斜拉桥主塔与主跨比(0.2～0.25)的 1/3～1/2；提出此桥型的 Mathivat 则认为最适宜的塔高为主跨的 1/15，即 $0.067L_0$。

5.2.1.2 斜拉索倾斜度 $H:V$

矮塔斜拉铁路桥斜拉索倾斜度一般在1/4～1/3.4，矮塔斜拉公路桥斜拉索倾斜度在1/5.22～1/2.85，一般斜拉桥在 1/2.5～1/2。

5.2.1.3　**结构分跨**

矮塔斜拉桥边跨、中跨跨径比一般为 0.6 左右。而一般意义的斜拉桥边跨、中跨跨径比为 0.4;梁式桥边跨、中跨跨径比在 0.6~0.7。

5.2.1.4　**斜拉索布置**

矮塔斜拉桥斜拉索一般布置在边跨跨中、中跨 1/3 附近区域,梁上索距一般为 3~5 m,对称布置在索塔两侧。

5.2.1.5　**边跨、中跨无索区长度**

为减小塔高,在矮塔斜拉桥中加大了跨中无索区长度,在已建成的矮塔斜拉桥中,铁路桥边跨、中跨无索区长度在 0.11~0.23L_0(L_0 为主跨跨度);公路桥边跨、中跨无索区长度在 0.129~0.224L_0,最大为 0.4L_0。日本木曾川桥主跨 275 m,跨中无索区长 100 m,和近代密索体系斜拉桥中一般只留 5 m 左右的合龙段无索区相比有较大差异。

由于斜拉索对称布置,加大中跨无索区长度的同时,也加大了边跨无索区的长度,在矮塔斜拉桥中,边跨无索区长度比较分散,最小为 0.097L_1(L_1 为边跨跨长),最大为 0.48L_1(日本木曾川桥),一般在(0.23~0.33)L_1,平均 0.28L_1。一般斜拉桥强调边索的锚固作用,边跨边部的无索区长度一般为零。

5.2.1.6　**靠塔背无索区长度**

由于矮塔斜拉桥梁高加大,尤其是变高度梁根部高度加得更大,在靠近塔处也出现了一段无索区,此长度变化在 0.11~0.22L_0,平均 0.16L_0。一般斜拉桥靠塔无索区很短,其主梁 0 号块不过伸出 2~3 个索距,有的在塔处设有垂直吊索。

5.2.1.7　**斜拉索多以索鞍形式通过主塔,且多不调索**

国内早期修建的矮塔斜拉桥在塔内及主梁内设置预埋钢管,预埋钢管在施工时起到定位作用,运营时起到便于换索作用,预埋管内置内导管,梁部内导管顺接不锈钢护套,不锈钢护套再顺接耳 DPE 护套;塔部内导管(内管)在斜拉索张拉到位后与抗滑锚筒共同传递斜拉索的不平衡力,在抗滑锚筒及梁部预埋管的末端开口处安装减振装置、索箍及防水罩等部件。

后期修建的矮塔斜拉桥斜拉索采用分丝管索鞍结构,每根钢绞线斜拉索对应一个分丝管。

矮塔斜拉桥中不论采用哪种拉索过塔方式,均未在塔顶张拉,拉索均在主梁端张拉,这和传统意义上的斜拉桥张拉方式有显著不同,一般意义上的斜拉桥均在塔顶张拉拉索。

5.2.1.8　**斜拉索应力**

矮塔斜拉桥拉索张拉力多采用 0.6R_y^b,比一般斜拉桥采用的 0.4R_y^b 提高 50%,由于拉索张拉力提高,从而可以提高昂贵钢丝的利用率,降低造价。矮塔斜拉桥中拉索可以提高张拉力的原因是:其应力变化幅度较小,为 15~51 MPa,而一般意义的斜拉桥拉索应力变化幅值为 43~108 MPa,因此可以不考虑疲劳影响,而可以按采用一般体内索的张拉力值。矮塔斜拉桥应力变幅减小主要是由于矮塔斜拉桥主梁高度大于一般斜拉桥的 2~2.5 倍,主梁分担的荷载远大于拉索,换句话说,矮塔斜拉桥桥梁结构的承载能力是以主梁为主;拉索基本位于靠塔一段,那里在后期活载作用下梁体挠度较小,从而拉索的伸长量和应力增量也较小;这一点是这种桥型和斜拉桥最关键的差别。一般斜拉桥,尤其当主梁较柔细时，主要依靠斜拉索来起到弹性支点的作用；对于矮塔斜拉桥，主梁较强壮，这些拉索主要起到体外预应力索、平衡支点负弯矩、降低一般刚构桥或连续梁桥支点梁高的作用，即加固主梁的作用。

5.2.1.9　主梁施工方法

矮塔斜拉桥主梁的施工方法主要采用悬臂对称浇筑，和连续梁主梁悬臂浇筑施工方法相同，矮塔斜拉桥和一般斜拉桥连续梁施工的主要区别在于斜拉索等值张拉技术，此部分内容将在下文中介绍。

5.2.1.10　结构体系

矮塔斜拉桥结构体系常采用以下形式：

(1)塔、梁固结，梁、墩分离：主梁和桥塔刚性固结在一起，主梁和桥墩间设置支座，主梁受力方式和连续梁相同。

(2)塔、墩固结，塔、梁分离：桥塔和桥墩固结，主梁和桥墩间设置支座。

(3)塔、梁、墩固结：主梁、桥塔和桥墩完全固结在一起，主梁和桥墩关系类似于连续刚构。

矮塔斜拉桥结构体系示意见图 5-36。

(a)塔、梁固结，梁底设支座

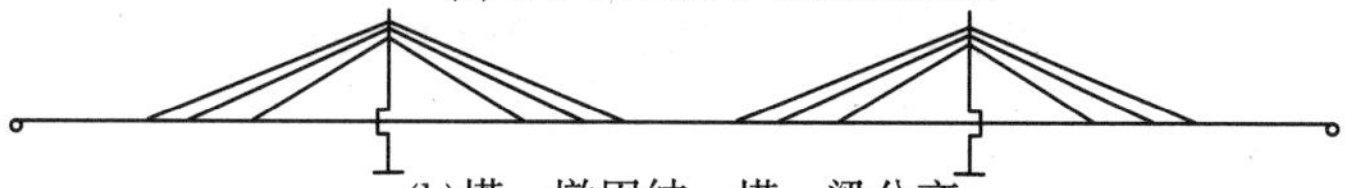

(b)塔、墩固结，塔、梁分离

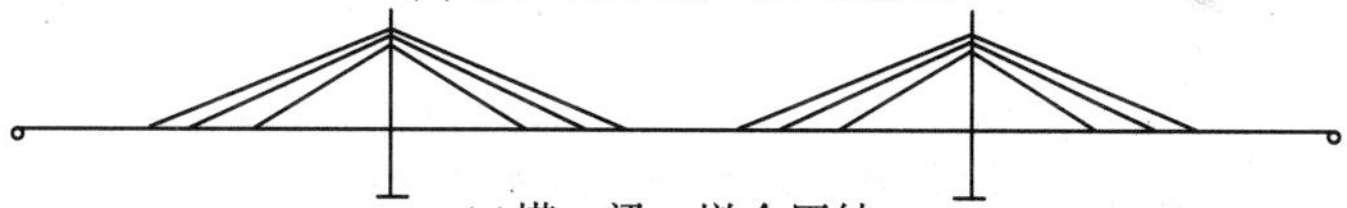

(c)塔、梁、墩全固结

图 5-36　矮塔斜拉桥结构体系示意

5.2.2　矮塔斜拉桥受力特点

5.2.2.1　连续梁、斜拉桥、矮塔斜拉桥受力区别

连续梁是以梁的直接受弯、受剪来承受竖向荷载；斜拉桥是以主梁的受压和索的受拉来承受竖向荷载。为分析矮塔斜拉桥受力特点，下面以连续梁到斜拉桥主梁受力演变过程来说明，图 5-37 为三跨连续梁结构及弯矩图，其中支点和跨中弯矩较大，在单纯竖向荷载作用下梁的轴力为零，若要使梁体所受弯矩减小，最有效的办法是减小主梁的跨度，即增加支点数量，设想在图 5-38 中增加 4 个支点，把三跨连续梁变为七跨连续梁，则梁体弯矩大大降低，其结构及弯矩见图 5-38。

若所增加的 4 个支点用斜拉索代替，把单根较大的索分成若干的索布置在附近，则形成部分斜拉桥，见图 5-39。为了进一步减小梁的弯矩，可继续增加支点，减小梁的跨度，当支点增加到一定数量时，则梁的弯矩相当小，见图 5-40，此时，把支承用斜拉索代替则形成

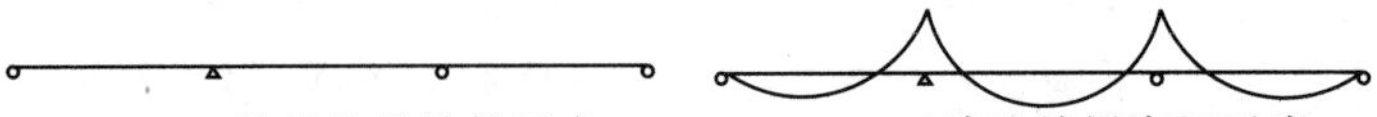

(a)三跨连续梁结构示意　　(b)三跨连续梁弯矩示意

图 5-37　三跨连续梁结构及弯矩示意

(a)七跨连续梁结构示意　　(b)七跨连续梁弯矩示意

图 5-38　七跨连续梁结构及弯矩示意

斜拉桥,见图 5-41。

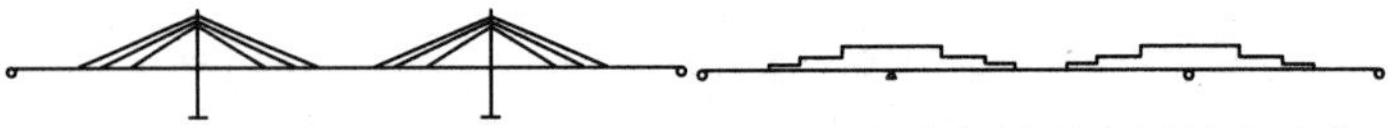

(a)部分斜拉桥结构示意　　(b)部分斜拉桥主梁轴力示意

图 5-39　部分斜拉桥结构及轴力示意

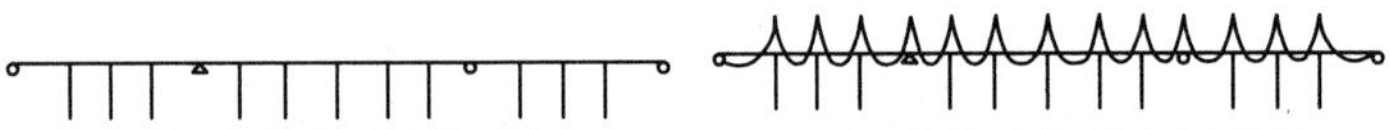

(a)多跨连续梁结构示意　　(b)多跨连续梁弯矩示意

图 5-40　多跨连续梁结构及弯矩示意

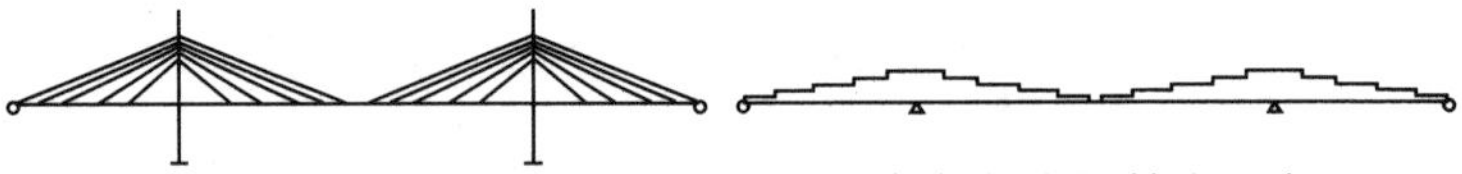

(a)斜拉桥结构示意　　(b)斜拉桥主梁轴力示意

图 5-41　斜拉桥结构及轴力示意

比较可以发现,从连续梁、矮塔斜拉桥到一般意义的斜拉桥,主梁承受弯矩逐渐减小,而承受轴力却逐渐增加,连续梁的主梁以承受弯矩为主,一般意义的斜拉桥以承受压力为主,而矮塔斜拉桥的主梁则以受弯、受压为主。

5.2.2.2　连续梁、斜拉桥、矮塔斜拉桥受力原理

根据以上连续梁、斜拉桥、矮塔斜拉桥受力区别分析,连续梁以梁直接受弯、受剪承受竖向荷载,其内力有弯矩、剪力,轴力为零;一般意义的斜拉桥以梁的受压和拉索的受拉承受竖向荷载,其内力中弯矩很小,轴力、剪力较大;矮塔斜拉桥以主梁的受弯、受压、受剪和拉索的受拉承受竖向荷载,索的作用相当于对连续梁设置多个柔性弹性支撑,主梁承受内力包括弯矩、剪力和轴力。

就结构特性而言,部分斜拉桥是介于连续梁桥与斜拉桥之间的一种新桥型,如果说连续梁桥属于刚性桥型,斜拉桥属于柔性桥型,部分斜拉桥则属于一种刚柔相济的新桥型。从连续梁桥、斜拉桥到矮塔斜拉桥,其发展过程与混凝土结构的发展极为相似,混凝土结构从普通钢筋混凝土、全预应力混凝土,最后到部分预应力混凝土,部分预应力混凝土最后填补了普通钢筋混凝土与全预应力混凝土的空白。同样,矮塔斜拉桥的出现,也填补了

连续梁桥和一般意义的斜拉桥之间的空白。

5.2.3　PC 矮塔斜拉桥设计特点

5.2.3.1　矮塔斜拉桥的适用跨径

矮塔斜拉桥的适用跨径宜在 100~300 m,若主梁采用钢与混凝土组合结构,其跨径有望突破 400 m。

5.2.3.2　结构体系选择

矮塔斜拉桥结构体系可采用塔、梁固结,梁、墩分离的方式,在梁和墩之间设置支座。塔、墩固结,塔、梁分离,塔、梁、墩固结三种方式,第一种形式适用于跨度不太大的桥梁,支座吨位不致过大,其特点是塔根部弯矩较小,塔两侧索力差较小,结构整体刚度较小;第二种形式适用于跨度稍大,墩高较矮的桥梁,其特点是塔墩弯矩较大,塔两侧索力差较大,结构整体刚度比第一种形式大;第三种形式适用于跨度稍大,墩高较大的桥梁,结构体系类似于连续刚构。

5.2.3.3　跨径比例选择

矮塔斜拉桥刚度比一般意义的斜拉桥大,跨径比例接近于连续梁,其边跨、中跨比值采用 0.52~0.65,在特殊情况下,边跨、中跨比值也可小于 0.5。这时,边跨需采取措施,解决负反力问题。

5.2.3.4　主梁截面形式选择

矮塔斜拉桥主梁承受相当大的弯矩,主梁截面形式与斜拉桥有很大不同,更接近连续梁。一般情况下,大部分连续梁采用的截面形式,都能适用于矮塔斜拉桥,在选择截面时,应注意如下问题:

(1)矮塔斜拉桥更适宜采用变高度截面,其塔墩处梁高可采用相同跨度连续梁高的一半左右,在特殊情况下,主梁也可采用等高度,此时梁高与跨度之比可采用 1/45~1/35。

(2)在选择主梁截面形式时,需注意斜拉索的布置及锚固要求。

5.2.3.5　斜拉索设计

根据桥面布置及景观要求,可采取单索面及双索面,各斜拉索可采用相同的索截面。斜拉索在梁上布置在边跨中及 1/3 中跨附近,索距不宜太大,宜为 3~5 m,以适应受力及施工要求,主跨、边跨的索应对称于塔布置。塔上拉索宜采用鞍座形式通过,每根索对应 1 个鞍座,鞍座的设计应考虑换索的需要,位于塔两侧拉索出口处应设计锚固装置,克服索的不平衡拉力;斜拉索的应力可采用较高值,最大可达 $0.6R_y^b$。由于梁的刚度大,斜拉索倾角小,斜拉索一般宜采用一次张拉。

5.2.3.6　主塔设计

由于矮塔斜拉桥的拉索具有主梁体外索的特征,索对梁提供竖向分力的同时,也对梁提供了较大的轴压力,以使梁能承受弯矩,因此索的倾角较小,塔高不需太大,其高度可采用主跨的 1/12~1/8,相当于一般意义的斜拉桥塔高的 1/3~1/2。由于塔高较矮,一般不存在失稳问题,主塔可采用实心截面,以方便设计和施工。

5.2.4 矮塔斜拉桥索鞍结构及试验

5.2.4.1 索鞍结构

在矮塔斜拉桥结构特点中已介绍过矮塔斜拉桥斜拉索以索鞍形式通过主塔，索鞍结构有两种，较早设计的矮塔斜拉桥——漳州战备大桥索鞍结构为内、外管，后期设计的矮塔斜拉桥索鞍基本采用分丝管结构。两种索鞍结构横截面对比见图 5-42。

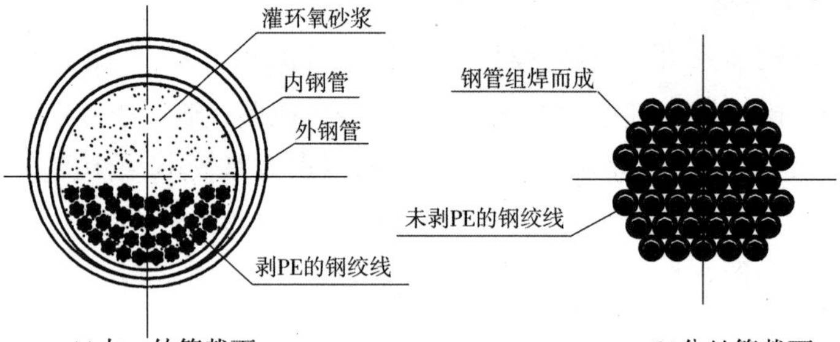

(a)内、外管截面　　(b)分丝管截面

图 5-42　两种索鞍结构横截面对比

5.2.4.2 索鞍结构试验

索鞍结构试验有两项内容：一项为索鞍节段模型试验，另一项为抗滑锚试验。在抗滑锚试验中，又包括单根环氧砂浆与单根环氧涂层钢绞线黏结试验、整孔抗滑锚节段模型试验。

5.2.5 矮塔斜拉桥施工方法

5.2.5.1 索塔施工

矮塔斜拉桥中主塔结构形式一般采用实心矩形截面，其受力及构造特点如下：为适应布置斜拉索需要，有索鞍区域沿顺桥向截面增大，对于塔、梁固结，梁、墩分离及塔、梁、墩固结结构形式的矮塔斜拉桥，塔底部将承受斜拉索传递的巨大竖直分力及斜拉索在不对称荷载作用下引起的弯矩，此部分受力复杂，压应力很高；不论是采用内、外管索鞍还是采用分丝管索鞍，其位置的差异将直接影响斜拉索的空间位置。在《公路桥涵施工技术规范》(JTG/T 3650—2020)中，对矮塔斜拉桥施工质量要求除符合一般斜拉桥相应规定外，索鞍的预埋钢管尚应符合下列规定：管口高程的允许偏差为±10 mm，管口坐标的允许偏差为±10 mm，且两边同向，即对矮塔斜拉桥索鞍的定位精度提出了更高要求；索鞍下混凝土将承受压力及索鞍切削作用引起的拉力。因此，《公路桥涵施工技术规范》(JTG/T 3650—2020)中明确提出对索鞍下混凝土应采取措施保证索鞍区下方混凝土的密实性。

对于矮塔斜拉桥主塔，施工关键为塔根部质量控制、索鞍定位精度控制及索鞍下混凝土质量控制。为确保主塔施工质量，主塔一般分三段施工，第一段为和梁体连接的部分(对于塔、梁固结，墩、梁分离或塔、墩、梁固结的结构)，长度一般为 0.3 m 左右，和主梁 0 号段一起浇筑施工；第二段为无索鞍部分，在主梁浇筑完成 2 号段后进行；第三段为有索鞍部分，在第二节混凝土强度达到设计强度的 80%以上后进行。有的矮塔斜拉桥将第一段、第二段合为一段一起浇筑施工，其整体性更好。

有索鞍部分的施工主要难点在于索鞍的定位,从目前施工情况看,索鞍定位常采用两种方式:一种为将索导管固定在钢模板上,先在地面上将索导管和钢模板进行试拼,将索塔侧面模板水平放置,水准仪抄平保证模板的相对水平,螺栓连接索塔前、后模板,顶面用临时组件固定,调整、检查模板的各部位尺寸;在组装好的模板上,准确钻眼并用螺栓固定塔内锚垫板;安装第一排分丝管,水准仪抄平,拉线找出分丝管的水平位置,支垫临时支撑,固定分丝管;分丝管位置确定后,将分丝管和塔内锚垫板焊接,将分丝管和模板的相对位置确定下来;然后安装另一排分丝管,其施工流程见图 5-43。

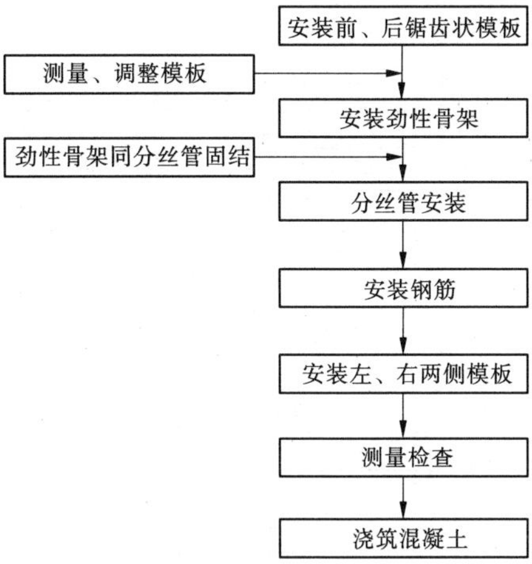

图 5-43 有索鞍段索塔施工流程

有索鞍段索鞍定位的另一种方法是先在地面上安装、试拼定位型钢骨架,并将索鞍分丝管安放在型钢骨架上,索导管采取在地面上与劲性骨架组装、初调,在塔上微调的方法进行。劲性骨架应具有较大的刚度,并应按以下工艺施工:测量工作必须在无日照、无温度变化影响的夜间或日出前进行,位置调整完成后应进行复查,确认无误后再全面施焊,测量仪器必须具有较高精度,测量要反复复核,确保无误;测量定位后,要固定牢靠,不允许碰撞,更不允许在索导管上牵引导链;灌注混凝土时,索导管附近应特别注意振捣,确保索鞍下及锚垫板下混凝土振捣密实。此种完全利用劲性型钢骨架定位的方法和一般斜拉桥中主塔锚固区施工方法类似。

对于矮塔斜拉桥,索鞍下混凝土的振捣质量至关重要,在进行主塔混凝土配合比设计时,应使混凝土具有良好的和易性和流动性;混凝土下料应采用导管,使混凝土自由下落高度控制在 1 m 以内,边浇筑混凝土,边提升导管,避免混凝土离析;混凝土振捣除采用插入式振捣棒外,在钢模板外设置附着式振捣器,并在合适位置设置观察孔,观察混凝土振捣情况,并采用敲击模板方式判断混凝土振捣密实情况。

5.2.5.2 斜拉索的下料及准备工作

矮塔斜拉桥斜拉索和一般斜拉桥斜拉索结构形式有所区别,一般采用多根钢绞线形成一根斜拉索束。自由段(除索鞍内、梁端锚固区)防腐分四层:第一层为在单根光面钢绞线上涂环氧,形成环氧涂层钢绞线;第二层在单根钢绞线上涂专用防腐油脂;第三层在单根钢绞线外包 PE;第四层在整束拉索外包 HDPE。

矮塔斜拉桥斜拉索的锚固方式采用夹片式锚具锚固。

一般意义的斜拉桥多采用由多根钢丝形成的钢丝束,两端设矮塔斜拉桥斜拉索横截面置冷铸锚。

矮塔斜拉桥斜拉索的钢绞线由厂家成盘供应,在挂设斜拉索时需要逐根挂设、逐根张拉,其工艺流程见图 5-44。

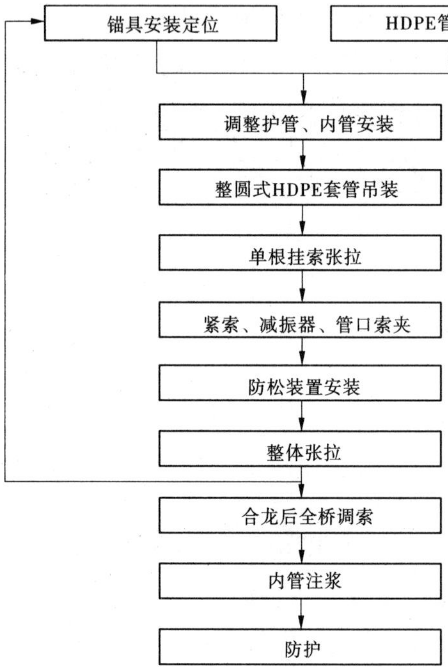

图 5-44　矮塔斜拉桥斜拉索挂设、张拉工艺流程

1. 下料

1) 下料长度

(1) 按《混凝土结构设计规范》(2015 年版)(GB 50010—2010) 中公式计算出无应力状态下的自由长度,校核无误后供下料人员执行。

(2) 计算锚固端及鞍座内钢绞线 HDPE 护套剥除长度。

2) 断料

在铺垫好的下料场地上直线固定好机械下料线或卷扬机,安装好龙门吊,沿线量好所需的下料长度,校核后用红色油漆做好标记。然后将绞线盘放置到放线基架上,利用卷扬机钢丝绳端部的索夹夹紧钢绞线并将之牵引行走至标记线,然后切断。

下料时注意:

(1) 发现 HDPE 护套有破损之处,应马上修补,若损坏严重难以修补,则应弃用此段钢绞线。

(2) 为了保证钢绞线下料长度准确,除保证钢绞线行走路线直线外,还应遵守长度丈量、标识和复核的下料原则。

3)剥 HDPE 护套及钢绞线清洗

钢绞线下料完成后,须将钢绞线两端和中间索鞍部内部分的 HDPE 护套按给定的长度除掉。剥皮时应注意刀具或锯片一定不能伤及钢绞线本身。清洗钢绞线时要将两端钢绞线端头打散并用清洗剂清洗干净,中间索鞍内部分钢绞线由于无法打散,去油渍时应尽量将表面擦洗干净。

4)镦头

钢绞线清洗完成后,在钢绞线两端打散后在端头约 12 cm 长度范围内切掉外圈 6 丝,保留中心丝,然后将钢绞线复原。用镦头器将两端的中心丝镦成半圆形镦头,以供挂索牵引用。

5)运输

在下料完成后,将钢绞线逐根卷回索盘,经运输后并吊至桥面便于挂索的位置。运输过程中仍要注意保护 HDPE 免遭损坏。

2. HDPE 管焊接

HDPE 段管的连接采用发热式工具对焊方式。其焊接工艺流程见图 5-45。

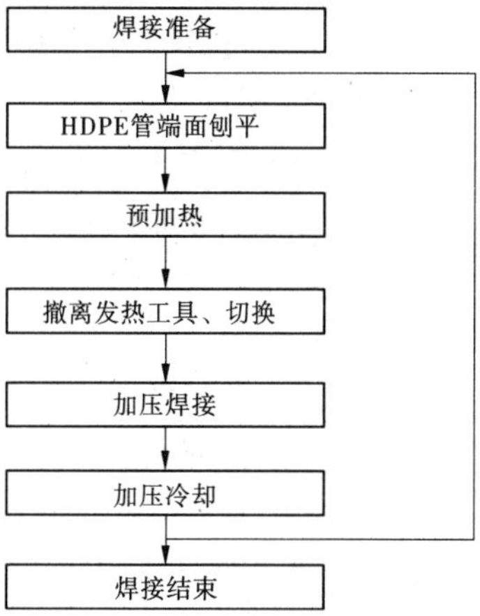

图 5-45　HDPE 焊接工艺流程

HDPE 管焊接前,将管材放置于夹紧装置内并将之夹紧,在压力作用下用平行机动旋刀削平两个管材的被焊端面,以保证这两个端面的焊接质量。在焊接过程中,特别注意的是,无论如何焊接,压力都必须保持至焊缝完全冷却硬化后才能撤去。

3. 施工平台

(1)塔外平台:由于塔柱采用万能杆件拼装辅助施工,故塔外工作平台可利用万能杆件拼装件上搭设施工平台。

(2)梁下平台:由于梁段采用悬臂现浇法施工,梁体内张拉、调索时不需要悬挂平台,只要求在梁顶板上预留吊点孔即可安装锚具、撑脚、千斤顶等工作。

4. 锚固端锚具安装

梁下锚固端锚具安装前应检查锚孔,使之保持清洁无污。由于锚具分别由多个零部件组成,出厂前已做调整,运到工地后不得随意拧动密封装置及定位螺钉。

锚具安装就位时要求:

(1)安装前锚具的锚孔均应事先编上对应孔号,注意注油孔在下,排气孔在上。

(2)中跨、边跨锚具组装件的锚板上明显成排的中排孔的中心线必须严格保持在同一垂直平面内。

(3)锚板的中心线与承压板(锚垫板)的中心线应力求保持一致,两者偏差不得超过 5 mm。

(4)中孔、边孔锚板的相应锚孔也必须相互对齐,以确保各绞线的平行性。

5. 调整护管

在距梁下预埋管口约 20 cm 的预埋管内壁位置上,均布焊上 3 个挡块,并将调整护管放进预埋管内的挡块上。

6. HDPE 套管吊装

套管安装前，应先将套管按给定的长度把两端锯好并刨平，然后将其运至中央分隔带旁。

安装时，在套管内穿上一根临时辅助索和再朝塔柱一端的套管端头附近一定位置上装上专用管夹，然后用 1 t 卷扬机将套管一端吊至塔上管口附近，即可预紧临时辅助索。预紧后，套管就固定地落在辅助索上。

7. 张拉支座安装

将张拉支座吊装到锚固端锚具端部，然后按支座下的定位板孔对准部位再用螺杆将张拉支座与锚板连接稳固。

8. 挂索顺序

由于该拉索绞线在塔上内管是相互紧密叠加排列的，因此该拉索的挂索顺序只能自下排到上排单根挂索张拉。临时辅助在挂第一根绞线后拆去，上端用绳子拉索于预定位置。

5.2.5.3 斜拉索挂设及张拉

1. 斜拉索挂设

斜拉索挂设工艺流程见图 5-46。

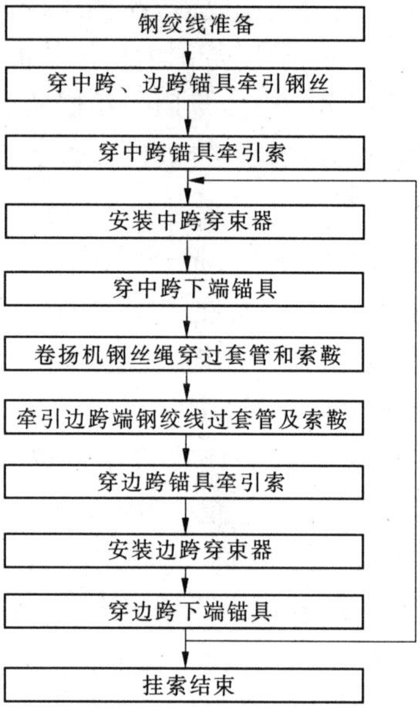

图 5-46　挂索工艺流程

挂索前，梁下锚具的锚孔内穿上ϕ 5 的牵引钢丝，随后用该牵引丝牵引出带穿束器的牵引钢丝绳至桥面管口。

桥面上作业人员将绞线端与牵引钢丝绳连接，连接牢固后，将该端绞线向锚具内推送，直至该端绞线穿出锚孔达到规定工作长度，拆出牵引钢丝绳，装上临时工作夹片，用专用打紧器打紧锚固。

一端穿束结束后，桥面工作人员随即将另一端与从 HDPE 套管和索鞍内穿下来的牵引钢丝绳相连接。确认牢固后，开动卷扬机直到将该端绞线索引并穿出另一端锚孔达到规定工作长度，拆出牵引钢丝绳，装上工作夹片，用专用打紧器打紧锚固，单根挂索完毕。

在单根挂索时，应注意钢绞线的 HDPE 护套的保护和打绞现象发生，同时要注意索鞍内钢绞线的叠加排列位置。钢束挂索过程见图 5-47。

2. 斜拉索张拉技术

一般意义上的矮塔斜拉桥斜拉索由多根平行钢绞线组成，安装时逐根挂设、逐根张拉，为保证斜拉索钢绞线不打绞（尤其是对于内、外管索鞍），一般先挂设、张拉最下面的钢绞线。由于同一束内多根钢绞线分次张拉，后张拉的钢绞线会对先期张拉的钢绞线内力产生影响。因此，在矮塔斜拉桥斜拉索单根张拉时，需要对其张拉力进行控制，以保证每根钢绞线内力值基本一致。国内几个矮塔斜拉桥斜拉索索力控制要求如下：同一束内各根钢绞线内力离散偏差控制在理论值±3%以内；一对斜拉索索力的偏差不大于整索索力理论值的±1%；斜拉索整索索力误差不大于理论索力的±2%；为保证斜拉索内力符合

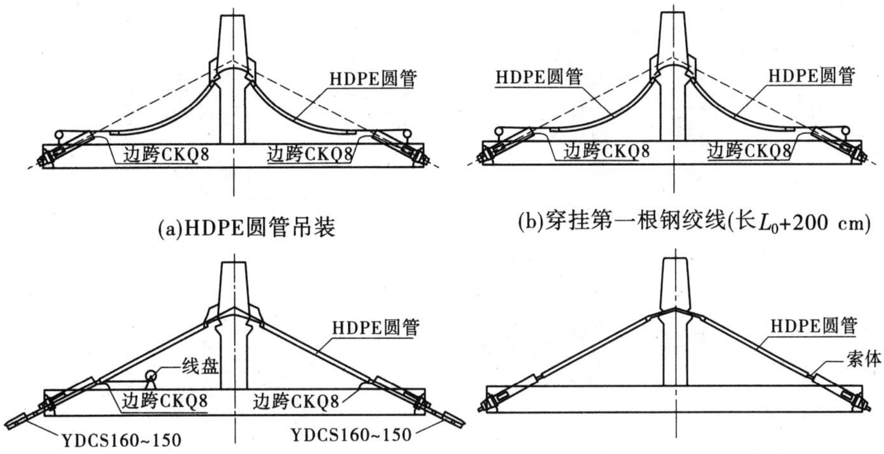

(a)HDPE圆管吊装　(b)穿挂第一根钢绞线(长L_0+200 cm)

(c)张拉第一根钢绞线　(d)第一根钢绞线张拉完成

图 5-47　挂索过程示意

以上要求,一般采用“先单根等值张拉,后整束张拉”的方法张拉斜拉索。

1)单根等值张拉技术

单根等值张拉的原理如下:先张拉一根钢绞线到一定索力后,安装锚下传感器。然后张拉其他各根钢绞线,使其张拉值等于第一根钢绞线的传感器显示的索力值,这样就可以避免张拉和温度对变形的影响。为保证整束斜拉索中各根钢绞线索力的均匀性,应尽量提高单根钢绞线的张拉初应力,减少各根钢绞线间的相对误差。单根钢绞线的张拉顺序应采用自下而上的顺序进行。

具体步骤如图 5-48 所示。

穿第一根钢绞线,安装单孔测力传感器,联结读数仪 A,数字置零,在传感器后安装单孔工具锚组件,按设计要求张拉第一根钢绞线,记录数字显示器 A 数值,操作步骤如图 5-48(a)所示。

在第二根钢绞线上安装单孔测力传感器,联结读数仪 B,将 B 数字置零,张拉第二根钢束,使 B 显示数字为显示器 A 显示数字+夹片内缩导致的应力损失,锚固,操作步骤如图 5-48(b)所示。

安装第三根钢绞线,张拉并使此束显示器 B 显示数字为显示器 A 显示力值+夹片内缩导致的应力损失值,锚固,操作步骤如图 5-48(c)所示。

按对称、交错顺序重复,直至最后一根,记录最后一根钢束的显示器读数 B;拆除第一根钢束上工具锚,安装工作锚、工作夹片,张拉第一根钢束至读数仪 B 显示值与张拉最后一根钢绞线时的记录读数 A 一致,锚固,操作步骤如图 5-48(d)所示。

2)整束斜拉索索力测定

整束斜拉索索力的测定采用千斤顶油表和频谱仪双控。斜拉索张拉时,不仅通过油表读数确定斜拉索的控制应力,还要通过频谱仪检测斜拉索的应力状态,实现千斤顶油表和频谱仪双控。频谱仪分析法检测的方法如下:将高度灵敏的传感器牢固地绑扎在斜拉索上,通过斜拉索的自然振动,通过放大器传到采集箱,将振动信号滤波、放大和频谱分

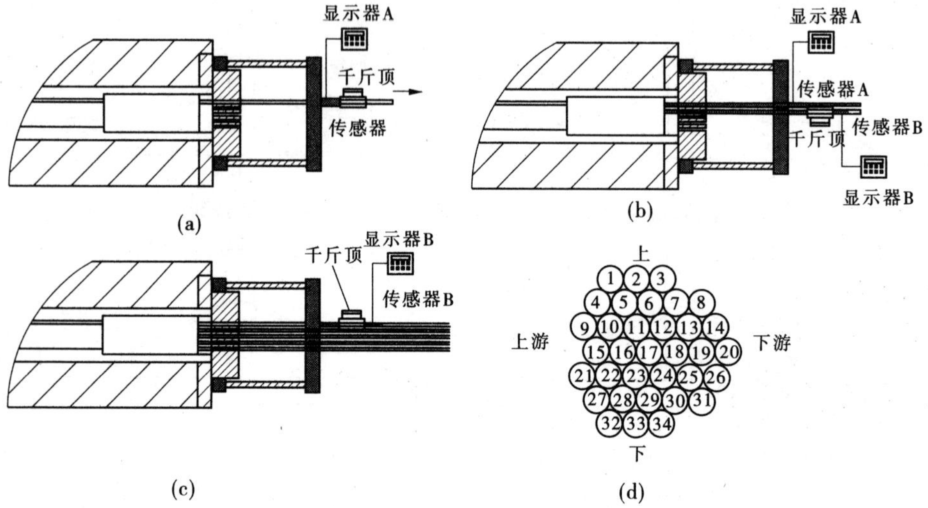

图 5-48 等值张拉过程示意

析,确定斜拉索的自振频率,根据自振频率与斜拉索应力关系,确定斜拉索应力。

5.2.6 无背索斜拉桥

5.2.6.1 无背索斜拉桥结构特点

无背索斜拉桥是指只在主跨一侧设置斜拉索,在背离主跨一侧不设置斜拉索,即只在主跨一侧设置斜拉索。典型无背索斜拉桥结构形式见图 5-49。

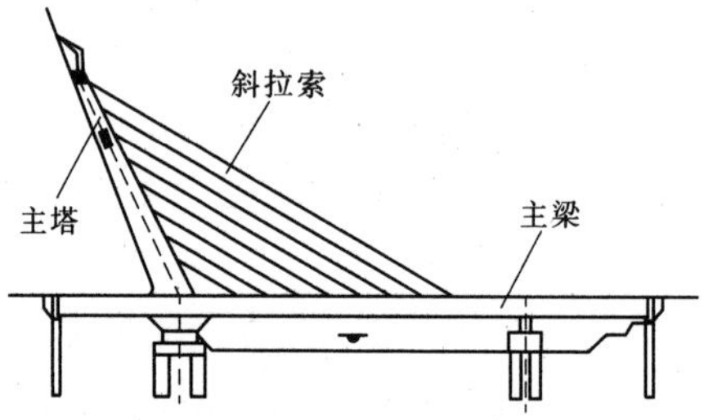

图 5-49 典型无背索斜拉桥结构形式

无背索斜拉桥结构形式和受力特点和一般斜拉桥有本质区别,其结构和受力特点如下:

(1)无背索斜拉桥是通过塔身向边跨倾斜一定角度所产生的自重弯矩来平衡主梁的恒载及部分活载,塔、梁在活载作用下的受力与塔梁刚度相关,一般情况下,索塔的刚度会比主梁大很多,形成弱梁强塔结构。

(2)无背索斜拉桥斜拉索常采用竖琴形或扇形,采用扇形索面的无背索斜拉桥在外观和受力上大体相当,辐射形索面明显对无背索的索塔带来太大的塔身弯矩,目前在无背索斜拉桥中没有应用的实例。

(3)无背索斜拉桥一般采用塔、梁、墩固结体系,只有在跨径较小的无背索斜拉桥中采用塔、梁固结,塔、墩分离的形式。其孔跨布置可以为单跨式,也可以是多跨式。

(4)索塔倾角在40°~60°的范围内时,可以得到较低的拉索和桥塔造价,并且在这一范围桥塔倾角的变化并不会引起拉索和桥塔造价的显著变化。

(5)无背索斜拉桥主梁常用的三种类型有钢梁、混凝土梁和钢-混凝土组合梁,钢梁最轻,对应塔身体积最小,桥塔造价最低,但钢梁自身在造价上最昂贵,混凝土梁和钢梁相反,钢-混凝土组合梁的相关指标居中。

鉴于索塔的受力特点,大跨度无背索斜拉桥的索塔多采用钢箱受力结构,内部则填充平衡梁重所需的混凝土,也有索塔采用混凝土塔身来提供平衡重,并通过施加竖向预应力来增强其抗弯能力。

由于无背索斜拉桥独特的外观、与众不同的造型,近年在国内外得到了迅速发展。

5.2.6.2　无背索斜拉桥施工

由于无背索斜拉桥塔身倾斜,斜塔自身不能维持平衡,因此无背索斜拉桥的施工不能像常规斜拉桥那样采用"先塔后梁、梁体悬拼(浇)"的方法,而需要保证在施工过程中塔梁的平衡,因而一般采用"先梁后塔"的工序,无背索斜拉桥的施工,钢主梁及索塔钢箱采用工厂制作,现场分段拼装的工艺占多数,也有的主梁钢结构部分采用顶推法施工。

无背索斜拉桥中主梁的安装、架设施工和其他类型桥梁采用的顶推法、分段吊装等基本相同,主要区别在于斜塔的施工。对于钢结构主塔,其施工工序为:塔节段安装定位→塔节段环缝焊接→斜拉索张拉→混凝土浇筑。对于混凝土结构主塔,无索区施工工序为:劲性骨架安装→钢筋接长绑扎→模板提升、安装→混凝土浇筑→混凝土养护;有索区施工工序为:劲性骨架安装→钢筋接长绑扎→预埋件安装→模板提升、安装→上一节段斜拉索挂索张拉→混凝土浇筑→混凝土养护。

无论是钢结构还是混凝土结构主塔,塔的安装及斜拉索的挂设交叉进行,相互影响,在施工过程中应对主塔施工过程进行仿真分析,对主塔进行预拱度设置,以确保主塔施工完成后其线形符合设计要求。在主塔施工过程中,需要对主塔安装定位进行测控及在施工过程中对主塔变形进行观测,实践表明,在控制点粘贴反光片,利用索佳2130R全站仪进行观测完全满足施工精度要求。

模块 6　桥面及附属工程施工

【学习目标】

1. 掌握桥梁工程桥面铺装的施工技术。
2. 掌握桥梁工程支座安装的施工技术。
3. 掌握桥梁工程伸缩缝安装的施工技术。
4. 掌握桥梁工程安全防护设施的施工技术。

【学习任务】

1. 桥面铺装施工技术。
2. 支座安装施工技术。
3. 伸缩缝安装施工技术。
4. 安全防护设施施工技术。

【思政目标】

1. 了解桥面及附属工程施工方法及原理,引导学生热爱所学专业,使学生理解桥面及附属结构对桥梁安全运行的重要性,培养学生诚实守信、认真负责的职业道德观念,强化质量意识、安全意识,教导他们以高度的责任感和敬业精神对待工作。

2. 在桥面及附属结构施工中,掌握施工工艺流程。通过思政教育,鼓励学生传承发扬桥梁文化,为文化和科技发展做出更大的贡献。

【项目描述】

桥面附属设施是桥梁施工中最基本、最明显的构件,施工质量的优劣直接影响整个桥梁的美观。

【项目分析】

1. 桥面铺装施工。
2. 伸缩缝施工。
3. 防撞护栏施工。
4. 排水设施施工。

【项目案例】

参考图纸　　完成作业

项目 6.1　桥面铺装

桥面一般用沥青混凝土或水泥混凝土铺筑。当采用沥青混凝土铺筑时,为防止沥青混凝土中的石子损坏隔水层,宜在隔水层上先铺一层沥青砂作保护层;当采用水泥混凝土铺筑时，须在完成后及时覆盖和养护，并须在混凝土达到设计强度后才能通车。

6.1.1　沥青混凝土桥面铺装

(1)沥青混凝土铺装前应对桥面进行检查，桥面应平整、粗糙、干燥、整洁。桥面横坡应符合要求，不符合时应予处理。铺筑前应洒粘层沥青，石油沥青洒布量为 0.3~0.5 L/m^2。

(2)沥青混凝土的配合比设计、铺筑、碾压等施工程序，应符合《公路沥青路面施工技术规范》(JTG F40—2004)的有关规定。

(3)为保护桥面防水层，宜先铺保护层。保护层采用 AC-5 型沥青混凝土，厚 1 cm，用人工铺洒均匀，用 6 t 轻碾慢速摆平。

(4)桥面沥青铺装宜采用双层式，底层采用高温稳定性较好的 AC-20-I 中粒式、热拌密实型沥青混合料，表层采用防滑面层，总厚度宜在 6~10 cm，表层厚度不宜小于 2.5 cm。

(5)沥青混凝土桥面施工宜采用轮胎压路机和钢轮轻型压路机配合作业。

6.1.2　水泥混凝土桥面铺装

(1)水泥混凝土桥面铺装的厚度应符合设计规定，其使用材料、铺装层结构、混凝土强度、防水层设置等均应符合设计要求。

(2)必须在横向连接钢板焊接工作完成后，才可进行桥面铺装工作，以免后焊的钢板引起桥面水泥混凝土在接缝处发生裂纹。

(3)浇筑桥面水泥混凝土前使预制桥面板表面粗糙，清洗干净，按设计要求铺设纵向接缝钢筋网或桥面钢筋网，然后浇筑。

(4)水泥混凝土桥面铺装如设计为防水混凝土，施工时应按照有关规定办理。

(5)水泥混凝土桥面铺装，其做面应采取防滑措施，做面宜分两次进行，第二次抹平后，沿横坡方向拉毛或采用机具压槽，拉毛和压槽深度应为 1~2 mm。

(6)钢纤维水泥混凝土桥面铺装，宜符合现行中国工程建设标准化协会标准《纤维混凝土结构技术规程》(CECS 38:2004)的规定。

6.1.3　安装质量检验

水泥混凝土(沥青混凝土)桥面铺装允许偏差应符合表 6-1 的规定。

表 6-1　水泥混凝土(沥青混凝土)桥面铺装允许偏差　(单位:mm)

序号	项目		允许偏差
1	水泥混凝土强度		不低于设计规定
2	沥青路面压实度		≥95%
3	厚度		±5
4	中心高度		±10
5	横断面高程		±10 且坡差不大于 0.3%
6	平整度	水泥	5
		沥青	≤2
7	与伸缩缝相对高差		≤3

公路桥梁路面铺装施工允许偏差见表 6-2。

表 6-2 公路桥梁路面铺装施工允许偏差

项目			允许误差
厚度(mm)			+10,-5
平整度(mm)	高级公路 一级公路	水泥混凝土 沥青混凝土	1.8(3.0) 1.5(2.5)
	其他公路	平整度仪 3 m 直尺	2.5(4.2) 5
横坡(%)	水泥混凝土面层		±0.15
	沥青混凝土面层		±0.3
抗滑构造要求			符合设计要求

注:括号内的数值为全桥每车道连续检测,每 100 m 计算 *IRI*(m/km)值,桥长不满 100 m 者,按 100 m 处理。

项目 6.2 桥面防水与排水

6.2.1 水密性混凝土桥面

防水混凝土防水层多与桥面铺装层同为一层,主要是混凝土配比要求水密性,如果桥面不做沥青混凝土铺装层,则应考虑到桥面混凝土的耐磨与防滑。

桥面混凝土的铺装注意事项有以下几点:

(1)将所有梁与梁之间的缝隙全部堵好,缝隙宽者下面吊板。

(2)桥台或桥墩上梁端与胸墙或梁端头之间的缝隙,除按连续板做法外,均须用软料堵严,不得使石子或砂浆进入。

(3)在桥中线处测出桥面装梁后的纵断面,除在桥中及两桥台设测点外,最远每隔 2 m 测一点。

(4)根据设计桥梁纵坡,计算相应点应浇筑混凝土的厚度,最好堆设面积 10 cm 见方的砂浆堆(注意:砂浆强度应与桥面铺装层相同)。

(5)再按纵断面上不同各点高程,根据设计横断面坡度,也按每 2 m 一点计算该点的高程,亦可按堆砂浆堆的方法控制浇混凝土高程;如果桥面宽度允许,夯板长度适宜,则可在相应的纵断面点的两便道附近设一相应高度的砂浆堆,以控制夯板一端的高程。

(6)按上列各点浇筑混凝土,使用平板振捣器振实并进行抹面、拉毛。抹面时应严格控制高程。

6.2.2 防水卷材防水层

(1)防水卷材防水层施工,包括垫层、隔水层及保护层三部分。

(2)垫层根据桥面横坡做成三角形。当厚度超过 5 cm 时，宜用小石料混凝土铺筑；厚度在 5 cm 以下时，可用 1∶3或 1∶4水泥砂浆抹平。水泥砂浆厚度不宜小于 2 cm。垫层表面须抹平、压实，不得有毛刺。

(3)隔水层：可采用 1~2 层防水卷材及 1~3 层胶粘剂(防水卷材可用石油沥青油毡、玻璃纤维防水布或无纺布)，在混凝土垫层养护 6~8 d 后，使混凝土表面干燥即可涂刷胶粘剂(胶粘剂可用石油沥青材料或沥青环氧胶)。

(4)涂刷胶粘剂时，应在不低于+5 ℃下进行，沥青胶涂抹厚度在 1.5~2.0 mm，工作温度不低于 150 ℃，各种卷材应在涂刷沥青胶后趁热沿桥横向铺设，搭接不小于 10 cm，为防止褶皱不平，铺设卷材时应用滚轴滚压服贴。

(5)为防止桥面水流入隔水层下面，在靠人行道处，隔水层应穿过缘石下面并在缘石内侧垂直向上弯起 10 cm 左右。

(6)在隔水卷材上面，铺筑一层混凝土或钢筋混凝土，以作为隔水层的保护层，该层铺筑时，应与桥梁高程及横坡、纵坡的设计要求相符，表面必须平整、毛糙。

6.2.3 防水涂料防水层

(1)在箱形梁顶面，用防水涂料作防水层时，要求在浇筑箱梁顶面混凝土时，应严格控制高程，纵坡、横坡应符合设计要求，混凝土表面应平整。面层混凝土养护达到设计要求强度后，用钢丝刷将表面浮浆及油污刷去，再用高压水冲洗桥面，待桥面干燥后，于面层上刷一层防水涂料，一般可用环氧沥青漆或树脂胶油，以此作为桥面防水层。

①环氧沥青漆是以环氧树脂与经过炼制的煤焦油沥青混合而成为成分甲；以乙二胺乙醇液(50%)为成分乙；将成分甲与成分乙按 100∶4.2 的质量比例混合搅匀，静置 0.5~2 h 后使用。配好的漆液应在 12 h 内用完。

②树脂胶油的成分为环氧树脂、煤焦油、间苯二胺 F；其质量比为 100∶100∶12。

防水涂料应在气温 10 ℃以上配制，须使涂料有合适的稠度与黏结强度。如气温在 10 ℃以下时，胶浆黏稠影响施工，可用丙酮或汽油作稀释剂，但其掺量不能超过树脂质量的 15%，否则黏结强度将降低。

胶浆涂层厚度为 1~2 mm，每平方米的胶浆用量约为 0.8 kg。

(2)为了保护防水层在施工和运营中完整无损，在涂层以上应铺设 4 cm 以上厚的钢丝网水泥砂浆保护层，铺筑时应用平面振捣器逐点振实，并用抹子找平，但不应抹光。

在砂浆层达到预计强度后，可做桥面铺装层，再铺筑沥青混凝土或铺筑水泥混凝土。

6.2.4 桥面排水设施

(1)桥面泄水管设置的位置、数量和材料应符合设计图纸要求，一般情况下，泄水管应伸出结构物底面 10~15 cm。

(2)桥面泄水管口应低于周围的桥面铺装层。泄水管道应远离照明线路及其他电气线路，如有十字交叉情况，应保证泄水管道不漏水。

项目 6.3 支座安装

6.3.1 板式橡胶支座安装

(1)橡胶支座在安装前,应检查产品合格证书中有关技术性能指标,如不符合设计要求时,不得使用。板式橡胶支座在安装前的全面检查和力学性能检验,包括支座长、宽、厚、硬度(邵氏)、允许荷载、允许最大温差以及外观检查等,如不符合设计要求,不得使用,否则以后更换支座很麻烦。

橡胶支座顶面或底面应与梁底或墩台顶密贴,使支座全面积承受上部构造传递的竖直荷载,以符合设计要求。

(2)支座下设置的支承垫石,混凝土强度应符合设计要求,顶面要求标高准确,表面平整,在平坡情况下,同一片梁两端支承垫石水平面应尽量处于同一平面内,其相对误差不得超过 3 mm,避免支座发生偏歪、不均匀受力和脱空现象。

(3)安装前应将墩、台支座垫石处清理干净,用干硬性水泥砂浆抹平,并使其顶面标高符合设计要求。

(4)将设计图上标明的支座中心位置标在支承垫石及橡胶支座上,橡胶支座准确安放在支承垫石上,要求支座中心线同支承垫石中心线相重合。具体形式见图 6-1。

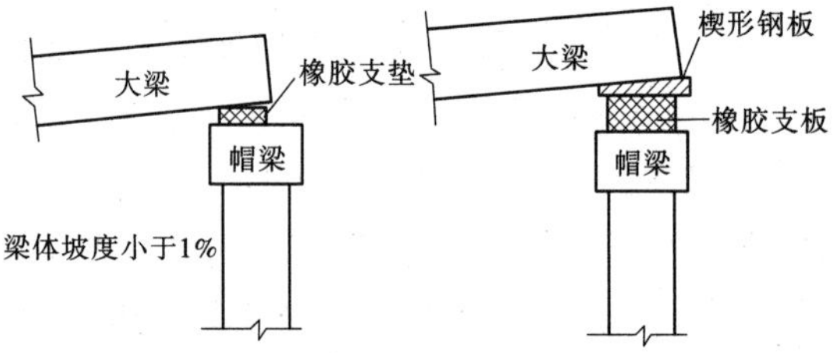

图 6-1 板式支座安装图

(5)当墩、台两端标高不同,顺桥向有纵坡时,支座安装方法应按设计规定办理。

(6)吊装梁、板前,抹平的水泥砂浆必须干燥并保持清洁和粗糙。梁、板安放时,必须仔细,使梁、板就位准确且与支座密贴,就位不准时,或支座与梁、板不密贴时,必须吊起,采取措施垫钢板和使支座位置限制在允许偏差内,不得用撬棍移动梁、板。

6.3.2 球形支座安装

球形支座各向转动性能一致,适用于弯桥、坡桥、斜桥、宽桥及大跨径桥,球形支座无承重橡胶块,特别适用于低温地区。

(1)支座出厂时,应由生产厂家将支座调平,并拧紧连接螺栓,以防止支座在安装过程中发生转动和倾覆。支座可根据设计需要预设转角及位移,但施工单位应在订货前提出预设转角及位移量的要求,由生产厂家在装配时预先调整好。

(2)支座安装前方可开箱,并检查装箱清单,包括配件清单、检验报告复印件、支座产品合格证书及支座安装养护细则。施工单位开箱后，不得任意转动连接螺栓，并不得任意拆卸支座。

(3) 支座安装高度应符合设计要求，要保证支座平面的水平及平整。支座支承面四角高差不得大于 2 mm。

(4) 安装支座板及地脚螺栓。在下支座板四周用钢楔块调整支座水平，并使下支座板底面高符合设计要求，找出支座纵、横向中线位置，使之符合设计要求。用环氧砂浆灌筑地脚螺栓孔及支座底面垫层。

环氧砂浆硬化后，拆除支座四角临时钢楔块，并用环氧砂浆填满抽出楔块的位置。

(5) 在梁体安装完毕后，或现浇混凝土梁体形成整体并达到设计强度后，在张拉梁体预应力之前，拆除上、下支座连接板，以防止约束梁体正常转动。检查支座外观，并及时安装支座外防尘罩。

(6) 当支座与梁体及墩台采用焊接连接时，应先将支座准确定位后，用对称间断焊接，将下支座板与墩台上预埋钢板焊接，焊接时应防止烧伤支座及混凝土。

(7) 支座在试运营期一年后应进行检查，清除支座附近的杂物及灰尘，并用棉丝仔细擦除不锈钢表面的灰尘。

6.3.3　盆式橡胶支座

根据设计需要，盆式橡胶支座可分为多向活动支座、单向活动支座和固定支座 3 种类型。其安装要求如下：

(1) 活动支座安装前用丙酮或酒精仔细擦洗各相对滑移面，擦净后在四氟乙烯滑板的储油槽内注满硅脂类润滑剂，并注意硅脂保持清洁，坡道桥注硅脂应注意防滑。

(2) 支座规格和质量应符合设计要求，支座组装时其底面与顶面(埋置于墩顶和梁底面)的钢垫板必须埋置密实。垫板与支座间平整密贴，支座四周不得有 0.3 mm 以上的缝隙，严格保持清洁。活动支座的聚四氟乙烯板和不锈钢板不得有刮伤、撞伤。氯丁橡胶板块密封在钢盆内，要排除空气，保持紧密。

(3) 盆式橡胶支座的顶板和底板可用焊接或锚固螺栓栓接在梁体底面和墩台顶面的预埋钢板上，采用焊接时，应防止烧坏混凝土，安装锚固螺栓时，其外露螺杆的高度不得大于螺母的厚度。现浇梁底部预埋的钢板或滑板，应根据浇筑时的温度、预应力张拉、混凝土收缩与徐变对梁长的影响，设置相对于设计支承中心的预偏值。

(4) 在支座上、下各部件纵横向必须对中，或因安装时温度与设计计算温度不同，支座纵向上、下各部件错开的距离必须与计算值相等。

(5) 支座中心线与主梁中心线应重合或保持平行。

(6) 纵向活动支座安装时，上、下导向挡块必须保持平行，交叉角不得大于 5°。

(7) 连续梁在实行体系转换时，必须在支座和硫黄水泥砂浆临时垫块之间采取隔热措施，若为临时混凝土垫块，则在拆除时，应避免碰撞支座，若支座有防尘罩，则应先戴好防尘罩再拆。

(8) 支座的外露部分，均须做防锈处理。

6.3.4 安装质量检验

支座安装规定值或允许偏差见表 6-3。

表 6-3 支座安装规定值或允许偏差

检查项目		规定值或允许偏差
支座中心与主梁中线(mm)		应重合,最大偏差<2
高程		符合设计要求
支座四角高差(mm)	承压力≤5 000 kN	<1
	承压力>5 000 kN	<2
支座上、下各部件纵轴线		必须对正
活动支座	顺桥向最大位移(mm)	±250
	双向活动支座横桥向最大位移(mm)	±25
	横轴线错位距离(mm)	根据安装时的温度与年平均最高、最低温差计算确定
	支座上、下挡块最大偏差的交叉角(′)	必须平行,<5

项目 6.4 伸缩装置安装

6.4.1 橡胶伸缩装置

(1)采用橡胶伸缩装置时,材料的规格、性能应符合设计要求。根据桥梁跨径大小或连续梁(包括桥面连续的简支梁)的每联长度,可分别选用纯橡胶式、板式、组合式橡胶伸缩装置。

(2)橡胶伸缩装置在安装前应做全面检查和材料性能检验,包括长、宽、厚、硬度(邵氏)、成品解剖检验证明等。其中,板式橡胶伸缩装置必须有成品解剖检验证明。

对于板式橡胶伸缩装置的成品解剖检验,以检测生产过程中钢板和角钢等预埋位置是否按照设计图纸位置安放准确。

(3)安装时,应根据气温高低,对橡胶伸缩体进行必要的预压缩。伸缩装置应在工厂组装,并按照施工单位提供施工安装温度定位,固定后出厂,若施工安装时温度有变化,一定要重新调整定位后再安装就位。气温在 5 ℃以下时,不得进行橡胶伸缩装置施工。

(4)采用后嵌式橡胶伸缩体时,应在桥面混凝土干燥收缩完成且徐变也大部完成后再进行安装。

(5)伸缩装置安装时应注意下列事项:

①检查桥面板端部预留空间尺寸、钢筋,注意不受损伤,若为沥青混凝土桥面铺装,宜采用后开槽工艺安装伸缩缝,以提高与桥面的顺适度。

②根据安装时的环境温度计算橡胶板伸缩装置的模板宽度与螺栓间距,将准备好的加强钢筋与螺栓焊接就位,然后浇筑混凝土并养护。

③将混凝土表面清洁后,涂防水胶粘材料。利用调正压缩的工具,将伸缩装置安装就位。向伸缩装置螺栓孔内灌注防蚀剂后,注意及时盖好盖帽。

6.4.2 梳形钢板伸缩装置

梳形钢板伸缩装置具有耐久性好、不易变形腐蚀、行车也比较平稳的优点,但也存在缺点,如钢板不易焊牢,锚固不强,有较大漏水现象,要锚固得当,除增加锚固板和锚固环外,还应在齿板底部设置止水橡胶带。

(1)采用梳形钢板伸缩装置安装时的间隙,应按安装时的梁体温度决定,一般可按下式计算:

$$\Delta_1 = l - l_1 + l_2$$

式中 Δ_1——安装时的梳形板间隙,mm;

l——梁的总伸缩量,mm;

l_1——施工时梁的伸长量,应考虑混凝土干燥收缩引起的收缩量,预应力混凝土梁还应考虑混凝土徐变引起的收缩量,mm;

l_2——富裕量,mm。

(2)梳形钢板伸缩装置所用钢材的力学性能应符合有关规定。

(3)应设置橡胶封缝条防水。

6.4.3 模数式伸缩装置

模数式伸缩装置的橡胶件,一般起防水、防尘、密封等作用。模数式伸缩装置必须在工厂组装,按照用户提供施工安装温度定位,固定后出厂,若施工安装时温度有变化,一定要重新调整定位后再安装就位。

(1)伸缩装置由异形钢梁与单元橡胶密封带组合而成的称为模数式伸缩装置。它适用于伸缩量为80~1 200 mm的桥梁工程。

(2)伸缩装置中所用异形钢梁沿长度方向的直线度应满足1.5 mm/m,全长应满足10 mm/10 m的要求。伸缩装置钢构件外观应光洁、平整,不允许变形扭曲。

(3)伸缩装置必须在工厂进行组装。组装钢构件应进行有效的防护处理。吊装位置应用明显颜色标明。出厂时应附有效的产品质量合格证明文件。

(4)伸缩装置在运输中应避免阳光直接暴晒,雨淋雪浸,并应保持清洁,防止变形,且不能与其他物质相接触,注意防火。

(5)伸缩装置施工安装时注意事项如下:

①要按照设计核对预留槽尺寸,预埋锚固筋若不符合设计要求,必须首先处理,满足设计要求后方可安装伸缩装置。

②伸缩装置安装之前,应按照安装时的气温调整安装时的定位值,用专用卡具将其固定。

③安装时,伸缩装置的中心线与桥梁中心线重合,并使其顶面标高与设计标高相吻

合,按桥面横坡定位、焊接。

④浇筑混凝土前将间隙填塞,防止浇筑混凝土把间隙堵死,影响伸缩,并防止混凝土渗入模数式伸缩装置位移控制箱内,也不允许将混凝土填或溅在密封橡胶带缝中及表面上,如果发生此现象,应立即清除,然后进行正常养护。

⑤待伸缩装置两侧混凝土强度满足设计要求后,方可开放交通。

6.4.4 填充式伸缩装置

(1)弹塑体填充式伸缩装置主要适用于伸缩量小于 50 mm 的各种桥梁接缝,对中小桥,立交通道桥等均适用,对多孔大桥可划分多联,铺设多道接缝或采用多孔简支梁,不做桥面连续,每墩顶接缝均做成弹性接缝也是可行的。

(2)弹塑体材料物理性能应符合有关规定,产品应附有效的合格证书。弹塑体材料加热熔化温度应控制在 100~150 ℃。

石料使用前应清洗干净,主层石料压碎值不大于 30%,扁平及细长石料含量应小于 15%~20%。

(3)若伸缩体是由复合改性沥青及碎石混合而成的,则复合改性沥青应符合产品有关规定,其加热熔化温度要控制在 170 ℃以内。

粗石料(14~19 mm)和细石料(6~10 mm)应满足下列要求:强度>100 MPa;相对密度:2.6~3.2;磨耗值(L. A)<30;磨光值(P. S. V)>42;压碎值(A. C. V)<20;扁平细长颗粒含量<15%。

(4)复合改性沥青填充装置应按设计要求设置,适用温度为-30~70 ℃,主要适用于伸缩量小于 50 mm 的中小跨径桥梁工程。嵌入桥梁伸缩缝空隙中的 T 形钢板厚度为 3~5 mm,长度约为 1 m。

(5)弹塑体填充伸缩装置施工时,既可采用分段分层浇灌铺筑法,亦可采用分段分层拌和铺筑法。但是,当风力大于 3 级,气温低于 10 ℃及有雨时不宜施工。

6.4.5 安装质量检验

伸缩装置安装允许偏差见表 6-4。

表 6-4 伸缩装置安装允许偏差

项目		允许偏差
缝宽		符合设计要求
与桥面高差(mm)		2
纵坡(%)	大型	±0.2
	一般	±0.3
横向平整度		用 3 m 直尺,不大于 3 mm

项目6.5　桥面防护设施

6.5.1　桥面安全带和缘石安装

(1)悬臂式安全带构件必须与主梁横向连续或拱上建筑完成后才可安装。

(2)安全带构件须安放在未凝固的M20稠水泥砂浆上,以便形成顶面设计的横向排水坡。

(3)为减少从缘石与桥面铺装缝中渗水,缘石宜采用现浇混凝土,使其与桥面铺装的底层混凝土结为整体。

6.5.2　人行道板安装

(1)人行道构件必须与主梁横向连接,同时应铺垫M20的水泥砂浆,人行道面应有横向坡度,以使雨水排向车道。

(2)人行道板必须在人行道梁与主梁锚固后方可安装;如无人行道横梁,人行道板应按由里向外的顺序铺设。

(3)在安装有人行道梁的人行道结构时,应对人行道梁的焊接认真检查,必须达到设计或一般规范规定的焊缝长度与厚度,以保证施工安全。

(4)铺装人行道板,应注意使纵梁接头与人行道板的接缝应在同一断面上;人行道抹面时,纵梁接头处的人行道上应沿纵梁接头方向刻缝。

6.5.3　栏杆安装

桥梁防护栏杆和防撞栏杆应按设计要求施工。混凝土栏杆可现浇、预制或预制现浇相结合的方法施工,金属栏杆可分段预制,现场安装,也可将加工杆件在现场组拼。

(1)栏杆块件必须在人行道板铺装完毕后安装,安装前放线必须精确,其内容包括底脚线,柱顶高程与柱顶线及栏杆分挡位置。如栏杆与人行道施工前后流水作业,必须有统一的测量工作,在每隔固定距离施放线位固定点,以保证栏杆柱、栏杆的线位与人行道及全桥纵横坡度、高度相适应。

(2)除另有规定外,栏杆线及坡度不受桥面的几何外形的影响。栏杆柱和缘石都应保持铅直。

(3)在安装栏杆或栏杆柱时,在桥面伸缩缝处及纵梁接头处,桥台处均须做特殊处理,以免因桥梁涨缩或桥头沉陷使栏杆发生不规则的裂缝,影响美观或使用。

(4)栏杆安装的线型和坡度应符合设计规定,外观应流畅平顺,并应连接牢固。各种栏杆组合件都应验收合格后方可使用。

(5)栏杆安装时桥梁上部结构浇筑时的支架应松脱和卸落。

(6)栏杆安装宜采用50 m为单元,安装一段调整一段,如有条件各种扶手安装长度(包括现浇)应更长,以便于调整,保持顺直。栏杆安装允许偏差见表6-5。

表 6-5　栏杆安装允许偏差　（单位：mm）

序号	项目		允许偏差
1	直顺度	地袱	≤5
		扶手	≤3
2	垂直度（高度）	栏杆柱	≤3
		栏心柱	≤5
3	相邻地袱高差		≤3
4	相邻扶手高差		≤1

参考文献

[1] 王海良,董鹏. 桥梁工程施工技术[M]. 北京:人民交通出版社,2013.

[2] 本书编委会. 桥涵施工员一本通[M]. 北京:中国建材工业出版社,2009.

[3] 交通运输部公路局. 高速公路施工标准化技术指南(第四分册 桥梁工程)[M]. 北京:人民交通出版社,2012.

[4] 中华人民共和国交通运输部. 公路桥涵施工技术规范:JTG/T 3650—2020[S]. 北京:人民交通出版社,2020.

[5] 中华人民共和国交通运输部. 公路工程质量检验评定标准(第一册 土建工程):JTG F80/1—2017[S]. 北京:人民交通出版社,2017.

[6] 中华人民共和国交通运输部. 公路工程标准施工招标文件[M]. 北京:人民交通出版社,2013.

[7] 中交第一公路工程局有限公司. 公路工程施工工艺标准(桥涵)[M]. 北京:人民交通出版社,2007.

[8] 江苏省交通运输厅工程质量监督局,江苏省交通科学研究院有限公司. 公路桥梁预应力混凝土施工指南[M]. 北京:人民交通出版社,2011.

[9] 交通运输部工程质量监督局. 高速公路工程质量风险预控手册(混凝土桥涵分册)[M]. 北京:人民交通出版社,2011.

[10] 中铁二局股份有限公司. 中铁二局股份有限公司企业标准:土木工程施工工艺(桥梁工程)[M]. 北京:中国铁道出版社,2009.

[11] 中华人民共和国交通运输部. 公路桥梁技术状况评定标准:JTG/T H21—2011[S]. 北京:中国标准出版社,2011.

[12] 中华人民共和国交通运输部. 公路桥涵地基与基础设计规范:JTG 3363—2019[S]. 北京:人民交通出版社,2020.

[13] 中华人民共和国交通运输部. 公路路基施工技术规范:JTG/T 3610—2019[S]. 北京:人民交通出版社,2019.